Bernd Feuchtner · Dimitri Schostakowitsch

Bernd Feuchtner

Dimitri Schostakowitsch

»Und Kunst geknebelt von der groben Macht«

Künstlerische Identität und staatliche Repression
Eine Monographie

wolke

für Thomas Krahl

Dritte Auflage
Erstveröffentlichung 1986

Gesetzt in der Simoncini Garamond
Umschlaggestaltung: Friedwalt Donner, Alonissos
unter Verwendung eines Gemäldes von Alexander Rodtschenko,
Clown mit Saxophon, Selbstdarstellung, 1938 (Ausschnitt, farbverfremdet)

ISBN 978-3-95593-069-1

www.wolke-verlag.de

Inhalt

Musik

für D.D.Sch.

Ein wundertätig Brennen ist in ihr,
Und außen sieht man Edelsteine sprühen.
Sie führt alleine ein Gespräch mit mir,
Wenn andre furchtsam meine Nähe fliehen.
Und als der Freunde letzter fortgeblickt,
Da ist sie in mein Grab herabgekommen
Und sang – da hat Gewitter mich erquickt,
Zu sprechen haben Blumen da begonnen.

1957/58

Anna Achmatowa

Vorwort zur dritten Auflage

Europäische Kunst, Musik und Literatur entstanden von Anfang an dort, wo Talent, Geld und Gelegenheit zusammenkamen, also in Klöstern, auf Burgen, in Schlössern, in Städten. Die Entwicklung in den romanischen, keltischen, germanischen, slawischen Regionen war immer europäisch und die Kultur so selbstverständlich europäisch, dass man diesen Begriff gar nicht gebrauchte; eher sprach man von der christlichen Welt. Die Künstler schwärmten aus, die Kaufleute zogen auf abenteuerlichen Wegen durch die Länder, die Mächtigen reisten zu anderen Mächtigen und so verbreitete die neueste Mode sich immer wieder in kürzester Zeit über den Kontinent. Die Auftraggeber gaben die Inhalte vor, doch die Form überließen sie gerne dem Künstler. So kam die Pariser Buchmalerei nach Westfalen, das *Decamerone* nach London, die niederländische Musik nach München. Auch wenn Kapellen beim Tod oder der Pleite des Fürsten ebenso schnell wieder aufgelöst wurden, wie sie entstanden waren, setzte das nur wiederum Musiker frei, die ihren Stil woanders weiterverbreiteten.

Das von den Franken neu belebte Römische Reich war immer multiethnisch. Die Kriege, die Eroberungen und Verluste von Landstrichen folgten einzig der Logik der Machtvergrößerung. Nach der Reformation allerdings kam der religiöse Vorwand dazu – der Wahn des Wiener Kaisers, das Reich wieder katholisch zu machen, kostete im 17. Jahrhundert zwei Dritteln seiner Einwohner das Leben. Das Elend der Menschen hallt in der Dichtung von Andreas Gryphius, Matthias Claudius oder im *Simplicius Simplicissimus* von Grimmelshausen ebenso wider wie in der Musik von Heinrich Schütz (der sein Handwerk in Italien gelernt hatte).

Man stritt sich auch gesamteuropäisch. Wenn in Paris die Gluckisten und die Piccinnisten (nicht aber Gluck und Piccinni!) aufeinander einschlugen, dann konnte man in ganz Europa nachvollziehen, dass es bei diesem Parteienkrieg nicht nur um italienische oder französische Oper ging, sondern dass dies ein Stellvertreterkrieg um gesellschaftliche Fragen war, bei dem Rousseau den Traum vertrat, die Menschheit könne wieder zurückkehren in die Zeit vor den Sündenfall. Man verstand sowohl die musikalischen als auch die philosophischen Positionen und konnte nach Lust und Laune selbst Partei ergreifen.

Ausgerechnet Napoleon, der doch mit dem Anspruch aufgetreten war, die Menschenrechte zu verbreiten, stachelte zu Beginn des 19. Jahrhunderts durch seine Besatzungspolitik und seine immer mehr Menschen vernichtenden Kriege das Nationalbewusstsein an, unter dessen Fahnen die europäischen Länder ihn sich wieder vom Halse schafften. Der Nationalismus aber blieb. Russen, Spanier, Italiener, Deutsche wollten jetzt russische, spanische, italienische, deutsche Literatur, Malerei und Musik haben, wobei die Deutschen – ein schlechtes Erbe der Romantik – diese nationalistische Tendenz ins Maßlose ausdehnten. Es reichte ihnen nicht, nach eigenen „Wurzeln" zu suchen, man musste auch noch die der anderen schlecht machen. An Richard Wagner kann man sehen, wie noch der ekelhafteste Antisemitismus zum Mittel wurde, die Konkurrenz auszuschalten, indem man ihr die nationale Zugehörigkeit absprach. Der Berliner Antisemitismusstreit von 1879/80, bei dem der Historiker Theodor Mommsen seinen Professorenkollegen Heinrich von Treitschke zurechtweisen musste, war der Vorbote größeren Unheils.

Sobald die Nationen in ihrem eigenen Saft schmorten, bekam das Denken Scheuklappen und driftete ins Irrationale ab: Es gibt zwar deutsche Lyrik, aber die Konstruktion einer ewigen „deutschen Seele" ist absurd. Die Irrationalität der europäischen Romantik war freilich auch eine Reaktion auf die zunehmende Rationalisierung der Welt durch das Industriesystem – die Kunst bewahrt Dinge, die im Leben untergehen. Mit der Romantik entstanden die nationalen Kunstschulen – russische Musik, russische Malerei, russische Dichtung beispielsweise, die regionale Eigenarten aufnahmen und rasch auf das Niveau brachten, das schon von Goethe als Weltliteratur bezeichnet worden war.

All diese Dingen ereigneten sich in den Köpfen der Menschen. Der Antrieb dieser Entwicklungen jedoch vollzog sich im ökonomischen Untergrund als Folge der Ausbreitung des Industriesystems. Infolge der unwürdigen Lebensumstände der Arbeiter und der daraus sich entwickelnden organisierten Klassenkämpfe bekam die alte Front zwischen den Mächtigen und den Unterdrückten eine weitere Bestimmung: Karl Marx folgerte aus den Gesetzen des Kapitalismus, dass durch die Revolution der Arbeiterklasse alles wieder gut werden könnte. Das zog auch viele Künstler in den Bann, die Ausbeutung und Krieg satt hatten. Es gab jetzt also nicht nur nationale Kunst, sondern auch Klassenkunst – was an sich ja nichts Schlechtes sein muss.

Zudem lösten sich Gesetze auf, die bis dahin verbindlich waren. Die italienische Oper oder die Wiener Symphonie wurden überall verstanden. Jetzt aber konnten selbst in Wien die Brahms-Anhänger den

Bruckner nicht verstehen und die Wagner-Anhänger nicht den Verdi, und in Russland sahen sich die nationalistischen Komponisten des „Mächtige Häufleins" in einem Gegensatz zu dem „Westler" Tschaikowsky – und jeweils umgekehrt. Die Verbindlichkeiten galten nicht mehr, ganz so wie die gesellschaftlichen Widersprüche, das Denken und die zwischenstaatlichen Konflikte sich immer diverser entwickelten.

Um 1910 explodierten die Künste: die Maler wandten sich von der Gegenständlichkeit ab (was von Cézanne vorbereitet worden war), die Musiker warfen die Tonalität auf den Müllhaufen (was Wagner vorbereitet hatte) und zogen damit einen ungeheuren Hass der Kleinbürger auf sich, die ihre Welt in Scherben sahen. Kunstkritik wurde parteilicher, und diese Parteilichkeit war immer auch politisch grundiert. Die Urteile wurden dadurch eher trüber. Wir folgen gerne unseren Helden Schönberg, Berg und Webern oder Kandinsky, Klee und Picasso. Doch waren diejenigen, die die Wege der Avantgarde nicht mitgingen oder von ihnen abzweigten, deshalb schlechtere Künstler? In der 1960er und 70er Jahren fanden die Klangflächenkomponisten, die Minimalisten und Arvo Pärt sogar ganz neue Wege, auf die die hergebrachten Kriterien nicht passten – die Zukunft ist nicht vorhersehbar.

Mit der Massengesellschaft traten die Massenkunst und die Massenbewegungen in Erscheinung. Dadurch kam Manipulation ins Spiel: die Kunst wurde funktionalisiert durch den Kommerz, aber auch durch die politischen Bewegungen. Kommerzielle Kunst möchte verkäuflich sein und folgt daher gerne dem Weg des geringsten Widerstands, bis hin zur Verlogenheit. Politische Kunst kann kraftvoll und wahr sein, solange sie nicht gegängelt wird; sonst ist sie keine politische Kunst mehr, sondern Gebrauchskunst. Diese seltsame Gemengelage von widersprüchlichen und sich überlagernden kulturellen Tendenzen ließ im 20. Jahrhundert eine Menge schlaue Leute dumm aussehen, wenn sie Urteile über Kunst fällten. Manches entpuppte sich später als Fehlurteil. Es gibt im 20. Jahrhundert keine verbindliche Entwicklungslinie des künstlerischen Materials, über deren Leisten sich alles schlagen lässt – das ging schwer in die Köpfe vor allem deutscher Musikwissenschaftler, Kritiker, Dramaturgen.

Wenn Edward Elgar den religiösen Chor-Schinken *The Dream of Gerontius* komponierte, während Debussy oder Schönberg längst die Tür zur Musik der Zukunft aufgetan hatten, war das nicht zurückgeblieben? Wenn der scharfe Kurt Weill nun Musicals für den Broadway schrieb, war das nicht Verrat? Wenn Ottorino Respighi Stiefel über die Via Appia knallen ließ, war das nicht faschistische Propaganda?

Wenn Hans Pfitzner eine Kantate *Von deutscher Seele* schrieb und sich Hitler in die Arme warf, ist seine Musik dann auf ewig kontaminiert? Wenn Sergej Prokofjew in seiner Musik für Eisensteins Propaganda-Film *Alexander Newski* den Deutschordensrittern kalte Panzermusik zuteilte und den russischen Bauern gesundes Hopsen, war das besser als die derbe Volkstümlichkeit von Carl Orff? Wenn Dimitri Schostakowitschs *Leningrader Symphonie* als Illustration des Einmarschs der deutschen Wehrmacht herumgereicht wurde, konnte man so etwas noch als symphonisches Werk ernst nehmen? Was war die Musik wert, die unter der Fuchtel der braunen und roten Kulturvögte entstand?

Nazi- wie Sowjet-Ideologie nutzen vorhandene Niedertracht und Vorurteile für die Sicherung der eigenen Macht aus. Dadurch konnten sie viele Menschen aus allen Schichten erreichen. Was erklärt dabei der Begriff totalitär? Alles und nichts. Gemeinsam war beiden Diktaturen, dass sie alle Bereiche des gesellschaftlichen Lebens gleichschalteten, was ein neues Phänomen war. Doch der Inhalt war zunächst völlig verschieden: Der Nationalsozialismus baute auf Neid, Hass, Kapitalismus, Rassismus, Krieg, der Kommunismus baute auf Brüderlichkeit, Solidarität, Sozialismus, Internationalismus, Frieden.

Nun hatte die Revolution zu ihrem Unglück nicht in einem der entwickelten Länder mit einer entsprechend geschulten und zahlreichen Arbeiterschaft stattgefunden, sondern im zurückgebliebenen Russland. Lenin, dessen Theorien noch halbwegs durchdacht schienen, fiel aus gesundheitlichen Gründen schon bald aus und als Revolutionsführer setzte sich ausgerechnet der Psychopath Stalin durch. Er stutzte die Marx'sche Theorie auf eine Vulgärform zurecht und errichtete die Herrschaft einer Verbrecherclique. Dem Rassenhass entsprach jetzt der Klassenhass, aus dem Internationalismus wurde Nationalismus und auch den Antisemitismus wusste die Stalin-Clique ebenso machtvoll zu nutzen wie die Nazis.

Nicht der Aufbau des Sozialismus fand jetzt in Russland statt, wie die Propaganda suggerierte, sondern die Einführung des Industriesystems als Staatsmonopol – und mit Hilfe staatlicher Gewalt auf Kosten von Millionen Toten. Da es weder Gewaltenteilung noch Meinungsfreiheit gab, war Widerstand machtlos. Die herrschende Clique erfand mit dem Banner der drei Bärtigen (Marx, Engels, Lenin) eine neue Dreieinigkeit und verkündete das Dogma von der Unfehlbarkeit. In diesem religiösen Windschatten konnten sie dann auch ihre kleinbürgerlichen Vorurteile ausleben und den Hass auf die moderne Kunst mobilisieren. Einer der Aspekte der Avantgardekunst war, dass sie das Leiden der Menschen in der rationalisierten Welt zurückwarf, und dieser Ausdruck der Qual wiederum weckte den besonderen Sadismus der Kulturbürokraten: diese Künstler drangsalierte man besonders gerne und stellte sie als „entartet“ an den Pranger.

In der Sowjetunion hieß das „volksfeindlich“. Dadurch wurde dem einfachen Menschen vorgemacht, dass es Elemente gebe, die den Sozialismus sabotierten, und die man deshalb auslöschen dürfe. „Kosmopolitisch“ war ein weiteres Schandmal. Eine freie Kunst wäre gefährlich gewesen, weil sie nicht zu kontrollieren ist und subversive Wirkungen ausgeübt hätte – sie spricht von Freuden und Leiden, die das Maß der Erfahrung sprengen, das die Machthaber ihren Untertanen zugestehen wollten. Deshalb mussten freie Künstler wie Wsewolod Meyerhold oder Isaak Babel sterben. Mit anderen trieb Stalin sadistische Spielchen – das behielt sich der große Führer vor.

Ein offenes Gespräch war oft selbst in der Familie oder im Freundeskreis undenkbar. Kinder denunzierten ihre Eltern, Komponisten ihre Kollegen. Ein ganzes Land lebte mit der Lüge. Natürlich wurde die Wissenschaft genauso geknechtet. Wir wissen nicht, was die sowjetischen Musikwissenschaftler wirklich dachten, aber wir wissen, dass einer der besten von ihnen seine Prokofjew-Biographie dreimal schreiben musste. Und selbstverständlich stellten die Schostakowitsch-Bücher aus Russland und aus der DDR den Komponisten allesamt als linientreuen Kommunisten vor.

Die westliche Musikwissenschaft interessierte sich nicht für Schostakowitsch, weil sie glaubte, die beiden Scherbengerichte von 1936 und 1948, die er wie durch ein Wunder überlebt hatte, hätten ihm das Rückgrat gebrochen. Schon der Untertitel *Praktische Antwort eines Künstlers auf gerechtfertigte Kritik*, unter dem die Fünfte Symphonie verkauft wurde, war ja kaum ernst zu nehmen, wie viel weniger dann das Schlachtengemälde der Siebten oder gar die Revolutionssymphonien Nummer Elf und Zwölf? Zum Zweiten ging sie – nicht gänzlich ohne Grund – davon aus, dass nach Mahler die Symphonie als Form gestorben sei und alle Nachzügler wertlos sein müssten. Und in der Tat kamen aus der Sowjetunion Klischeesymphonien, denen die Lüge ins Gesicht geschrieben stand.

So kam niemand auf die Idee, sich in ein Musikstück von Schostakowitsch zu versenken, um auf die Spur von dessen inneren Gesetzen zu kommen. Selbst bei dem großen Kölner Symposium, das im Rahmen des Schostakowitsch-Festivals in Duisburg und Nordrhein-Westfalen 1984/85 stattfand und bei dem die legendäre Crème der sowjetischen Musikwissenschaft aufmarschierte, durfte ich meine Thesen aus dem vorliegenden Buch, das noch in Arbeit war, nicht vorstellen, weil die

Veranstalter befürchteten, die sowjetische Seite könnte daraufhin ihre Künstler zurückziehen. Immerhin hatte Solomon Volkow 1979 in den USA die „Schostakowitsch-Memoiren“[1] veröffentlicht, die unter dem Titel *Testimony* den Komponisten als heimlichen Dissidenten darstellten und von den Sowjets natürlich als Fälschung angegriffen wurden. Genau dieses Buch hatte mir Mut gemacht, den Vermutungen systematisch nachzugehen, die bestimmte Werke Schostakowitschs in mir geweckt hatten.

Schon während des Studiums hatte ich mich mit einem Freund über den ersten Satz der *Leningrader Symphonie* gestritten. Junge Leute haben Spaß am Radau, und diese Musik peitschte uns ebenso auf wie der *Bolero* von Ravel, bei dem ja auch nicht jeder gleich das Gefühl einer Katastrophe empfindet. Je öfter ich diese Musik hörte, desto mehr empfand ich, dass das wunderbare Instrument des europäischen Orchesters hier zu einer zerstörerischen Maschine wird, und das ließ mir die Haare zu Berge stehen. Ähnliches geschah beim angeblichen Jubelschluss der Fünften: Allmählich spürte ich dort ein ganz mechanisch aufgebautes Triumphszenario, als richte sich ein Spot auf den einsamen Künstler: „Jetzt juble!“ Das ließ mir das Blut in den Adern gefrieren. Oder ich regte mich darüber auf, dass man im Radio vor dem Achten Streichquartett davon sprach, dass man im zweiten Satz die Bomben auf Dresden fallen höre. Was zum Teufel sollte Schostakowitsch mit den Bomben auf Dresden zu tun haben, wenn in der Musik nur andauernd von ihm selbst die Rede ist?

Bei dem Duisburger Festival konnte man eine Menge Musik von Schostakowitsch erleben, die außerhalb der Sowjetunion kaum je erklungen war. Diese Werke stellten mir sehr viele und sehr unterschiedliche Fragen, die ich mir unbedingt beantworten musste. Nur durch die genaue Analyse jedes einzelnen Werks lassen sich Erkenntnisse zutagefördern, denn durch Schostakowitschs Werk ziehen sich all die vielfältigen Widersprüche des 20. Jahrhunderts hindurch. Hörte man genau hin, konnten nicht viele Zweifel bleiben, dass die Volkow-Aufzeichnungen letztlich glaubhaft waren.

Falls man sich die Mühe sparte, die Gesetzlichkeiten jedes einzelnen Werks zu untersuchen, ließ sich ein trefflicher Kampf um Buchstaben führen, wie das die amerikanischen Musikwissenschaftler Richard Taruskin[2] und Laurel E. Fay[3] taten, die aus schwer nachvollziehbaren Gründen am Bild von Schostakowitsch als des Oberhaupts der kommunistischen Komponistenschule festhalten wollten und eine Kampagne gegen Volkow anführten. Ihren Argumenten wurde in dem Sammelband *Shostakovich Reconsidered*[4] sehr sorgfältig entgegnet.

Seit dem ersten Erscheinen des vorliegenden Buches sind viele Einzeluntersuchungen erschienen, die seine Thesen erhärtet haben. Vor allem aber die Briefe, die Schostakowitsch an seinen Intimus Isaak Glikman[5] geschrieben hat, zeigen eine Persönlichkeit, die zu der Musik passt, wie sie von mir vor dreißig Jahren beschrieben wurde. Heute ist das Wissen um die Doppelbödigkeit und die seelische und geistige Tiefe von Schostakowitschs Musik Allgemeingut. Jetzt wird endlich auch sein Freund Mieczysław Weinberg wahrgenommen, dem man auch nicht zugehört hatte, sondern der immer nur als Schostakowitsch-Epigone behandelt wurde. In diesem Buch figuriert er noch unter jenem Vornamen, den ihm die sowjetische Grenzpolizei bei seiner Flucht vor den Nazis aus dem besetzten Polen gegeben hatte und der auch auf allen seinen russischen Aufnahmen steht, beispielsweise auf der großartigen Aufnahme von Schostakowitschs Zehnter mit dem Komponisten und Moissej Weinberg vierhändig am Klavier. Dies und einiges andere, das man heute genauer kennt, wurden in dieser dritten Auflage nicht geändert, weil das Buch den Kenntnisstand von 1986 weder verleugnen kann noch will.

Es ist ja selbst ein Zeitdokument. Es entstand noch in einer Welt, in der der Fall des Eisernen Vorhangs nicht absehbar war, die KPdSU fest im Sattel saß und die Doktrin des Sozialistischen Realismus der Gängelung der Künstler diente. Doch das Wichtigste lag abgeschlossen vor: das Gesamtwerk von Dimitri Schostakowitsch. Schon damals ging es nicht darum, auf alle Fragen schlüssige Antworten zu finden. Sehr viel wichtiger ist es, die Fragen zu formulieren. Von welchen Widersprüchen wurde Schostakowitsch zerrissen? Wie dachte er vom Reformkommunismus in der Zeit des Tauwetters? Welchen seiner Aussagen, welchen seiner Kompositionen ist zu trauen? Wie lebte ein Künstler in jener Gesellschaft? Was macht Kunst in einer totalitären Gesellschaft authentisch? Schostakowitschs Musik wirft alle diese Fragen auf. Beantworten muss sie sich jeder Einzelne selbst.

Schostakowitschs Musik ist in diesen dreißig Jahren sehr viel präsenter geworden. Das zeigt sich an der Wertschätzung seiner Kammermusik, die von Interpreten ebenso gern gespielt wie vom Publikum geliebt wird – der Zyklus der fünfzehn Streichquartette ist zum erfolgreichen Konzertangebot geworden. Das Achte Streichquartett, das einzige Werk, das Schostakowitsch außerhalb der Sowjetunion geschrieben hat, wird nicht länger als Dresden-Portrait missverstanden. Entstanden im Kurort Gohrisch in der Sächsischen Schweiz in einem Gästehaus der DDR-Regierung im schönsten 50er-Jahre-Stil, ist es heute als Schlüsselwerk anerkannt, in dem der Komponist sich selbst ein Mahnmal gesetzt hat. In Gohrisch findet heute sogar ein kleines, feines Schostakowitsch-Festival statt, das von der Gemeinde und der Sächsischen Staatskapelle gemeinsam veranstaltet wird.

Schostakowitschs Leben ist Gegenstand von Romanen geworden – es scheint für Autoren ebenso attraktiv zum Dichten wie das von Tschaikowsky. Der Titel *Wer tanzt schon zu Musik von Schostakowitsch*[6] ist nur ein Gag wie *Lieben Sie Brahms*. In *Der Dirigent*[7] ist Karl Eliasberg der Hauptheld, der die Siebte Symphonie im belagerten Leningrad aufführte; wem es um die Wahrheit geht, der bekommt hier Bauchschmerzen (warum liest er auch einen Roman?), wer ein Heldenlied auf die Belagerten sucht, kommt auf seine Kosten. Auch der 1000-Seiten-Wälzer *Europe Central*[8] beutet den Komponisten aus, indem er ihm sexuelle Abenteuer andichtet (von denen er sicher welche gehabt hat, aber andere); an der Parallelisierung von Nationalsozialismus und Stalinismus überhebt er sich ebenso wie an vielen Details. *The Noise of Time*[9] ist formal anspruchsvoll und erfrischend kurz, fertigt aber aus der Haltung Schostakowitschs gegenüber dem Regime bloß das Heldenleben eines Märtyrers.

Schostakowitsch wurde zum Zeitzeugen – die Sowjetunion ist untergegangen, aber seine Musik ist immer noch da, um davon zu erzählen. Lässt man sich nicht nur mit dem Herzen und mit den Ohren, sondern auch mit dem Geist auf Schostakowitschs Musik ein, erfährt man viel über Leben, Denken und Sehnen der Menschen in der ehemaligen Sowjetunion. Man spürt die Utopie und die verlorenen Illusionen, die Angst und die Hoffnung. Seine Kunst hat Geschichte in einer Weise festgehalten, wie Sprache alleine es nicht vermocht hätte. Ihre Größe aber zeigt sich darin, dass sie auch auf denjenigen Hörer wirkt, der von alledem nichts ahnt.

Bernd Feuchtner, Dezember 2016

I Schostakowitsch in der Avantgarde der Revolution

„O Zeitalter, o Wissenschaft! Welche Lust zu leben!", rief Ulrich von Hutten aus, als ihm bewusst geworden war, welch grundlegenden Fortschritt die Menschheit durch Renaissance und Reformationsbewegung gerade machte. Dieser Ausruf konnte genauso aus dem Munde eines russischen Revolutionärs kommen, der 1917 für den Sozialismus kämpfte. Sein Selbstbewusstsein war eher noch größer: hatte es in der menschlichen Geschichte jemals Vergleichbares gegeben? Humanisten wie Hutten hatten zwar für die Befreiung des Geistes gekämpft, aber das, wovon sie nur träumen konnten, wurde jetzt Wirklichkeit: die Befreiung des Menschen. Heute wurde Geschichte gemacht, und zwar mit Hilfe der Wissenschaft! Eigentlich begann die menschliche Geschichte damit erst. Vorher hatte immer nur eine Klasse die andere in der Herrschaft abgelöst. Nun würde es mit der Herrschaft selber ein Ende haben, und der Mensch, endlich von den Fesseln befreit, sich in Leben und Arbeit frei entfalten können!

Davor war eine Übergangsperiode nötig. Wer noch Machtgelüste hatte, musste natürlich beseitigt werden. Den Zarismus, den finstersten Feind, gab es nicht mehr, der war im Februar 1917 ziemlich sang- und klanglos gestürzt, weil der Krieg nicht zu gewinnen war – aber es gab noch genug von seinen Anhängern. Die Regierungen nach der Februarrevolution fanden keine Lösungen für die Hauptprobleme. Da kam der legendäre, aber eigentlich ganz unbekannte Lenin aus dem Exil, und seine Bolschewiki versprachen das Ende des Krieges, dazu den Bauern das Land und den Arbeitern die Fabrik. Ja, nur eine völlig neue Kraft konnte die uralte Last wegfegen! So fiel den Bolschewiki die Staatsmacht in den Schoß.

Sie entfalteten dafür eine umso rastlosere Aktivität, um sie zu behalten. Der Rat der Volkskommissare mit Lenin an der Spitze erließ rasch die erwarteten radikalen Dekrete, die breiten Beifall fanden. Eine radikale Umwälzung war ersehnt worden, aber ihr Ausmaß ließ sich erst nach und nach überschauen. Der Friede von Brest-Litowsk, der um den Preis großer Gebietsverluste Ruhe für den Aufbau schaffen sollte, erfüllte die Erwartungen nur zum Teil: Die junge Sowjetmacht sah sich nun durch Putschversuche rechter Generäle, ausländische Invasionen und anarchistische Armeen regionaler Rebellenführer angegriffen. Eine ganz neue Armee musste aufgebaut werden. Bis zum Ende des Bürgerkrieges 1921 wuchs die Rote Armee auf 5,5 Millionen Mann, unter denen auch die Hälfte der nun 600 000 Parteimitglieder kämpften. Sogar viele Offiziere der zaristischen Armee dienten der Roten Armee, bis hinauf in die höchsten Ränge, wie etwa die früheren Oberkommandierenden Generäle Brussilow und Bontsch-Brujewitsch. Deshalb wurde den Offizieren ein Politischer Kommissar an die Seite gestellt, der jeden Befehl gegenzeichnen musste. Statt des erhofften Friedens also vier Jahre Bürgerkrieg, Elend und Militarisierung, was niemanden zur Besinnung kommen ließ.

Die Moskauer Zentrale jedoch, wohin der Regierungssitz aus dem bedrohten Petrograd[1] verlegt worden war, steuerte unbeirrt ihren Kurs der gesellschaftlichen Umgestaltung, was vom Chaos des Bürgerkriegs durchaus noch begünstigt wurde. Gekämpft wurde weniger für das Heimatland, als für das Neue, für den Sozialismus – jetzt erst besaß man es ja, dieses Vaterland, das vorher nur eine nationalistische Parole gewesen war. Die Frage hieß: bist du für das Neue, oder willst du die Rückkehr der „Weißen“ und damit der alten Verhältnisse?

Die Künstler waren von dieser Revolution fasziniert. Natürlich nicht alle. Eine erhebliche Anzahl emigrierte. Die Sowjetregierung stellte Akademikern und Künstlern Sonderrationen zur Verfügung, wenn sie mitarbeiteten, aber vielen Wissenschaftlern und Künstlern waren die Arbeitsbedingungen dennoch zu sehr eingeschränkt. Andere sahen keine Möglichkeit mehr, von der Politik unbehelligt zu leben oder gar ihre oppositionelle Meinung zu vertreten. Russland verlor auf diese Weise seine bedeutendsten Komponisten: Igor Strawinsky (1882–1971), der in Paris arbeitete, war bei Kriegsausbruch im Ausland geblieben, und Sergej Prokofjew (1889–1953) verließ das Land 1918 in „beiderseitigem Einvernehmen“ mit der Sowjetregierung. Ebenfalls 1918 emigrierte Ljapunow, schon im Jahr davor waren Rachmaninow und Tscherepnin gegangen.

Die meisten jedoch blieben, und viele nicht nur aus Gleichgültigkeit oder Mangel an Reisegeld. Diese Revolution war auch ihre Revolution. Zwar hatte jeder seine eigene Auffassung darüber, wohin es gehen sollte, und es gab Künstlergruppen, die sich heftig bekämpften, aber am stärksten war doch die gemeinsame Sehnsucht nach dem ganz Neuen. Sie waren einig, indem sie entschlossen waren, mit der Vergangenheit zu brechen.

In den letzten Jahren hatte es Umwälzungen in den Künsten gegeben wie selten zuvor – und wie hatten die satten Bürger darauf reagiert? Sie hatten Skandale provoziert! Der Staat schritt ein. Egal in welchem

Land Europas, die modernen Künstler hatten es schwer, Anerkennung, und das heißt: Arbeitsmöglichkeiten zu finden. Zehn Jahre vor der Oktoberrevolution, im Jahr 1907, hatte Picasso mit seinem Bild *Die Mädchen von Avignon* den Kubismus eingeleitet, der sich als Vorstufe zum Malen ganz ohne gegenständliche Darstellung entpuppte. Die Fantasie befreite sich von einer Fessel, die man für unlösbar gehalten hatte, man widmete sich dem Studium von Farben und Formen und deren Beziehungen zueinander. Wassili Kandinsky (1866–1944), ein Russe, der seit Jahren in München lebte, malte seit 1910 abstrakte Bilder. In Russland malte Kasimir Malewitsch (1878–1935) 1913 ein *Schwarzes Viereck*, um den vollständigen Bruch mit traditionellen Bildinhalten zu vollziehen.

In Paris verursachte 1913 das Ballett *Le Sacre du Printemps* Igor Strawinskys, dessen entsetzensvolle Musik ein Menschenopfer im heidnischen Russland schildert, den großen Skandal. In Wien fühlten sich die Bürger von Arnold Schönbergs Werken schockiert; er schrieb 1912 *Pierrot Lunaire* und Alban Berg seine *Lieder nach Ansichtskartentexten von Peter Altenberg*. Diese Musik schien das System der Dur/Moll-Tonalität endgültig aufzuheben, das 300 Jahre lang die abendländische Musik beherrscht hatte.

Man wollte neue Regeln. Schönbergs Zwölftonmethode war ein solcher Versuch. Die Theaterleute entwickelten neue Darstellungsformen: Die Bioenergetik Meyerholds ist ein russisches Beispiel dafür, das in ganz Europa Aufsehen erregte. Vor allem aber wollten viele keine Kunst mehr nur um der Kunst willen. Danach verlangten die Spießer so laut, weil sie sich selbst oft genug als Ziel der Attacken von Künstlern sahen, die von einem unbändigen Willen ergriffen waren, sich auszudrücken. Dada und Surrealismus waren das Zeichen neuer Geisteshaltungen. Sogar das esoterische Ballett wurde zum Tummelplatz von Provokateuren! 1916 machte Cocteaus Ballett *Parade* Skandal, das ohne eine herkömmliche Handlung bestimmte Typen wie den amerikanischen Manager charakterisierte. Die Musik von Erik Satie bezog Schreibmaschine und Sirene als Instrumente ein.

Der Erste Weltkrieg unterbrach diese Entwicklungen nicht. Er zwang Kandinsky, der sich seit 14 Jahren in der deutschen Kultur zuhause fühlte, München zu verlassen und schließlich nach Russland zurückzukehren. Viele Künstler sahen in dem irrsinnigen Abschlachten bald das ins Ungeheuerliche gesteigerte Endprodukt einer Gesellschaftsordnung, die die Besitzgier zum einzigen Ziel hatte. Für die Bürger und die herrschenden Adelscliquen hatten sie nur noch Verachtung. Es muss niemanden wundern, dass unter den progressiven Künstlern die Begeisterung für die Oktoberrevolution genauso groß war wie für die bayerische und die ungarische Räterepublik. Endlich sahen sie positive Perspektiven, die sie durch künstlerische Manifeste unterstützten.

Im neuen Russland würde die Kunst sich jetzt nicht nur frei entfalten, sondern auch die gesellschaftliche Umwälzung vorantreiben können! Nicht mehr gelangweilte Bürger, sondern bildungshungrige Proletarier waren das neue, dankbare Publikum. Die Theater- und Konzertveranstaltungen gingen nach der Revolution einfach weiter, aber rasch kam jenes neue Publikum, das nie zuvor diese heiligen Hallen betreten hatte. Theater und Museen als Orte heftiger künstlerischer und politischer Debatten – das versetzte die jungen Künstler in Begeisterung. Die neue Regierung ließ über Fabriken und Büros unentgeltliche Eintrittskarten verteilen.

Die Künstler ihrerseits gingen aus den klassischen Kulturstätten heraus. Bildungsklubs wurden gegründet, und während des Bürgerkrieges fuhren Agitationszüge durchs Land und an die Front. Straßen und Plätze wurden durch die Künstler ausgestaltet. Die moderne Kunst des Konstruktivismus und des Suprematismus prägte das Bild der Revolution.

Es entsprach dem utopischen Bild Marxens von den sich ganz frei assoziierenden Individuen als Träger der gesellschaftlichen Tätigkeit, wenn sich sowohl die Künstler in Kollektiven und Komitees organisierten, als auch die Proletarier, die erst einmal Lesen und Schreiben lernen wollten, um dann Bibliotheken, Schulen und Kindergärten aufbauen zu können, das heißt den dringendsten Bildungsbedürfnissen abhelfen wollten. Die klassenstolzen Arbeiter wollten sich von den Künstlern der alten Gesellschaft nichts mehr sagen lassen, sondern selber schreiben, Bilder malen, Lieder machen, um ihr Leben zu erfassen und ihren Kampf zu feiern. Sie wollten eine ganz neue, proletarische Kultur aufbauen – so erträumten das wenigstens die intellektuellen Führer der Proletkult-Bewegung. Dort waren rund 80000 Aktive organisiert, um Arbeiterbildung zu betreiben, und die Einrichtungen der Proletkulte wurden von weiteren 200000 Sympathisanten besucht. Die modernen Künstler waren hier nicht immer wohlgelitten, während sie ihrerseits argwöhnten, die Proletkulte trieben die begabten, aber ungebildeten Arbeiter nur in die billige Kopiererei der alten Kunst hinein, in den Kitsch.

Der Künstler-Avantgarde war klar, daß der alte Muschik, der vom jahrhundertelangen Sklavendasein gedrückte russische Bauer (Proletarier gab es ja nur wenige, und auch die hatten sich noch kaum vom Land gelöst), gar nicht imstande sein konnte, die neue Gesellschaft aufzubauen. Dazu war der Neue Mensch nötig, der im Umgang mit der Maschinenwelt erst herangebildet werden mußte!

„Sozialismus ist Sowjetmacht plus Elektrifizierung", hatte Lenin definiert. Das heißt mit anderen Worten: Räte- plus Industriesystem. In den Köpfen vieler Künstler spukte der Futurismus herum, eine aus der Idee des Bildhauers Marinetti (der sich später den Faschisten anschloss) entstandene italienische Künstlerbewegung, die sich in der Sowjetunion eigenständig entwickelte. Russland hatte wie Italien einen industriellen Nachholbedarf gegenüber England, Frankreich, Deutschland und Amerika. Entsprechend groß war die Faszination, die Industrie und Technik ausübten. Doch wie das Land modernisieren? Dafür fehlte es ganz offensichtlich an Kultur. Man schämte sich des Menschen, so wie er war. Der futuristische Filmregisseur Dziga Vertov nannte die „Unfähigkeit des Menschen, sich zu beherrschen" vor den Maschinen (!) beschämend und wollte deshalb den Menschen von Filmaufnahmen vorübergehend ausschließen: erst „der neue Mensch, befreit von Schwerfälligkeit und linkischem Wesen, wird mit den genauen und leichten Bewegungen der Maschinen ein dankbares Objekt für die Filmaufnahme sein."[2]

Der Neue Mensch! Alle sehnten ihn herbei. Der Mensch war der Schwachpunkt im Projekt „Sozialismus". Da es Aufgaben an allen Ecken und Enden zu erfüllen gab, die keinen Aufschub duldeten, musste man hoffen, die Revolution selbst würde die Schulung sein, die den Neuen Menschen hervorbrächte.

Die Künstlerorganisationen stellten sich der Revolution zur Verfügung. Der futuristische Dichter Wladimir Majakowski (1893–1930), überzeugt von der eigenen Sendung, verstand sich als Generalissimus der Künstlerarmee. Als er im April 1918 in Petrograd mit Prokofjew zusammentraf, schenkte er ihm eine Ausgabe von Tolstois Roman *Krieg und Frieden* mit der Widmung: „Dem Vorsitzenden der Musiksektion des Erdballs vom Vorsitzenden der Dichtersektion des Erdballs, Prokofjew von Majakowski".[3] 1921 dichtete er einen *Tagesbefehl Nr. 2 an die Kunstarmee*:

> Dies gilt euch –
> Opernsänger, wohlgenährte,
> von Adams Zeit
> bis zu uns,
> die ihr Spelunken, zu Theatern verkehrte,
> aufwühlt mit Romeo-Julias Kunst.

Dies gilt euch –
Kunstmaler,
feist gewordene Rösser,
Altrusslands Schönheit ins Gewieher verpackt;
in Ateliers verkrochen,
altbacken und Professor:
mal ein Stilleben pinselnd, mal einen Akt.

Dies gilt euch –
papierkostümierte Mystiker,
verrunzelter Stirnen Faselgedünst,
Futuristiker,
Imaginistiker,
Akmeïstiker,
ganz verspinnwebt im Reimwerk-Gespinst.

Dies gilt euch –
vormals Schniegelköpfe, jetzt Igelschöpfe,
gestern Bastschuhe, heute schimmernder Lack,
Proletkult-Leute,
wechselnd nur Taschen und Knöpfe
am gewendeten Puschkinschen Frack.

Dies gilt euch –
die ihr tanzend flötet,
im Verrat nicht errötet,
die ihr heimlich sündigt,
eine Zukunft
aus akademischen Sonderportionen verkündigt.

Euch tu ich kund –
egal,
ob ich genial bin oder nicht-genial,
ich habe den Nippsachen Adieu gesagt,
mich hinein ins „ROSTA"-Milieu gewagt.
Ich sage euch, –
bevor man euch mit Gewehrkolben jagt:
„Lasst es sein!"

Macht Schluss!
Vergesst!
Pfeift drauf!
Keine Reime noch Arien,
keine rosa Rosarien
noch sonstigen Ramsch
aus den Kunst-Arsenalen!

Wen interessiert noch
das schwärmerische Blech
bitter-süßlicher Herzensqualen
nebst tränenseligem Liebespech?

Meister
brauchen wir, Ausbesserer, Entschädiger –
und keineswegs langhaarige Prediger!
Aufgepasst!
Stöhnen nicht verschmachtende Loks:
„Donez, schick uns rasch deine Kohlen!"
Pfeift nicht der Eiswind in die Werkstattbox:
„Rasch lasst den Schlosser, Mechaniker holen!"

Gerammte Riesen der Fluss-Schifffahrt,
dumpf in erzwungener Ruh,
heulen am Stromrand auf eigene Art:
„Gebt uns das Öl von Baku!"

Indes wir hier trödeln, hadern,
den Sinn der Welträtsel suchen,
um neue Formen salbadern –
brüllen die Dinge und fluchen.

Keine Tölpel gibt's,
wartend auf einer Verkündigung Gunst,
gaffend: was werden die Maestri heut geben?
Genossen, schafft eine neue Kunst,
geeignet,
die Republik aus dem Unrat zu heben![4]

Majakowskis frecher und kaltschnäuziger Ton war der Ton der Zeit: wenn die Dinge schrien, hatten die Menschen zu parieren. Kein Künstler habe mehr das Recht auf seinen eigenen Weg, wenn der richtige Weg gefunden sei. Die Form sei zweitrangig, wenn nur der Inhalt stimme, und für Gefühle sei kein Platz, es sei denn, sie wären den Maschinen gewidmet. Die kraftmeierische Drohung „bis man euch mit Gewehrkolben jagt" wusste noch nichts vom Stalinismus. Aber dessen Haltung war den Künstlern sichtlich selber nicht fremd; in seinem Poem *150 Millionen* (das Lenin „saublöd" fand) hatte Majakowski gedichtet:

Den Almosenspendern, Nabelbeschauern,
Die Axt ihnen über die Glatze tanzen zu lassen!
Erschlagen! Erschlagen!
Bravo: und Schädelschalen sind gut zu Aschenbecher.
Vorwärts![5]

Wenn das Land um den Sozialismus kämpfte, durfte die Kunst nicht Selbstzweck sein. Majakowski hatte auf die hohe Kunst gepfiffen und machte Propagandaplakate, jene ROSTA-Fenster, die die aktuellen Parolen und Nachrichten per Schaufenster im ganzen Land verbreiteten. Die technikbegeisterten Konstruktivisten malten Bilder, die Architekturstudien glichen; einige ihrer Projekte wurden tatsächlich realisiert. Maler und Bildhauer wie Malewitsch, Kandinsky, El Lissitzki und Rodtschenko gründeten Institute für angewandte Kunst. Ihre Gebrauchsgegenstände, Reklametafeln und Stummfilmplakate sind heute museumswürdig...

Die russischen Avantgardisten waren sich mit deutschen Kollegen wie George Grosz u.a.m. einig in der angewiderten Ablehnung des vom Geld beherrschten bürgerlichen Kunstlebens.[6] Die übermächtige Faszination der Sowjetunion ging von dem Anspruch aus, hier würde der Hauptwiderspruch des Zeitalters gelöst. Die Wirklichkeit stand offensichtlich in einigem Kontrast zu diesem Anspruch, aber darüber waren fast nur parteiliche Urteile zu haben. Der politische Druck der ungelösten Probleme verhinderte objektives Urteilen. Wie alles übrige war auch die Kunst der Sowjetunion stark umstritten. Man bewunderte oder verurteilte die konstruktivistischen Bilder und Dekorationen, die revolutionären Poeme Majakowskis, die avantgardistischen Theaterinszenierungen Meyerholds, die futuristische Musik Mossolows und Schostakowitschs. All dies wurde von westlichen Künstlern und Kunstfreunden als Teil ihrer eigenen Anstrengungen aufgenommen: sie fühlten sich mit ihren sowjetischen Kollegen in einer Front gegen Spießertum und Reaktion. Viele westeuropäische Künstler litten unter den bürgerlich-kapitalistischen Erscheinungen des Militarismus, der Entfremdung, der Vermarktung, der Nichtigkeit im Konkurrenzkampf, der Sinnlosigkeit ihrer gesellschaftlichen Existenz, und fühlten sich mit den ausgebeuteten Arbeitern solidarisch, und großen Teilen der Arbeiterschaft Europas stellte sich als Träger der Utopie ihrer Befreiung eben die Sowjetunion dar.

Damit verwarf man gemeinsam einerseits die expressionistischen „Anarchisten“ und „modischen“ Kubisten, und andererseits galt die Kunst der Vergangenheit nicht viel mehr als ein Haufen Gerümpel. Was waren das für bürgerlich beschränkte Gedanken und überholte Formen! Man fühlte sich davon bedroht, haftete dieser Bildungsballast doch in vielen Köpfen und konnte die Hirne ahnungsloser Bildungshungriger vergiften. Majakowski spottete:

Umsonst befitticht die Glucke Gorki
Ihre Epigonen-Küchlein...
Die Zeit ist ohne Erbarmen...
Es stürmten
Die Futuristen
Die Bastille,
Gemauert aus der Vergangenheit.
In alle Winde streuten
Wie Konfetti sie
Die schäbige Kultur.[7]

Das war die Bilderstürmerei, die jede Revolution begleitete. In diesem Punkt trafen sich die Futuristen mit den Proletkultleuten, die ja ihre neue Kultur auch aus dem Nichts stampfen wollten: „Verbrennen wir Rafael im Namen unseres Morgen, zerstören Museen und zertreten die Blüten der Kunst" hatte Wladimir Kirillow in dem programmatischen Gedicht *Wir* gerufen. Auch die spontane Volkswut stürzte sich auf die alten Schätze, und zerstörte aus Hass und Lust[8], was für sie nur das Sinnbild des Reichtums ihrer früheren Peiniger war.

* * *

Als der Kommissar für Volksaufklärung Zeuge einer solchen Szene des Vandalismus geworden war, reichte er seinen Rücktritt ein. Mit Anatol Lunatscharski (1875–1933) hatten die Bolschewiki einen sehr gebildeten Intellektuellen an die Spitze des Bildungskommissariats (NarKomPros in der Abkürzungssprache der Sowjets) gestellt. Lenin wies seinen Rücktritt zurück: in solch furchtbarer Zeit seien derartige Ausbrüche unvermeidlich, und man müsse sie durch beharrliche Aufklärungsarbeit verhindern.

Lenin steuerte in der Kulturpolitik einen klaren Kurs: die bestehenden Institutionen erhalten und die neuen Strömungen so weit wie möglich nutzen. Er verstand nichts von Kunst und war Gegner von Proletkult wie Futuristen, überließ die Entscheidungen aber seinem Kommissar. Dieser berief führende Futuristen in sein Ministerium. Als er Meyerhold mit der Leitung der Theaterabteilung beauftragte, schrieb er ihm: „Niederreißen ist leichter als Neues aufzubauen, und so soll die Entscheidung darüber, ob wir der alten Theater noch bedürfen, besser einem späteren Zeitpunkt vorbehalten bleiben. Die Staatstheater haben durch einen Prozess der natürlichen Auswahl die besten künstlerischen Kräfte um sich gesammelt; diese ihres Zusammenhangs berauben zu wollen, hieße eine wertvolle Kultur zerstören, ohne dadurch das allgemeine Niveau zu heben. Überdies sind diese Theater nicht etwa leblose Mumien, sie sind vielmehr zu einer weiteren Entwicklung aus sich selbst, nach den ihnen innewohnenden Gesetzen vollkommen befähigt."[9]

Zug um Zug wurden die wichtigsten Theater und Galerien verstaatlicht und dem NarKomPros unterstellt. Kunstsammlungen, Bibliotheken und Baudenkmäler wurden ebenso wie Gärten und Parks dem allgemeinen Publikum geöffnet. Der Staatsverlag übernahm die Rechte und Nachlässe bedeutender verstorbener Schriftsteller und wurde mit der Herausgabe billiger Klassikerausgaben beauftragt. Auflösungserscheinungen innerhalb der alten Institutionen wurde scharf entgegengetreten, wie das folgende Dekret Lunatscharskis zeigt: „Hiermit gebe ich bekannt, dass das Petrograder Staatliche Philharmonische Orchester die einzige beispielhafte symphonische Institution der Republik ist. Jeder Versuch, die Tätigkeit dieses Orchesters zu desorganisieren, ist ein verbrecherischer Akt. Die Philharmonie Petrograd muss als eine Institution von höchster nationaler Wichtigkeit unversehrt bleiben."[10]

Die Musiker wurden auf die öffentlichen Plätze, in die Vorstädte, in die Fabriken geholt, und auch Einheiten der Roten Armee und der Flotte richteten Musikabteilungen ein, die neben populären und neueren Stücken auch klassische Musik spielten. Das Lehrtheater der politischen Verwaltung der Ostseeflotte gab beispielsweise in einer Reihe von Konzerten für die Matrosen am 10. 8. 1920 auch Beethovens Fünfte Symphonie und Stücke von Richard Wagner. Für ein Konzert-Meeting zur Feier des ersten Jahrestages der Revolution im Bolschoi-Theater, an dem auch Lenin teilnahm, wurden Tschaikowskys Sechste Symphonie und das 1. Bild von Rimski-Korsakows Oper *Sadko* aufgeführt. Der Opfer der Revolution gedachte man durch eine Aufführung von Mozarts *Requiem.*

Die erste Opernvorstellung für ein Arbeiterpublikum gab es in Petrograd mit Glinkas *Ruslan und Ludmilla.* Neben dem Staatlichen Großen Operntheater unterhielt der Staat in der früheren Hauptstadt noch zwei weitere Opernhäuser: das Staatliche Akademische Opern- und Ballett-Theater (das frühere Kaiserliche Marientheater) und das Kleine Petrograder Operntheater. Am Moskauer Staatlichen Akademischen Großen Theater (Bolschoi-Theater) gründete Konstantin Stanislawski (1863–1938) 1918 sein regiebezogenes Opernstudio, das 1920 selbstständig wurde, und 1919 eröffnete Nemirowitsch-Dantschenko sein nach ihm benanntes Musiktheater als Filiale des Künstlertheaters. All dies geschah in den Jahren des Bürgerkriegs, inmitten von materiellem Mangel und Hunger.

Die Fortführung der Tradition wurde also gesichert. Die Konservatorien wurden am 12. Juli 1918 aus der alten Kaiserlichen Musikgesellschaft herausgelöst und dem NarKomPros unterstellt. Die Musikgesellschaft wurde am 5. Oktober verstaatlicht. Am 19. Dezember folgte die Verstaatlichung und Zusammenfassung der Musikverlage. Durch den Direktor des Petrograder Konservatoriums war die Kontinuität auch personell gesichert: Alexander Glasunow (1856–1936) war der letzte Vertreter der zweiten Generation der nationalrussischen Komponistenschule. (Er emigrierte 1928 nach Paris.) Der Moskauer Direktor Ippolitow-Iwanow führte sein Amt bis 1922 weiter. Die Studenten wurden im traditionellen Stil unterrichtet – und stellten heimlich futuristische Experimente an, die sie ihren Professoren nicht zu zeigen wagten. Diese konservative Politik kostete viel Geld, dafür waren Lebensmittelkarten für das Personal nötig, und die Gebäude mussten in gewissem Maß auch geheizt werden. Der Rat der Volkskommissare musste mitten im Bürgerkrieg eine Million Rubel für das Opernhaus bewilligen; Lenin murrte darüber, aber er bewilligte das Geld.

Bei der „Linken" fand diese Linie lauten Widerspruch. Die Futuristen wie die Proletkulte forderten die Partei auf, ihnen die Kultur zu überlassen und sich auf die Politik und den Staat zu beschränken. Beide meldeten den ausschließlichen Führungsanspruch an der Kulturfront an. Lenin beharrte dagegen auf der Position, gleichberechtigt einerseits das bürgerliche „Erbe" aufzuheben (im Hegelschen Sinn: aus dem alten Zusammenhang zu lösen und zu bewahren, und auf neuem Niveau anzueignen), andererseits neue Entwicklungen zu fördern. Er erläuterte diese Auffassung mit den bekannten Worten: „Kommunist kann einer nur werden, wenn er sein Gedächtnis um alle Schätze bereichert, die von der Menschheit gehoben worden sind."[11]

Damit meinte er neben den Schätzen der Wissenschaft auch die Kunstschätze. In diesem Sinn warnte er auf dem 3. Gesamtrussischen Kongress des Kommunistischen Jugendverbandes (Komsomol) die Jugendlichen vor „kommunistischem Dünkel", der sich nur auf auswendig gelernte Parolen stützt, statt sich jene Summe von Kenntnissen anzueignen, ohne die der „Wissenschaftliche Sozialismus" seine Schlussfolgerungen nicht ziehen könne. Als Marxist hatte er ein Weltmodell, dessen Verwirklichung er um keinen Preis gefährden durfte. Die Macht musste deshalb auf jedem Feld verteidigt werden, auch auf dem Feld der Kultur. Auf dem Kongress für außerschulische Bildung (der der Alphabetisierung, dem Aufbau von Leseklubs und Bibliotheken usw. gewidmet war) wetterte er am 6. Mai 1919 über den „Überfluss an Abkömmlingen der bürgerlichen Intelligenz, der die neugeschaffenen Bildungseinrichtungen der Arbeiter und Bauern immer wieder als das günstigste Feld für ihre privaten Hirngespinste auf dem Gebiet der Philosophie oder der Kultur betrachtete, wobei auf Schritt und Tritt die albernsten Verdrehungen für etwas ganz Neues ausgegeben wurden, und überspanntes und unsinniges Zeug als rein proletarische Kunst und proletarische Kultur aufgetischt wurde."[12]

Das NarKomPros ging an die Verwaltung des „Erbes". In der Hauptabteilung Musik arbeiteten die Komponisten Lourié, Glière und Assafjew. Sie entwickelten Empfehlungen für Musikprogramme, und ein Haupt-Repertoire-Komitee stellte eine Liste mit „reaktionären" Stücken auf, die nicht mehr aufgeführt werden durften. Immer noch war die Ansteckungsfurcht vor dem bourgeoisen Gedankengut groß, das in den bürgerlichen Werken zwangsläufig steckte.[13] Das Beschlussdokument einer Konferenz zwischen der Musikabteilung des NarKomPros und den gewerkschaftlich organisierten Musikern zeigt, wie man sich den Umgang mit dem „Erbe" dachte: „Die neue proletarische und sozialistische Kultur kann nur auf dem Fundament aller Errungenschaften der Vergangenheit erbaut werden. Sie muss mitleidslos von jeder Beimischung des bourgeoisen Verfalls und der Verderbtheit bereinigt werden. [...] Das Erbgut der alten Kultur muss vom Proletariat nicht schülerhaft, sondern kraftvoll, bewusst und äußerst kritisch absorbiert werden."[14]

Der Versuch, die Proletkulte auf deren 1. Gesamtrussischen Kongress Anfang Oktober 1920 in den Staat einzubinden, misslang. Daraufhin wurden im NarKomPros als Konkurrenz die Hauptausschüsse für politisch-kulturelle Aufklärung gebildet. Die Streichung der staatlichen Zuschüsse Anfang 1922 versetzte der einst so starken Gruppierung dann den letzten Schlag, den sie nicht lange überlebte. So versuchte die Partei die Kulturfront zu dominieren. Die Künstlergruppen waren zu zersplittert, um ein ernsthafter Konkurrent zu sein. Der Kampf um die Linie wurde jetzt gegenüber diesen Gruppen fortgesetzt, die sich auch intern und untereinander bekämpften.

* * *

Mit dem Ende des Bürgerkrieges brach 1921 endlich auch für Russland die Epoche des Wiederaufbaus an. Sie brachte eine kulturelle Blüte mit sich, die legendär geworden ist. Die Wirtschaft hatte sich in den ersten drei Jahren nach der Revolution alles andere als planmäßig entwickelt und mit der Bewältigung des täglichen Mangels genug zu tun gehabt. Dabei war eine fast bargeldlose Naturalwirtschaft entstanden.

Die wichtigsten Bedürfnisse wurden vom Staat befriedigt und kosteten nichts – außer der Arbeitskraft, denn Bezugsscheine bekam nur, wer arbeitete. Mehr als die Waren für den Grundbedarf gab es sowieso nicht.

Mit dem Sieg im Bürgerkrieg nahte zugleich der absehbare Totalzusammenbruch von Industrie und Landwirtschaft. Die Partei beschloss, von dieser Art „Kriegskommunismus", wie die Sprachregelung für die Phase der urwüchsig kommunistischen Wirtschaft jetzt lautete, abzurücken und verabschiedete auf dem X. Parteitag im März 1921 das Programm der Neuen Ökonomischen Politik (NEP). Als deren Kern wurde die Zwangsablieferung der Ernte durch die Naturalsteuer ersetzt, d. h. eine Ablieferungsquote für die bäuerliche Produktion. Damit wurden auch der kapitalistische Markt und die private Kleinindustrie in gewissem Rahmen wieder zugelassen, und sogar Konzessionen an ausländische Kapitalisten vergeben.

Die Aufteilung der Adelsgüter an die Bauern war von der Revolution legalisiert worden, aber der Bürgerkrieg hatte durch die staatlichen Zwangsrequirierungen den einzelnen Bauern die Kehle zugeschnürt. Die neuen Maßnahmen sollten nun auf Umwegen die Industrialisierung auf eine neue Grundlage stellen. Importe von Produktionsmitteln mussten durch landwirtschaftliche Überschussproduktion bezahlt werden. Dafür, und um die Versorgung zu sichern und die Bauernschaft umzumodeln sollten die technische und gesellschaftliche Basis der Landwirtschaft revolutioniert und schließlich immer weitere Bereiche der Volkswirtschaft einem einheitlichen Plan unterworfen werden.[15] Der Aufbau einer eigenen Schwerindustrie sollte von Produktionsmitteln aus dem Ausland unabhängig machen.

Nach einer chaotischen Phase des Übergangs wurden die Produktionsziffern der Vorkriegszeit im groben wieder erreicht. Die Rekonstruktionsphase der Wirtschaft war bewältigt. Ungelöst waren jedoch die grundsätzlichen Schwierigkeiten, in diesem Agrarland das Industriesystem auf sozialistischer Basis durchzusetzen.

Lenin sah die Gefahren der Unterentwicklung genau.[16] Er notierte: „Während wir über proletarische Kultur und über ihr Verhältnis zur bürgerlichen Kultur geschwatzt haben, bieten uns die Tatsachen Zahlen dar, die zeigen, dass es bei uns sogar um die bürgerliche Kultur sehr schwach bestellt ist."[17]

Die Prawda vom 4. März 1923 brachte unter der Überschrift „Lieber weniger, aber besser" den letzten Artikel Lenins. Seine Funktionen als Regierungschef und Parteiführer konnte er seit seiner Erkrankung im Dezember 1922 nicht mehr ausüben. Er starb am 24. Januar 1924.

In diesem Artikel warnte er aus seiner nun größeren Distanz davor, sich auf die bisherigen sozialistischen Errungenschaften allzu viel einzubilden:

> Für den Anfang sollte uns eine wirkliche bürgerliche Kultur genügen, für den Anfang sollte es uns genügen, wenn wir ohne die besonders ausgeprägten Typen vorbürgerlicher Kultur auskommen, d. h. der Beamten- oder der Leibeigenschaftskultur usw. In Kulturfragen gibt es nichts schädlicheres als Übereile und Leichtfertigkeit. Das sollten sich viele unserer jungen Publizisten und Kommunisten gut hinter die Ohren schreiben. – Was nun die Frage des Staatsapparates betrifft, so müssen wir aus den bisherigen Erfahrungen den Schluss ziehen: Lieber etwas langsamer.
>
> Mit dem Staatsapparat steht es bei uns derart traurig, um nicht zu sagen abscheulich, dass wir uns zunächst gründlich überlegen müssen, wie wir seine Mängel bekämpfen sollen, eingedenk dessen, dass diese Mängel ihre Wurzeln in der Vergangenheit haben, die zwar über den Haufen geworfen, aber noch nicht in das Stadium einer in die ferne Vergangenheit entrückten Kultur eingetreten ist. Ich schneide hier gerade die Frage der Kultur an, weil in diesen Dingen nur das als erreicht gelten darf, was in die Kultur, in das Alltagsleben, in die Gewohnheiten eingegangen ist. Bei uns aber, das kann man wohl sagen, ist das Gute an der sozialen Ordnung äußerst schlecht durchdacht, nicht verstanden, nicht innerlich empfunden, ist hastig aufgegriffen, nicht nachgeprüft, nicht erprobt, nicht durch Erfahrung bestätigt, nicht verankert usw. …
>
> Welche Elemente sind bei uns zur Schaffung dieses Apparats vorhanden? Nur zwei. Erstens die Arbeiter, die begeistert für den Sozialismus kämpfen. Diese Elemente sind ungenügend gebildet. Sie möchten uns den besten Apparat geben. Aber sie wissen nicht, wie man das zustandebringt. Sie können das nicht zustande bringen. Sie haben bis jetzt noch nicht die Entwicklung durchgemacht, die dazu nötig ist. Und dazu ist eben Kultur nötig. Da ist mit Draufgängertum oder Tatendrang, mit Forschheit oder Energie oder mit sonst noch so guten menschlichen Eigenschaften im allgemeinen nichts auszurichten. Zweitens die Elemente des Wissens, der Bildung, der Schulung, von denen wir im Vergleich mit allen anderen Staaten lächerlich wenig haben.[18]

So klar diese späten Erkenntnisse Lenins waren, so wenig spielten sie noch eine Rolle für die weitere Entwicklung. Das geschaffene System hatte längst seine Eigendynamik entfaltet. Je größer die Schwierigkeiten wurden, desto stärker wurden sie mit administrativen Mitteln angegangen, das heißt mit Zwang und Gewalt. Den Künstlern wurde die Rolle zugewiesen, die utopischen Träume am Leben zu erhalten.

Die Pressefreiheit war rasch eingeschränkt worden, bis Lenin sogar Blätter mit wohlmeinender Kritik verbot, wie die Zeitschrift seines Dichterfreundes Maxim Gorki. Die Künstler bildeten ständig neue

Gruppierungen, die den schärfsten Kampf gegen die „falschen“ Auffassungen der anderen führten. Jede trat dabei mit dem Machtanspruch auf und hätte die anderen am liebsten verboten. Vor allem die Schriftstellervereinigung RAPP (Russische Assoziation Proletarischer Schriftsteller) machte sich zum Hüter der reinen Lehre in der Kulturpolitik. Sie trat mit dem Anspruch auf, die Parteilinie in die Kunst umzusetzen.

Am schwersten hatten es die vielen bedeutenden Künstler, die sich keiner Gruppe angeschlossen hatten, sondern den politischen Ereignissen mit kritischer Sympathie folgten, die sogenannten „Mitläufer“. Als bekannt wurde, dass die RKP am 9. und 10. März 1924 eine Konferenz über die Politik der Partei im Bereich der schönen Literatur durchführen wollte, nutzten dies Mitläufer wie Alexej Tolstoi, Jessenin, Mandelstam, Babel und Iwanow zu einem Protestschreiben gegen „bewusst voreingenommene und unaufrichtige Kritik“ an ihnen, die obendrein noch als die geschlossene Meinung der RKP ausgegeben werde. Dieses Verhalten der RAPP konnte auch der Partei nicht recht sein. Die Konferenz fasste dann eine Resolution[19], die einerseits dazu aufrief, neue Arbeiter- und Bauernschriftsteller zu fördern, andererseits aber auch die Zusammenarbeit mit den Mitläufern für nötig erklärte. Sonst würden diese ganz unnötigerweise von der Sowjetmacht abgestoßen. Außerdem wäre es Sabotage an den proletarischen Schriftstellern, wenn man sie verhätschele, statt sie der Konkurrenz der Profis auszusetzen. Einer von denen, die die Auseinandersetzungen mit Kollegen und Politikern nicht ertragen hatte, war Kandinsky. Er emigrierte 1921 nach Berlin. Dort erhielt er von Walter Gropius das Angebot einer Professorenstelle am neugegründeten Bauhaus, das ganz ähnliche Ziele verfolgte, wie die russischen Werkstätten für angewandte Kunst: die Teilkünste wieder zu verbinden mit dem Bau und seiner Einrichtung, bis hin zum Theaterspiel und dessen Ausstattung.

* * *

Die Kulturblüte der NEP-Zeit wurde der Armut abgetrotzt. Es gab nicht mehr die kostenlosen Kulturdarbietungen für die arbeitende Bevölkerung. Die Kontingente von Opern- und Konzertkarten, die über die Gewerkschaften verteilt wurden, mussten – billig – bezahlt werden. Auch auf dem Kultursektor entstand ein gewisser freier Markt von Angebot und Nachfrage. In beiden Metropolen war das Bedürfnis nach klassischer und moderner Kunst groß. Die Tür zum Ausland war weit geöffnet. Auf allen Kunstsektoren gab es einen lebhaften Austausch. Die beiden russischen Hauptstädte gehörten in diesem Jahrzehnt zu den Weltzentren der Kunst.

Als einer der ersten Musiker kam 1922 Oskar Fried, Freund und Propagandist Gustav Mahlers, nach Sowjetrussland und wurde von Lenin persönlich empfangen. Der Dirigent Otto Klemperer ging 1924 „nach Russland und kehrte von da an jedes Jahr bis 1936 für sechs Wochen dorthin zurück. Ich war so beeindruckt von der Atmosphäre, dass ich ernsthaft erwog, mit meiner Familie dorthin zu gehen".[20] Als Bruno Walter 1923 Mahlers Vierte Symphonie dort aufführen wollte, bekam er wegen des Liedfinales Schwierigkeiten mit dem Hauptrepertoirekomitee: im neuen Russland könne man nicht mehr von Heiligen singen! Er entschied sich dann lieber dafür, die Erste Symphonie aufzuführen.[21]

Wichtige Komponisten kamen in das revolutionäre Russland und stellten ihre neuen Werke vor: Paul Hindemith, Darius Milhaud, Alban Berg, Alfredo Cassella und viele weitere. Die kleinen Bühnen brachten 1925 Schrekers *Der ferne Klang*, 1926 Bergs *Wozzeck*, 1928 Kreneks Jazzoper *Johnny spielt auf*, 1929 Hindemiths *Neues vom Tage.* Auch Besucher, die den politischen Ereignissen eher skeptisch gegenüberstanden, begeisterten sich an dem enthusiastischen Publikum und den einsatzfreudigen Musikern.

Ihre sowjetischen Kollegen hatten den industriellen Aufbau zum Thema vieler Kompositionen gemacht. International berühmt wurde die *Eisengießerei* (*Sawod*), ein Stück Maschinenmusik aus einem Ballett von Alexander Mossolow (1900–73). In anderen Stücken wurden Eisenbahnen imitiert, Dampfpfeifen zu einer Symphonie zusammengebracht, Geräusche aller Art in die Musik einbezogen. Der industrielle Aufbau fand sogar in Paris ein Echo: 1921 wurde Prokofjews Ballett *Le Pas d'acier* (*Tanz des Stahls*) aufgeführt. Arthur Honegger schrieb 1923 den symphonischen Satz *Pacific 231*, dessen musikalische Struktur eine anfahrende Lokomotive assoziieren lässt, deren Fahrt sich rasend beschleunigt, bis sie sich – nicht mehr einholbar – in der Ferne verliert. Das Pathos der Technik beherrschte die Köpfe vieler Künstler.

Die traditionelle Ausbildung in den Hochschulen sorgte dafür, dass auch in der Sowjetunion in den alten Formen weitergearbeitet wurde. Ein Ergebnis dieser Ausbildung war 1926 die Aufführung der Abschlussarbeit eines Absolventen des Leningrader Konservatoriums. Bruno Walter lernte diese erstaunliche Arbeit eines 19jährigen kennen, und beschloss, sie im folgenden Jahr in Berlin aufzuführen. Von dort aus machte die Symphonie des jungen Dimitri Schostakowitsch rasch ihren Weg durch die Konzertsäle der Welt und seinen Namen weit bekannt.

Dimitri Dimitrijewitsch Schostakowitsch wurde am 25. 9. 1906 in St. Petersburg geboren. Die Eltern gehörten zur liberalen Intelligenz. Die Mutter gab auch Klavierstunden und der Vater war Chemiker; er starb schon 1922. Mit 16 Jahren war Schostakowitsch ins Konservatorium aufgenommen worden, weil er bereits Vorkenntnisse erworben hatte und eigene Kompositionen vorlegen konnte. Obwohl das Konservatorium früher dem Zaren unterstellt war, hatte es doch eine liberale Tradition. Die bedeutendsten Professoren hatten 1905 nach dem Massaker vom 9. Januar ihre Unterschrift unter eine Protestresolution gegen die Unterdrückung der Kunst gesetzt: „Nein, wir sind nicht ‚freie Künstler', wir sind Opfer der Willkür wie alle unsere Mitbürger, Opfer der verwickelten, anormalen Verhältnisse des Gesamtlebens in Russland!“[22] Rachmaninow, Gretschaninow, Glière und Schaljapin hatten ebenso zu den Unterzeichnern gehört wie der Moskauer Konservatoriums-Direktor Tanejew. Dieser war daraufhin von den zaristischen Behörden entlassen worden, das gleiche war in Petersburg mit Rimski-Korsakow geschehen. Wegen „politischer Umtriebe“ der Studenten waren die Konservatorien geschlossen geblieben. Der elfjährige Schostakowitsch hatte bei den revolutionären Ereignissen erleben müssen, wie ein Soldat einen Jungen tötete. Ihm widmete er eine seiner frühesten, später vernichteten, Kompositionen. Es war keine idyllische Ecke der Gesellschaft, in der er heranwuchs und sein Bewusstsein entwickelte.

Die *Erste Symphonie* in f-moll op. 10 ist dennoch kein politisches Stück geworden, sondern ein ganz klassisch viersätziges Instrumentalwerk. Da es die Diplomarbeit war, musste Schostakowitsch sich den traditionellen Ausdrucksformen der russischen Symphonik anpassen, was ihm aber offensichtlich weder besonders schwer fiel noch ihn einengte. Der strenge Direktor Glasunow machte zwar einige Verbesserungsvorschläge und verlangte vor allem die Korrektur einer Bläserstelle, die ihm harmonisch zu gewagt erschien. Vor der Aufführung änderte Schostakowitsch die Korrektur aber wieder ab: es war doch seine Symphonie!

Das gut halbstündige Werk sprudelt nur so von Originalität; es ist sehr farbig instrumentiert. Was die Musik so ganz eigenständig erscheinen lässt, ist ihr Charakter. Sie wirkt trocken, durchsichtig und präzise, der Klang verschwimmt nie. Dabei ist sie gestenreich und scheint etwas zu erzählen (obwohl sie rein musikalisch hinreichend verständlich ist). Sie entwirft verschiedene Bilder und kontrastiert diese miteinander. Es assoziiert sich ein Handlungsfaden, als sei sie für einen Film bestimmt. In seinen Konservatoriumsjahren musste Schostakowitsch sich sein Geld als Kinopianist verdienen – das hat seine Phantasie sicherlich beeinflusst. All dies ist aber durch die strenge Form der Symphonie auf eine allgemeinere Ebene gehoben.

Die Einleitung zum ersten Satz lässt das musikalische Material förmlich erwachen. Es dehnt und reckt sich, bis es die Gestalt eines ausgebildeten Themas angenommen hat. Damit ist die Keimzelle der weiteren Thematik der Symphonie vorhanden – das Themenmaterial stellt hier (wie auch in späteren Werken) den Zusammenhang zwischen den einzelnen Sätzen her. Im wesentlichen wechseln dann ein lyrischer und ein martialischer Abschnitt einander ab (nach dem klassischen Schema: erstes männliches und zweites weibliches Thema), wobei der kriegerische „männliche" Abschnitt in drolliger Weise aufgeplustert wird: da geht jemand auf Eroberungstour. Die ironische Formulierung – hier zeigt sich schon der spätere Satiriker Schostakowitsch – deutet aber darauf hin, dass das Schlagzeuggerassel und Blechgeschmetter höchstens einen amourösen Feldzug bedeuten könnte…

Der zweite Satz ist ein Galopp, der ebenfalls gut zur Illustration von Filmszenen geeignet wäre: eine wilde Jagd, die indessen mit einem enormen Misserfolg endet. – Der dritte Satz Lento „schmachtet" dann ganz fürchterlich, und zwar so übertrieben, dass die ironische Distanz gewahrt bleibt.

Das Finale rafft sich schließlich zur Konfliktlösung auf. Doch die Musik verrennt sich in voreiligen Jubel, der sehr dissonant hervorgepresst wird und wieder in einem totalen Einbruch endet – hochpathetische Paukenschläge – dann: langsam kommt die Musik wieder ins Fließen und endet in einem lauten, energischen Schluss.

Einige wesentliche Stilmerkmale sind damit bereits genannt. Schostakowitsch konnte nicht mehr im spätromantischen Stil Glasunows oder Rimski-Korsakows schreiben. Die Zeit der Gefühlswallungen wie der hübschen Illustrationsstückchen war vorbei. Neoklassizismus und Neobarock zeigten eine Abwendung vom Individualismus der Romantik und des 19. Jahrhunderts. Die Antisubjektivität der barocken Motorik erlaubte es, sozusagen ganz unpersönlich zu spielen. Strawinsky und Prokofjew, über die die Lehrer am Konservatorium nur die Köpfe geschüttelt hatten, faszinierten die junge Generation mit ihrer frechen und kühl-distanzierten Musik. Deren scheinbare Primitivismen ärgerten die Alten und blamierten sie zugleich, weil sie die sehr ausgefeilte Handwerklichkeit dahinter nicht wahrhaben wollten. Gefühle konnte man nur noch indirekt ironisierend äußern – wie hatte Majakowski geschrieben: „Wen interessiert noch das schwärmerische Blech bittersüßlicher Herzensqualen nebst tränenseligem Liebespech“! Deshalb die Übertreibung im Lento.

Im *Klaviertrio* Nr. 1 op. 8 aus dem Jahr 1923 geschah etwas ähnliches. Dort bricht in ein „schmachtendes“ und ein stürmisches Feld romantischer Schwärmerei eine groteske Partie ein. Nach den Gefühlsverwirrungen schließt das einsätzige Stück unwirsch mit einigen Läufen, die an den „passus duriusculus“ erinnern, eine Figur aus der frühen Musik, die das Leiden Christi symbolisierte (solche Formen lernt man am Konservatorium). Wie sehr Schostakowitsch sich auch in diesem augenzwinkernden Stück um formale Beherrschung bemühte, zeigt die thematische Verbundenheit der konträren Abschnitte.

Auch ein Stück wie die *Klaviersonate* Nr. 1 op. 12, das für Schostakowitschs Verhältnisse recht experimentelle Wege geht, ist entgegen dem ersten Höreindruck durchsichtig gesetzt und thematisch klar strukturiert. Der Komponist war ein ausgezeichneter Pianist. Für seine Konzertauftritte ist diese donnernde Sonate entstanden. Gleichzeitig schrieb er die erstaunlich vollkommenen zwei Stücke für *Streichoktett* op. 11, ein romantisierendes Präludium und ein wildes Scherzo. Er erprobte sein Talent also in verschiedene Richtungen.

Er fand damit nicht nur Beifall. Vor allem die Klaviersonate stieß auf scharfe Kritik. Man warf ihm formale Spielerei ohne gesellschaftlichen Sinn vor. Spielen in revolutionärer Zeit war bei Puristen verpönt: *Formalismus* lautete der Vorwurf. Schostakowitsch war hier aber nur in die Schusslinie zwischen den politischen Gruppierungen geraten. Im Jahr 1923 war in Petrograd von Musikern um Mjaskowski und Beljajew die Assoziation für zeitgenössische Musik (ASM) gegründet worden. Ihr waren die meisten Aufführungen moderner sowjetischer und ausländischer Stücke zu verdanken. Schostakowitsch besuchte diese Konzerte und hatte zu Musikern dieser Gruppe Kontakt. Die ASM wurde von der „proletarischen“ Komponistengruppe RAPM heftig attackiert. Nach deren Meinung war die ASM-Musik nur der üble Versuch, die Tradition der bürgerlichen Musik fortzusetzen, die sowieso keinem Werktätigen vertraut und in ihren modernen Produkten ganz und gar unverständlich sei. Die RAPM lehnte sich an die Schriftstellergruppe RAPP an und kopierte auch deren diktatorischen Hochmut. Zunächst sollte sie mit ihrem Dogmatismus tatsächlich über die ASM und ähnliche Vereinigungen triumphieren. – Nur darf über diesen Auseinandersetzungen eben eines nicht vergessen werden: dass sie vor dem Hintergrund eines sehr vielfältigen Schaffens geführt wurden und ein Ausdruck der divergierenden geistigen Strömungen dieser Zeit waren.

Schostakowitsch war keiner von den großen Experimentatoren. Er war hin- und hergerissen zwischen dem Wunsch, den professionellen Standards der Tradition zu genügen, und der revolutionären Sehnsucht, breitere Massen zu erreichen. Das machte Stücke wie die *Symphonische Widmung an den Oktober* (eine Auftragsarbeit des Staatsverlags zum 10. Jahrestag der Revolution) und *Zum 1. Mai* so zwiespältig, die dann als Zweite und Dritte Symphonie ins Werksverzeichnis kamen.

Beide antworten mit einem revolutionären Chorhymnus auf einen einleitenden Orchesterteil. In der *Zweiten Symphonie* op. 14 ist der Instrumentalteil Schostakowitschs experimentellste Partitur. Aus verschwommenen Klangflächen, dem Chaos, lösen sich Impulse; ein Marsch, ein Reigen nehmen Gestalt an. Dem 17 Minuten langen, einsätzigen Werk liegt die klassische Viersätze-Form nur rudimentär zugrunde. Im Zentrum des zweiten Abschnitts formt sich die Entschlossenheit heraus. Im letzten Teil klagt der von einer Fabriksirene eingeführte Chor in der ersten Strophe über die Ausbeuter.[23] Die zweite Strophe nimmt die Entschlossenheit zum Kampf auf. In den letzten beiden Strophen wird die „Letzte Schlacht“ geschlagen und das Chaos überwunden. Ob die gegenüber dem Orchesterpart vergleichsweise konventionelle Satzweise des Chorhymnus allerdings überrascht, hängt vom Maßstab ab, den man anlegt. Schostakowitsch mag ihn in Majakowskis Versen gefunden haben:

> Der Futuristen eisern-gehackte Marschlieder
> Befeuern der Rußgesichter
> Gellschallend den Schlussreim nachjauchzende
> Millionen-Chöre.
> Muskelstraffe Schenkelbeine
> Bestampfen paukend den Boden.[24]

Die Musik der *Dritten Symphonie* op. 20 bewegt sich dagegen wieder in vertrauterem Fahrwasser. Der Instrumentalteil schildert Szenen aus der Geschichte des 1. Mai und nutzt dafür Verfahren der Stummfilmmusik. Die Musiksprache der Dritten ist plastisch und agitatorisch. Sie ist dem Hörer unmittelbarer zugänglich als die – abstrakteren – Gedanken der Zweiten Symphonie. Nachdem das blutige Niedermetzeln einer Maidemonstration geschildert wurde, rafft sich die Musik trotzig zum Schlusschor auf: „Setzt nun in Brand die alte Zeit, Flamme gibt neues Licht!“.[25]

Gleich nach der Zweiten Symphonie schrieb Schostakowitsch 1927/28 die Oper *Die Nase* nach Gogols satirischer Novelle aus der Zeit des Zaren Nikolaus I. In eineinhalb Stunden turbulenter Musik rast die

Geschichte vom schrecklichen Schicksal des Majors Kowaljew vorbei: dieser muss seiner verlorengegangenen Nase nachjagen. Die absurde Handlung Gogols gibt Gelegenheit, die Banalität gewisser Leute bloßzustellen: Beamte, Polizei, Damen der Gesellschaft. Schostakowitsch zieht alle Register der Kunst, um die Charaktere lebendig werden zu lassen. Ein orchestrales Zwischenspiel ist nur mit Schlagzeug instrumentiert, Sänger und Instrumente müssen ungewohnte Töne hervorbringen und die Handlung läuft an einer Stelle sogar parallel ab. Schostakowitsch hatte aber keine „Klamotte" im Sinn. Ihm ging es darum, den tödlichen Ernst der Banalität zu zeigen: „Die Musik ist in diesem Stück nicht um ihrer selbst willen da. Das Schwergewicht liegt auf der Darbietung des Textes. Ich füge hinzu, dass die Musik nicht absichtlich ‚parodistisch' gefärbt ist. Nein! Trotz der Komik des Geschehens auf der Bühne will die Musik nicht komisch wirken. Ich halte das für richtig, weil Gogol alle komischen Vorgänge in ernstem Ton schildert. Darin liegt die Stärke und der Wert des Gogolschen Humors. Er ‚witzelt' nicht. Die Musik ist ebenfalls bemüht, nicht zu ‚witzeln'.[26]

Während der Arbeit an der *Nase* hatte Schostakowitsch Gelegenheit, sich ausführlich mit Gogol zu beschäftigen: Meyerhold hatte ihn gebeten, an seinem Theater in Moskau als Verantwortlicher für die Bühnenmusik zu arbeiten. Eine der wichtigsten Inszenierungen war damals Gogols *Revisor.* In diesem halben Jahr wohnte Schostakowitsch in Meyerholds Wohnung.

Im Jahr darauf arbeitete er wieder mit Meyerhold zusammen. Diesmal schrieb er die Musik für die Inszenierung von Majakowskis *Die Wanze.* Alexander Rodtschenko schuf das konstruktivistische Bühnenbild dafür. Der junge Komponist – er war 23 Jahre alt – war im Umgang mit diesen Größen durchaus selbstbewusst. Jewtuschenko berichtete, Schostakowitsch habe ihm einmal erzählt, Majakowski sei damals in besonders übler und nervöser Stimmung gewesen „und beim Anblick des jugendlichen Komponisten reichte er ihm in überheblicher und nachlässiger Weise zwei Finger. Schostakowitsch streckte ihm einen Finger hin. Da brach Majakowski in ein freundschaftliches Lachen aus, drückte ihm kräftig die Hand und sagte: ‚Du wirst weit kommen, Schostakowitsch!'"[27]

Mit dem Theater bekam die Tätigkeit Schostakowitschs einen neuen Schwerpunkt. Auch in Leningrad schrieb er für die Bühne. Er arbeitete unter anderem für das Theater der Arbeiterjugend. Die Regisseure Kosinzew und Trauberg engagierten ihn für die Musik zu ihrem Stummfilm *Das Neue Babylon.* Daraus wurde die lebenslange Zusammenarbeit Schostakowitschs mit Kosinzew. *Das Neue Babylon* ist der

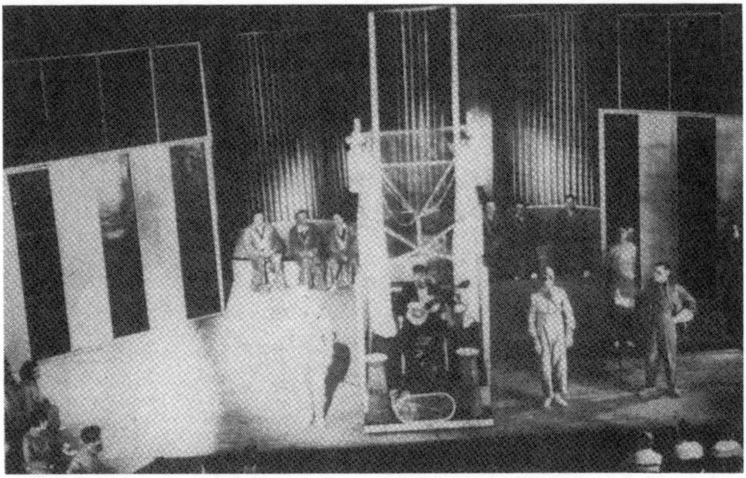

Bühnenbild *Die Wanze* (1927)

Name eines Pariser Kaufhauses. Die Handlung spielt zur Zeit der Kommune während des Krieges mit Deutschland 1870/71. Marx hatte in ihr das revolutionäre Modell gesehen, und Lenin hatte daraus seine Idee des proletarischen Staates entwickelt. Am stärksten ist Schostakowitschs Partitur in den Offenbach-Parodien, die das kreischende Vergnügen der Bourgeoisie am Rande des Abgrunds charakterisieren. Kosinzew erinnerte sich, dass dem Kinopublikum diese Musik nicht so ganz geheuer war: „In den Beschwerdebüchern zahlreicher Kinotheater wurde an Spieltagen eine empörte Eintragung festgestellt, die aussah, als ob sie von ein und derselben Person stammte: ‚Der Dirigent des Orchesters war heute betrunken!' Man schimpfte den Komponisten einen Flegel und warf ihm Unkenntnis in der Orchestrierung vor. Man begegnete der Partitur sehr feindlich. Es war viel einfacher, auf die alte Art und Weise weiterzuleben… Nach einigen Tagen verstummten die Verwirrung stiftenden Klänge. Das Orchester spielte munter wie früher weiter."[28]

Da sich in dieser Zeit die Angriffe gegen seine Musik häuften, geriet Schostakowitsch in ernsthafte Zweifel darüber, ob er wirklich Komponist werden sollte. Würde seine schwache Konstitution das aushalten – immerhin hatte dieser nervöse Mensch bereits eine Lymphknoten-Tuberkulose hinter sich. War es nicht weniger anstrengend, eine Pianistenkarriere einzuschlagen?

Auch nach der Entscheidung für den Weg des Komponisten blieben Unsicherheiten. Er wollte nicht nur für einige Experten arbeiten. Die Masse der Musikfreunde ging nur bis zu einer gewissen Grenze mit. Also versuchte er, ihr entgegenzukommen. Das Niveau senken, um dann erzieherisch die Hörer in ihrem Niveau zu heben, war das nicht revolutionär? Er wollte „dem Volk aufs Maul schauen“ und nicht die Augen vor der städtischen Musik verschließen, die deren täglicher Umgang war. So entstanden seine Ballette *Das Goldene Zeitalter* (1929/30) und *Der Bolzen* (1930/31).

Das Goldene Zeitalter erzählt eine Geschichte von einer sowjetischen Fußballmannschaft (Schostakowitsch war selbst Fußballfan) im kapitalistischen Ausland. Die kapitalistischen Typen werden durch Jazzmusik, Tango, Shimmy usw. charakterisiert. Das war fatal nach zwei Richtungen: Die dogmatisch-proletarischen Kritiker waren voller Gift, dass so dekadente Musik soviel Platz bekam, und im Publikum gab es manchen, dem die plakative Musik der „Guten“ zu langweilig, die amerikanische Musik aber umso attraktiver erschien.

Auch *Der Bolzen* enthält Musik in sehr vereinfachtem Stil. Die Geschichte setzt an der verbreiteten Angst vor feindlicher Spionage an – ob und in welchen Ausmaß das kapitalistische Ausland wirklich interessiert war, den Aufbau zu sabotieren statt davon zu profitieren, ist strittig. Die Partei machte eine Kampagne gegen „Schädlingsarbeit“ daraus, die hysterische Züge annahm. In dem Ballett werden die Machenschaften einiger Finsterlinge glorreich entlarvt. Es werden aber auch negative Erscheinungen des sozialistischen Alltags durch plastische Karikaturen zur Strecke gebracht: „Der Bürokrat“, „Der Opportunist“, „Der Karrierist“ heißen einige Nummern. Den Karrieristen karikierte Schostakowitsch mit dem Xylophon. Als Mittel der Satire hatte dieses Instrument schon im Goldenen Zeitalter gedient. Dort gibt es eine Polka, die die nutzlose Betriebsamkeit des Völkerbunds entlarven soll, der von der Sowjetunion damals als Instrument der Imperialisten bekämpft wurde. Das Auftauchen des Xylophons wird auch später bedeuten: Achtung – Satire!

* * *

Bald war Schostakowitsch mit diesen Versuchen der Popularisierung jedoch unzufrieden. Er schrieb leicht und schnell – eine Eigenschaft, die beim Theater sehr nützlich war. Aber seine eigene Musik war ihm dadurch zu billig geworden. Reinhold Glière hatte mit der Uraufführung seines Balletts *Roter Mohn* den großen Erfolg erlebt; in diesem

Stück konnte Schostakowitsch aber nur die Tat eines Epigonen sehen, eines Nachahmers der russischen Tradition, gewürzt mit einer doppelten Exotik: dort brachte die Mannschaft eines sowjetischen Frachters die revolutionären Ideen (in der musikalischen Gestalt der *Internationale*) nach China, dem Land der applaussicheren Pentatonik. Schostakowitsch vollzog eine grundsätzliche Wende. In der Zeitung Arbeiter und Theater, in deren Spalten er häufig angegriffen worden war, ließ er eine „Deklaration der Pflichten eines Komponisten" abdrucken: „Von Anfang 1929 bis Ende 1931 arbeitete ich ausschließlich im musikalischen Kunstgewerbe… Es ist für niemanden ein Geheimnis, dass die Lage an der musikalischen Front am Vorabend des 14. Jahrestages der Oktoberrevolution katastrophal ist… Ich bin fest davon überzeugt, dass gerade durch die allgemeine Flucht der Komponisten zum Theater diese schwierige Lage entstanden ist… Die Musik spielt dort die Rolle eines Akzents der ‚Verzweiflung' oder der ‚Begeisterung'. Es gibt bestimmte Schablonen in der Musik: Trommelwirbel beim Auftritt eines neuen Helden, der ‚frische' und ‚energiegeladene' Tanz der positiven Helden, der ‚Foxtrott' für ‚Zersetzung' und ‚frische Musik' für ein Happy End. Das ist das Material für das Schaffen eines Komponisten. Es darf jedoch nicht sein und ist ein Verbrechen an der sowjetischen Musik, wenn man die Rolle der Musik auf nackte Anpassung an den Geschmack und die schöpferische Methode des Theaters reduziert… Dadurch ergibt sich eine wahre Entpersönlichung des Komponisten… Was die sowjetische Musikbühne betrifft, so können wir hier ganz unmögliche Schaffensmethoden sehen (*Roter Mohn*, *Eis und Stahl*, *Der Bolzen*, *Das Goldene Zeitalter*)… Alle diese Aufführungen entstanden in engem Zusammenhang mit dem Theater. Das Ergebnis ist jedoch schädlich… Ich fasse zusammen… Fort mit der Entpersönlichung des Komponisten! Schweren Herzens versichere ich dem Wachtangow-Theater, dass ich die Musik zu *Hamlet* komponieren werde. Was den *Neger* und *Der Beton wird hart* betrifft, so werde ich die entsprechenden Verträge in den nächsten Tagen annullieren. Ich kann nicht mehr ‚unpersönlich' und schablonenhaft komponieren. Auf diese Weise bahne ich mir den Weg zu einer großen Symphonie, die dem 15. Jahrestag der Oktoberrevolution gewidmet ist."[29]

Man darf vermuten, dass an dieser Kehrtwendung Schostakowitschs Iwan Sollertinski nicht ganz unbeteiligt war. Mit diesem vier Jahre älteren Musikwissenschaftler verband ihn seit 1927 eine sehr intensive Freundschaft. Sollertinski war ein Mensch, der bei seinen Bekannten den Eindruck erweckte, er wisse einfach alles, und der jeden mit seiner Begeisterung für die Musik ansteckte. Sollertinski arbeitete als Dramaturg bei der Leningrader Philharmonie, stellte deren Programme zusammen und hielt Einführungsvorträge zu den Konzerten. Schostakowitsch meinte, es sei Sollertinskis Verdienst, dass die Leningrader Philharmonie zu einem der führenden Orchester der Welt geworden sei.

Sollertinskis phänomenale Bildung erweiterte Schostakowitschs Gesichtskreis. Er lernte die Musik von Komponisten schätzen, die ihm bisher wenig bedeutet hatten: Brahms, Bruckner und vor allem Mahler, über den Sollertinski 1932 das erste russische Buch veröffentlichte. „Sollertinski impfte mir das Interesse für – wie man so sagt – die Musik ‚von Bach bis Offenbach' ein. Früher war es mir sonderbar erschienen, wie ein ernsthafter Musiker sich an Musik von Johann Strauß oder Offenbach erfreuen kann. Sollertinski half mir, mich von diesem snobistischen Verhältnis zur Kunst zu befreien."[30]

Sollertinski pflegte seinen Standpunkt – und der war immer parteilich – mit Vehemenz und rhetorischer Brillanz zu vertreten. Dadurch gewann er nicht nur Freunde. Seine Feinde waren auch Schostakowitschs Feinde: die Verfechter einer rein „proletarischen" Musikkultur, die kaum etwas anderes als das Massenlied gelten lassen wollten, aber auch das konservative alte Musikpublikum, das immer wieder nur die vertrauten Sachen verlangte, Leute, die man ins „NEP-Mann"-Klischee einordnete, sozusagen als Wiedergänger der alten Gesellschaft. Sollertinski kämpfte gegen beide Fronten mit unermüdlichen Analysen von Kunstwerken der Gegenwart und vergangener Epochen, um fortschrittliche Elemente in ihnen aufzuspüren, die auch dem Zeitgenossen noch etwas bedeuten konnten. Die Musik war für ihn nicht nur eine ästhetische Angelegenheit, sondern auch eine Quelle der Erkenntnis. Gnadenlos richtete er dagegen neue Stücke, wenn sie ihm nicht gut genug waren.

Die erste Oper Sowjetrusslands, die seinen Ansprüchen genügte, war Schostakowitschs *Nase* gewesen. Als den Höhepunkt der sowjetischen Oper feierte er die zweite Oper seines Freundes, an der dieser von 1930 bis 1932 gearbeitet hatte, *Lady Macbeth von Mzensk* op. 29: „Man darf mit vollem Recht behaupten, dass es in der Geschichte des russischen Musiktheaters nach *Pique Dame* kein Werk von solcher Größe und Tiefe wieder gegeben hat wie *Lady Macbeth*."[31]

Diesmal hatte Schostakowitsch sich eine Novelle von Nikolai Leskow (1831–95) als Vorlage genommen. Dort lässt sich die Kaufmannsfrau Katerina Ismailowa aus Langeweile mit dem Gehilfen ein. Um dieses Verhältnis zu decken, bringt sie erst ihren Schwiegervater um, dann ermorden beide ihren Mann. Als sie auch noch den kleinen Neffen erstickt, wird ihr das zum Verhängnis. Die beiden werden überführt und nach Sibirien geschickt. Schostakowitsch hatte aber nicht im Sinn, wie Leskow nur die allmähliche Vertierung dieser Frau zu schildern, sondern er wollte die Umstände entlarven, die dazu führten.

Die Oper sollte der erste Teil einer Trilogie über die Lage der Frau in der Vergangenheit Russlands sein. Um die Thematik auf die sozialen Konflikte zuzuspitzen, strich Schostakowitsch den dritten Mord, fügte eine Szene auf dem Polizeirevier ein und ließ die Festnahme in das Hochzeitsfest der beiden einbrechen. So ergab sich die Möglichkeit, eine weitere Figur einzuführen, den Popen. Die ganze Niedertracht der Verhältnisse in der alten Gesellschaft wurde angeprangert, um zu zeigen, womit jetzt gründlich Schluss gemacht werden sollte: nur wenn man die Vergangenheit gut kennt, kann man mit ihr brechen. In der Presse teilte Schostakowitsch während der Arbeit an seiner Oper mit: „Ich würde sagen, man kann *Lady Macbeth* eine tragisch-satirische Oper nennen. Obwohl Katerina Lwowna die Mörderin ihres Mannes und ihres Schwiegervaters ist, habe ich Sympathie für sie. Ich war bemüht, den ganzen sie umgebenden Lebensverhältnissen einen finster-satirischen Charakter zu geben. Das Wort ‚satirisch' verstehe ich durchaus nicht im Sinn von ‚lächerlich, spöttisch'. Im Gegenteil, in der *Lady Macbeth* habe ich mich bemüht, eine Oper zu schaffen, die eine entlarvende Satire ist, die Masken herunterreißt und dazu zwingt, die ganze schreckliche Willkür und das Beleidigende des Kaufmannsmilieus zu hassen."[32]

An gleicher Stelle gab er auch Hinweise auf seine Musik, um absehbarer Kritik den Wind aus den Segeln zu nehmen und die Erwartungen in die gewünschte Richtung zu lenken:

Das musikalische Material der *Lady Macbeth* unterscheidet sich deutlich von meiner vorangegangenen Arbeit auf dem Gebiet der Oper, der *Nase*. Es ist meine tiefe Überzeugung, dass in der Oper gesungen werden muss. Und alle Vokalpartien in der *Lady Macbeth* sind sanglich, kantilenenhaft. Das Orchester steigert sich an einigen pathetischen Stellen zum Gewaltigen. Es werden eine Militärkapelle und verschiedene zusätzliche Instrumente einbezogen.[33]

Die Oper hat doppelten Charakter: sie ist ein revolutionäres Demonstrationsstück, das den Zuschauer mit den Mitteln grotesker Satire agitiert, und sie kippt an bestimmten Stellen in pathetische Ausbrüche um, die den Zuhörer emotional packen. Die Weltwirtschaftskrise schien doch zu zeigen, dass es zum Sozialismus gar keine Alternative gab. Wie viele andere damals, ergriff Schostakowitsch Partei. Die Deklaration von Ende 1931 bedeutete keine Abkehr von einer politisch ausgerichteten Musik. In einem Interview mit der New York Times erklärte Schostakowitsch im Dezember 1931: „Es kann keine Musik ohne Ideologie geben… Als Revolutionäre haben wir eine andere Vorstellung von der Musik. Lenin hat selbst gesagt, dass die ‚Musik ein Mittel zur Einigung großer Volksmassen' ist. Sie kann die Massen vielleicht nicht führen, sicher ist sie aber eine aufbauende Kraft! Denn die Musik hat die Macht, bestimmte Gefühle zu wecken… Sogar die symphonische Form, die deutlicher als jede andere vom literarischen Element getrennt ist, kann einen Einfluss auf die Politik ausüben… Die Musik ist nicht mehr Selbstzweck, sondern ein wichtiges Kampfmittel. Deshalb wird sich die sowjetische Musik wahrscheinlich in einer anderen, der Welt bisher unbekannten Richtung entwickeln.“[34]

In welche Richtung? Die Musik deutet mit dem Zeigefinger auf etwas: dann muss sie auch unmittelbar verständlich sein. Die *Lady Macbeth* ist das Werk, das die Wendung in Schostakowitschs Arbeitsweise markiert. Er hat von den Experimenten der Avantgarde der 20er Jahre Abschied genommen. In der *Lady Macbeth* hat er seinen Stil gefunden. Zu den Kennzeichen dieses Stils gehört, dass er mit Witz die Musik der Vergangenheit – vor allem die triviale Musik, den Kitsch – als Mittel der Satire verwendet. Er liebt es, mit musikalischen Schablonen zu spielen. Das erhält der Musik die bisherige Distanziertheit. Aber er hat inzwischen auch die Mittel erarbeitet, um große Gefühle darzustellen, wenn er die Distanz aufgeben will. Er behält die karikaturistischen Errungenschaften der Ballette und Bühnenmusiken bei, weil sie ihm helfen, sich der Zuhörerschaft mitzuteilen. Diese Art der musikalischen Entlarvung macht nämlich Spaß. Und er kann auch formal ausgereifte Musik schreiben, die das Publikum auf eine künstlerisch höhere Ebene mitreißt. „Ich halte jeden Künstler, der sich von der Welt isoliert, für verloren. Mir ist es unbegreiflich, dass sich ein Künstler von den Menschen abschließen will, die letzten Endes sein Publikum sind. Ein Künstler sollte meiner Meinung nach so vielen Menschen wie möglich dienen. Ich versuche immer, so allgemein verständlich wie möglich zu sein, und wenn mir das nicht gelingt, halte ich es für meinen eigenen Fehler.“[35]

Die Uraufführung der *Lady Macbeth* am 22. Januar 1934 im Kleinen Leningrader Staatlichen Operntheater war ein Riesenerfolg. Nicht geringer war der Jubel zwei Tage später in Moskau, wo Wladimir Nemirowitsch-Dantschenko die Oper unter dem Titel *Katerina Ismailowa* herausbrachte. In London, New York, Prag, Zürich, Stockholm und weiteren Städten in aller Welt wurde die Oper nachgespielt.

Schostakowitsch hatte die „Deklaration" geschrieben, als er bereits mit der Arbeit an der *Lady Macbeth* beschäftigt war. Er war sich also des neuen Wegs schon sicher, den er mit den *24 Präludien für Klavier* op. 34 (1932/33), dem *Klavierkonzert* op. 35 (1933) und der *Cellosonate* op. 40 (1934) fortsetzte. Er gab die Theater- und Filmmusik nicht auf (man verdiente da nicht schlecht), und dass er nicht vorhatte, auf unterhaltsame Musik zu verzichten, zeigte das Klavierkonzert.

Das erste der *Klavierpräludien* beginnt wie eine Imitation der Chopin-Préludes, doch dann mischt sich eine sehr zeitgenössische Linie hinein und unterläuft den schönen Schein. Die Präludien spiegeln vergangene Musik, rufen Erinnerungen und Anklänge hervor, und scheinen dabei eine zusätzliche Dimension zu bekommen: als drehe und dehne die Musik sich im Raum, wechsle plötzlich die „Farbe" und den Ausdruck, sei nur ein „als ob". Schostakowitsch erzielt diese Effekte unter anderem durch unaufhörliches Gleiten durch die Tonarten, ohne die Tonalität selbst aufzugeben.

Die Uraufführung des *Konzerts für Klavier, Trompete und Streichorchester* op. 35 am 15. Oktober 1933 verblüffte das Publikum: hier wurde „Klavierkonzert gespielt". Die Musik war durch und durch parodistisch, eine Art musikalischer Collage. Lange vor Gerald Hoffnungs Ulk-Konzerten in London stieß Schostakowitsch das Publikum mit unerwarteten Wendungen vor den Kopf. Der turbulente erste Satz zitiert nicht ohne Grund das Thema der Burleske aus Mahlers Neunter Symphonie, die die atemlose Hetze der Großstadt karikiert. Unecht sind sämtliche Massen-Gefühle, aller Kitsch, der in kräftigen Strichen imitiert wird. Die Wirkung war umwerfend komisch, was das abgebrühte Publikum von heute vielleicht nicht mehr ganz nachvollziehen kann. 1959 musste der Komponist irritiert feststellen, dass man das Werk wie ein seriöses Klavierkonzert aufführte.[36] Man darf diese Musik nicht wörtlich nehmen.

Das parodistische Element prägt auch die *Cellosonate*, aber hier stellte Schostakowitsch sich weitergehende Aufgaben. Der erste Satz imitiert schwärmerisch-romantisch die Musik des Salons im 19. Jahrhundert. Der Schluss des Sonatensatzes bringt unvermutet nicht die Bestätigung des Themenmaterials, sondern in einem matten Trauermarsch schlummert es ein. Bildet das anschließende groteske Scherzo dazu den wütenden Gegensatz oder die folgerichtige Ergänzung? Man kann die Sonate auch als eine perfektere Variante des Themas des Ersten Klaviertrios op. 8 verstehen: als das Bild eines hoffnungslos Liebeskranken. Der todtraurige langsame Satz scheint sich nicht so ganz entscheiden zu können, ob er nun ernst oder ironisch-distanziert sein will. Hier ist eine Schwelle, die Schostakowitsch bisher nicht überschreiten konnte. Von der Cellosonate gibt es ebenso wie vom Klavierkonzert eine Schallplatte mit dem Komponisten am Klavier. Sein eigener Klavierstil ist wie seine Komponierweise: trocken und kurz im Anschlag und kühl im Ausdruck, Bevorzugen der glasklar angeschlagenen extremen Lagen statt Betonung von weich füllenden Mittelstimmen. Für das Finale verlangt die Tradition der Sonate eine Lösung der aufgestauten Konflikte. Der marionettenhafte Ton des Themas deutet aber doch eher das Versinken in gedankenloser Betriebsamkeit an. Ganz am Schluss, wo das Happy End fällig ist, wird ein Motiv ein paar Mal zu oft mechanisch wiederholt, um glaubwürdig zu sein. Offenbar wird hier mit den Schablonen gespielt, um die Schablone der Konfliktlösung im traditionellen Formschema selbst zu ironisieren. Noch einmal kostet der Bürgerschreck Schostakowitsch die épater le bourgeois-Haltung des Klavierkonzerts genüsslich aus. Zum musikantischen Vergnügen, versteht sich.

Sein ungewöhnliches Gedächtnis und seine Spielfreude gaben ihm reiche Möglichkeiten, musikalisches Material auszuwerten. Es gibt viele Anekdoten darüber. Ohne Schwierigkeiten konnte er sich ganze Stücke einprägen, wenn er sie nur einmal gehört hatte. Zusammen mit Nikolai Malko, dem Dirigenten der Uraufführung seiner 1. Symphonie, hörte er auf einer Tournee vom Plattenspieler den Foxtrott *Tea for two* von Vincent Youman. Malko sagte: „Wenn du, lieber Mitja, so genial bist, wie man sagt, dann geh' bitte in das Nebenzimmer, schreib diese Nummer aus dem Gedächtnis auf, instrumentiere sie, und ich werde sie aufführen. Ich gebe dir dafür – eine Stunde." Nach 45 Minuten bekam er die fertige Partitur. Als *Tahiti-Trott* op. 16 wurde sie veröffentlicht. Dank dieser Fähigkeit konnte er ohne Schwierigkeiten die „Aura" einer bestimmten Musik imitieren, und sie machte ihn zum witzigen Satiriker, der aus der gesellschaftlichskritischen Bewertung des musikalischen Materials politische Karikaturen ableitete.

Schostakowitsch hatte seine Experimentierphase hinter sich. Er hatte – gegen die Forderung nach der Produktion von „nützlichen" Eintagsfliegen – 1931 den Weg einer qualitativ hochstehenden Musik gewählt, die dennoch ein breites Publikum befriedigen sollte. Diese Werke sind der Schlüssel zum ganzen Schostakowitsch. – Immer häufiger wurde er jetzt als einer der „führenden sowjetischen Komponisten" etikettiert. Nur noch Mjaskowski und Prokofjew (der 1933 endgültig in die russische Heimat zurückgekehrt war) machten ihm den ersten Rang streitig. Sein Ruhm mehrte sich auch an den Opernhäusern der Welt. Zwar wurde die *Nase* nicht mehr aufgeführt, aber der Erfolg der

Lady Macbeth brach alle Erwartungen. Die Leningrader Inszenierung brachte es bis Anfang 1936 auf 83 Aufführungen, und Nemirowitsch-Dantschenko spielte die Oper in diesen zwei Jahren 97 mal. Am 28. Januar 1936 druckte die Prawda jedoch einen scharfen Verriss der Oper – und über Nacht verschwand sie von allen sowjetischen Spielplänen.

II Ein Volksfeind

Jahrelang war das Fehlen einer wirklich guten sowjetischen Oper beklagt worden, dann schien sie mit Schostakowitschs *Lady Macbeth* endlich gefunden – und nun war das Paradestück plötzlich in den Abgrund gestoßen worden. Wie konnte das geschehen? Was missfiel an ihr? Und warum wurde ausgerechnet eine Oper zum Gegenstand einer Haupt- und Staatsaktion im Zentralorgan der Kommunistischen Partei?

Zweifellos war das Gelingen des Experiments Sowjetmacht nicht von der Kulturpolitik abhängig. Erstens war es nun schon kein Experiment mehr, sondern wurde bald 20 Jahre alt, und zweitens war klar, dass die Wirtschaftspolitik der entscheidende Faktor war. Eine planmäßig entwickelte Wirtschaft sollte die anarchischen, krisenauslösenden Mechanismen des kapitalistischen Systems überwinden und damit den grundlegenden Teil des Elends der arbeitenden (bzw. arbeitslosen) Massen beseitigen. Als der V. Sowjetkongress im Mai 1929 den ersten Fünfjahresplan für die Wirtschaftsjahre 1928/29 bis 1932/33 verabschiedet hatte, war dies als Aufbruch in die glänzende Zukunft einer sozialistischen Industrialisierung gefeiert worden. So weit die offizielle Version.

Es herrschte zu diesem Zeitpunkt aber eine scharfe Wirtschaftskrise im Land, die sich auf den Zusammenbruch der Landwirtschaft zuspitzte. Wie im Bürgerkrieg nach 1918 wurde die Getreideernte den Bauern mit Zwang und Gewalt restlos abgenommen. Wieder wurde der Privathandel verboten. Bauern waren massenhaft gezwungen, den Hof aufzugeben; es kam zu bürgerkriegsähnlichen Auseinandersetzungen. Weil kein Getreide exportiert werden konnte, fehlte es der Außenwirtschaft an Devisen für den Ankauf von Produktionsmitteln. Dadurch kam nicht nur die Schwer-, sondern auch die Leichtindustrie ins Schlingern. Die Folgen waren Not, Inflation und Reallohnsenkungen.

Wie war die Krise zu lösen? In der Parteiführung fanden heftige Auseinandersetzungen über den Kurs statt. Die Position Stalins lief darauf hinaus, die Wirtschaft der totalen Planung zu unterwerfen. Seine Stellung als Generalsekretär war nach Lenins Tod nicht unumstritten gewesen. Mehrfach war versucht worden, ihn abzulösen. Einen entscheidenden Durchbruch hatte er erzielt, als der XIV. Parteitag 1925 seine These vom „Sozialismus in einem Land" akzeptierte – gegen Trotzki, der an Lenins Auffassung festgehalten hatte, dass das rückständige Russland den Sozialismus nur dann erfolgreich aufbauen könne, wenn ihm der Sieg der Revolution in einem oder mehreren Industrieländern mit ihren technisch qualifizierten Arbeiterschaften und politisch erfahrenen Parteien zu Hilfe käme. Wollte die Partei die Macht nicht aus der Hand geben, nachdem die Revolution in Westeuropa ausgeblieben war, musste eine theoretische Rechtfertigung dafür gefunden werden: Stalin hatte sie geliefert.[1] Obwohl Stalin dann aufgrund außenpolitischer Fehler und wegen seines bürokratischen Regimes an Ansehen verloren hatte, und die „Linke Opposition" (die vor allem aus den vereinigten Anhängern Trotzkis und Sinowjews bestand, des früheren Vorsitzenden der Kommunistischen Internationale) auch in den Betrieben und in der Armee zahlreiche organisierte Anhänger hatte, war es ihm gelungen, die Opposition im November 1927 aus der Partei auszuschließen, was im Dezember vom XV. Parteitag bestätigt worden war. Der Theoretiker Nikolai Bucharin, Prawda-Chefredakteur und neuer Komintern-Vorsitzender, hatte Stalin dabei unterstützt. Reumütige Oppositionelle, unter ihnen Sinowjew und Kamenew, waren allerdings ein halbes Jahr später wieder in die Partei aufgenommen worden.

Die Wirtschaftskrise ließ 1928 eine neue Front gegen Stalin entstehen. Die sozialen Widersprüche hatten sich verschärft: Arbeitslosigkeit, Wohnungsnot, Versorgungsmangel sowie eine immer größere Rechtlosigkeit gegenüber dem Staatsapparat. Einzelne Teile der Bevölkerung wurden gegeneinander aufgewiegelt: rassische Diskriminierung ergänzte die soziale. Dies gab Stalin dann die Gelegenheit zu generösen Gesten, die er auch später so sehr liebte; waren erst einmal antisemitische Pogrome entfacht, konnte die Parteiführung sich schützend vor die Verfolgten werfen und die Verfolger schärfstens aburteilen. Strafdrohungen waren es auch, die die Funktionäre vor Ort zur Erfüllung ihrer Quoten antrieben. Die Erschießung wurde beinahe zur Regelstrafe, ob gegen Bauern bei der Getreidekampagne, gegen bürgerliche Spezialisten, die „der Schädlingsarbeit überführt" waren, oder gegen erfolglose Funktionäre. Der Staatssicherheitsdienst OGPU, der Stalin blind ergeben war, kontrollierte die Durchführung der Kampagnen und die Auseinandersetzung mit der „Opposition". Er setzte Agenten als Provokateure ein, verhaftete, folterte, erpresste Geständnisse und dramatisierte oppositionelle Treffen als Vorbereitung des bewaffneten Staatsstreichs. Um die eigene Haut zu retten, log man, so weit es ging, und wenn das nichts mehr half, suchte man einen Sündenbock, der statt dessen liquidiert werden konnte.

Die neue Widerstandsgruppe gegen diesen Weg, das Land durch Terror in die Industrialisierung zu peitschen, wurde von Bucharin, dem Regierungschef Rykow und dem Gewerkschaftschef Tomski angeführt. Stalin brandmarkte sie als Kapitulanten und Rechtsabweichler. Er hatte sich wirtschaftspolitische Ziele der alten Opposition zu eigen gemacht, ohne deren Forderungen nach demokratischen Strukturen nachzugeben. Durch diesen taktisch geschickten Schachzug konnte es geschehen, dass die Zeitungen Ende 1929 immer mehr Briefe ehemaliger Oppositioneller abdruckten, die den früheren „Fehlern" abschworen und – wie beispielsweise der sehr angesehene Karl Radek – pathetisch Stalin die Treue gelobten. Die „Rechtsabweichler" wurden im November 1929 durch den Ausschluss Bucharins aus dem Politbüro des ZK verwarnt. Rykow wurde vom Vorsitz des Rats der Volkskommissare der russischen Republik abgesetzt und musste 1930 auch den Vorsitz der Zentralregierung abgeben. Tomski wurde auf dem XVI. Parteitag 1930 nicht mehr ins ZK gewählt. Ende 1929 hatte Stalin alle Gegner ausmanövriert.[2]

Auf dem XVI. Parteitag gab es nur noch den Rausch von Einheit, Einheit, Einheit. Stalin konnte die früheren Gegner lächerlich machen, ohne inhaltlich argumentieren zu müssen.[3] „Kein Wunder, dass der Kongress vor Lachen brüllte"[4]: wem die Angst im Nacken sitzt, der lacht besonders dröhnend. Nach geschlagener Schlacht löste Stalin die Spannung. Dafür war man dem siegreichen Führer dankbar. Stalin nutzte den Widerwillen vieler Parteimitglieder gegen die theoretischen Auseinandersetzungen, von denen sie bei der ständigen Kampfanstrengung sowieso kaum etwas verstanden. Nach einem Jahrzehnt des Chaos stand Stalin als der starke Mann da, der mit den endlosen Streitereien Schluss gemacht hat und unbeirrt den einzig richtigen Weg nach vorn weist. Stalin lieferte keine geistreichen theoretischen Beiträge, sondern glänzte durch blockhafte Formulierungen und radikale Vereinfachungen. Er reduzierte den theoretischen Gedanken auf das Schema, die Formel, die Phrase. Nun wurde nicht mehr gedeutelt, sondern gehandelt.

O Zeitalter, o Wissenschaft! – Lenin war zu Lebzeiten nie unumstritten gewesen. Oft war er unterlegen, oft hatte er lange um die Durchsetzung seiner Position kämpfen müssen, oft hatte er entgegen seinen Utopien nur pragmatisch gehandelt. Stalin stellte die Geschichte der Revolution jetzt als eine geradlinige Folge der wissenschaftlichen Gedanken Lenins dar, dessen Meisterschüler er gewesen sei. Der Marxismus war als eine Kritik der bestehenden Zustände angetreten. Nun war ein Erklärungsmodell daraus geworden, das alle Widersprüchlichkeiten der Welt beherrschbar machen sollte, Stalins System des Marxismus-Leninismus. Kritik war nicht länger gefragt: sobald die Wahrheit „objektiv" feststeht, muss jeder Zweifler ein Provokateur sein. Die Theorie wies nicht der Praxis den Weg, sondern musste deren Rechtfertigung nachtragen.

Der große Fünfjahresplan half, das pragmatische Handeln zu verblenden. Die Beschwörung der NEP- und der Kulakengefahr, sowie die ständige Ankündigung drohender Kriege schufen das Klima einer belagerten Festung, deren Moral eben auch mit außerordentlichen Mitteln aufrechterhalten werden müsse.

Die Garantie einer sozialistischen Produktion sollte in der Verstaatlichung sämtlicher Bereiche der Wirtschaft bestehen. 1929 forderte Stalin die Kollektivierung auch der Landwirtschaft. Nur zwölf Jahre lang hat das Land nominell denen gehört, die es bebauten. Den Widerstand der angeblichen „Großbauern" („Kulaken") gegen diese Politik, von der sie sich zu Recht bedroht fühlten, nutzte Stalin dazu aus, sie als Sündenböcke für sämtliche Misserfolge aufzubauen. Aus der „Liquidierung der Kulaken als Klasse" (wobei die Grenze, wer zu den Kulaken gehörte und wer nicht, äußerst willkürlich gesetzt war) wurde millionenfach die Liquidierung als Mensch, die Hinrichtung oder der Einzug der gesamten Habe und die Umsiedlung in öde, unfruchtbare Steppengebiete Asiens.

Der Prozess der Kollektivierung wurde Ende 1932 als „im wesentlichen erfolgreich abgeschlossen" erklärt. 14,7 Millionen Bauern (das waren 61,5 %) waren nun in 211 700 Kollektivwirtschaften zusammengeschlossen. Die ökonomische Bilanz dieser Gewaltmaßnahme sah allerdings anders aus: die Folge war der Zusammenbruch der landwirtschaftlichen Produktion, von dem sie sich erst nach zehn Jahren wieder erholte. Im Winter 1932/33 brach eine Hungersnot aus, die Millionen Tote forderte.

Statt die Demokratie zu erweitern, wurde die bürokratische Kontrolle erweitert, um die Politik der Parteiführung durchzusetzen. Aus den Arbeitern wurde mit Hilfe des „materiellen Anreizes" mehr Leistung geholt. Die „Stoßarbeiter-Bewegung" nach dem Muster des Arbeitshelden Stachanow (der nach guter Vorbereitung eine Rekordschicht gefahren hatte), diente der Produktionssteigerung. Prämien wurden zu einem wichtigen Bestandteil des Lohnes. Die Arbeitsgesetzgebung wurde drastisch verschärft. Jegliche demokratische Beteiligung der Arbeiter im Betrieb oder über die Gewerkschaft wurde rückgängig gemacht. Der sowjetische Arbeiter war wieder Lohnsklave.[5]

* * *

Eine Öffentlichkeit als Kontrollinstanz gab es nicht. Wer hatte noch einen Überblick über die Ereignisse? Man war auf die Parteipresse und auf Gerüchte angewiesen. Man glaubte das, was man glauben wollte. Das öffentliche Bewusstsein im Ausland war je nach politischem Interesse ebenso gespalten. Wer auf der fortschrittlichen Seite stand, sah nur das Bild der gigantischen Aufbauleistung. Kraftwerke ungeheuren Ausmaßes, Stahlkomplexe, Traktorfabriken – das ganze Land eine einzige Baustelle. Das alte Russland verschwand, das Agrarland vollzog in rasantem Tempo die ursprüngliche Akkumulation, um „mit Feuer und Schwert" (Marx) sich zu industrialisieren.

Nur als Industrieland könne Russland den Sozialismus auf Dauer behaupten. Die Industriearbeiter seien die revolutionäre Klasse, die alle Schwächen und Fehler der alten Klassen überwinden und so die gesamte Menschheit vor der materiellen und geistigen Verelendung retten sollten. Diese aus der politischen Entwicklung Englands, Frankreichs und Deutschlands abgeleitete These von Marx und Engels hatten die russischen Kommunisten Lenins übernommen. Die kommunistischen Arbeiter und Intellektuellen Europas sahen mit Neid und grenzenloser Bewunderung auf den sowjetischen Aufbau, während sie selbst an den Folgen der Weltwirtschaftskrise litten. Sie unterwarfen sich – auch das ging nicht ohne Widerstand ab – der siegreichen russischen Partei, die die Kommunistische Internationale dominierte. Als die Komintern die Sozialdemokraten zu „Sozialfaschisten" erklärte, die die gefährlichsten Feinde der Arbeiterklasse seien, weil die Faschisten ihre Anhänger außerhalb des Proletariats hätten, mussten die anderen Parteien auf jene Spaltungspolitik umschwenken, die Hitler den Sieg erleichterte. Das Bekenntnis zur Sowjetunion und zu Stalin wurde in der internationalen kommunistischen Bewegung mehr und mehr zum Ausweis der richtigen Gesinnung.

Das erstaunlichste war der beispiellose Heroismus der sowjetischen Arbeiter, wie er der Welt vorgeführt wurde. So hatten Marx und Engels es prophezeit: Sobald die Ketten der Ausbeutung gefallen waren, war auch die Produktivkraft Mensch zu unerhörter Leistung entfesselt. Hinter den Kulissen war auch diese Leistung nicht immer so freiwillig: Wer konnte sich dem kollektiven Zwang des „Subbotnik", der unentgeltlichen Arbeit am Samstag entziehen? Alles war dem Ziel unterworfen, Russland zur starken, unabhängigen Industriemacht zu schmieden. Die Literatur jener Zeit hallt wider von der Energie und der Gewalt,

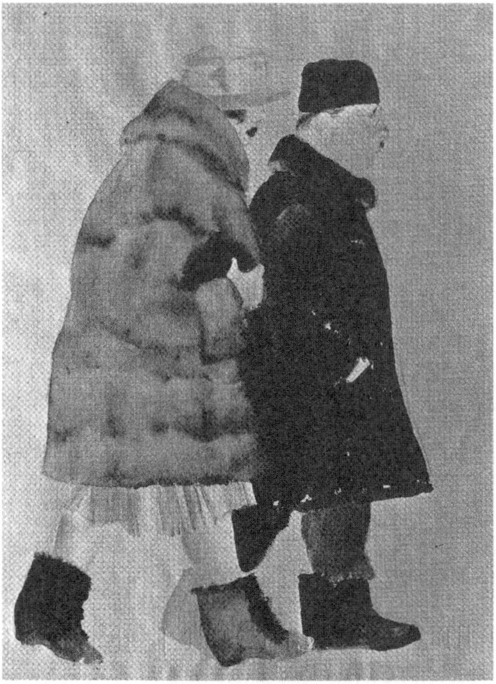

Wl. Lebedew: *NEP-Leute* (1924/26)

die aus diesem Prozess entsprangen und in ihren positiven Elementen genauso beeindruckend sind wie in den negativen.

Die Zahl der Industriearbeiter stieg rasch an, und auch in der Landwirtschaft waren durch die Kollektivierung in der Mehrzahl besitzlose Proletarier tätig. Musste nicht das Interesse all dieser Menschen im erfolgreichen Aufbau des Sozialismus bestehen? Offenen Widerstand dagegen gab es immer weniger. Er war auch immer aussichtsloser. Doch es gab ihn noch lange – vom Kronstädter Aufstand linker Anarchisten 1921, der unter anderem von den Parteitagsdelegierten selbst niedergeschlagen wurde, bis zur erbitterten Gegenwehr von Bauern gegen die Kollektivierung, weil sie die gottlosen Kommunisten sowieso für Satansbrut hielten. Die junge Generation war aber auch auf dem Land oft begeistert für das Neue.

Stalin stellte die Theorie auf, dass der Klassenkampf sich im Sozialismus verschärfe, weil der Sieg immer deutlicher und der Widerstand der alten Klassen immer verzweifelter werde. Dies sollte auch international gelten: Die Kapitalisten auf der ganzen Welt müssten den Erfolg des Kommunismus doch fürchten. Sie hätten die faschistische Machtergreifung 1922 in Italien gefördert und nun auch den deutschen Staatsapparat an die Nazis übergeben. Die Sowjetunion fühlte sich eingekreist. Die Diplomatie der Großmächte war ihr nicht wohlgesonnen, nur Deutschland hatte seit dem Vertrag von Rapallo (der im wesentlichen auf die Initiative des AEG-Präsidenten Rathenau zurückging) gute Beziehungen zur UdSSR gehabt[6], die jetzt etwas eingeschränkt waren. Stalin nahm den Faschismus nicht ernst. Auch zum faschistischen Italien waren die Beziehungen nicht schlecht. Die westeuropäischen Staaten hielt er für die eigentlichen Drahtzieher. Der Kampf gegen die Faschisten war nur Propaganda, innenpolitisch immerhin gut genug, um die Bevölkerung „wachsam" gegen Feinde zu halten.

Beständiger Kampf an allen Fronten war der Lebensstoff der Partei. Durch ständig neue Weisungen wurden die Millionen Parteimitglieder in rastloser Aktivität gehalten. Aus der Leninschen illegalen Organisation der Berufsrevolutionäre war eine Maschinerie zur Durchsetzung der Politik der verbeamteten Parteiführung im Sowjetstaat geworden. Im gleichen Maße, wie sich die Direktiven von der Realität entfernten, waren die Aufgaben für das Fußvolk schwieriger geworden, das zusätzlich die „Transmissionsriemen" Gewerkschaft und Armee in Schwung zu halten hatte, die bei der Schulung und Anleitung neuer Kräfte eine bedeutende Rolle spielten.[7]

Die Mehrheit dieser Mitglieder war der großen Sache auf Leben und Tod verschworen. Für die Durchsetzung ihrer Ideale kämpften sie bis zum Äußersten. Es gab aber auch nicht wenige, die das Bezugsscheinsystem in die Partei gelockt hatte. Der Staat hatte das Monopol auf die Lebensmittel, und Zuteilungen bekam nur, wer arbeitete. Auf dem Land fiel bei Requirierungen jedoch so manches zusätzlich ab. Höhere Kader erhielten Vergünstigungen, wie sie sonst nur Wissenschaftlern oder Künstlern zustanden, die als besonders unentbehrlich eingestuft waren. Besondere Einkaufsmöglichkeiten, eigene Kureinrichtungen, bessere Wohnungen – und natürlich: die Machtbeteiligung ließen eine Parteikarriere reizvoll erscheinen. Die Machthungrigen kletterten in der Hierarchie selbstverständlich viel beflissener und schneller nach oben, als der moralisch aufrechte Parteiarbeiter vor Ort.

Nachdem Stalin den Machtkampf gewonnen hatte, begann 1933 die Säuberung der Partei. „Elemente, die sich der Partei angebiedert hatten", Karrieristen und „fremde Elemente", in der Praxis aber Anhänger der unterlegenen Richtungen wurden hinausgeworfen, um Ordnung im Hause zu schaffen. Manche Privatfehde wurde so geklärt. 1935 wurden die Parteibücher umgetauscht, um die lückenlose Registrierung der Mitglieder zu erreichen und „Missbrauch" der Ausweise zu verhindern. Nun durften auch nicht mehr ganze Gruppen in die Partei aufgenommen werden, sondern jeder individuelle Fall war zu durchleuchten: hat er eine saubere Vergangenheit, wird er die Linie des ZK vertreten?

Auch einige der Künstler hatten in der Zusammenarbeit mit der Partei selber die Macht liebgewonnen. An die Doktrin von der vorherrschenden Stellung der Arbeiterklasse waren sie alle schon zu lange gewöhnt, um sie noch zu überprüfen oder gar in Frage zu stellen. Aus Fortschrittlichen und Liberalen war so mancher Konservative geworden, der seine früheren kritischen Impulse vergessen hatte und dem Instinkt des Machterhalts folgte. Zusammen mit den Parteiarbeitern waren sie da gar nicht anders als seinerzeit die revolutionären Bürger Frankreichs, die auch unvermutet zu Diktatoren und Volksunterdrückern geworden waren. Wer an die geschichtliche Wahrheit glaubt, übersieht abweichende Interessen und setzt sich über Widersprüche bedenkenlos hinweg.

In diesen Jahren kehrten viele Emigranten zurück. Sie sahen Europa hilflos den Faschisten zufallen, während in der Sowjetunion das System offenbar konsolidiert, eine nationale Erneuerung erfolgt und Wirtschaft und Kultur auf dem Weg nach oben waren. Sergej Prokofjew und Maxim Gorki gehörten zu ihnen. Das erhöhte das Prestige der Sowjetmacht. Gerade die Heimkehrer unterwarfen sich oft erstaunlich willig den Parteinormen. George Bernard Shaw, Romain Rolland, André Gide, Arthur Koestler, Ludwig Wittgenstein, Lion Feuchtwanger sind nur einige Beispiele für Intellektuelle, die damals die Sowjetunion besuchten und von denen viele enthusiastische Berichte schrieben.

* * *

Im Kultursektor herrschte die Partei inzwischen unumschränkt. Wie überall sonst auch, konnte die Wahrheit in der Kunst nur noch ungeteilt und „objektiv“ sein. Die Fraktionskämpfe der Künstlergruppen waren beendet worden. Eine organisatorische Maßnahme hatte das „Chaos“ der widerstreitenden Theorien mit einem Federstrich aufgelöst: 1932 verfügte die Partei die Auflösung der RAPP und sämtlicher übrigen Schriftstellervereinigungen und bildete den Schriftstellerverband als Branchenorgan, dem alle angehören sollten, die „das Programm der Sowjetmacht unterstützen und danach streben, am Aufbau des Sozialismus teilzunehmen“.[8] Entsprechend sollte in den anderen Kunstsparten verfahren werden. Nun war die Entscheidung über künstlerische Fragen kanalisiert und unter Kontrolle.

Als dieser Schriftstellerverband 1934 seinen ersten Gesamtunionskongress durchführte, geschah das in Siegesstimmung. Der Kongress wurde auch international stark beachtet. 43 ausländische Kollegen beobachteten die Tagung und hielten Reden, darunter André Malraux, Martin Andersen-Nexö, Ernst Toller, Oskar Maria Graf und Klaus Mann.[9] Die 591 Delegierten, von denen 39,6 % parteilos waren, diskutierten engagiert und offen über die Lage der Sowjetunion, ihre Literatur und die Einschätzung der „bürgerlichen" Literatur Westeuropas.

Doch Stalins Stichwort für den Kongress, das von beflissenen Rednern erläutert und ausgelegt wurde, zeigte die künftige Entwicklung an: „Ingenieure der Seele" sollten die Künstler sein. Sie sollten die Seele der Menschen in positive Aufbaustimmung bringen. Dafür sind formale Experimente nicht nur überflüssig, sondern hinderlich. Der Kongress billigte deshalb in seinem Statut die Festlegung der Schriftsteller auf eine einzige Schaffensmethode, die Sozialistischer Realismus getauft wurde:

Der Sozialistische Realismus, der die Hauptmethode der sowjetischen schönen Literatur und Literaturkritik darstellt, fordert vom Künstler wahrheitsgetreue, historisch konkrete Darstellung der Wirklichkeit in ihrer revolutionären Entwicklung. Wahrheitstreue und historische Konkretheit der künstlerischen Darstellung muss mit den Aufgaben der ideologischen Umgestaltung und Erziehung der Werktätigen im Geiste des Sozialismus verbunden werden.[10]

In der herrschenden politischen Lage war also nur noch engagierte Kunst zugelassen, die außerdem einen positiven Helden in politisch ausgeleuchteter Umgebung darstellen musste. Ein Gedicht über den Lindenbaum als solchen galt damit als reaktionär. Diese Grenzen waren so eng gezogen, dass man sie unmöglich einhalten konnte. Und gerade hier, im Ermessensspielraum, fanden die Linienrichter ihr Feld. Die Kanonisierung des Sozialistischen Realismus gab eine Generalklausel in die Hand, die bei Bedarf jedes Kunstwerk vernichten konnte, weil alle Anforderungen nach Realismus, Konkretheit und Erziehungsfunktion niemals zu erfüllen waren.

Sinngemäß galten diese Vorschriften auch für die Musik, obwohl ihre Verwirklichung hier noch unwahrscheinlicher ist, sobald man nur an die Instrumentalmusik denkt. Wie sollte die konkret sein, wie realistisch, wie erziehend? Ganz sicher konnte man nur sein, wenn Text dabei war, oder Programme angegeben wurden. Von den knapp 1 000 Komponisten, die sich im Komponistenverband der UdSSR vereinigt fanden, dachte mancher aber auch umgekehrt: Die Musik ist eine Kunst, die nicht viele verstehen können, vor allem von den Parteimenschen.

Der Vorstand war mit führenden Komponisten kompetent besetzt. Die materielle Versorgung der Mitglieder war bestens geregelt: es gab Sonderrationen, Urlaubs- und Schaffenshäuser des Verbandes, Reisen. Für jedes abgelieferte Werk wurden vom Staatsverlag feste Preise bezahlt. Außerhalb der Verbände war eine Existenz als freischaffender Künstler allerdings nicht denkbar. Nur wer als Künstler anerkannt und in den Verband aufgenommen worden war, wurde gedruckt und aufgeführt. Partiturenpapier gab es nur über den Komponistenverband. Der stetige künstlerische Austausch im Verband wurde als Bereicherung empfunden, man kritisierte sich gegenseitig und lernte dabei die neuesten Werke kennen. Dass dies auch zum Instrument der Gängelung werden könnte, wurde erst allmählich spürbar.

Auch Berühmtheit schützte nicht vor Angriffen. Sergej Prokofjew geriet nach seiner Rückkehr häufig in die Schusslinie der Kulturbürokratie, der seine frühen Werke ein Gräuel waren. Sehr diplomatisch leistete er von Zeit zu Zeit Abbitte. Er schrieb sogar in der Staatszeitung Iswestija über seine Auffassungen und Projekte. Allein diese Aufmerksamkeit für die Kunst war in keinem anderen Staat denkbar und wurde zum Teil durchaus als „Fürsorge“ empfunden. Am 16. November 1934 erschien ein Artikel Prokofjews, der die Größe und Neuartigkeit der Epoche als Herausforderung an die formale Gestaltung in der Kunst bezeichnete. Er wollte neue und groß angelegte Formen, die sonst gnadenlos dem Vorwurf des „Formalismus“, also der nicht-engagierten Kunst, zum Opfer fallen müssten, ideologisch annehmbar machen.[11]

Sein im Westen bekanntestes Werk, das symphonische Märchen *Peter und der Wolf*, das am 2. Mai 1936 in Moskau uraufgeführt wurde, ist solch ein gelungener Versuch, Popularität und Qualität in Einklang zu bringen. Sein bedeutendes Ballett *Romeo und Julia* freilich, das er im Jahr davor beendet hatte, wurde von den Bühnen lange nicht angenommen.

Im Jahr 1935 wurde eine große Debatte über die sowjetische Symphonik geführt. Auch Schostakowitsch beteiligte sich daran. Er sagte, es gebe keine Rezepte dafür, wie man gehaltvolle Musik schreibt (so bezeichnete man die Umsetzung der Doktrin des Sozialistischen Realismus in die Musik), und setzte sich für „Einfachheit und Reinheit der musikalischen Sprache“ ein – was in etwa dem Ziel der Deklaration von 1931 entsprach. Gegen Vorwürfe, er habe Schlager verwendet, um sich beim Publikum anzubiedern, sagte er scharf, der sowjetische Hörer vermerke, dass die Komponisten der Schaffung eines Repertoires für die Massen wenig Aufmerksamkeit schenkten. Eine Symphonie könne doch einfach Vergnügen bereiten, statt Heldentaten zu erzählen, etwas zu brandmarken oder den Hörer zu erregen. Er habe vielleicht durch Leichtfertigkeit gesündigt, „aber es war von mir gut gemeint, ich wollte eine gute Unterhaltungsmusik schreiben, die Vergnügen bereitet oder wenigstens – vielleicht sogar einen qualifizierten Hörer – zum Lachen bringt. Und wenn das Publikum bei der Aufführung meiner Musik lacht oder einfach lächelt, bereitet mir das Vergnügen.“[12]

Das Problem, das hier verhandelt wurde, war der unaufgelöste Widerspruch zwischen Trivialmusik und klassischer Musik. Im Sozialismus musste er gelöst werden: Die Musik musste auf eine einzige Ebene vereinheitlicht werden. Die russische klassische Musik sollte die Grundlage, die russische Volksmusik das Material abgeben. Die populäre Musik der Städte hätte dann zu verschwinden. Schostakowitsch hatte gegen dieses Tabu verstoßen, indem er häufig Trivialmusik verwendet hatte. In der Symphonik-Debatte wehrte er sich zwar dagegen, dass seine Werke gegeneinander ausgespielt wurden, er konnte die Tragweite dieses „Fehlers“ aber noch nicht ermessen: „Als ich die *Lady Macbeth* oder, wie sie in Moskau heißt, *Katerina Ismailowa* schrieb, fingen alle an, nun endlich sei bei Schostakowitsch die Menschlichkeit zum Vorschein gekommen. Es wäre für mich interessant, worin denn früher meine Unmenschlichkeit bestanden hätte. Darin, dass ich leichte Musik schrieb? Aber ich schrieb diese leichte Musik natürlich nicht und werde sie auch in Zukunft nicht schreiben, um mich an Gassenhauermotiven zu ergötzen und sie zu missbrauchen. Ich glaube, man sollte allen unseren Komponisten wünschen, dass sie auch die Musik nicht vergessen, die dem sowjetischen Hörer einfach Vergnügen und gesunde Entspannung bereiten kann.[13]

Mit dieser Auffassung hatte Schostakowitsch sich noch ganz im Einklang mit dem Konzept des Sozialistischen Realismus fühlen können. Hatte er nicht auch Maxim Gorki als Kronzeugen für seine Oper bemüht? „Maxim Gorki sagte zu seinem Jubiläum: ‚Man muss lernen. Man muss sein Land und dessen Vergangenheit, Gegenwart und Zukunft kennenlernen.‘ Und die Erzählung von Leskow entspricht dieser Forderung von Maxim Gorki in einem Maße, wie es besser nicht sein könnte. Sie ist eine ungewöhnlich eindrucksvolle Darstellung einer der dunklen Epochen des vorrevolutionären Russland.“[14]

Die historische, realistische Darstellung erfüllte auch das Ziel der ideologischen Erziehung. Warum redete dann ein Jahr nach der Symphonik-Debatte keiner mehr davon, in der *Lady Macbeth* komme Schostakowitschs Menschlichkeit zum Vorschein, warum wagte es nach dem Prawda-Artikel 1936 niemand mehr, an dieser Oper überhaupt etwas Positives zu sehen?

Es lag sowohl an der Musik wie am Inhalt. Die Musik war nicht kulinarisch. Wer strahlende Schmettertöne, prächtige Chöre und prunkhafte Ausstattung liebte, der durchschnittliche Opernbesucher also, kam nicht auf seine Kosten. Aber es war ja Schostakowitschs Absicht, diese Spießer aus der Oper hinauszugraulen und ein aufgeschlossenes Publikum heranzuziehen.

Seine Musik gab nicht die Möglichkeit, sich genießerisch zurückzulehnen, sich am Wohllaut zu berauschen und den Handlungsablauf zu ignorieren. In vielen Opern der Tradition war es ja geradezu nötig, das dürftige Libretto zu vergessen, um die Musik genießen zu können. Schostakowitschs Musik stieß den Zuschauer aber ständig auf die Handlung. Warum erregte sie dadurch Anstoß?

„Zu meiner Aufgabe gehörte es, Katerina so weit wie möglich freizusprechen, damit der Zuschauer von ihr den Eindruck einer positiven Persönlichkeit erhält. Ich bemühte mich, Katerina als einen positiven Menschen darzustellen, der das Mitgefühl des Publikums verdient. Dieses Mitgefühl hervorzurufen ist nicht einfach. Katerina begeht die mit Moral und Ethik unvereinbaren Handlungen – zwei Morde. Hier entsteht die wesentliche Abweichung von Leskow: Dieser stellt Katerina als eine grausame Frau dar, die aus müßiger Übersättigung tollwütig wird. Ich möchte die Handlung aber so erklären: Katerina ist eine kluge, interessante und talentvolle Frau. Infolge der grauenhaften Umgebung, in die sie das Leben gestellt hat, infolge des grausamen, geizigen, kleinlichen Krämergeistes, der sie umgibt, wird ihr Leben traurig, uninteressant, trostlos… Am richtigsten wäre zu sagen, ihre Verbrechen seien ein Protest gegen diesen Lebensstil, gegen die düstre und dumpfe Atmosphäre des Kaufmannsstandes im vergangenen Jahrhundert. Die musikalische Sprache Katerinas soll zur weitgehenden Verteidigung dieser Verbrecherin dienen, und – um mit Dobroljubow zu sprechen – dies ist ‚der Lichtstrahl im Reich der Finsternis'. Einen anderen positiven Menschen hat die Oper nicht."[15]

Nur die Musiksprache Katerinas wird von der Parodie ausgenommen, die alle anderen Personen dem beißenden Spott aussetzt. Schostakowitsch hat gleich bei der einleitenden Arie, in der Katerina ihre Einsamkeit beklagt, seine Identifikation mit ihrem Schicksal dadurch bezeugt, dass er in die Orchesterpartitur seine Initialen „D. Sch." in deutscher Schrift: die Notenfolge *d-es-c-h*, eingewebt hat.[16] Der Auftritt ihres Schwiegervaters, des alten Boris Ismailow, wird von populären Allerweltsmelodien begleitet – ein Hohlkopf. Boris ist aber nicht nur stumpf, sondern brutal. Er wirft Katerina vor, dass sie keinen Erben geboren hat („alles hängt nur vom Weibe ab“), und dass sie seinen Sohn nicht liebt, sondern am liebsten mit irgendeinem andern durchgehen würde. Boris übt Gewalt über sie aus, und sie hasst ihn dafür. Ganz seicht wird die Musik, als ihr Mann Sinowj auftaucht – die Karikatur eines Mannes. Er muss abreisen und verabschiedet sich von Katerina mit einfältigen Kantilenen. Boris zwingt Katerina, ihrem Mann Treue zu schwören – eine Szene harter, böser Klänge. Als er freilich zuvor die Arbeiter angebrüllt hatte, sie sollten die Abreise des Herrn beklagen, waren denen die geheuchelten Worte in Form eines flotten Walzers über die Lippen gekommen: musikalische Krokodilstränen.

Der erste Akt zeigt die Rohheit der Umgebung Katerinas in krassen Bildern. Im zweiten Bild quälen die Arbeiter auf dem Hof eine Magd, die sie in ein Fass gesteckt haben, grabschen an ihr herum, während sie gellend schreit. Der neue Kommis Sergej vergewaltigt sie sogar, um sich gut einzuführen. Da kommt Katerina hinzu und treibt die Leute auseinander. Doch der ölige Sergej versteht es, sie mit geschmeidigen Gesangslinien zu umgirren und sie zu einem Ringkampf herauszufordern: Sie will ihm zeigen, was eine Frau kann. Als sie unter Sergej auf dem Boden liegt und „seine Kraft spürt“, kommt Boris hinzu. Er peitscht die Arbeiter auseinander und bedroht Katerina.

Das Intermezzo zum 3. Bild lässt nun in rasantem ¾-Takt hören, wie die Verhältnisse zum Tanzen und Katerinas Blut zum Sieden kommen. Boris bewacht Haus und Frau in der Nacht. Katerina beneidet beim Schlafengehen die Stute, der der Hengst nachläuft, die Taube, die der Täuberich bedrängt und das vom Kater gejagte Kätzchen: „Wer aber kommt denn jemals zu mir, wer liebt mich, bis ich vor Erschöpfung nicht mehr kann?“ Da klopft Sergej an ihre Tür, will ein Buch ausleihen, weil er Langeweile hat… Es kommt, wie es kommen muss – und die Musik spart bei der Schilderung des hektischen Liebesakts nichts aus.

Auch dieser Liebesakt bedeutet Gewalt. Katerina ist sexuell ausgehungert und wird zum „freiwilligen“ Opfer der Rohheit Sergejs. Schostakowitsch belässt es nicht dabei, rohe Musik dazu zu schreiben. Bei den Grobheiten des Hausherrn Boris kam zum ersten Mal ein Motiv vor, das nach der Vergewaltigung Axinjas wiederholt wurde und auch am Schluss dieses Liebesakts steht. Es ist eine abfallende Folge von vier Tönen, wie eine herrische, abschneidende Handbewegung, die keine Antwort duldet:

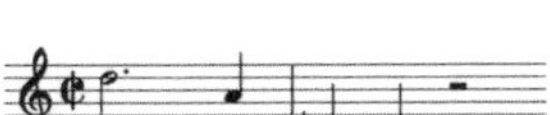

Das Motiv wird von den Blechbläsern ausgestoßen, und danach ist Schweigen. Es ist das Thema der Gewalt, die diese Gesellschaft prägt.[17]

Der zweite Akt beginnt mit einem gewaltigen Blechbläser-Akkord, der auch den vierten Akt prägen wird: nun droht das Verhängnis. Boris, der immer noch Wache hält, erinnert sich, was für ein Kerl er doch früher war, als er noch aus ganz anderen Gründen nicht ins Bett kam... Allzu gern würde er Katerina zeigen, was ein richtiger Mann ist. Ein Walzer macht seine lüsternen Gefühle lächerlich. Doch als er drauf und dran ist, bei Katerina einzusteigen, sieht er Sergej in deren Fenster. Er ergreift ihn, ruft die Leute zusammen und peitscht ihn halbtot. Die motorische Auspeitschung wird von Katerinas wahnsinnigem Schreien kontrapunktiert.

Danach verlangt Boris, dass sie ihm Pilze zu essen bringen soll. Sie mischt Rattengift darunter. In Krämpfen verlangt Boris nach dem Popen, dessen selbstgerechtes Philistertum die Musik großartig herausstreicht. Nach Boris' Tod zitiert er Gogol, „des russischen Volkes großen Dichter“ und ergeht sich in philosophischem Gewäsch übers Sterben.

Für den Übergang vom vierten zum fünften Bild wählte Schostakowitsch die Form der Passacaglia. Ein Bassthema wird formuliert, das in den elf folgenden Durchgängen unverändert die Grundlage bildet. Im siebten Durchgang erklingt es in der Oberstimme. Diese stetige Wiederkehr des gleichen Basses gibt der Passacaglia etwas Statuarisches und Unabänderliches, macht sie für tragische Formulierungen geeignet. Die Musik beginnt mit einem grellen Akkord, setzt dann leise mit dem Bassthema ein und steigert sich bis zum siebten Durchgang zu immer größerer Lautstärke und Pathetik. Dann legt sich der Sturm der Gefühle. Die Spannung löst sich in ein wiegendes Fließen mit einem punktierten Rhythmus. Katerina und Sergej liegen im Liebesnest. Süße Melodien im Hollywood-Stil illustrieren ihr trügerisches Glück.

Sinowj kommt zurück. Sergej versteckt sich, als Katerina ihn ins Schlafzimmer lässt. Sinowj stellt sie wegen ihrer „Abenteuer“ zur Rede, von denen er gehört habe. Hasserfüllt schreit sie ihn an: Was weiß dieser Schlappschwanz schon von „Abenteuern“! Als Sinowj misstrauisch wird und sie zu schlagen beginnt, ruft sie Sergej zu Hilfe, der Sinowj erschlägt, kommentiert vom Gewaltmotiv. Gemeinsam verscharren sie ihn im Keller. Der punktierte Rhythmus gibt ihnen wieder trügerische Ruhe. Wir sehen immer mehr, wie genau diese Oper musikalisch durchstrukturiert ist.

Im dritten Akt feiern Sergej und Katerina Hochzeit. Sie wird noch immer von Angst geplagt, der Leichnam könnte entdeckt werden. Als sie gegangen sind, kommt ein abgerissener Trinker und sucht nach einem Fläschchen. Er bricht in den Keller ein und findet die Leiche. In panischem Entsetzen stürzt er zur Polizei: dieses Intermezzo korrespondiert mit demjenigen vor dem dritten Bild. Das siebte Bild ist eine Satire auf die Polizei. Die ist erbost, weil man bei Ismailows ohne sie feiert. An einem Kleinstadt-Nihilisten halten sie sich schadlos. Da kommt der zerlumpte Trinker gerade recht: endlich ein Anlass, ins Fest einzufallen. Das Zwischenspiel zum achten Bild zeigt das Gewalt-Motiv in einer neuen Variante:

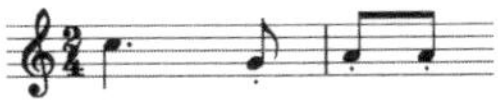

Jetzt klingt es sozusagen positiv gewendet, frisch und lustig. Es charakterisiert den Einsatz der Polizei. Die Lust am Draufschlagen könnte nicht treffender deutlich werden. Die staatlich formierte, offiziell sanktionierte Gewaltanwendung.[18]

Im achten Bild feiern die betrunkenen Gäste unter Anleitung des Popen das Hochzeitspaar und fallen langsam in Schlaf. Als Katerina entdeckt, dass das Kellerschloss aufgebrochen ist, ist es schon zu spät: man hört schon die Polizei anrücken. Beide werden festgenommen.

Im vierten Akt marschieren die Sträflinge nach Sibirien. Lauter Unglückliche, die in dieser Gesellschaft zerbrochen sind. Die Musik karikiert nicht mehr, sondern bekommt tragische Wucht. Hoffnung gibt nur noch der Tod.

Auch hier wird Katerina noch gequält. Sergej will jetzt, wo sie ihm nichts mehr bieten kann, nichts mehr von ihr wissen, sondern macht sie für seine Lage verantwortlich. Sie winselt um seine Liebe. Statt dessen bändelt er mit Sonjetka an. Für sie luchst er Katerina die warmen Strümpfe ab und dafür darf er mit Sonjetka „ins Paradies". Das Gewaltmotiv zeigt Katerinas Qual. Von den anderen Zwangsarbeiterinnen wird sie, die einst reiche Kaufmannsfrau, verhöhnt. Auch der Spott Sonjetkas ist ihr sicher. Die parodistische Musik von Sergej und Sonjetka lässt die Öde der Szene noch schärfer wirken. Katerinas Schicksal wird in den gesellschaftlichen Rahmen gestellt. Die Unglücklichen, mit denen sie jetzt marschiert, sind selbst nicht frei vom Fluch: Rohheit auch im Umgang untereinander. Sie klagen über die Gnadenlosigkeit der Gendarmen, und fallen dafür ebenso gnadenlos über einen der ihren her, wenn er Anlass gibt. Keine Hoffnung wird in dieser Oper sichtbar.

Die Trommel weckt die Schläfer zum Weitermarsch. Das Gewaltmotiv leitet den Aufbruch ein. Doch Katerina ist am Ende: sie stürzt sich auf Sonjetka und stößt sie in den Fluss. Dann springt sie selbst hinterher. Die Zwangsarbeiter fragen: Ist der Mensch geboren für solch ein Leben?

* * *

Wenn es ein Musikwerk gab, das wirklich sozialistischen Realismus verkörperte, dann war es Schostakowitschs *Lady Macbeth*. Es gab nur einen „Schwachpunkt“: Wo blieb das Positive? Daran setzte die Kritik an. Wo blieb der positive Charakter, der den revolutionären Ausweg zeigte? Die Bürokraten klebten an ihrem platten Schema des Sozialistischen Realismus, das auch in der historischen Darstellung die „revolutionäre Perspektive“ verlangte.

Und außerdem: wie das Volk in dieser Oper gezeichnet war! Nur brutale und stumpfsinnige Menschen. Das Volk war aber doch gut, nur die Herrschenden waren schlecht! Auch das passte nicht mehr ins vulgärmarxistische Schema. Das Volk war der Hoffnungsträger der Revolution, Katerina gehörte dagegen zur Blutsaugerklasse. Schostakowitsch hatte alles auf den Kopf gestellt!

Die Moralvorstellungen hatten sich ebenfalls geändert. Die Partei war puritanisch geworden: nur Arbeit zählte, Lust lenkte ab. Zweideutigkeiten durften nicht mehr sein, alles wurde zur Plattheit abgedroschen. Ein Mord war ein Mord, da gab es kein Mitgefühl. Die Autorität der Polizei zersetzen? Wo sollte das hinführen!

Den großen Erfolg verdankte die *Lady Macbeth* gerade der Tatsache, dass man hier sowohl sich über die Vergangenheit entrüsten als auch schallend lachen konnte. Diese Oper war quicklebendig, ein erfrischender Gegensatz zu manchem populären Museumsstück.

Die Machthaber liebten nicht die Musik, sondern hatten ihre eigenen, meist noch dazu spießigen, Kriterien. Sie konnten nicht verstehen, warum immer dann, wenn sie mal einen Fetzen hübscher Musik entdeckten, auf der Bühne die größten Widerwärtigkeiten passierten. Sie verstanden die musikalische Satire nicht. Und dann der Lärm bei bestimmten Szenen: Sie vermuteten, Schostakowitsch finde einen besonderen Gefallen daran und illustriere deshalb diese Stellen so grell. Er war aber kein Radaubruder, sondern wenn er aggressive Musik schrieb, wollte er Aggressivität darstellen. Den größten Abscheu rief bei ihnen jedoch die Verwendung des russischen Volkstons hervor: dies galt doch als die uralte und unerschöpfliche Quelle der besten Traditionen des russischen Volkes… In der *Lady Macbeth* jedoch kommen russische Intonationen zumeist als Parodie vor, um die russische Unkultur zu denunzieren. Im Sowjetreich wollte man das Volk nicht als tierische Horde vorgeführt sehen. Gut, bunt und fröhlich sei das Opernvolk!

Stalin war ein großer Freund der Musik. Um diese Kunstsparte kümmerte er sich mit besonderer Sorgfalt. Wichtige Opernaufführungen beehrte er persönlich mit seinem Besuch. Man bemühte sich darum, dass er auch einer Vorstellung der *Lady Macbeth* beiwohnen möge. Dieser Besuch brachte den Stein ins Rollen.[19] Der Verriss in der Prawda folgte wenige Tage später.

Hier die Kritik der Prawda vom 28. Januar 1936 im Wortlaut:

Wirrwarr statt Musik

Im Zusammenhang mit dem Wachstum der Kultur in unserem Lande hat das Bedürfnis nach guter Musik zugenommen. Niemals und nirgendwo haben die Komponisten so ein dankbares Publikum gehabt. Die Volksmassen erwarten schöne Lieder, aber zugleich auch gute Instrumentalwerke und Opern.

Manche Theater servieren dem sowjetischen Publikum, das höhere kulturelle Ansprüche stellt, D. Schostakowitschs Oper *Lady Macbeth von Mzensk* als etwas Neues, als eine große Errungenschaft. Eine diensteifrige Musikkritik hebt diese Oper in den Himmel und überschüttet sie lärmend mit Ruhm. Statt einer sachlichen und ernsthaften Kritik, die ihm in seiner weiteren Arbeit von Nutzen sein könnte, bekommt der junge Komponist nur enthusiastische Komplimente zu hören.

Von der ersten Minute an verblüfft den Hörer in dieser Oper die betont disharmonische, chaotische Flut von Tönen. Bruchstücke von Melodien, Keime einer musikalischen Phrase versinken, reißen sich los und tauchen erneut unter im Gepolter, Geprassel und Gekreisch. Dieser „Musik" zu folgen, ist schwer, sie sich einzuprägen unmöglich.

Das gilt für fast die ganze Oper. Auf der Bühne wird der Gesang durch Geschrei ersetzt. Gerät der Komponist gelegentlich in die Bahn einer einfachen und verständlichen Melodie, so stürzt er sich sofort wieder, als wäre er erschrocken über ein solches Unglück, in das Labyrinth des musikalischen Chaos, das stellenweise zur Kakophonie wird. Die Ausdruckskraft, die der Hörer erwartet, wird durch einen wahnwitzigen Rhythmus ersetzt. Durch musikalischen Lärm soll Leidenschaft zum Ausdruck kommen.

Der Grund für all das liegt nicht in der mangelnden Begabung des Komponisten, nicht in seinem Unvermögen, einfache und starke Gefühle in der Musik auszudrücken. Diese absichtlich „verdrehte" Musik ist so beschaffen, dass in ihr nichts mehr an die klassische Opernmusik erinnert und sie mit symphonischen Klängen, mit der einfachen, allgemeinverständlichen Sprache der Musik nichts mehr gemein hat. Das ist eine Musik, die nach dem gleichen Prinzip der Negierung der Oper aufgebaut ist, nach dem die „linke" Kunst überhaupt im Theater die Einfachheit, den Realismus, die Verständlichkeit der Gestalt, den natürlichen Klang des Wortes negiert.

Diese Musik kommt einer Übertragung der noch um ein Vielfaches gesteigerten negativen Züge des Meyerholdschen Theaters auf die Oper gleich. Das ist „linke" Zügellosigkeit an Stelle einer natürlichen, menschlichen Musik. Die Fähigkeit guter Musik, die Massen mitzureißen, wird hier kleinbürgerlichen formalistischen Anstrengungen und der Verkrampfung geopfert, damit man mit den Methoden der Originalitätshascherei Originalität vortäuschen kann. Dies ist ein Spiel mit ernsthaften Dingen, das übel ausgehen kann.

Die Gefahr einer solchen Richtung in der Sowjetmusik liegt klar auf der Hand. Die „linke" Entartung in der Oper hat den gleichen Ursprung wie die „linke" Entartung in der Malerei, der Dichtung, der Pädagogik und der Wissenschaft. Das kleinbürgerliche „Neuerertum" führt zur Loslösung von der wahren Kunst, der wahren Wissenschaft und der wahren Literatur.

Der Komponist der *Lady Macbeth von Mzensk* musste die nervöse, verkrampfte, epileptische Musik des Jazz entlehnen, um seinen Helden Leidenschaft zu verleihen.

Während sich unsere Kritik – und damit auch die Musikkritik – vor dem Sozialistischen Realismus verneigt, setzt uns die Bühne mit Schostakowitschs Werk gröbsten Naturalismus vor. Die Kaufleute und das Volk – alle werden stumpf und grausam dargestellt. Die Kaufmannsfrau, die durch Mord Reichtum und Macht gewinnt, wird als ein Opfer der bürgerlichen Gesellschaft vorgestellt. Leskows Geschichte bekommt eine Sinnlichkeit, die sie eigentlich nicht hat.

Und das alles ist grob, primitiv und vulgär. Die Musik ächzt und stöhnt, keucht und gerät außer Atem, um die Liebesszenen möglichst natürlich darzustellen. Und die „Liebe" wird in der ganzen Oper in der vulgärsten Weise breitgetreten. Das Doppelbett des Kaufmanns steht als Mittelpunkt auf der Bühne. Auf dem Bett werden alle „Probleme" gelöst. Im selben grob naturalistischen Stil wird auch der Tod durch Vergiften gezeigt, ebenso die Prügelszene.

Der Komponist hat sich offensichtlich nicht die Aufgabe gestellt, dem Gehör zu schenken, was die sowjetischen Opernbesucher von der Musik erwarten und in ihr suchen. Als hätte er bewusst seine Musik chiffriert, alle Töne in ihr so durcheinandergebracht, dass sie nur für Ästheten und Formalisten, die ihren gesunden Geschmack verloren haben, genießbar bleibt. Er ignoriert die Forderung der sowjetischen Kultur, Grobheit und Primitivität aus allen Bereichen des sowjetischen Lebens zu verbannen. Diese Lobpreisung kaufmännischer Wollüstigkeit bezeichnen einige Kritiker als Satire. Hier kann in keiner Weise von Satire die Rede sein. Mit allen Mitteln sowohl der musikalischen als auch der dramatischen Ausdrucksfähigkeit ist der Autor bestrebt, die Sympathien des Publikums für die groben und vulgären Bestrebungen und Taten der Kaufmannsfrau Katerina Ismailowa zu gewinnen.

Lady Macbeth erfreut sich eines großen Erfolges bei der ausländischen Bourgeoisie. Vielleicht wird die Oper gelobt, weil sie so absolut unpolitisch und verwirrend ist. Lässt sich das nicht damit erklären, dass diese zappe-

> lige, kreischende, neurotische Musik den perversen Geschmack der Bourgeoisie kitzelt?
> Unsere Theater wandten nicht wenig Arbeit auf, um die Oper von Schostakowitsch sorgfältig in Szene zu setzen. Die Darsteller zeigen bedeutendes Talent in der Überwindung des Lärms, des Schreiens und des Kreischens des Orchesters. Durch dramatisches Spiel versuchen sie, die melodische Dürftigkeit der Oper auszugleichen. Leider traten dadurch ihre grob-naturalistischen Eigenschaften nur noch klarer hervor. Das talentierte Spiel verdient Anerkennung, die verausgabten Kräfte – Bedauern.[20]

Nun, was den Geschmack der Bourgeoisie betrifft, so schrieb der Kritiker der New York Times immerhin voller Abscheu, dieses sowjetische Machwerk sei die erste pornographische Musik. Da trafen sich zwei Geschmäcker. Die Philisterformel vom „Wahren, Schönen, Guten" steht dem Prawda-Autor näher als jeder kritische oder gar revolutionäre Gedanke.

Sich weiter mit dem Artikel auseinanderzusetzen, war offensichtlich nicht möglich und auch nicht gewollt. Er argumentierte nicht, sondern sprach ein Machtwort.

> …bevor man euch mit Gewehrkolben jagt:
> „Lasst es sein!"
> Macht Schluss! Vergesst! Pfeift drauf!

Hier wurde der Schluss-Strich unter eine bestimmte Richtung in der Kunst gezogen, und das Exempel wurde an Schostakowitsch statuiert. Es war das Ende der sowjetischen Avantgardekunst. Für die nächsten zwanzig Jahre blieb diese Forderung nach Erbaulichem das Gesetz künstlerischen Schaffens.

* * *

Die neuen Richtlinien waren in dem Prawda-Artikel mit den Worten von der „mitreißenden Kraft" der Musik angedeutet worden. Die Kunst soll eine Freude sein: Nach dem schweren Arbeitstag sollen die Gedanken gesammelt, nicht irritiert werden. So sieht der Feierabend dann aus: das Aufbauwerk muss gefeiert, der individuelle Kummer im allgemeinen Glück aufgehoben, die Darbietung gefällig gestaltet werden. Da sind die Attribute der Spießer-Ästhetik aller Länder schön versammelt. Wie soll daraus etwas anderes als Massen-Kunst nach Schablone entstehen, also Kitsch?

Man forderte die Komponisten auf, Vokalstücke zu schreiben, die einen konkreten Inhalt vermitteln. Instrumentalmusik war zu abstrakt und undurchsichtig. Wenn aber schon einmal Instrumentalmusik sein musste, dann sollten russische Volksmelodien verwendet werden. Schon Lunatscharski (den Stalin nicht schätzte, und der 1929 durch Bubnow ersetzt worden war) hatte Komponisten in ländliche Gebiete Russlands und in die anderen Sowjetrepubliken geschickt, um dort das Musikgut des Volkes zu sammeln und aufzuzeichnen. Nach und nach eröffneten die Kulturbehörden in fast allen Republiken Opernhäuser – das folgte weiterhin dem Programm, eine „bürgerliche" Musikkultur zu installieren und das kulturelle Niveau gleichmäßiger zu streuen und anzuheben. Moskauer und Leningrader Komponisten wurden beauftragt, den Aufbau der Opern und Konservatorien zu organisieren. Oft schrieben diese Komponisten dann die „erste Nationaloper" oder das „erste Nationalballett" dieser Völker.

Diese Programme folgten ursprünglich dem Vorbild von Béla Bartók und Zoltán Kodály, die um 1900 in Ungarn die Volksmusik gesammelt und untersucht hatten. Unter dem Einfluss der Industrialisierung und dem langsamen Untergang des ländlichen Lebens drohte sie spurlos zu verschwinden. Bartók und Kodály verfolgten mit ihrer Sammelarbeit jedoch nicht das Ziel, die Erträge ungebrochen in ihrer eigenen Musik auszubeuten und zu konservieren. Das Dokumentieren war das eine, das eigene Schaffen etwas anderes. Es wurde durch die Erfahrungen mit der Volksmusik und den dörflichen Musikanten bereichert. Als moderne Persönlichkeiten schrieben beide aber eine differenzierte Musik, die ganz eigenständig war.

Das wünschten die Kulturbürokraten nicht, die zwischen der originalen, alten russischen Musik und dem, was die Kunstmusik des 19. Jahrhunderts daraus gemacht hatte, gar nicht unterscheiden konnten. In Russland gab es auf dem Land noch lebendige Volksmusik, aber in der Stadt war das musikalische Bewusstsein durch neue Einflüsse geprägt. Die Bauernmusik wurde in der industrialisierten Gesellschaft tendenziell zum Anachronismus. Die neue Richtung in der Kulturpolitik zielte auf farbenprächtige Spektakel mit zündender Folkloremusik ab, weil sie annahm, mit der Folklore als neuem Inhalt der Oper und der Symphonik würden die Klassenschranken in der Musik aufgehoben. Kompliziertere Formen, die sowieso nur ein bürgerliches, musikalisch geschultes Publikum versteht, wären dann überflüssig.

Gern wurde auf die Bedrohung der Kultur durch die Industrie gezeigt, wie man sie im Westen sah: die Menschen wurden von der Unterhaltungsindustrie mit Erzeugnissen überschwemmt, die weniger mit Kunst, als mit Waren zu tun hatten. Das anspruchsvollere Publikum zog sich auf die Musik vergangener Jahrhunderte zurück. Moderne Komponisten, wie sie weiterhin auf Konservatorien und Musikhochschulen ausgebildet wurden, erlebten es kaum noch, dass sie vom Musikschreiben leben konnten, wofür noch Mozart, Beethoven und die Komponisten des 19. Jahrhunderts immerhin gekämpft hatten; ihr Markt hatte sich mehr oder weniger auf die Intellektuellen eingeengt. Die Normen der Industriearbeit hatten auch die Normen des Konsums erfasst, und Individualität war ein frommer Traum.

Diese radikale Kritik wurde auf die Kulturentwicklung der Sowjetunion nicht angewendet. Hier ging im Zug der Industrialisierung aber das Gleiche vor sich. Nur war es im unterentwickelten Russland der Staat bzw. die ihn besitzende Partei, die die Kollektivierung des Bewusstseins im Zug der Kollektivierung der Produktionsmittel und der Produktivkraft Mensch vorantrieb. Die neuen Herrscher glaubten, sie könnten auch den kulturellen Bereich durch Dekrete und Gewehrläufe umgestalten, und innerhalb von zwanzig Jahren sowohl den „Sozialismus“ verwirklichen als auch die Seelen erobern zu können. Die unterhaltsame Fließbandproduktion sollte mit folkloristischen Produkten verzuckert werden – der uneingestandene Nationalismus dieses Konzepts war nicht nur im kulturellen Bereich ein böses Omen für künftige Entwicklungen. Von diesem Standpunkt aus konnte der ungebildetste Funktionär bei der Beurteilung künstlerischer Produkte mitreden. Er konnte vom „proletarischen“ Standpunkt aus (als proletarisch galt alles, was die Partei als Interesse der Arbeiterklasse abgesegnet hatte) auf seine Borniertheit sogar stolz sein: sie war das Bewusstsein des Neuen Menschen.

* * *

Komponisten wie Prokofjew und Schostakowitsch waren Stadtmenschen. Sie lebten nicht im Niemandsland, sondern nahmen die neuen musikalischen Entwicklungen auf. Die Volksmusik hatte für sie nicht viel mehr als den Wert von Farbschattierungen, die amerikanische Unterhaltungsmusik spielte in ihrem Gefühlsleben eine viel größere Rolle. Die Tanzmusik aus der Jugendzeit Schostakowitschs wurde mittlerweile als „NEP-Musik“ verteufelt, der Jazz als Abschaum bürgerlicher Dekadenz eingestuft, obwohl er doch ursprünglich eine Lebensäußerung der unterdrückten Schwarzen in Amerika war. Neben der „Primitivität“ warf man dem Jazz auch ungesunde Erotik vor. 1929 hatte die RAPM die Unterdrückung des Jazz schon einmal durchgesetzt, mit ihrer Auflösung 1932 gewann er aber schnell wieder an Boden. Hervorragende russische Jazzensembles wie das von Alexander Zfasman reisten durch die ganze Sowjetunion. Schostakowitsch schrieb 1934 eine *Suite für Jazzensemble* (urspr. op. 38). Damit tauchte er wie ein Chamäleon in die Aura des Jazz ein, gab den Stücken aber doch gleichzeitig typische Züge des eigenen Stils. Seine Liebe zu dieser Musik hatte er ja schon sechs Jahre vorher beim *Tahiti Trott* verraten, ebenso wurde sie im „Goldenen Zeitalter" deutlich, und noch in der *Lady Macbeth* hatte man sie angeprangert.

1936 hieß es für den Jazz wieder „Aus!". In Berlin verbarg Goebbels seine rassistischen Vorurteile wenigstens nicht, wenn er gegen die „Negermusik" hetzte und das Saxophon „Buhlhorn" schimpfte. Die Sexualität der Schwarzen jagte den weißen Kleinbürgern Schrecken ein. Doch hinter der Fassade der größten Reinheitsapostel lauert bekanntlich der größte Schmutz.

Immerhin verlor die Partei den Kampf gegen den Jazz. Als man sah, dass er nicht totzukriegen war, versuchte man ihn zu kanalisieren: 1938 wurde das Staatliche Jazz-Orchester der UdSSR gegründet. Ihm gab Schostakowitsch seine Jazz-Suite zur Uraufführung und schrieb noch eine weitere dazu.

Einstweilen, nach dem Prawda-Artikel von 1936, war Schostakowitsch nicht zum Produzieren zu Mute. Wie sollte er sich verhalten? Er war aus großer Höhe jäh zu Boden gestürzt. Schon sah er sich als „Volksfeind" tituliert. Den Kritiker konnte er für inkompetent halten, aber die Partei stützte dessen vulgärmarxistische Besserwisserei – für die Schergen muss er Verachtung und Hass entwickelt haben, was er über die politische Wendung der Partei dachte, wissen wir nicht.

Schostakowitsch wurde nun 30 Jahre alt. 1932 hatte er geheiratet. Die Tochter Galina war unterwegs (der Sohn Maxim folgte 1938). Er war nicht mehr nur für sich selbst verantwortlich. Sein Leben wurde zu einem Alptraum, als die Prawda am 6. Februar zu einem zweiten Schlag ausholte. Unter der Überschrift „Ballettverfälschung" verriss sie Schostakowitschs drittes Ballett *Der helle Bach* op. 39, eine leichte Revue über das Leben im Kolchos.[21]

Vom 10. bis 15. Februar führte der Komponistenverband eine Tagung durch, um die Schlussfolgerungen aus den beiden Artikeln für das weitere Schaffen der Verbandsmitglieder zu erörtern. Die Leningrader hatten sich schon am 5. und 7. Februar versammelt.[22] Konkurrenz und Neid, Angst und Opportunismus verhinderten die Solidarität unter den Komponisten. „Die Komponisten taten nichts, sie denunzierten einander nur – auf Notenpapier", schrieb der Satiriker Ilf damals

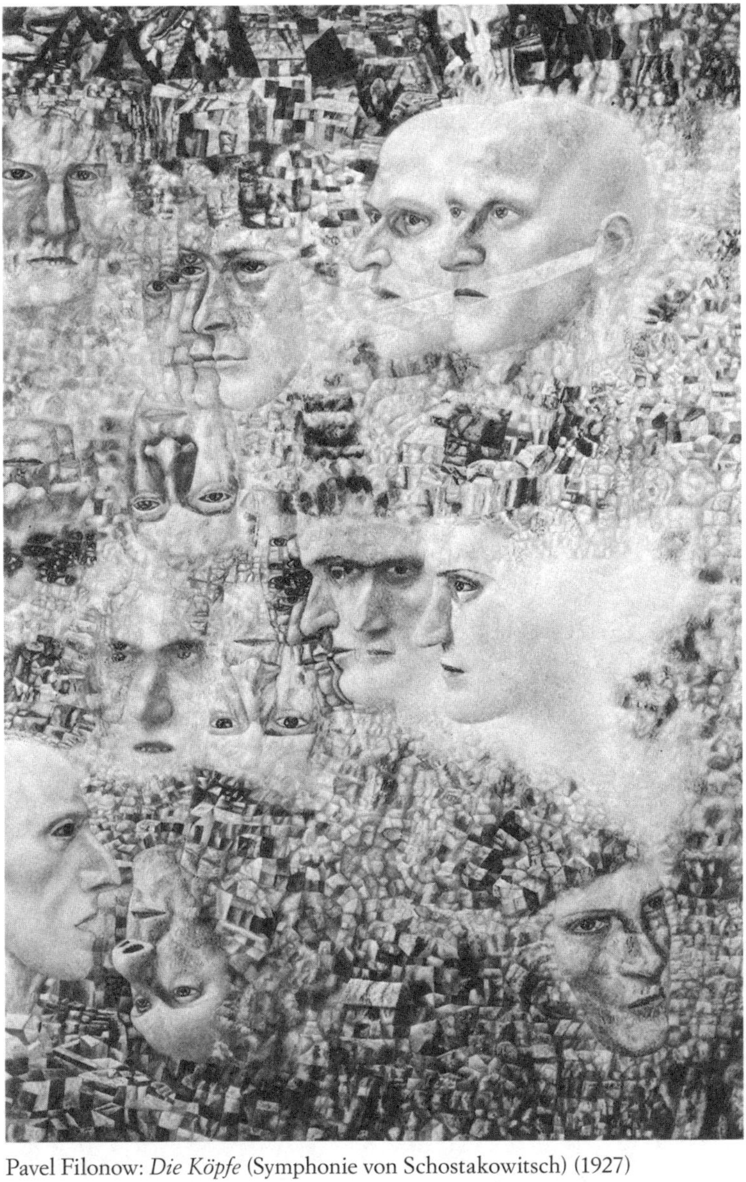

Pavel Filonow: *Die Köpfe* (Symphonie von Schostakowitsch) (1927)

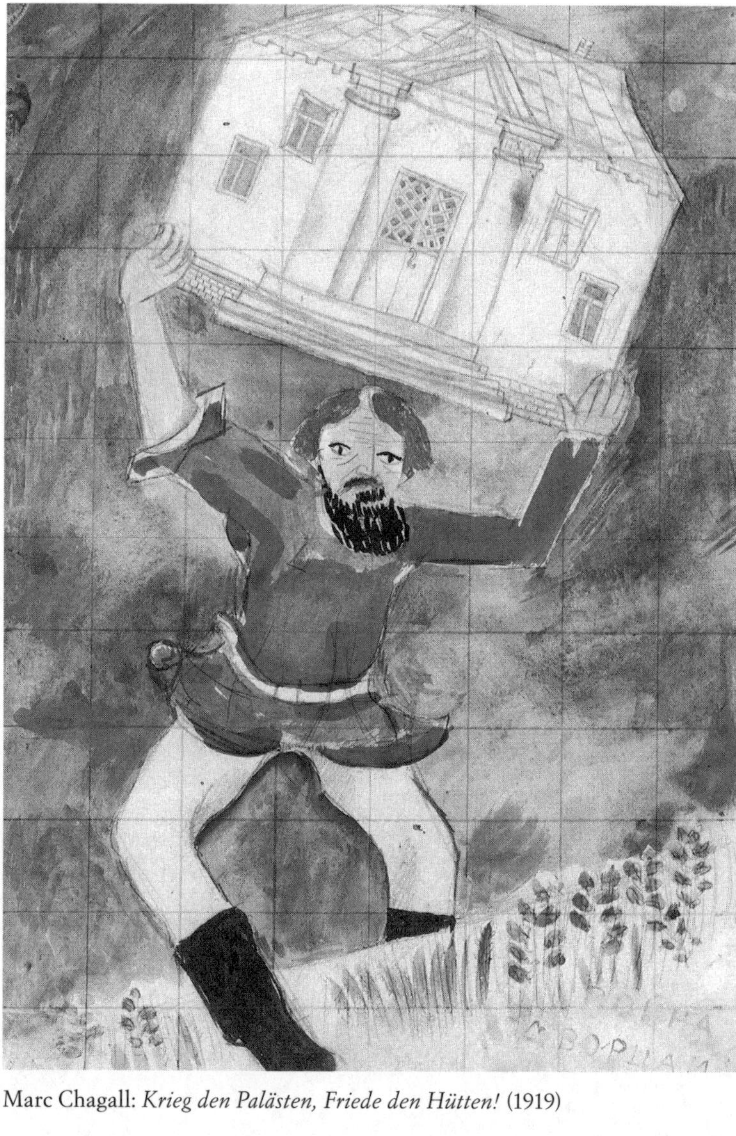

Marc Chagall: *Krieg den Palästen, Friede den Hütten!* (1919)

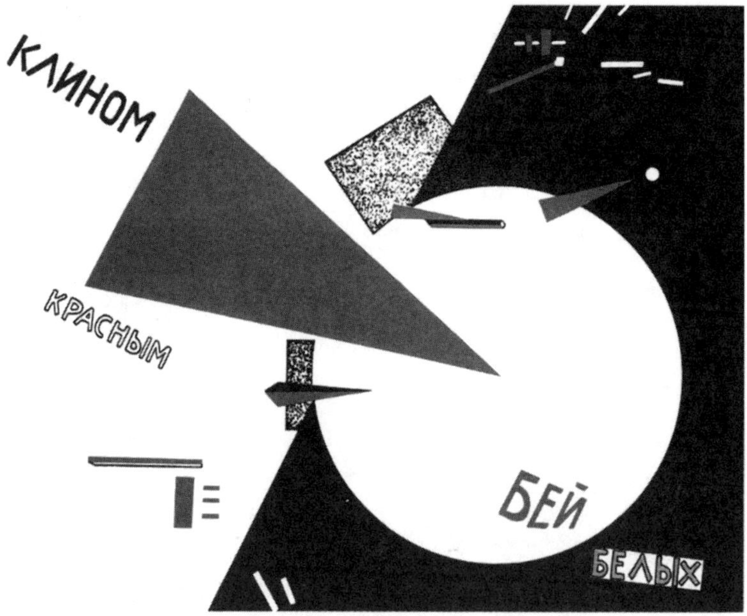

El Lissitzki: *Schlagt die Weißen mit dem roten Keil!* (1919)

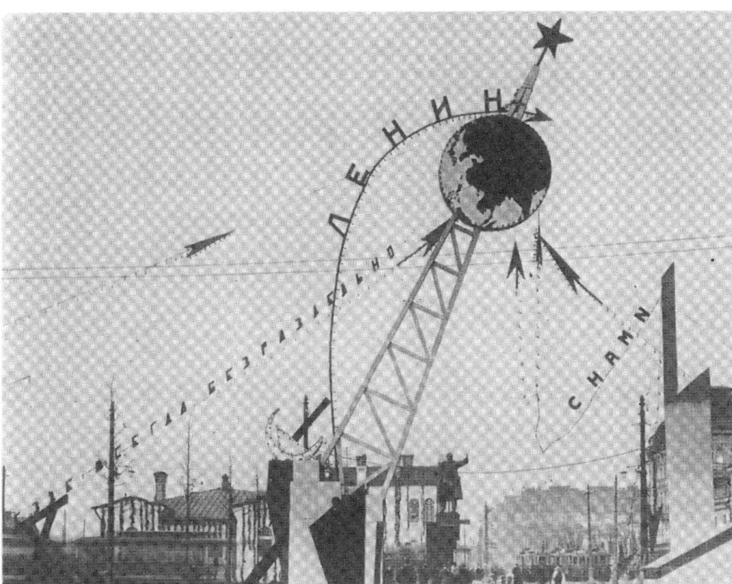

Futuristische Dekoration am Finnischen Bahnhof in Leningrad (1927)

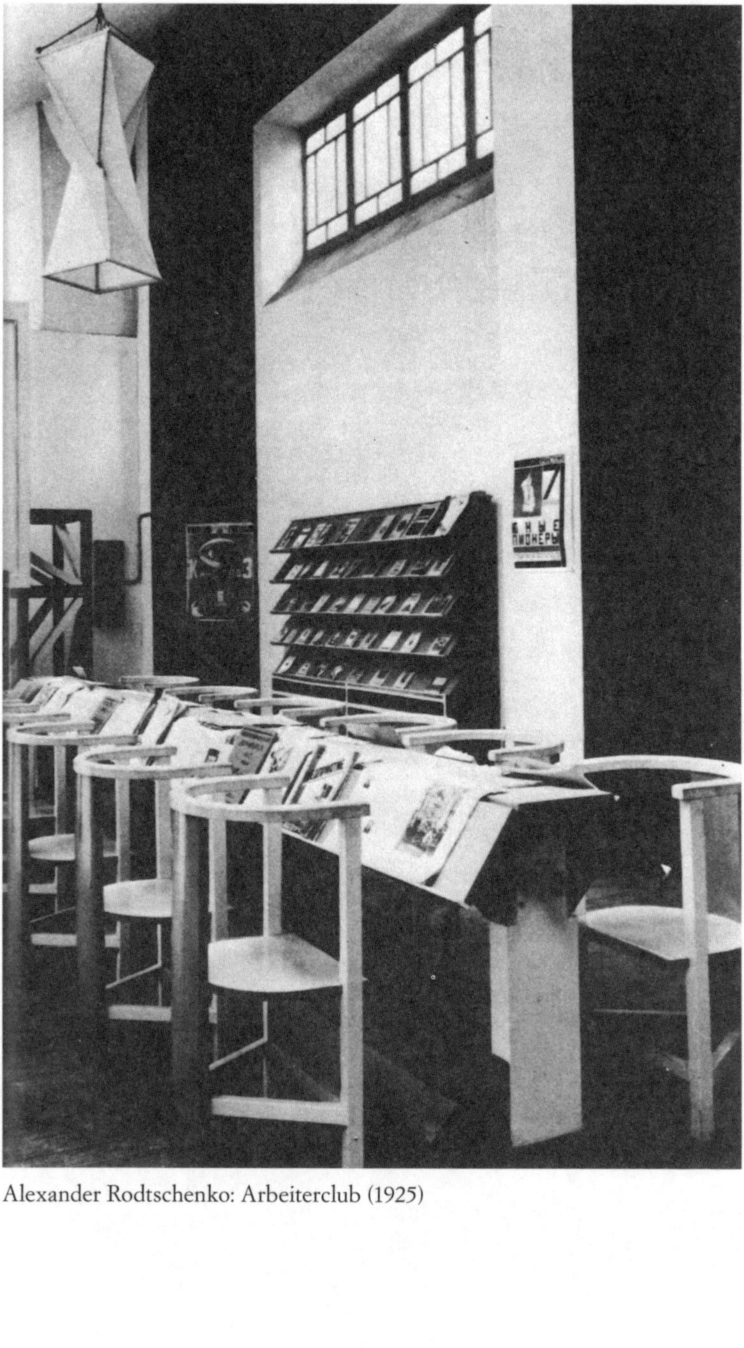

Alexander Rodtschenko: Arbeiterclub (1925)

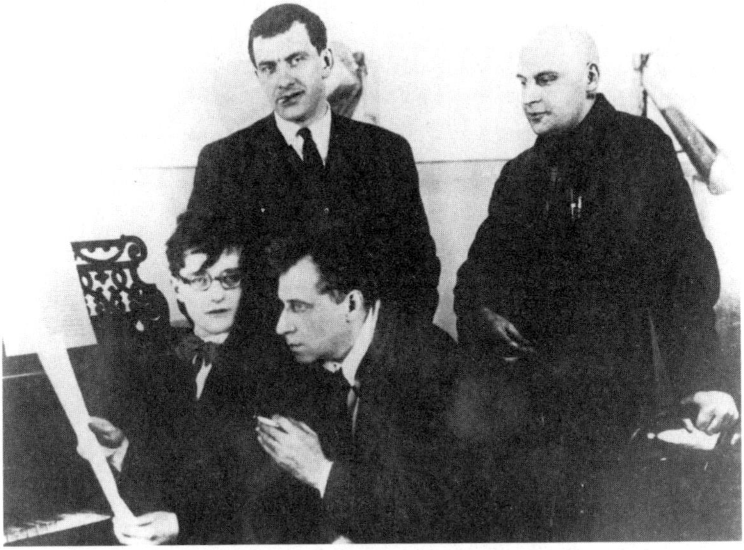

Dimitri Schostakowitsch mit Meyerhold, Majakowski und Rodtschenko (1927)

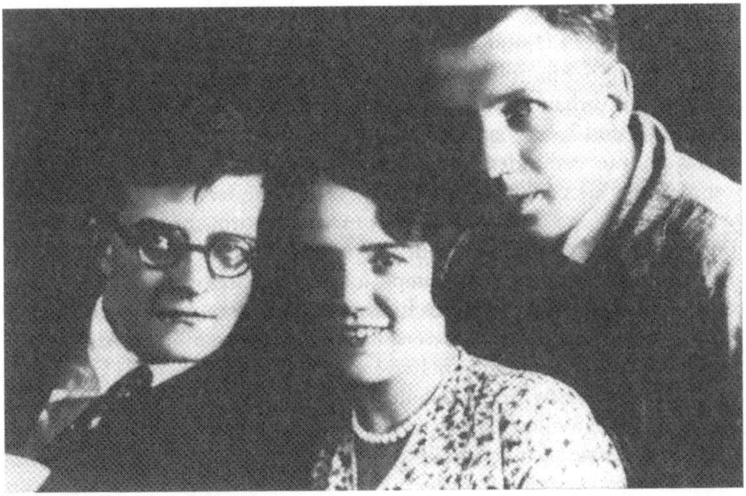

Dimitri Schostakowitsch mit seiner Frau Nina und Iwan Sollertinski (1929)

in sein Notizbuch.[23] Die Musikwelt konnte die einmütige Reue in der Verbandszeitschrift Sowjetskaja musyka nachlesen. Schostakowitschs Kompositionslehrer Steinberg führte die „Tragödie Schostakowitschs" auf den Einfluss westlicher musikalischer Extremisten zurück, wie er an der 1. Klaviersonate und den *Aphorismen* erkannt habe. Diese Stücke habe er nicht mehr verstanden, und danach sei Schostakowitsch nicht mehr zu ihm gekommen.[24]

Auf der Versammlung selbst waren wenige, darunter Schebalin, Balantschiwadse, Kabalewski und Sollertinski, die es wagten, Schostakowitsch zu verteidigen, bzw. wenigstens die Anklagen nicht nachzubeten. Da der Sündenbock gefunden war, musste man auf ihn einschlagen, um sich selber reinzuwaschen; am besten gab man sogar eigene Verfehlungen zu, um die Selbstkritik glaubwürdiger zu gestalten. Radamsky gab eine sicherlich eigenwillige, aber dafür sehr plastische Schilderung vom Verlauf der Tagung:

> Über vierhundert Komponisten, Kritiker, Regisseure und andere Theaterfachleute waren zusammengekommen. Schostakowitsch war bezeichnenderweise abwesend, obwohl er zu der Zeit in Moskau weilte und auch erwartet wurde. Ich erhielt eine Einladung und wurde vom Sekretär des Komponisten-Verbandes, Gregorij Schneerson, unterrichtet, dass ich aufgefordert werden sollte, über das Durchfallen der Oper unter Artur Rodzinski an der Metropolitan Opera in New York zu sprechen. Tatsache war, dass die Oper einige ablehnende Kritik erfahren hatte, aber ebenso auch überschwängliches Lob. Ich erhielt einen Platz in der ersten Reihe neben dem Komponisten Schebalin, einem Freund und Bewunderer Schostakowitschs, der sich bei dieser Gelegenheit zu sprechen weigerte.
>
> Einer nach dem anderen, Komponisten, Dirigenten und Kritiker, die die Oper zuvor gelobt hatten, als sie von Nemirowitsch-Dantschenko aufgeführt worden war, kamen nun auf das Podium und zogen ihre früheren Urteile zurück. Die Kritiker widerriefen ihre positiven Besprechungen, und alle stimmten sie ein in ein allgemeines Schuldbekenntnis. Sie hatten sich geirrt, und erst jetzt waren ihnen von „welikij woschd", vom großen Führer Stalin, die Augen geöffnet worden. Als Eugen Braude, einer der führenden Musikhistoriker Sowjetrusslands, auf das Podium kam, um den Singsang seiner Vorredner nachzubeten, ließen Schebalin und ich die Köpfe sinken, so schämten wir uns für ihn.
>
> Es war nur mehr ein Sprecher vor mir, der Komponist Knipper, der, wie allgemein bekannt war, Schostakowitsch um seinen Erfolg beneidete. Niemand hatte erwartet, dass er Schostakowitsch etwa loben würde. Aber niemand auch hatte sich versehen, dass er Schostakowitsch antisoziales Verhalten vorwerfen würde, den schwersten Vorwurf, den man damals erheben konnte. Knipper tat das, und um seine Anschuldigungen zu unterstützen, erzählte er von einem Vorkommnis, als die Leningrader Komponisten

> einmal aufgefordert worden waren, für Matrosen zu spielen. Alle waren sie pünktlich erschienen, nur Dimitri nicht. Und als er endlich mit einer Verspätung von fünfzehn Minuten kam, war er „nicht allzu nüchtern" gewesen. An dieser Stelle der Rede gab es einiges Gemurmel unter den Anwesenden. Knipper hielt einen Augenblick inne und fasste dann zusammen: „Aber wir sind hier nicht zusammengekommen, um den letzten Nagel zu Schostakowitschs Sarg zu liefern." Darauf rief ich ganz laut: „Podlez!" (Schweinehund!). Es gibt nur noch ein Wort im Russischen, das schlimmer ist.
> Ein allgemeines Gerede entstand, es wurde „chwatit" (jetzt langt's!) gemurmelt, und allmählich nahmen die Proteste solche Lautstärke an, dass Knipper nicht mehr weiterreden konnte. Der Vorsitzende verkündete eine Pause, und auf dem Podium hielt das Zentralkomitee der Kommunistischen Partei, das anwesend war, eine eilige Beratung ab [Radamsky meint wohl anwesende ZK-Vertreter oder die Leitung der Parteizelle des Komponistenverbands, denn das ZK nahm sicherlich nicht teil; d. Verf.]. Ein paar Minuten später teilte Schneerson mir mit, dass ich zu seinem Bedauern (und er schien wirklich betroffen) nicht mehr zu Worte kommen würde. Ohne Zweifel wurde Knipper von allen Versammelten verurteilt, wenn es auch niemand offen zu sagen wagte.
> Der nächste Sprecher nach der Unterbrechung war Kabalewski, der einzige, der mit Würde sprach und Schostakowitsch nicht verurteilte.
> Nach der Versammlung suchte ich Schostakowitsch auf. Eine Gruppe von Reportern saß schon auf den Treppenstufen vor seiner Wohnung, aber er weigerte sich, sie zu empfangen. Er schien mir nicht allzu besorgt über die ganze Angelegenheit. Natürlich wusste er noch nicht genau, was vorgefallen und was gesagt worden war.[25]

Boris Assafjew, der theoretische Führer der Musikkritiker, die jetzt unter Beschuss standen, hatte stets die westliche Moderne und Schostakowitschs Musik unterstützt. Nach der Versammlung schrieb er eine Stellungnahme, die selbst Alban Bergs *Wozzeck* ablehnte und den Prawda-Artikel „glänzend geschrieben, tiefschürfend und zeitgemäß" nannte.[26] Das war keine Ironie, denn er hatte schon früher resigniert und war auf die Komposition hübscher folkloristischer Ballette wie *Die Fontäne von Bachtschissaraj* ausgewichen, die bis heute in den slawischen Ländern gespielt wird. Sollertinski schloss sich der Stellungnahme Assafjews an. Diesen taktischen Schritt hatte er mit Schostakowitsch sicherlich abgesprochen, der selbst keine Stellungnahme abgab.

Schostakowitsch war isoliert. In der gesamten UdSSR wurde er kritisiert und nicht nur von den Parteiinstanzen, sondern auch in den Betrieben als Volksfeind gebrandmarkt. Es ist nicht unwahrscheinlich, dass er sich umbringen wollte.[27] Es ist auch möglich, dass Stalin jetzt mit ihm Katz und Maus spielte. Er soll ihn angerufen haben: er dürfe das nicht persönlich nehmen, es gehe doch um mehr als ihn, nämlich um die Ausrichtung der sowjetischen Musik. Er solle seine Fehler korrigieren und die Volksmusik studieren.

Es wurde auch ein Musterstück der sowjetischen Oper entdeckt, das der *Lady Macbeth* entgegengehalten werden konnte. Kurz nach dem Besuch von Schostakowitschs Oper hatte Stalin am 17. Januar 1936 eine Aufführung der Oper *Der stille Don* nach Scholochows damals noch nicht vollendetem Roman besucht. Hier ließ er sich nach der Vorstellung die Sänger, den Dirigenten und den Komponisten Iwan Dserschinski vorstellen. Der Vorlage entsprechend hatte die Oper einen erhabenen Stoff und auch die Musik zeigte keine Widerborsten. Auf die Dauer konnte sie sich auf der Opernbühne allerdings nicht behaupten.

Auf Schostakowitschs Schreibtisch lag zu dieser Zeit eine neue Symphonie. Er hatte 1935 damit begonnen, ein für seine Verhältnisse ungewohnt ausladendes Werk zu schreiben. Die guten Ratschläge, die er den Komponisten bei der Symphonik-Debatte gegeben hatte, berücksichtigte er dabei allerdings in keiner Weise. Weder schrieb er an einer lyrischen Symphonie, noch an einer solchen, die das Unterhaltungsbedürfnis des sowjetischen Hörers hätte befriedigen können. Es war auch nicht die große Symphonie auf Klassikertexte, die er in der „Deklaration" von 1931 angekündigt hatte und noch häufiger ankündigen sollte. In den *Fünf Fragmenten für Orchester* op. 42 hatte er – ähnlich den *Aphorismen* – bestimmte Eindrücke in der Form von Studien festzuhalten versucht. Der *Vierten Symphonie* op. 43 lag dagegen wieder ein gedankliches Konzept zugrunde, das die drei Sätze überspannt. Doch kurz vor der geplanten Uraufführung zog er die Symphonie zurück, obwohl die Proben bereits begonnen hatten.

Nach dem Januar 1936 war der Wind immer schärfer geworden. Politische Abweichungen wurden nicht mehr nur durch Kritik, sondern durch Verhaftungen bestraft. Schostakowitsch zog es vor, in die unverfänglichere Filmmusik auszuweichen; das Talent dazu bescheinigte Stalin ihm. Daneben schrieb er vier *Lieder nach Puschkin-Gedichten*. Ihre wehmütige Beschwörung von künstlerischer Integrität, Jugend, Liebe und Vergänglichkeit stehen der seelischen Verfassung des Komponisten zur Zeit der Entstehung im Jahr 1936 vermutlich nicht sehr fern.

Das dritte Lied *Vorahnung* („Düstre Wolken haben wieder still sich über mir geballt") schaut „von des Lebens Stürmen müde" voll Gleichmut der Zukunft entgegen:

Werd' Verachtung ich bewahren
meinem Schicksal fürderhin?
Meinen Trotz aus Jugendjahren,
die Geduld, den stolzen Sinn?

Indem er die Zeit der Trennung vorausahnt, die ihm die Verbannung durch den Zaren Nikolaus I. bringen wird, tröstet Puschkin sich:

> An dein liebes Bild zu denken,
> wird verleih'n mir hohen Mut.

Wie nun konnte Schostakowitsch, der trotzige, selbstbewusste junge Komponist, seine Selbstachtung wahren? Er zog sich zurück, um eine neue Symphonie zu schreiben, die ihn rehabilitieren sollte. Diese Symphonie musste zwei Anforderungen genügen: Er musste sie stolz öffentlich aufführen und durch ihre Qualität die Kritiker in die Schranken weisen können, und dennoch durfte sie keine Preisgabe seiner künstlerischen Grundsätze sein.

Warum sollte es gerade eine Symphonie sein? Was unterscheidet die zurückgezogene Vierte von der neuen Fünften Symphonie, mit der Schostakowitsch tatsächlich die Rehabilitierung gelang? Die Vierte endete offen, während die Fünfte einen lauten Schluss hat, der triumphal wirkte. Die Vierte schien an Mahler angelehnt, die Fünfte eher an Tschaikowsky orientiert.

Die Kulturbürokratie wollte das Muster der populären Symphonien Tschaikowskys zum Vorbild der sowjetischen Symphonik machen. Hat Schostakowitsch sich also dieser Forderung gebeugt? Das Kopieren der Vorlagen alter Meister kann keinen Künstler befriedigen. Schostakowitsch konnte jedoch gewisse Ausdruckscharaktere nutzen, die Tschaikowsky verwendet hat, die dem breiten Publikum und den Funktionären aber verborgen bleiben.

Gustav Mahlers vom Leiden an der Welt überschattetes Werk war in der Sowjetunion nun als bürgerlich-dekadent abqualifiziert. Die Leningrader Zeit der Mahlerpflege war vorbei. Je weniger Schostakowitsch es sich noch leisten konnte, die Welt aus der Distanz zu beobachten, desto mehr liebte er Mahler. Auch war Mahler ein großer Spötter, da konnte er lernen.

Wir haben Schostakowitsch als einen Komponisten kennengelernt, der Spaß am Spiel mit fremdem, auch mit historischem Material hatte, und der theatralische Effekte auch in der Instrumentalmusik liebte. Die Fünfte Symphonie geht in Wahrheit keinen neuen Weg, sondern setzt die mit der *Lady Macbeth* markierte Entwicklung fort, wobei Schostakowitsch seine Mahler-Studien zu nutzen wusste. Den populären Tschaikowsky sah er gemeinsam mit Sollertinski ebenfalls anders als die Dogmatiker, und auch daraus zog er praktischen Nutzen. Um die Fünfte verstehen zu können, müssen wir uns daher zunächst mit

Tschaikowsky und seinem Verhältnis zur russischen Musiktradition, und anschließend mit bestimmten Aspekten von Mahlers Symphonik vertraut machen.

III Exkurs: Tschaikowskys Final-Probleme

Wie kam Peter Iljitsch Tschaikowsky zu der Ehre, der hellste der Sterne am sowjetischen Musikgötter-Himmel zu werden? Durch Missverständnisse. Als Meyerhold am Petrograder Kleinen Operntheater Tschaikowskys *Pique Dame* inszenierte, war das für jeden, der nicht eng an dem klebte, was er schon kannte, eine geniale Aufführung aus einem Guss – so für den jungen Schostakowitsch.[1] Das war lebendige Kunst, mit der man sich geistig auseinandersetzen konnte.

Für die Bildungsbürger und die Spießer war das ein Skandal. Sie kamen in die Oper, um zu genießen. So stellten sie sich das „Wahre, Schöne, Gute“ vor: wenn der falsche Alltag vorbei ist, geht man hin und genießt beschaulich das Wahre. Man selber hat damit nichts zu tun, es kommt einem nicht zu nahe, höchstens rührt es einmal. Denn was war nun eigentlich jene „wahre Musik“, die Schostakowitsch angeblich negierte? Die Antwort ist simpel: etwas derartiges gibt es nicht. Die kulturell gefühllosen Parteibeamten fielen hier ganz unkritisch auf eine höchst bürgerliche Fiktion herein. Das „Wahre, Schöne, Gute“ wird beschworen, weil es nicht da ist. Der Musen-Tempel wird ihm geweiht, weil es im schnöden bürgerlichen Alltag nicht anzutreffen ist. Es handelt sich da nur um die Projektion von Sehnsüchten auf Kunstwerke, die nicht verstanden werden, und unter dem Schutt der Projektionen auch nicht mehr verstanden werden können.

Die Masse des Publikums geht nicht in die Musentempel, um sich geistig auseinanderzusetzen. Sie liebt Tschaikowsky. Auch die sowjetischen Bürokraten liebten Tschaikowsky. Die neuen Publikumsschichten lernten Tschaikowskys Musik ebenfalls lieben, seine einfallsreiche Melodik, seine Gefühlsausbrüche, seine Melancholie. Seine Musik war alt und eingeschliffen. Sie befremdete nicht mehr. Sie ist wehrlos, wenn das Publikum Gefühle auf sie projiziert, statt aufmerksam hinzuhören. Dann wäre der reine Genuss gefährdet.

Sind Tschaikowskys Symphonien denn nicht zum Genuss bestimmt? Wollte er sein Publikum nicht gut unterhalten? Die Frage ist falsch gestellt. Die „klassische“ Musik hat sich aus der Unterhaltungsmusik der Höfe und Patrizierhäuser entwickelt. Bürgerliche Komponisten (wie der Rebell Beethoven beispielsweise) haben ihr den Stempel der Individualität aufgedrückt. Oft mochten gerade die Bürger das nicht: sie wollten beim Opern- und Konzertbesuch den errungenen sozialen Status demonstrieren, hatten aber nicht die Muße gehabt, sich auch künstlerisches Empfinden anzueignen.

Der individualistische Künstler des 19. Jahrhunderts legte Wert darauf, seine eigene Gefühlslage auszudrücken, und er wollte keine Rücksicht auf den Auftraggeber nehmen, wenn er sich die entsprechenden Formen dafür schuf. Der Konflikt zwischen Künstler und Publikum ist damit latent immer vorhanden, denn das bürgerliche Publikum steht auf dem Standpunkt „Wer zahlt, schafft an". Es fühlt sich belästigt. Die Folge war unter anderem das Entstehen der bürgerlichen Unterhaltungsmusik – wie z. B. in Wien des Walzers und der Operette – und später, als der Markt dafür entstand, der populären Musik für die Massen.

Tschaikowsky, 1840 in einem großbürgerlichen Haus geboren (der Vater war Fabrikdirektor), komponierte für die Bedürfnisse der Salons des russischen Adels und Bürgertums, aber er war eine zu gefühlsbetonte Persönlichkeit, um nicht immer stärker seinem Ausdrucksbedürfnis folgen zu müssen. Als er im Jahr 1877 seine Vierte Symphonie f-moll op. 36 schrieb, hatte er bereits drei Beiträge zu dieser Gattung geliefert, die sich von vergleichbaren Werken durch nichts abhoben. An der neuen Symphonie ließ jedoch schon der Anfang aufhorchen: eine scharf akzentuierte Hörnerfanfare, die als eine Art „Motto" die Symphonie umklammert, indem sie auch im Finalsatz wieder auftaucht – ein zusätzliches thematisches Element, das im üblichen Bauplan einer Symphonie nicht vorgesehen ist.

Im ersten Satz peitscht dieses Motiv die dramatische Entwicklung voran, bis die Musik tragisch umschlägt, und ein unerbittlicher Marschtritt in einen resignativen Schluss führt. Der letzte Satz beginnt wie eine feurige Variationenreihe über das Volkslied *Stand ein Birkenbäumchen.* Doch auf dem Höhepunkt der turbulenten Musik tritt die Hörnerfanfare auf: die Musik verstummt – tragische Stille. Danach wirkt die wilde Festmusik nur noch hysterisch, und mit einigen harten Schlägen schließt die Symphonie.

Was hat das zu bedeuten? Oder haben wir uns verhört: das Publikum ist über den rasanten Schluss begeistert und klatscht frenetischen Beifall. Wessen Missverständnis?

Tschaikowsky hat in einem Brief an Frau von Meck, der diese Symphonie gewidmet ist, in Worten ausgedrückt, was ihm bei der Komposition vorschwebte. Das beweist zwar nicht mehr, als dass seine Gönnerin sich dies vorstellen sollte, aber immerhin ist dieses Programm doch von ihm selbst entworfen: „Der vierte Satz. Wenn du in dir selbst keinen Anlass zur Freude findest, so suche sie in anderen Menschen. Geh ins Volk, sieh, wie es versteht, heiter zu sein und sich ungehemmt der Freude hinzugeben… Ein Volksfest findet statt. Doch kaum hast du dich selbst vergessen in der Betrachtung fremder Freuden, als das Fatum, das unentrinnbare Schicksal, aufs neue erscheint und an sich erinnert. Aber die anderen kümmern sich nicht um dich. Sie haben sich nicht einmal nach dir umgewandt, dich nicht angeblickt und nicht bemerkt, dass du einsam und traurig bist. Oh, wie fröhlich sie sind! Wie sind sie glücklich, weil all ihre Gefühle unbefangen und einfach sind! Erkenne dich selbst und sage nicht, alles auf Erden sei traurig. Es gibt schlichte, aber tiefe Freuden. Freue dich an fremder Freude. Man kann das Leben doch ertragen."[2]

Für einen 37jährigen liest sich das sehr resignativ. Tschaikowsky lebte damals als Professor am Moskauer Konservatorium und litt an schweren Depressionen wegen der gesellschaftlichen Ächtung seiner Homosexualität.

Am Ural aufgewachsen, wo er das Bauernleben und die Volksmusik (aus dem Gutsherren-Blickwinkel) ganz gut kennenlernte, hatte man Pjotr Iljitsch mit 10 Jahren nach St. Petersburg in die Rechtsschule gegeben. Diese Trennung von der Mutter und ihr Tod an der Cholera 1856 wurden für ihn zum traumatischen Erlebnis. Im Juni 1859 war er als Beamter ins Justizministerium eingetreten.

Am 20. September 1862 hatte Anton Rubinstein in St. Petersburg das erste russische Konservatorium eröffnet, die erste Schule also, an der eine systematische musikalische Ausbildung nach westlichem Vorbild vermittelt wurde. Ein Jahr später hatte Tschaikowsky seine Beamtenlaufbahn und das Dandy-Leben an den Nagel gehängt und sich am Konservatorium eingeschrieben. 1865 hatte er es mit dem Diplom verlassen. Seit dieser Zeit wurden in seinen Briefen die Klagen über Depressionen und alle Arten nervöser Beschwerden immer häufiger geworden. Seine private Existenz war durch eine Stelle am Moskauer Konservatorium, das Antons Bruder Nikolai Rubinstein leitete, bescheiden gesichert (er verdiente 50 Rubel im Monat und 1871 konnte er sogar eine Dreizimmerwohnung beziehen und sich einen eigenen Diener leisten).

Bis zum Winter 1876/77, in dem er die Vierte Symphonie entwarf, hatte Tschaikowsky ein sehr unstetes Leben geführt. Er war durch Europa gereist, so viel er konnte. Er hatte durch Kompositionen wie das Erste Streichquartett oder das Erste Klavierkonzert eine gewisse Bekanntheit erreicht, aber den Klatsch am Konservatorium empfand er immer stärker als Bedrohung. Er entschied sich definitiv, „die eine oder andere zu heiraten".[3] Russland gehörte wie Deutschland und England zu den wenigen Ländern, die es ihrer Moralheuchelei schuldig zu sein glaubten, die Homosexualität durch das Strafgesetz zu unterdrücken. Die ständige Angst machte Tschaikowsky auch körperlich krank. Doch wenn er dem „Unentrinnbaren" nicht entgehen konnte: jetzt wollte er sich ihm stellen. Die Vierte Symphonie ist das Psychogramm eines Menschen, der vollständig resigniert hat. In den Ausbrüchen von Klage, im tosenden Lärm und in der überdrehten Lustigkeit verschafft sich der unbewusste Widerstand Luft. In welcher Gestalt hat beim Volksfest, als er die Menschen betrachtete, sich wohl sein „Fatum" in Erinnerung gebracht – damit soll jetzt Schluss sein? Nur noch Betäubung und Vergessen? Die Musik des Finales hat eine Schicht, die bei oberflächlicher Betrachtung nicht erkennbar ist, und das hat Tschaikowsky auch so gewollt: die Volksfestmusik soll sein „Schicksal" überschreien, seine Bedürfnisse überdecken, ein Ersatzglück liefern. Das gibt ihr den Ausdruck der Verzweiflung, den das Publikum gewöhnlich nicht bemerkt, so wie die „Volksfestbesucher" den Zustand „des Helden" nicht wahrnehmen.

Das hat auch Tschaikowskys Schüler und Freund, der Komponist Sergei Tanejew nicht bemerkt. Er sah „den Wald vor lauter Bäumen nicht", wie ein Brief an Tschaikowsky zeigt, der ihm die fertige Partitur geschickt hatte. Tanejew bedauerte vor allem, dass Tschaikowsky, nach den so hervorragenden Variationen über den „Kranich" in der Zweiten Symphonie, zum „Birkenbäumchen" nun so wenig Reizvolles eingefallen sei.[4]

Eine hübsche Variationenfolge über das Volkslied war so ziemlich das letzte, was Tschaikowsky gewollt hatte. Er verteidigte sich damit, dass er in seiner Vierten programmatisch ungefähr das gleiche habe ausdrücken wollen wie Beethoven in seiner Fünften Symphonie – und deren Gedanke sei doch wohl jedermann verständlich.[5]

In diesem Briefwechsel verstand Tanejew Tschaikowsky nicht, und Tschaikowsky zeigte, dass er offenbar Beethoven nicht verstand – oder sich selber über sein eigenes Werk täuschte. Denn mit dem Programm der Fünften Symphonie Beethovens hat seine Vierte nichts gemeinsam.

Ludwig van Beethoven (1770–1827) hatte in die Symphonie (als Form eigentlich erst von Haydn aus italienischen Barockstücken entwickelt), einen neuen Ton gebracht: den Geist des bürgerlichen Aufbegehrens, die Ideen der Französischen Revolution von 1789. Seine Dritte Symphonie, die *Eroica*, erweiterte die Ausdruckskraft der Instrumentalmusik so stark, dass er die ganze Skala der Gefühle und Gedanken seines Zeitalters darin spiegeln konnte – in aller Widersprüchlichkeit und allem Idealismus. Er vergrößerte den äußeren Apparat, er dehnte den zeitlichen Umfang auf bis zu eine Stunde und er erweiterte die Form.[6]

Er widmete seine *Eroica* Napoleon, weil er das bürgerliche Recht auch außerhalb Frankreichs durchzusetzen half, indem er die reaktionären Mächte Preußen, Österreich und Russland zugunsten der Revolutionäre in Schach hielt – und er zerriss die Widmung, als Napoleon sich zum Kaiser krönte. (Eine ganz andere Sache ist es, wenn diese vibrierende Musik ganz gegen den Sinn des Autors und seiner Tempovorschriften zur satten Selbstbestätigung umfunktioniert wird. Was ein Stachel sein sollte, hat das bürgerliche Musikleben da bis zur Unkenntlichkeit entschärft.) Beethoven hat seinen Anspruch mit den Worten formuliert: „Musik ist höhere Offenbarung als alle Weisheit und Philosophie". Die dramatische Wucht des berühmten ersten Satzes der Fünften Symphonie zeigt, wie die eiserne Willensanstrengung alle Hindernisse überwindet. Nach dem Scherzo folgt ein Finale, das nach einer elektrisierten Einleitung in einen nie zuvor gehörten Triumph ausbricht. Die Zeitgenossen haben das empfunden, wie man bei E.T.A. Hoffmann nachlesen kann, aber auch bei dem französischen Dichter Honoré de Balzac (1799–1850), der die beiden Teile seines Romans *César Birotteau* durch eine großartige Schilderung des Finales von Beethovens Fünfter verknüpfte.[7]

Je schärfere Widersprüche die vorangegangenen Sätze geprägt hatten, desto begründeter, desto beeindruckender musste also die Lösung sein, durch die das Finale das Gleichgewicht wieder herstellte. Und nach einer „Lösung" verlangt der Beethovensche Symphonie-Typus.

Unbedingter Glaube an die Kraft des Menschen spricht aus Beethovens Fünfter Symphonie, und der hymnische Siegesrausch des Finale ist von einer Gewalt, die beinahe schon wieder bedenklich wird. Was sollte Tschaikowskys Vierte damit zu tun haben? Bei Beethoven geht es um den Aufbruch der Menschheit, bei Tschaikowsky um den Konflikt eines Menschen mit der Gesellschaft. Von jeder Art von Heldentum ist Tschaikowsky unendlich weit entfernt. Das Finale seiner Vierten ist kein Jubel nach siegreichem Kampf, sondern ohnmächtige Resignation: es ist die Zurücknahme des Kampfes, die Annullierung der Fünften Symphonie Beethovens.

* * *

Nach der Vierten ließ sich Tschaikowsky bis zu seiner Fünften Symphonie elf Jahre Zeit. Er zog die Oper vor. Im Frühjahr 1877 hatte er parallel zur Arbeit an der Vierten mit der Oper *Eugen Onegin* nach Puschkins gleichnamigem Versdrama begonnen, das die russische Erscheinungsform des Byronschen Weltschmerz' ironisierte. Er legte den Schwerpunkt auf die Geschichte der jungen, unerfahrenen Tatjana, die sich in den gelangweilten Lebemann Onegin verliebt und ihm diese Liebe in einem Brief gesteht – die Briefarie ist einer der Höhepunkte der Oper. Doch Onegin weist sie hochnäsig darauf hin, dass es doch ein wenig leichtsinnig sei, Fremden gegenüber seine Gefühle bloßzulegen. Jahre später – Tatjana ist nun verheiratet – erkennt er, dass er sie liebt. Tatjana aber weist ihn ab. Obwohl sie Onegin noch liebt, bleibt sie ihrem Mann treu.

Tschaikowsky glaubte an einen Wink des Schicksals, als ihm im Mai 1877 eine Konservatoriumsschülerin einen Liebesbrief wie Tatjana schrieb. Er antwortete ihr, zog Erkundigungen über sie ein, fand, dass sie „in ihn verliebt sei wie eine Katze" und heiratete sie am 18. Juli. Schon drei Tage vor der Hochzeit schrieb er, sollten sie unglücklich werden, sei es nicht seine Schuld: „Mein Gewissen ist rein!"[8] Die Katastrophe folgte bei der Hochzeitsreise.[9]

Den Sommer verbrachte er getrennt von seiner Frau. Als er im Herbst wieder unterrichten musste, brach er zusammen. Er versuchte sich umzubringen, indem er in die kalte Moskwa stieg. Seine Freunde schafften ihn ins Ausland. In Clarens am Genfer See und bei monatelangen Reisen quer durch Europa gewann er langsam seine Arbeitskraft zurück. Die Ehe wurde nicht geschieden, aber er sah seine Frau nie wieder. Ihr trauriges Leben endete 1917 in einem Irrenhaus.

Für Peter Tschaikowsky hatte das Jahr 1877 aber auch eine erfreuliche Seite: er gewann eine reiche Gönnerin, Frau von Meck, die 45jährige Witwe eines aus einer Rigaer Deutschordensritter-Familie stammenden Eisenbahningenieurs, der ihr als Teil eines riesigen Vermögens zwei private Bahnlinien hinterlassen hatte. Sie setzte ihm eine Jahresrente von 6000 Rubeln aus.[10] Er gab sofort den Posten am Konservatorium auf. Von da an konnte er als freier Komponist leben.

Frau von Meck repräsentierte eines der großen Vermögen, die durch die Industrialisierung Russlands in Bürgerhand zusammengekommen waren. Sie war Mäzenin der Musik, wie andere reiche Bürger, die ihre Paläste zu Bildergalerien machten, es für die Malerei waren. Mit dem Zarentum waren diese Bürger unzufrieden, soweit sie es für die Rückständigkeit Russlands verantwortlich machten. Für Frau von Meck war es deshalb auch eine Sache des Patriotismus, sich für die Verbreitung der Werke Tschaikowskys einzusetzen: „Ich glaube, russische

Musik rückt vor… Wir sind doch keine Barbaren in der Musik (übrigens, nur in der Musik keine)".[11]

Nur in der Musik keine Barbaren… Das russische Bürgertum entwickelte im 19. Jahrhundert einen ausgeprägten Minderwertigkeitskomplex gegenüber Westeuropa. Wie in den Zeiten Peters des Großen wurde die Zivilisation noch immer nach Russland importiert. Dieser Zar, der von 1689 bis 1725 regierte, hatte den alten, sklavischen Bauernstaat durch die Einführung westlicher Technik und bürgerlicher Sitten modernisiert. An der Ostseeküste, mitten in den Sümpfen der Newa, hatte er St. Petersburg als neue Hauptstadt gegründet und die Bojaren, die Fürsten des Reiches, gezwungen, dort neue Paläste zu bauen. Er hatte ihnen gewaltsam die Bärte scheren lassen – der Zar hatte den Fortschritt mit Gewalt ins Land gepeitscht. Er, der die Russen als Barbaren verachtete, hatte der Stadt einen deutschen Namen gegeben, und sein Modernisierungsprogramm nicht nur mit diktatorischer Gewalt, sondern auch durch die Anwerbung ausländischer Spezialisten durchgesetzt. Er hatte die Gründung von Gewerben angeregt, Kaufleuten, Betreibern von Manufakturen und sonstigen vermögenden Bürgern Privilegien gewährt (wie die Befreiung vom Militärdienst), um die Wirtschaftsentwicklung anzukurbeln. Doch war dies keine autonome Bürgerklasse, die aus eigener Kraft zu ihrer Position gelangt war, und deshalb fehlte ihr auch das Selbstbewusstsein der westlichen Bürgerklassen.

Peter I. hatte den Staat zentralisiert und ein stehendes Heer von 200 000 Mann geschaffen. Die Gesellschaft war militarisiert: nach den 14 Diensträngen des Militärs wurde auch die Beamtenschaft hierarchisiert. Nichts hob das Selbstbewusstsein so sehr wie ein Titel. Die obersten sechs Rangklassen wurden in den erblichen Adel erhoben, um in der Adelsklasse größeren Rückhalt für den Zaren zu schaffen. Der Zar unterwarf sich sogar die Kirche, ordnete sie dem Staat unter, entzog ihr die Erziehungsgewalt und lud ihr dafür soziale Dienste auf. Die Zarenposition war auch in der Folgezeit nur durch Terror zu halten, dessen Kehrseite eine besonders ausgeprägte Bücklingsmentalität war. Selbst die Rebellenführer (wie der „falsche Dimitri" oder der Kosak Pugatschow) hatten sich einst zum „rechtmäßigen" Herrscher ausrufen und dem Volk die Gefolgschaft per kaiserlichem Ukas befehlen lassen.

Dieses Russland expandierte, wurde Großmacht, beteiligte sich mit Preußen und Österreich 1772, 1793 und 1795 an den drei Teilungen Polens. Als die bürgerlichen Freiheitsideale der Französischen Revolution Europa überfluteten, wurde Russland zum stärksten Bollwerk der Reaktion. Als auf dem Wiener Kongress 1814/15 nach Napoleons

Untergang die Machtsphären in Europa neu festgelegt wurden, war Russland die stärkste Macht auf dem Kontinent. Erst als Russland im Krimkrieg 1853–56 versuchte, den Engländern und Franzosen Beutestücke aus dem zerfallenden Türkenreich abzujagen, erlitt es eine Niederlage. Nun war das französische Kaiserreich Napoleons III. die kontinentale Hauptmacht.

Das russische Bürgertum war für den Zaren, wenn er stark war – doch wehe ihm, wenn er Schwäche zeigte! Das Minderwertigkeitsgefühl gegenüber den westlichen Nachbarn erzeugte eine Verletzlichkeit, die leicht in nationalistische Überheblichkeit umschlug. So empfand man das reaktionäre Regime als „Schande für die Nation". Alexander II. (1855–81) liebte deshalb Aktionen nationaler Aufrüstung. Auch die Aufstände Polens für die nationale Unabhängigkeit riefen eine Welle des russischen Chauvinismus hervor. Die Idee des „Panslawismus" konstruierte gegen den westlichen „Materialismus" eine Überlegenheit der slawischen Kultur, die unter Führung Russlands alle slawischen Völker erneuern und ihnen die geistige Vormacht in Europa einbringen sollte. Als das slawische Brudervolk der Serben den Krieg gegen die Türken aufnahm, sandte Russland Freiwillige und trat 1877 selbst in den Krieg ein. Für die Verabschiedung der Freiwilligen schrieb Tschaikowsky einen lautstarken „Russisch-Serbischen Marsch", eine männlich-soldatische Eruption, die als *Slawischer Marsch* op. 31 populär wurde. Tschaikowsky war für die Kriegserklärung: „So erschreckend dies ist, so erfreulich ist doch andererseits, dass unser geliebtes Vaterland sich endlich entschlossen hat, seine Ehre hochzuhalten".[12]

Das Zarenreich blieb jedoch ein Riese auf tönernen Füßen, weil seine Kraft aus einem Volk gepresst wurde, das in unglaublichem Elend und völliger Unwissenheit gehalten wurde. Die Aufhebung der Leibeigenschaft hatte 1861 nur neue Abhängigkeiten geschaffen. Die Unzufriedenheit wuchs lawinenartig. Nicht nur Studenten diskutierten über Anarchie und Sozialismus, sondern auch der dümmste Grundbesitzer und der albernste Bürokrat fühlten sich veranlasst, bedeutsame Kommentare dazu abzugeben – die russische Literatur entwickelte nicht ohne Grund eine besondere Vorliebe für die Satire. Die Romane von Tolstoi, Turgenjew und Dostojewski versuchen die Triebkräfte dieser Zeit zu verstehen und moralische Kategorien zu entwickeln. Als Tschaikowsky 1878 an seiner Vierten Symphonie arbeitete, entstand Dostojewskis Roman *Die Brüder Karamasow.*

Für Tschaikowsky war nicht der Zar, sondern Tolstoi der wahre Repräsentant Russlands.[13] Als Komponist wollte er ein russischer Musiker sein, der aus der Volksmusik schöpfte. Diese vielfältige Musik hatte die Identität des Volkes durch die Jahrhunderte bewahrt. Der Kirche war sie immer verhasst gewesen. Unter dem Vorwand, heidnische Bräuche auszurotten, hatte sie die Volksmusikanten brutal unterdrückt. Im Jahr 1551 war die Volksmusik sogar durch ein Konzil der orthodoxen Staatskirche gesetzlich verboten worden. Abgesehen von der kurzen Zeit der Herrschaft des „falschen Dimitri“ (der 1605 auf Boris Godunow gefolgt war) galt das Verbot bis zur Aufhebung des Dekrets durch Peter I. im Jahr 1722. Peter holte italienische Operntrupps in seine Hauptstadt; mehrere bedeutende Komponisten wie Paisiello, Sarti und Cimarosa lebten dort. Auch die von der Musik des Volkes streng getrennte Kirchenmusik wurde vom italienischen Stil beeinflusst, der dann vom französischen und später auch durch Mozart zurückgedrängt wurde.

Der gekränkte Nationalstolz richtete im 19. Jahrhundert nun sein Interesse auf die eigenen Kulturschätze (und darin wurde die Sowjetmacht der treue Erbwalter des 19. Jahrhunderts). Wenn man eine russische Literatur hatte, wollte man auch russische Musik hören. Alexander Puschkin (1799–1837) hatte mit seinen Dichtungen zur Herausbildung der russischen Hochsprache beigetragen – die gebildeten Kreise pflegten sich bis dahin französisch zu unterhalten. Die Werke von Nikolai Gogol (1809–52) gaben mit ihrer ätzenden Satire seit den 30er Jahren der russischen Literatur weiteren Auftrieb. Am 9. Dezember 1836 wurde am Kaiserlichen Opernhaus in Petersburg endlich die erste russische Oper aufgeführt: *Das Leben für den Zaren* des 32jährigen adeligen Grundbesitzers Michail Glinka (1804–57). Dieser fand in Alexander Dargomyschski (1813–69) einen Bundesgenossen, dessen bedeutendste Oper *Der Steinerne Gast* nach Puschkins Don-Juan-Version ist. Schon Dargomyschski strebte statt des künstlichen Ziergesangs eine Musik an, die der Eigenmelodie der Sprache folgt, und gegen die Prunkausstattung setzte er auf den Realismus der Darstellung.

Eine Tante des Zaren, die Großfürstin Helene Pawlowna (eine württembergische Prinzessin) gründete gemeinsam mit Anton Rubinstein (1829–94), einem der berühmtesten Klaviervirtuosen des Jahrhunderts, die Kaiserliche Russische Musikgesellschaft, um die organisatorischen Voraussetzungen für eine Musikkultur zu schaffen. Gegen die Großfürstin und den „Allerweltskomponisten“ Rubinstein trat 1865 das „Mächtige Häuflein“ von fünf Komponisten mit einem Manifest an die Öffentlichkeit, das der gebürtige Franzose César Cui (1835–1915) geschrieben hatte. Der einzige ausgebildete Musiker unter den fünfen war Milij Balakirew (1837–1910), der den Kult um die urwüchsige musikalische Kraft der Russen so weit trieb, dass er die Freunde von ernsthafter handwerklicher Vervollkommnung abhielt. Auch die bedeutendsten unter ihnen waren letztlich Dilettanten: Modest Mussorgski (1839–81) hatte nach der Aufhebung der Leibeigenschaft die Einkünfte aus dem väterlichen Gut verloren und arbeitete als Beamter im Verkehrs- und später im Landwirtschaftsministerium, Alexander Borodin (1833–87) war Chemieprofessor und Nikolai Rimski-Korsakow (1844–1904) Marineoffizier. Cui war General und Professor für Befestigungslehre.

Tschaikowsky wurde von den „Fünf“ heftig als „Westler“ angegriffen. Er dagegen hatte von seinem soliden Handwerkertum aus keine sehr hohe Achtung vor seinen Konkurrenten: Mussorgskis Oper *Boris Godunow* – nach einem Drama Puschkins – beschimpfte er nach der Uraufführung 1874 als „ruchlose Parodie der Musik“. Dieser *Boris Godunow* wog jedoch alle jene zehn Opern auf, die Tschaikowsky selber geschrieben hat: so den zarten, lyrischen *Eugen Onegin*, die dramatische *Pique Dame* (mit der er eine russische *Carmen* hatte schreiben wollen), wie *Die Bezaubernde*, die für ihr Rütteln an den Moralklischees der feinen Gesellschaft mit Boykott bestraft wurde.

Mit seiner Ratlosigkeit gegenüber Mussorgski unterschied Tschaikowsky sich nicht von den anderen Zeitgenossen. Mussorgskis Werke wurden zu einem großen Teil erst in Bearbeitungen Rimski-Korsakows bekannt, die viel von der Originalität der Musik glätteten, aber auch in deren Sinn eingriffen: die Szenenfolge des *Boris* wurde so umgestellt, dass der effektvolle Tod des Gewaltherrschers am Ende steht, während bei Mussorgski den Schluss eine Szene bildet, in der das Volk voller Illusionen dem „falschen Dimitri“ als neuem Zaren zujubelt, während die beinahe einzige positive Figur der Oper, ein Blödsinniger, klagt:

> Fließet, fließet, heiße, bittre Tränen,
> Weine, weine, gläubige Christenseele,
> Denn der Feind kommt bald,
> Und dann senkt sich nieder
> Die Finsternis auf das Vaterland.
> Wehe, wehe dir, du armes Volk,
> Du hungernd Volk!

Schostakowitsch war von diesem Musikdrama über das Verhältnis von Volk, Macht und Gewalt außerordentlich fasziniert. Die fahlen Klagetöne, mit denen die Oper schließt, hallen in vielen seiner Werke nach. Er hat eine eigene Bearbeitung vorgelegt, in der er die prächtige Schminke Rimski-Korsakows abzuwaschen, aber auch manchen Dilettantismus Mussorgskis zu korrigieren versuchte.[14] Mussorgskis unvollendete Oper

Chowanschtschina, die Rimski-Korsakow ebenso entstellt hatte, wurde von Schostakowitsch für eine Verfilmung neu bearbeitet. – Im Bolschoi-Theater hörte man bis dato: Rimski-Korsakow.

* * *

Zwischen der Vierten und Fünften Symphonie schrieb Tschaikowsky eine Programm-Symphonie, die er selber für ein „abscheuliches Werk“ hielt: die *Manfred*-Symphonie nach dem gleichnamigen Versdrama Lord Byrons. Manfred, von tiefstem Schmerz ergriffen, streift durch die Alpen, um seine geliebte Schwester Astarte zu suchen, die vom Unterwelt-Fürsten Ahriman entführt wurde. Tschaikowsky ließ in dieser Symphonie seiner eigenen Verzweiflung freien Lauf: die Form bändigt die hemmungslosen Ausbrüche von Sehnsucht und Schmerz kaum noch, der Lärm übersteigt beinahe die Aufnahmefähigkeit. Zwar sind die Zusammenbrüche von erschütternder Wucht, aber Byrons Weltschmerz wird auf platte Sentimentalität heruntergezogen.

Die einzelnen Abschnitte der Sätze sind nicht einmal mehr durch Verlegenheitsfloskeln miteinander verbunden (durch „Mache“), sondern durch Pausen. Um das ganze Werk in eine Einheitlichkeit zu zwingen, ist den vier Sätzen ein „Schicksalsthema“ gemeinsam. Es zerschlägt mit brutaler Wucht die genrehaften Mittelsätze, und leise klagend beendet es sie auch. Nachdem im Schluss-Satz, der ein Bacchanale im Palast des Ahriman schildert, Manfred vom Schatten seiner Schwester das Ende seiner Leiden geweissagt wird, folgt der klagende Schlussblock des ersten Satzes, diesmal jedoch mit einem verklärenden Orgel-Schluss. Dieses Prinzip des Schicksalsthemas hat Tschaikowsky auch in der Fünften Symphonie angewandt.

Er hatte kurz zuvor eine zweite Karriere begonnen: als der begehrte Dirigent seiner eigenen, nun schon berühmten Werke reiste er durch halb Europa und schließlich sogar nach Amerika. Doch die Kompositionsarbeit war dadurch ins Hintertreffen geraten. Im Mai 1888 schrieb der 48jährige an seinen Bruder Modest, er fühle sich „ausgeschrieben“, habe weder Einfälle noch Neigung zum Komponieren, hoffe aber dennoch eine Symphonie zusammenzubringen.[15] Auch nach der Vollendung der *Fünften Symphonie* op. 64 im Sommer 1888 blieb er der Meinung, sie sei schlecht und vor allem unaufrichtig: „Sollte wirklich schon der Anfang des Endes begonnen haben?“.[16]

Tschaikowskys Leben hatte nur einen Angelpunkt: die Arbeit, zu der er sich regelmäßig zwang. Sonst war er in keiner Weise gefestigt. Die Anerkennung durch den Zaren und die Hocharistokratie tröstete ihn wenig über die Angriffe der Presse hinweg, die die panslawistischen Tendenzen des Mächtigen Häufleins favorisierte. Beständig litt er unter nervösen Beschwerden. Der wachsende Ruhm ließ ihn im gesellschaftlichen Umgang nicht sicherer werden; er zog das Doppelleben im Ausland vor.[17] Er alterte rasch. Der Liberale Tschaikowsky fragte sich manchmal, ob er sich nicht „dem Glauben in die Arme werfen" sollte, zeitweise sah er in der Musik den Strohhalm, an den er sich klammern konnte.[18] Obwohl er die Romane Dostojewskis immer weniger schätzte, verirrte er sich doch in der Fünften Symphonie in gewisse Obskurantismen dieses Autors: er verklärte das Schicksal als gottgewollt und womöglich als Teil eines zielgerichteten Erlösungsplans. Das war es, was er später „unaufrichtig" nannte.

Die Symphonie beginnt mit dem „Schicksalsthema", dumpf und brütend. Alles in diesem Satz macht Ohnmacht und Auf-der-Stelle-treten sinnfällig. Die Reprise wiederholt die Exposition: Nichts hat sich verändert, der Zirkel schließt sich und der Ton von Resignation und Unterwerfung ist nicht zu überhören. Wie in der Vierten zwingt die Coda das Hauptthema in einen harten Marsch: ausweglos zum Mitmarschieren verurteilt, begleitet von zackigen Signalen des Schicksalsthemas.

In den langsamen Satz bricht zweimal mit harter Gewalt das Schicksalsthema ein: „nein, keine Hoffnung", notierte Tschaikowsky dazu. Im dritten Satz wird das Schicksalsthema neutralisiert: Die elegante französische Valse wird nicht gestört, nur ganz leise wird das bedrohliche Thema gegen Ende hörbar. Das Finale beginnt mit dem Schicksalsthema, das hier in breitem E-Dur statt des früheren e-moll gespielt, und von einem Choralnachspiel gekrönt wird: „Vollständige Beugung vor dem Schicksal, oder was dasselbe ist, vor dem unergründlichen Walten der Vorschung" war Tschaikowskys Kommentar. Die beiden strahlenden Höhepunkte verherrlichen das Schicksalsthema. Schlimmer noch der aufgesetzte Schlusspunkt: das Schicksalsthema wird zum feierlichen Choral umgefälscht – einem effektvollen, applaustreibenden Abschluss steht nichts mehr im Wege.

Nach alledem, was vorher geschah, ist kein Grund zum Jubeln gegeben: Tschaikowsky identifizierte sich einfach mit dem Angreifer. Diese Musik lügt – das ist eigentlich leicht zu hören. Es war nur ein technisches Problem, das zu vertuschen, und die Täuschung des Publikums gelingt bis heute in jeder Aufführung. Es fällt auf die glänzende Fassade herein. Daraus hat Schostakowitsch für den Schluss seiner Fünften gelernt.

Im Herbst 1890 informierte ein Brief Frau von Mecks Tschaikowsky darüber, dass ihr Vermögen ruiniert sei, und sie ihn daher nicht länger unterstützen könne. Dass der Brief mit den Worten schloss „Vergessen Sie mich nicht und gedenken Sie meiner zuweilen“, verwirrte Tschaikowsky. Die Brieffreundschaft hatte im Lauf der 13 Jahre zwar etwas an Intensität verloren, war für ihn aber eine seiner wichtigsten Beziehungen. Auf seinen Antwortbrief erhielt er keine Reaktion. Es konnte nicht einmal von einem Zusammenbruch des von Meckschen Vermögens die Rede sein. Tschaikowsky fühlte sich als Spielball der Launen dieser Frau, begann sie zu hassen und verlor den „Glauben an die Besten der Menschen“.[19]

Nach dem Abbruch der Freundschaft mit Nadeshda von Meck war es sein Neffe Wladimir, der Sohn seiner 1891 verstorbenen Schwester Alexandra, der die Briefe erhielt, in denen Tschaikowsky sein rasches Altern und die Angst vor dem Versiegen der Schaffenskraft schilderte. Das Ballett *Der Nussknacker*, das wie *Schwanensee* und *Dornröschen* erst nach seinem Tod Erfolg hatte, fand er misslungen. Eine Symphonische Dichtung *Der Wojewode* nach Puschkin war es wirklich; er zerstörte die Partitur noch am Tag der Uraufführung: „Nicht um alles in der Welt werde ich fortfahren, Papier zu beschmieren, wenn der Geist mich verlassen hat“.[20] Skizzen zu einer Sechsten Symphonie legte er resigniert zur Seite, und auch das Dritte Klavierkonzert konnte er nicht fertig stellen. Erst in Februar 1893 besserte sich seine Laune. Er schrieb an Dawydow:

Auf der Reise kam mir der Gedanke an eine neue Symphonie, diesmal mit einem Programm, aber einem Programm, das allen ein Rätsel bleiben wird. Mögen sie selber dahinterkommen; die Symphonie aber soll auch so heißen: Eine Programm-Symphonie (Nr. 6). Dieses Programm ist durch und durch von meinem eigensten Sein erfüllt, so dass ich, unterwegs in Gedanken komponierend, oft heftig weinte. [...] In der Form bringt sie viel Neues, so wird u. a. das Finale kein lautes Allegro, sondern im Gegenteil ein sehr gedehntes Adagio sein. Du kannst Dir nicht vorstellen, wie selig ich bin, da ich mich überzeugt habe, dass es mit mir noch nicht zu Ende ist und ich noch arbeiten kann. Vielleicht irre ich mich, aber es sieht nicht danach aus.[21]

Als Tschaikowsky im Mai 1893 nach England reiste, um in Cambridge die Ehrendoktorwürde entgegenzunehmen, war die Sechste im Entwurf fertig, er litt jedoch wieder unter Qualen und Ängsten: „Natürlich unterziehe ich mich dem allem zum letzten Mal im Leben“[22], schrieb er an Dawydow. Als die Sechste fertig war, hielt er

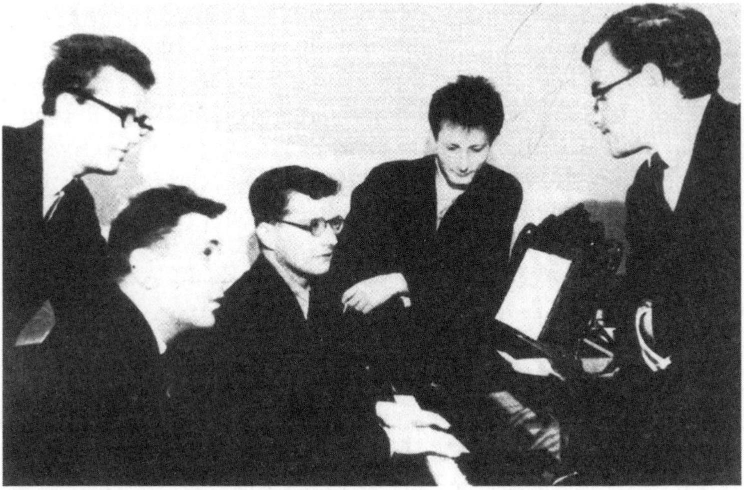

Schostakowitsch mit Studenten der Klasse für Tondichtung am Leningrader Konservatorium Ende der 30er Jahre. V.l.n.r.: Georgi Swiridow, Juri Lewitin, Dimitri Schostakowitsch, Benjamin Fleischmann, O. Jewlachow

sie „voller Zuversicht für das beste und vor allem für das aufrichtigste meiner Werke".[23]

Die *Sechste Symphonie* op. 74 ist viersätzig. Das Thema der düsteren Einleitung entpuppt sich im Hauptsatz als eine federnde Melodie. Der sehnsuchtsvolle Seitensatz verklingt *pppppp*; in diese Stille platzt der Beginn der Durchführung wie ein Peitschenschlag. Die Musik springt den Hörer an wie ein wildes Tier. In panischer Erregung wird das Hauptthema gespielt, wie einen Hilferuf blasen die Trompeten *fff* ein Motiv aus dem Seitensatz. Analog zum ersten Satz der Vierten lösen die Krämpfe einen hemmungslosen Tränenfluss aus, wonach die Reprise des Seitensatzes und eine Coda den Satz in zwiespältiger Stimmung abschließen.

So weit ist noch nichts ungewöhnlich. Doch statt des langsamen Satzes, der jetzt erwartet wird, folgt der Tanzsatz, ein Satz im Geist der Valse, tiefgründig beunruhigt, im außergewöhnlichen 5/4-Takt. Der dritte Satz (Allegro molto vivace) wäre normalerweise das Finale und hätte die Aufgabe, die Symphonie zu einem guten Ende zu führen. Doch dieser Satz hat die Stellung gewechselt, er steht nicht am Schluss. Außerdem hat er einen doppelten Boden. Er nutzt eine Eigenschaft, die Tschaikowsky in einem Brief an seinen Bruder Modest charakterisierte, als er seine eigene Stimmung schilderte: er erlebe „eine

Lebensmüdigkeit, zeitweise furchtbaren Kummer, so etwas Freudloses, Finales und sogar (wie immer in einem Finale) – Banales".[24] Die Banalität dieses Finales wird durch einen Marsch ausgedrückt, der in immer neuen Varianten zu stets stärkerer Lautstärke und größerem Glanz gesteigert wird. Doch ist dieser Marsch völlig anders als der *Slawische Marsch* gedacht. Hier ist alles nur „Mache", nur äußerlich, so wie der Ruhm seines glanzvollen Dirigentenlebens, der an seinem Elend keinen Deut änderte. Da ging es nicht um seine Person, sondern um ein Bild, das das Publikum verehrte, mit ihm selber aber nichts zu tun hatte. Das Thema verzerrt sich mehr und mehr zur Fratze. Die Banalität des Satzes übt eine niederdrückende Gewalt aus. Sollertinski sprach von einem „Aufmarsch der bösen Kräfte".[25] Der Marsch steht in der bürgerlichen Musik für das männlich-entschlossene Fortschrittsbewusstsein – er kommt nicht umsonst aus der soldatischen Musik. Mit der Abkehr vom Fetisch des Fortschrittsglaubens und vom Zwang zur positiven Lösung hat Tschaikowsky zugleich diesen Musiktypus für sich erledigt. Schostakowitsch hat nicht nur mit den Märschen in den Kopfsätzen der Fünften und der *Leningrader* daran angeknüpft. – Das Publikum ist für gewöhnlich von der lautstarken Attrappe des Marschs geblendet, manchmal so sehr, dass es danach in begeisterten Beifall ausbricht.

Doch die Symphonie ist noch nicht zu Ende. Tschaikowskys wirkliches Finale setzt gegen den dröhnend aufgeblasenen Schluss des Marsches ein *Adagio lamentoso*, das jeden Versuch von Trost und Versöhnung unterlässt. Die Symphonie schließt mit einer Todesvision: mit einem Tamtam-Schlag öffnet sich die Pforte ins Nichts und die Kontrabässe deuten das Ersterben des Pulses an. Als man Tschaikowsky vorgeschlagen hatte, das Requiem seines Jugendfreundes Apuchtin zu vertonen, hatte er dies mit der Begründung abgelehnt, seine letzte Symphonie sei von ganz ähnlichen Gedanken erfüllt.

Die Uraufführung unter Tschaikowskys Leitung am 28. Oktober 1893 wurde zu dem Misserfolg, den er erwartet hatte. Seine Meinung über das Werk änderte er dadurch nicht. Eine Woche später, am 6. November, war Tschaikowsky tot. Die Umstände seines Todes blieben lange dunkel. Lange kursierte das Gerücht, dass ein „Ehrengericht" früherer Schulfreunde Tschaikowskys diesen zum Selbstmord gezwungen hatte, um so den Skandal zu verhindern, den die Beschwerde eines Fürsten auszulösen drohte, der ihn beim Zaren für seine homosexuelle Neigung denunziert hatte.[26]

IV Exkurs: Mahler und der „Lauf der Welt“

Iwan Sollertinski sah Mahlers Symphonik in der gleichen historischen Linie wie die Tschaikowskys. Man darf vermuten, dass er seine Typologie der europäischen Symphonik nicht ohne Diskussionen mit seinem Freund Schostakowitsch entwickelt hatte. „Symphonik Tschaikowskys und Mahlers. Diese beiden überragenden Musiker scheinen mir in ihrer allgemeinen schöpferischen Ausrichtung einander zutiefst verwandt. Ausgestattet mit einer gesteigerten Emotionalität und bis zur künstlerischen Vollendung liedhafte, speziell folkloristische und städtische Intonationen zurechtfeilend (was ihnen Vorwürfe wegen Eklektizismus und Banalität eintrug), gelangten sie beide aus der Sphäre des subjektiv Lyrischen in die ‚grausame Welt‘ der sie umgebenden Wirklichkeit, ohne zu versuchen, sich vor ihr durch irgendwelche ästhetische und stilisierende Fiktionen zu schützen. Beide haben in ihren Symphonien gequält und quälend die ‚verfluchten Fragen‘ des Jahrhunderts gestellt, beide verlangten nach hohen philosophischen Verallgemeinerungen und tendierten im großen und ganzen zur Symphonik des beethovenschen Typus. Aber auch bei ihnen trat das heroische Element der Kampfesschilderung zurück vor dem pathetischen, das heißt vor dem subjektiven Erleben des Heroischen. Beide wurden sie die pathetischsten Komponisten der europäischen Musik. Die äußere Welt bricht in das pathetische Gemälde vom Zweikampf des Helden mit den finsteren Mächten oder mit sich selbst als feindliches Element ein.“[1]

Romantiker im strengen Sinne waren sie damit beide nicht mehr. Ihrer Musik sind Aspekte des Realismus eigen geworden. Vor der Klassik waren Musikstücke weitgehend statisch. Die Frühklassik brachte neben den dynamischen Elementen auch subjektive Romantizismen. Beethoven hatte in wichtigen Werken einen heroischen Stil geschaffen, der den Widersprüchlichkeiten der Epoche entsprach. Die Romantiker dagegen hatten die Welt Welt sein lassen und ihre subjektiven Gefühle zum Ausdruck gebracht. In der zweiten Hälfte des 19. Jahrhunderts war es dann immer schwieriger geworden, die persönlichen Gefühle herauszustellen; Brahms setzte romantische Gefühlstiefe neben verbittert-überdrehte Lustigkeit, Tschaikowsky übersteigerte die Emotion bis zum Umschlagen. Nicht nur das Subjekt, auch die Erfahrung dieser Welt fand in der Musik einen neuen Ausdruck. Mahler kannte jene

Angst vor den großen Gesten noch nicht, die Schostakowitschs Musik sich bisher in eine andere Richtung entwickeln ließ. Schostakowitsch vertrat die „Neue Sachlichkeit", kühle Distanz, das Tempo der Großstadt, neobarock-motorische Impulse. Aber bei Mahler fand Schostakowitsch nun Formen des „indirekten" Ausdrucks, die er sich nutzbar machen konnte.

Das erste Beispiel dafür findet sich schon in Mahlers Erster Symphonie, die er in den Jahren 1884–88 schrieb. Nach einem Sonatenhauptsatz ohne zweites Thema, der das Bild vom Anbruch eines strahlenden Tages in eine musikalische Struktur umsetzt, und einem Scherzo von derber Kraft folgt ein grotesker Trauermarsch. Die Pauken leiten ihn mit dumpfem Rhythmus ein. Die Holzbläser und Trompeten spielen eine stark böhmisch gefärbte Musik, die so übertrieben Traurigkeit mimt, dass die Parodie nicht zu überhören ist. Mal geht ein Schluchzen durch die Musik, als könnten die Spieler das Lachen nicht verkneifen, mal kommt ein flotter Marsch in die Quere. Die Hinterbliebenen können ihre Freude über den Tod des Verblichenen offenbar nur schlecht verhehlen: Höhnisch spielen sie „Bruder Jakob, schläfst du noch?".

Das Trio scheint zunächst zu trösten: Mahler formte es aus dem Schluss der *Lieder eines fahrenden Gesellen*, die in vielem in die Erste Symphonie eingegangen sind. Dort hieß es: „An der Straße stand ein Lindenbaum, da hab ich zum ersten Mal im Schlaf geruht … war alles wieder gut". In der Symphonie hält diese Auflösung des individuellen Unglücks im Naturerlebnis jedoch nicht an: der Trauermarsch kehrt wieder. Dieser höhnische Trauermarsch war das Vorbild der langsamen Einleitung des Finales von Schostakowitschs Vierter Symphonie.

Mahlers Finale lässt zwischen brutalen Tutti-Schlägen, zischenden Becken und donnernden Trommeln hässlich und verzerrt Motive aus dem ersten Satz erscheinen. Das alles spricht von größtem Ekel, von Ekel vor dem, was im ersten Satz groß und positiv war. Das ungestalte Getöse tobt sich schließlich aus und sinkt in sich zusammen. Der erste Satz hatte sich wie ein Naturlaut hinter einem Schleier entwickelt und schließlich zu einem „Durchbruch" geführt; jetzt erinnert die Musik leise an ihn und an den Choral, der ihm gefolgt war. Das Hauptthema des Finale ahmt den „Durchbruch" nach: In strahlendem D-Dur steht es „in Siegerpositur". Das Hörnerthema aus dem ersten Satz, das mit seinen fallenden Quarten die Natur symbolisiert hatte, schließt sich als Schlusschoral an – und sackt kraftlos wieder zusammen.

Richard Strauss machte denn auch den Vorschlag, die Symphonie an dieser Stelle zu kürzen – wir haben eine ganz ähnliche Stelle wie im Finale von Schostakowitschs Erster vor uns. Mahler antwortete, dass dies die Idee des Finales im Kern entstellen würde: „an der beregten Stelle ist die Lösung bloß eine scheinbare (das Ganze im wahren Sinne des Wortes ein ‚Trugschluss') und es bedarf einer Umkehr und Brechung des ganzen Wesens, bevor ein wahrer ‚Sieg' nach einem solchen Kampfe gefunden werden kann. Ich beabsichtigte eben einen Kampf darzustellen, in welchem der Sieg dem Kämpfer gerade immer dann am weitesten ist, wenn er ihn am nächsten glaubt. – Dies ist das Wesen jeden seelischen Kampfes."[2]

Erst auf weiteren Umwegen – unter anderem über das Natur-Szenarium des ersten Satzes – wird ein Rückfall in den Ekel überwunden und der „Durchbruch" erreicht: wie im ersten Satz durchzuckt es mit den schmetternden Trompeten die Musik nun wirklich und der Satz kann mit dem Naturchoral triumphal schließen. Die fallende Quarte setzt den Schlusspunkt.

Die Symphonie zerfällt also deutlich in zwei Teile: der erste zeigt ein Erwachen und selbstbewusstes Erproben der Kraft, der zweite die Folgen einer tiefen Verletztheit: „Gestrandet" hatte er den parodistischen Trauermarsch bei der Uraufführung überschrieben.[3] In der Natur, in ihrer ewigen Wiederkehr und Neugeburt sah Mahler dann die Lösung, die wie der Blitz einschlagen und aufhorchen lassen sollte.[4] Die Voraussetzung, um dieses Ziel zu erreichen, war aber die bewusste Willensanstrengung des Menschen. Auch in seinen späten Jahren war er mit der Ersten zufrieden. Als er sie 1909 in New York aufgeführt hatte, schrieb er: „Was ist das für eine Welt, welche solche Klänge und Gestalten als Widerbild auswirft! So etwas wie der Trauermarsch und der darauf ausbrechende Sturm scheint mir wie eine brennende Anklage an den Schöpfer".[5]

Wo war Mahler gestrandet? Vordergründig war es die gleiche unglückliche Liebesgeschichte, die auch schon die Lieder eines fahrenden Gesellen ausgelöst hatte. Doch in einem der Gesellen-Gedichte, das nicht in den Zyklus aufgenommen wurde, hat Mahler dies Kasseler Erlebnis selbst in Verbindung zu einer grundsätzlicheren Verstörung gesetzt:

> Die Nacht blickt mild aus stummen ewigen Fernen
> Mit ihren tausend goldnen Augen nieder.
> Und müde Menschen schließen ihre Lider
> Im Schlaf, aufs neu vergeßnes Glück zu lernen.
> Siehst du den stummen, fahrenden Gesellen?
> Gar einsam und verloren ist sein Pfad,
> Wohl Weg und Weiser der verloren hat,
> Und ach, kein Stern will seinen Pfad erhellen.

Der Weg ist lang und Gottes Engel weit
Und falsche Stimmen tönen lockend, leise –
„Ach, wann soll enden meine Reise,
Wann ruht der Wanderer von des Weges Leid?
Es starrt die Sphinx und droht mit Rätselqualen
Und ihre grauen Augen schweigen – schweigen.
Kein rettend Wort, kein Lichtstrahl will sich zeigen –
Und lös ichs nicht – – muß es mein Leben zahlen“.[6]

Die dritte und vierte Zeile dieses Gedichts sind 1908 fast wörtlich in das Lied von der Erde übernommen worden – durch Mahlers Werk zieht sich ein Geflecht von Motiven, das bis in die letzten Jahre konstant bleibt. In seiner frühesten Komposition, die er gelten ließ, dem *Klagenden Lied* aus dem Jahr 1880, geht es um eine Gewalttat, die durch die magische Kraft der Musik gerächt wird. Ein Spielmann fand einen „singenden Knochen“, der erzählt, wie ihn sein Bruder getötet habe, um an seiner Stelle die Königin zu heiraten. Das Hochzeitsfest ist in vollem Gang, als der Spielmann erscheint und den Knochen an die Lippen setzt: der klagt den Bruder des Mordes an – die Hochzeit endet im Schrecken, das Schloss versinkt. Ein Thema, das die Gewalttat begleitet, erklingt wieder im Finale der Ersten Symphonie. Der Gedanke, dass dem vergossenen Blut kraft der Musik Gerechtigkeit werden soll, ist die Grundidee auch des Finales von Schostakowitschs Siebter.

Was aber war es, das Mahler quälte? Ein romantisch-überschwänglicher Brief, den der 19Jährige im Stil Jean Pauls an einen Freund schrieb, setzt jäh „die höchste Glut der freudigsten Lebenskraft“ gegen „die verzehrendste Todessehnsucht“, „den blauen Himmel und die schwankende Blume“ gegen „unsere moderne Heuchelei und Lügenhaftigkeit“ im Zusammenhang mit den Kunst- und Lebensverhältnissen, die imstande waren, ihm „Ekel vor allem was mir heilig ist, Kunst, Liebe, Religion, ins Herz zu schleudern“. Das Finale der Ersten Symphonie ist in diesem Brief angelegt, die Herdenglocken der Sechsten, der Lindenbaum der Gesellenlieder, das *Lied von der Erde* – und Ahasvers vergebliche Hoffnung auf Erlösung.[7]

Als der 15jährige Mahler nach Wien gekommen war, hatte er eine Welt hinter sich gelassen: die Kleinbürgerwelt des böhmischen Städtchens Iglau. In dieser deutschen Sprachinsel mit eigener Universität, die inmitten slawischer Dörfer lag, hatte er seine Kindheit verbracht, halbwegs zwischen Wien und Prag, an der böhmisch-mährischen Grenze. Die tschechische Volksmusik lernte Mahler in seiner Kindheit auf Spaziergängen, bei Jahrmärkten und Festen kennen. Stundenlang konnte er im Wald oder auf dem Feld sein, ebenso lange aber auch am Rand der Iglauer Garnisonskaserne der Regimentsmusik zuhören. Dem Vater konnte man die Einwilligung in die Musikerlaufbahn abhandeln, weil das zum ersehnten Aufstieg zu passen schien, den man auch durch Bildung voranzutreiben hoffte. Der Vater hatte die Freizügigkeit, die Kaiser Franz Joseph in Mahlers Geburtsjahr 1860 den Juden gewährt hatte, zum Umzug in die Stadt genutzt und betrieb dort eine kleine Schnapsbrennerei. (Mahler wollte den Stand seines Vaters später als den „Kaufmannsstand" bezeichnet wissen.) Er hasste den Vater, weil er die Mutter misshandelte, eine herzkranke Frau, die etwas hinkte, und ohne Liebe mit ihm verheiratet worden war. Sie hatte 12 Kinder geboren, von denen die Hälfte früh starb. Die Konfrontation ihres Leidens mit der Derbheit des Vaters, die Gleichzeitigkeit von Szenen der Trauer und der Banalität des Alltags waren Grunderfahrungen des Kindes, die Mahlers Musik besonders geprägt haben. Der Junge verkroch sich, verschlang Bücher, lebte in seinen Träumen und in seiner Musik.

In Wien glaubte er dann endlich in jene Welt einzutreten, die er in den Büchern, seinen Freunden, kennengelernt hatte, die Welt der Künstler und Dichter, der Denker und Musiker. Er schloss sich einem Freundeskreis junger Juden an, der sich um Siegfried Lipiner gruppierte. Dieser war vier Jahre älter als Mahler und arbeitete nach 1881 als Bibliothekar des Reichsrates. Er schrieb dramatische Dichtungen, von denen *Der entfesselte Prometheus* Nietzsche beeindruckt hatte. Es wurde über Musik, Philosophie, Naturwissenschaften debattiert. Dieser Kreis blieb Mahler sein Leben lang ein Orientierungspunkt.

In den Dichtern der Romantik, E.T.A. Hoffmann und Jean Paul, in Goethe und Hölderlin, schließlich auch Dostojewski fand Mahler Geistesverwandte, und in der deutschen klassisch-romantischen Musik das Gegenbild zu der Enge, aus der er gekommen war. Er begeisterte sich für Richard Wagner und trat dem Akademischen Wagner-Verein bei, der die Werke seines Idols gegen die vorherrschende Wiener Kritik propagierte, wie sie durch Eduard Hanslick vertreten wurde. Er freundete sich mit dem Symphoniker Anton Bruckner (1824–96) an, der als Wagnerianer verspottet wurde. Überall machte Mahler die gleiche Erfahrung: Er stand in einer Front gegen die erdrückende Übermacht der Philister, gegen die Spießer, die seine Götter entweder – wie Wagner – missachteten oder sie – wie Beethoven und Mozart – misshandelten, indem sie aus ihnen ihresgleichen machten. Er konnte es aber nicht mit ansehen, wenn Werke, die ihm heilig waren, für die Belustigung oder die „Erbauung" von Leuten benutzt wurden, von denen er sich scharf abgrenzte. Von „Schafen" und „Ochsen" sprach er dann.

„Unsere Leut“ sagte er, wenn er Menschen traf, die er geistig und moralisch akzeptierte.

Später beklagte Mahler, dass die größten Komponisten für „diese Sauanstalt“ von Theater geschrieben hätten. Er wurde ein Opfer der Tatsache, dass die Oper und das Konzertleben ein Teil der Kultur der herrschenden Klassen sind. Die Genies der europäischen Musik konnten nur in diesem Rahmen arbeiten, aber so wenig jedes Bild geeignet ist, im Goldrahmen ein Schmuckstück fürs gediegene Heim anzugeben, so wenig passen viele Musikwerke ins „gesellschaftliche Leben“. Der Widerspruch zwischen dem geistigen Rang dieser Werke und dem alltäglichen Betrieb des bürgerlichen Kulturkonsums war Mahlers Stachel. Sein kompromissloser Moralismus ist verantwortlich für diejenigen Aspekte seiner Kompositionen, die wir in diesem Exkurs näher betrachten müssen, weil sie für Schostakowitsch bis ins Spätwerk hinein so außerordentlich wichtig wurden – wichtig vor allem wegen der Transformation einer geistigen Haltung in musikalischen Ausdruck.

Bevor Mahler 1883 das Engagement in Kassel antrat, pilgerte er nach Wunsiedel und Bayreuth, wo Jean Paul gelebt hatte. In Bayreuth besuchte er eine Aufführung des *Parsifal.* Einem Freund schrieb Mahler danach: „Schwerlich könnte ich Dir schildern, was es mit mir jetzt ist. Als ich, keines Wortes fähig, aus dem Festspielhause hinaustrat, da wusste ich, dass mir das Größte, Schmerzlichste aufgegangen war, und dass ich es unentweiht mit mir durch mein Leben tragen werde. So kam ich wieder heim und finde diejenigen, die ich liebe, so arm, so dumpf…“[8]

In einem Brief aus seinem letzten Engagement hatte Mahler über seinen „Leidensweg“ geklagt: „Nur mit schwerem Kampfe raffe ich mich dazu auf, Dir zu schreiben. Ich bin gelähmt, wie einer, der vom Himmel gefallen ist. Von dem Moment, da ich die Schwelle des Olmützer Theaters übertrat, war mir zu Mute, wie einem, den des Himmels Strafgericht erwartet. Wenn man das edelste Ross mit Ochsen vor einen Karren spannt, so kann es nichts anderes, als im Schweiße mitziehen. Ich wage fast nicht, vor Dich zu treten – so beschmutzt fühle ich mich. […] Ich bin so ziemlich immer allein – d.h. wenn ich keine Proben halte. – Bis jetzt habe ich – Gott sei Dank – beinahe ausschließlich Meyerbeer und Verdi dirigiert. Wagner und Mozart habe ich standhaft aus dem Repertoire hinausintrigiert; – denn das könnte ich nicht ertragen, hier etwa den *Lohengrin* – oder *Don Juan* – herunterzutaktieren. – Morgen ist *Joseph in Ägypten.* Ein ungemein liebenswürdiges Werk, in dem etwas von Mozarts Anmut steckt. – Ich habe es auch mit wahrer Freude einstudiert. Und ich muss sagen – trotz der unsäglichen

Gefühllosigkeit meiner Leute – tun sie mir doch manches zulieb und haben diesmal etwas mehr Ernst eingesetzt – freilich – leider nur eine Art Mitleid mit diesem ‚Idealisten' – dies ist nämlich eine sehr verächtliche Bezeichnung – denn das können sie nicht fassen, dass ein Künstler ganz aufgehen kann in dem Kunstwerk. Oft, wenn ich so mitten im Feuer bin, und sie mitreißen möchte zu einem höheren Schwung – und sehe die staunenden Gesichter dieser Menschen, wie sie sich gegenseitig verständnisvoll anlächeln – da sinkt wohl mein schäumendes Blut auf eine Weile zusammen und ich möchte für immer davonrennen. Nur das Gefühl, dass ich für meine Meister leide, und doch vielleicht einmal einen Funken ihres Feuers in die Seele dieser armen Menschen werfen kann, stählt meinen Mut – und da gelobe ich mir in manchen besseren Stunden, mit Liebe auszuhalten – selbst gegen ihren Spott. – Du wirst lächeln, mit welchem Pathos ich von diesen Geringfügigkeiten spreche. – Aber ist denn dies nicht eigentlich so recht das Prototyp unserer Stellung zur Welt? Nur zeigt es sich hier einmal auf einen einzigen Punkt konzentriert."[9]

Auf eben diesen Punkt konzentriert sich die Parodie des Trauermarschs der Ersten Symphonie. Die grellen Klänge und die falsche Trauer ergießen sich als Hohn über den unverstandenen Propheten, den man endlich erledigt hat. Mahler schwebte dabei das Kinderbild vom Jäger vor, der von den Tieren des Waldes zu Grabe getragen wird, die in grotesker Verstellung Trauer heucheln.[10] Der Trauermarsch ist aus der tschechischen Volksmusik gespeist, die Mahler schon in der Kindheit nicht mehr als Idyll, als naive Bauernmusik erlebt hatte. Infolge der gesellschaftlichen Umbrüche ist sie mit sozialer Klage durchmischt: deshalb sind in ihr diese Ausdrucksmöglichkeiten überhaupt erst angelegt.[11]

* * *

Über das Deutsche Theater in Prag und die Leipziger Oper führte Mahlers weiterer Weg nach Budapest, wo der 28jährige 1888 zum Direktor der Hofoper berufen wurde. In Budapest führte er seine Erste Symphonie zum ersten Mal auf. Nun ergoss sich der Hohn auch auf den Komponisten Gustav Mahler. In den sechs Hamburger Jahren zwischen 1891 und 1897 entstanden die Zweite und Dritte Symphonie. Mahler hatte hier wieder die Möglichkeit, Konzertprogramme zu dirigieren. Er legte die Struktur der Werke dar, die er durch Temporückungen und Akzente verdeutlichte. Die Stücke erklangen wie neu, weil er sich nicht um Aufführungstraditionen scherte, sondern seine eigene Auslegung aus der Partitur erarbeitete. Richard Wagner war auch hierin sein Vorbild: „Von den Beethovenschen Symphonien lassen sich noch die Erste, die Zweite und Vierte durch die heutigen Orchester und Dirigenten allenfalls ausführen, alle andern sind aber bei ihnen unmöglich und unter ihren Händen verloren. Die brachte nur Richard Wagner heraus (der übrigens der Entdecker aller Beethoven-Symphonien genannt werden kann) und heute ich. Und auch mir gelingt es nur durch den Terrorismus, durch den ich jeden einzelnen zwinge, aus seinem kleinen Ich herauszufahren und über sich selbst hinauszuwachsen."[12]

Sein Verhältnis zu den Musikern war zynisch. Er brauchte sie als Mittel zum Zweck. Als seinesgleichen akzeptierte er bestenfalls einige hervorragende Sänger. „Glaubst du, diesen Leuten sei darum zu tun zu lernen und vorwärts zu kommen? Denen ist die Kunst nur die Melkkuh, welche ihnen das gemeine Leben ermöglicht, das sie dabei so bequem und angenehm wie möglich führen wollen. Doch sind ja Willigere und Bessere unter ihnen, und mit diesen müßte man mehr Geduld haben, als ich imstande bin. Denn wenn einer nicht gleich trifft, was da steht, könnte ich ihn auf der Stelle ermorden und fahre ihn an und bringe ihn so aus der Fassung, dass er mich wirklich haßt. So fordre ich oft mehr von ihnen, als sie in der Tat fähig sind zu leisten, und kein Wunder, wenn sie mir das nicht vergeben."[13]

Auf dieser Weise entwickelte sich das Theater für Mahler immer mehr zur Tretmühle und „Strafanstalt"[14], die ihm zudem noch die Zeit fürs Komponieren stahl. „Da studiere ich unter solcher Anspannung aller meiner Kräfte bis ins kleinste Detail meine Vorstellungen ein, bis sie wirklich klappen und wie aus einem Guss gehen: und für wen geschieht das? Für welche Herde von Schafen, die es gedankenlos und nutzlos anhören, denen es bei dem einen Ohr hinein, bei dem anderen wieder hinausgeht, wie den Fischen bei der Predigt des heiligen Antonius von Padua!"[15]

In Mahlers Zimmer hing neben Dürers *Melancholie* und dem *Concerto* Giorgiones (heute Tizian zugeschrieben) eine Reproduktion des Gemäldes *Die Fischpredigt des Hl. Antonius zu Padua* von Hans Böcklin.[16] In der Liedersammlung *Des Knaben Wunderhorn*, aus der Mahler schon 6 Texte vertont hatte, fand er auch eine Satire auf die Fischpredigt, die er im Sommer 1893 komponierte:

> Antonius zur Predigt die Kirche find' ledig!
> Er geht zu den Flüssen und predigt den Fischen!

Die Karpfen, Hechte, Stockfische und Krebse eilen herbei, um den Heiligen zu hören:

Hab'n d'Mäuler aufrissen, sich Zuhör'ns beflissen,
Kein Predigt niemalen den Fischen so g'fallen!

Sobald der Heilige freilich mit seiner Predigt fertig ist, wendet sich jeder um und bleibt genauso, wie er gewesen ist.

Die Predigt vergessen, vergessen!
Die Predigt hat g'fallen, sie bleiben wie Allen!
Die Predigt hat g'fallen, hat g'fallen!

Mahler hat sich dazu eine Musik einfallen lassen, die den Text wie eine Gebetsmühle begleitet. Selbstgefällig dudeln „wie besoffen“ (Mahler) die Klarinetten böhmischer Musikanten[17], bis aus dem Portrait der ewig Unbelehrbaren eine „Satire auf das Menschenvolk“ wird[18]: Die Worte des Heiligen verwandeln sich in „ihre Sprache“ (Mahler). Aus diesem Lied hat Mahler das geniale Scherzo seiner Zweiten Symphonie entwickelt. Es kommt ohne den Text aus, weil das Leiern der verzerrten Melodien, das Gekreisch der Es-Klarinette, das Schlagen einer Rute ans Holz der kleinen Trommel zusammen mit der Musik des Liedes die rastlose Geschäftigkeit, die doch zu nichts führt, klar genug ausmalen. Dazu passen die pompösen Blechbläser-Fanfaren, die die Eitelkeit der Dummheit herausstreichen. Ein Vorbild für diesen Satz war das Scherzo von Beethovens Neunter Symphonie, das Wagner und Mahler als Sinnbild der täglichen Jagd nach dem Glück interpretierten.

Der Abscheu vor dieser Szenerie entlädt sich schließlich in einem Aufschrei. Doch kaum ist der verklungen, geht das Geleier aufs neue los. Die Musik wird dann „ausgeblendet“, denn ein Ende ist nicht abzusehen. Welche Funktion hat dieses Scherzo, das man für das Urbild aller Schostakowitsch-Scherzi halten möchte, in Mahlers Zweiter Symphonie?

Der erste Satz, der 1888 noch in Budapest entstanden war, ist ein pathetischer Sonatenhauptsatz, den Mahler „Totenfeier“ nannte. Der durch so vehemente Klage Gefeierte muss – das ist nicht zu überhören – gewaltige Kämpfe ausgetragen haben. Der zweite Satz „enthält die Liebe“ (Mahler), als Erinnerung an eine schöne Episode im Leben.[19] Das Scherzo stellt nun die Frage: wozu dieser Kampf, wenn er doch zu nichts führt? Hatte das Kämpfen einen Sinn? Das Scherzo hebt die Satire des Liedes auf eine allgemeinere Ebene des Nachdenkens über den Lauf der Welt: „Wenn Sie dann aus diesem wehmütigen

Traum aufwachen, und in das wirre Leben zurück müssen, so kann es Ihnen leicht geschehen, dass Ihnen dieses unaufhörlich bewegte, nie ruhende, nie verständliche Getriebe des Lebens grauenhaft wird, wie das Gewoge tanzender Gestalten in einem hell erleuchteten Ballsaal, in den Sie aus dunkler Nacht hineinblicken – aus so weiter Entfernung, dass Sie die Musik hierzu nicht mehr hören! Sinnlos wird Ihnen da das Leben, und ein grauenhafter Spuk, aus dem Sie vielleicht mit einem Schrei des Ekels auffahren! – Dies ist der 3. Satz!"[20] Mahler hat lange gebraucht, um eine Lösung zu finden, die aus dieser Aporie wieder hinausführt. Er läßt nach dem leisen Verklingen des Scherzos eine Altstimme einsetzen:

> Der Mensch liegt in größter Not!
> Der Mensch liegt in größter Pein!
> Je lieber möcht ich im Himmel sein!
>
> Da kam ich auf einen breiten Weg;
> Da kam ein Engelein und wollt mich abweisen;
> Ach nein! ich ließ mich nicht abweisen!
>
> Ich bin von Gott und will wieder zu Gott!
> Der liebe Gott wird mir ein Lichtlein geben,
> Wird leuchten mir bis an das ewig selig Leben!

Dieses naive Lied *Urlicht* aus *Des Knaben Wunderhorn* soll die Hoffnung symbolisieren. Das Finale beginnt nochmals mit dem Schrei aus dem Scherzo. Dann wird eine Stimmung wie vorm Jüngsten Gericht erzeugt … endlich gespannte Stille … was wird geschehen? A capella setzt der Chor ein: Kein Gericht, keine Strafe!

> Mit Flügeln, die ich mir errungen
> In heißem Liebesstreben
> Werd ich entschweben
> Zum Licht, zu dem kein Aug gedrungen!
> Sterben werd' ich, um zu leben!
> Auferstehn wirst du, mein Herz, in einem Nu!
> Was du geschlagen, zu Gott wird es dich tragen!

In strahlendem Es-Dur, mit Orgel und Glockengeläut verkündet Mahler seine Erlösungsbotschaft: Den Wert des Menschen bilden seine Taten, durch sie erlöst er sich selbst. Durch unablässiges Streben vollendet sich der Mensch und nähert sich Gott. Dass die Zeitgenossen mit Unverständnis reagierten, nahm er fatalistisch zur Kenntnis. Auch mit seiner Kompositionsweise stand Mahler wie ein Block in der Landschaft, fern von den gängigen Strömungen. Den Erfolg, auf den Mahler vergeblich hoffte, hatte Richard Strauss (1864–1949) mit seinen zehn

Symphonischen Dichtungen, die er zwischen 1884 und 1903 schrieb, bevor er mit der *Salome* zum Opernkomponisten wurde. Mahler pflegte die Freundschaft mit Strauss, zweifelte aber in keinem Augenblick, wessen Werk den Vorrang habe: „Ich übersehe ihn wohl, er von mir aber nur das Piedestal“[21], oder: „Meine Zeit wird kommen, wenn die seine vorbei ist“.[22]

Strauss konnte Mahlers Erlösungssehnsucht und seinen Hang zum Christentum nicht verstehen.[23] Nach Mahlers Tod im Jahr 1911 notierte er in seinem Tagebuch: „Der Tod dieses hochstrebenden, idealen und energischen Künstlers ein schwerer Verlust. Die ergreifenden Memoiren Wagners mit Rührung gelesen. Lecture deutsche Geschichte im Zeitalter der Reformation Leop. Ranke: durch sie wird mir hell bestätigt, dass alle dort die Cultur fördernden Elemente seit Jahrhunderten nicht mehr lebenskräftig, wie alle großen politischen und religiösen Bewegungen nur eine Zeitlang wirklich befruchtend wirken können.

Der Jude Mahler konnte im Christentum noch Erhebung gewinnen.

Der Held Richard Wagner ist als Greis durch den Einfluss Schopenhauers wieder zu ihm herabgestiegen.

Mir ist es absolut deutlich, dass die deutsche Nation nur durch die Befreiung vom Christentum neue Tatkraft gewinnen kann. [...] Ich will meine Alpensinfonie: den Antichrist nennen, als da ist: sittliche Reinigung aus eigener Kraft, Befreiung durch die Arbeit, Anbetung der ewigen herrlichen Natur.“[24]

In der *Alpensymphonie* klingt folgerichtig auf dem höchsten Gipfel die „Hymne an die Sonne“ an, der berühmte Auftakt zur Symphonischen Dichtung *Also sprach Zarathustra*, die Strauss 1896 nach Nietzsches Philosophie des freien Übermenschen komponiert hatte. Nietzsche hatte das Christentum als die wehleidige Moral der Schlechtweggekommenen bekämpft und die – Wagners Siegfried gleiche – Überlegenheit des Stärkeren mit trunkenen Worten gefeiert. Sein beißender Spott über die Lüge der herrschenden Doppelmoral, über die schwächliche Schulphilosophie, über das Duckmäusertum, mit dem er gegen die Verfestigung der Denkstrukturen nach der misslungenen Revolution von 1848 und der Installierung des Kaiserreichs 1871 anrannte, faszinierte natürlich auch Mahler. Zur gleichen Zeit wie Strauss' *Zarathustra* entstand seine Dritte Symphonie, der er zuerst den an Nietzsche angelehnten Titel „Meine fröhliche Wissenschaft“ geben wollte. Die Gedanken Nietzsches konnten Mahler aber nur vorübergehend beeinflussen. Seine eigenen Moralvorstellungen vertrugen sich damit nicht. Weder milderten markige Kraftsprüche seine Leiden, noch konnte er seine Mitleidsgefühle ausschalten.[25] Einem Lied aus *Des Knaben Wun-*

derhorn hatte er 1892 den Titel *Das irdische Leben* gegeben: Das Kind schreit immer wieder nach Brot, aber die Mutter vertröstet es von Mal zu Mal. Erst soll es die Ernte abwarten, dann das Dreschen usw.:

Und als das Brot gebacken war
Lag das Kind auf der Totenbahr!

Die surrende, immerzu fortsausende Begleitmusik[26] macht aus dem Lied eine unheimliche Parabel auf den Lauf der Welt – Mahler hat es zur Grundlage des Mittelsatzes Purgatorio (=Fegefeuer) seiner Zehnten Symphonie genommen.

Er wählte aus dem *Wunderhorn* neben einigen naiven „Humoresken" vor allem Lieder aus, die das Schicksal von Soldaten beklagen: des politischen Gefangenen, der im Turm auf die Liebe flucht, weil sie ihn in seiner Standhaftigkeit erschüttert (*Die Gedanken sind frei*), des Knaben, der seinem Mädchen nur noch ein „Haus aus grünem Rasen" bieten kann (*Wo die schönen Trompeten blasen*), des verlorenen Postens, der den kriegführenden Kaiser verwünscht (*Der Schildwache Nachtlied*). Wenn die Menschen mit klingendem Spiel in den Tod marschieren, kippt die schöne Militärmusik ins Grauen um.

Die *Dritte Symphonie* (1895/96) zeigt neben Neuem auch Bekanntes in neuen Varianten. Die Symphonie ist eineinhalb Stunden lang und demonstriert Mahlers Anspruch „Die Symphonie muss sein wie die Welt". Diese Welt setzte der Komponist aus fünf symphonischen Sätzen zusammen, die in immer höher entwickelte Formen des Lebens führen sollen. Der erste Satz fällt aus diesem Rahmen heraus. Er dauert allein über eine halbe Stunde und führt das Prinzip des „Durchbruchs" aus dem ersten Satz der Ersten Symphonie in einer dem dionysischen Pathos Nietzsches[27] angemessenen Großfassung durch. Sie folgt dem Sonatenhauptsatzschema mit Exposition, Durchführung und Reprise und läßt das Leben sich gegen die Kräfte der Starre entwickeln.

Die fünf „Bausteine" bilden eigentlich fünf Stufen des Leidens. Zunächst auf einer Ebene, die ein harmloses Menuett liefert, in dessen Trio der kindliche Spaß einen Hauch von Ernst bekommt: „Wie ein Sturmwind fährt es über die Wiese und schüttelt Blätter und Blüten, die auf ihren Stengeln ächzen und wimmern, wie um Erlösung flehend in ein höheres Reich".[28] Auch die zweite Ebene ist eher drollig gestaltet. Dieses Scherzo stützt sich auf das Lied *Kuckuck hat sich zu Tode gefallen – Ablösung im Sommer*. In das „Gewusel" der Jagd nach dem täglichen Fressen tönt auf einmal eine fremde Stimme: das Horn des Postillions läßt inmitten der Geschäftigkeit eine unwirkliche Sehnsucht fühlbar werden. Zweimal erzwingt Mahler mit der Posthorn-Episode eine Unterbrechung und ein erstauntes Nachlauschen. „Mit geheimnisvoller Hast“ versucht die Musik das erste Mal die Erscheinung zu ignorieren, doch beim zweiten Mal ist die Antwort auf den Einbruch von etwas unbegreiflich Schönen und Fremden ein panisches Erschrecken. Es hält nur für einen kurzen Augenblick an… dann purzelt wieder alles übereinander und der Satz schließt mit überquellender Kraft und Lebendigkeit – eine weitere Form der Parodie des Laufs der Welt.

Der vierte Satz bringt das *Mitternachtslied* aus Nietzsches *Zarathustra*: „O Mensch, gib Acht!“. Im fünften Satz behilft sich Mahler mit einem naiven Wunderhornlied, um die Frage der Schuld zu behandeln: Petrus weint, weil er die zehn Gebote übertreten habe. Doch er wird getröstet: Solange er nur Gott in alle Zeit liebe, sei ihm die „himmlische Freud“ gewiss. Die Treue zur Sache löscht die Schuld.

Der fünfte „Baustein“ ist ein feierliches Adagio – einer der seltenen langsamen Finalsätze der symphonischen Literatur. Er symbolisiert die („göttliche“) Liebe[29], die das Werk durch thematische Verknüpfungen mit den vorangegangenen Sätzen zusammenfasst und alle Widersprüche versöhnt.

* * *

Nach dem Tod seiner Eltern im Jahr 1889 hatte Mahler seine Schwester Justine zu sich genommen, die ihm den Haushalt führte, und seine drei anderen Geschwister der Obhut eines Wiener Freundes anvertraut: „So lange ich meinen Herren Brüdern in ihrem kühnen Flug nachkeuchen muss, und so lange ich meine Schwestern nicht einigermaßen versorgt habe, muss ich meine lukrative und nahrhafte Kunsttätigkeit fortsetzen“, spottete er in einem Brief an diesen Freund.[30] Seine Aussichten, vom Theater wegzukommen, waren gering. „Mein Judentum verwehrt mir, wie die Sachen jetzt in der Welt stehen, den Eintritt in jedes Hoftheater. […] Glaube mir, unser Kunstleben ist derzeit in keiner Form für mich mehr verlockend. Es ist schließlich immer und überall dasselbe verlogene, von Grund verpestete, unehrliche Gebahren. Gesetzt, ich käme nach Wien! Was würde ich mit meiner Art, die Dinge anzufassen, in Wien erleben? Ich brauchte nur einmal versuchen, dem berühmten vom biederen Hans [Richter] ausgebildeten Philharmonicum meine Auffassung einer Beethovenschen Symphonie beizubringen, um sofort auf den widerwärtigsten Kampf zu stoßen.“[31]

Da es nun einmal keine Alternative zum Dirigentenleben gab, und die Wiener Hofoper die Spitzenposition des europäischen Musiklebens bot, setzte Mahler im Frühjahr 1897 alle Hebel in Bewegung, um dorthin zu kommen. Er schaffte es gegen die Widerstände der Antisemiten, weil er bei seiner Bewerbung erklärte, er sei schon vor längerer Zeit zum Katholizismus übergetreten. Das war allerdings eine taktische Schwindelei: er hatte sich erst am 23. Februar 1897 in Hamburg taufen lassen.

Von seinen Schwestern und von Freunden war das als Verrat empfunden worden. Er setzte sich über ihre Bedenken hinweg, weil ihm das Judentum als Religion nichts bedeutete; diesen Verrat konnte es gar nicht geben. Er fühlte sich vom Katholizismus sogar angezogen, vor allem von bestimmten mystizistischen Linien des Christentums, wie wir an seinen frühen Symphonien ja gesehen haben. Erst der Antisemitismus machte aus seiner Zugehörigkeit zum jüdischen Volk ein Problem. Seit seiner Jugend hatte er versucht, sich aus dem Ghetto zu emanzipieren, hatte in der deutschen Kultur seine Leitsterne gefunden und glaubte selber nicht gerade der schlechteste Teil dieser Kultur geworden zu sein. Aber deutsche Durchschnittsbürger brachten es fertig, auf ihn als böhmischen Juden herabzusehen! Dadurch wuchs aus dem Übertritt zum Katholizismus im Unterbewusstsein doch ein ständiger Vorwurf. Nur so erklären sich einige nicht sehr freundliche Bemerkungen, die Mahler unterliefen, als er 1903 in Lemberg[32] seine Erste Symphonie dirigierte: „Das Leben hier zeigt wieder so ein originelles Gesicht. Am possierlichsten sind doch die polnischen Juden, die hier herumlaufen wie anderswo die Hunde. Es ist äußerst unterhaltend, denen zuzuschauen! Mein Gott, mit denen soll ich also verwandt sein?! Wie trottelhaft mir die Racentheorien erscheinen angesichts solcher Beweise, kann ich Dir gar nicht schildern!“[33] Oder noch schlimmer: „Ein schmutzigeres Wesen als so einen polnischen Juden an Ort und Stelle kann keine Phantasie erdenken.“[34]

Entschuldigt es Mahler, dass er sich hier vor seiner jungen arischen Frau glaubte reinigen zu müssen? An seinen Freund, den Dirigenten Oskar Fried schrieb er, nachdem dieser 1906 den Posten des Leiters der Frankfurter Museumskonzerte wegen seines Judentums nicht bekommen hatte, einige besonders verbitterte Zeilen: „Werden Sie ein wenig netter gegen die Menschen, die ja nicht verstehen können, woher Ihr Wesen fließt. Ich verweise Sie immer nur auf mich, der ja das Alles zur Genüge kennt. Mich hat schließlich dieses ewige Misverstandenwerden, und die Hinderniße, die sich dadurch für die Sache auftürmen, der man nachstrebt, auch genötigt mit den Thierchen einen modus vivendi zu finden. Und – vergessen Sie nicht – unseren Hauptfehler die Race, können wir nicht ändern. Da müssen wir wenigstens trachten, die wirklich störenden Äußerlichkeiten unseres angeborenen Wesens ein wenig zu mildern. Dafür wollen wir dann sachlich umso weniger nachgeben.“[35]

Mahler hatte sich den Zugang zur Welt der Kunst und des Geistes erkämpft, er war nicht mühelos hineingewachsen wie Künstlerkollegen aus großbürgerlichem Haus. Er schätzte diese Welt dafür umso mehr. Er hatte vor „Säulen der Gesellschaft“ nicht den geringsten Respekt[36], und verachtete die bürgerliche Wohlanständigkeit, die „Ordinären (Ordentlichen)“: „Heute in Frankfurt, bevor ich zur Bahn ging, bummelte ich so ein Stündchen in den Straßen. – Alle Menschen, alle Läden, alle Häuser sehen gleich aus – alles hat einen so riesig vertrauenerweckenden, ordentlichen Charakter. – An einem Laden blieb ich stehen; der hatte die verheißungsvolle Aufschrift: Verkauf von Kunstgegenständen. Ich mußte ordentlich in mich hineinlachen (ein bißchen auch mich ekeln). Das ist das Rechte! Ich wüßte nicht, wie man das besser ausdrücken könnte, was diese Philister in den Theatern, Concertsälen, Gallerien suchen. – Ha! Was werden sie zu meinem Kunstgegenstand sagen, den ich ihnen übermorgen, Freitag, vorsetzen werde. Brrr!“[37]

Er musste alles tun, um sich aus dieser Welt des Geschäfts, der Doppelmoral, der Halbbildung herauszuhalten: „Ich muss oben bleiben. Ich kann mich durch nichts irritieren oder herunterzerren lassen. Es ist schwer genug, sich immer oben zu halten“[38]. Durch das eigene Vorbild allein[39] wollte er auf die moralische Erziehung der Menschheit einwirken, und für nichts weniger hielt er seine Arbeit, die reproduzierende so gut wie die produktive. Die einzelnen Kunstwerke bedeuteten ihm dabei nur Zeichen der Vorwärtsentwicklung der Menschheit, die als Gedankenaustausch der Geister über die Zeiten hinweg[40] dienten, aber letztlich nur abgestreifte Häute[41] seien, sterblich wie der Leib. Nur was der einzelne aus seiner Seele mache, wie er sich entwickle, sei entscheidend. Seine moralischen Normen bezog er aus der Überzeugung, dass es in der Welt eine ewige Wiedergeburt gebe: Was er heute auf dem Weg zur Vollendung der Menschheit erreiche, komme seinem Ich einst wieder zugute, ob es davon wisse oder nicht.[42]

In der hohen Position, die Mahler mit 37 Jahren erreicht hatte, fühlte er sich nicht behaglich: „Wie widerwärtig es mir nur ist, so im Glanze zu leben! Und wie die Leute einen bewundern und vor einem kriechen! Ich möchte ihnen so gerne sagen, was für ein elend-bescheidenes Gefühl ich habe und wie ich auf meinem Platze hier nichts wünsche, als meine Pflicht zu tun“.[43] Als k.k.-Beamter bezog Mahler ein Gehalt von 12 000 Gulden jährlich, plus 1 000 Gulden Aufwandsentschädigung. Bei einer Auseinandersetzung mit einem Orchestermusiker erfuhr er einiges über die materielle Lage der übrigen Beschäftigten. Ein Orchestermitglied konnte von den 63 Gulden, die es im Monat verdiente, kaum seine Familie ernähren. Noch schlechter waren die Bühnenarbeiter dran, die bei unbeschränkter Arbeitszeit 35 bis 50 Gulden bekamen.[44] Gegen den Willen der Hoftheaterintendanz setzte Mahler 1900 eine Lohnerhöhung für das Opernpersonal durch.

Die österreichischen Arbeiter befreiten sich erst langsam aus frühkapitalistischem Elend. Die Wohn- und Lebensverhältnisse in Wien waren unglaublich: Hunderttausende hatten nicht einmal ein eigenes Bett. Gewerkschaften hatten sich in den 1870er Jahren formiert und das Tarifvertragsrecht erkämpft. Die österreichischen Sozialdemokraten schlossen sich im Jahr 1888 zur einheitlichen Partei zusammen: Dies war das Werk eines der engsten Freunde Mahlers, des Wiener Armenarztes Victor Adler (1852–1918). Über die glühende Bewunderung Wagners zur gesellschaftlichen Rebellion gekommen, war er von ähnlicher moralischer Rigorosität wie Mahler. Ihm sind wohl die besonderen liberalen Komponenten des Austromarxismus zu danken. Der k. k.-Hofoperndirektor machte kein Hehl daraus, dass er 1901 seinen Stimmzettel für den sozialdemokratischen Kandidaten abgab – für seinen Freund Victor Adler.

Das Wien der Jahrhundertwende war ein Ort, an dem sich die Widersprüche der Zeit unauflösbar verknotet hatten.[45] Hier waren Ausgangspunkte des Zionismus, der Psychoanalyse, der modernen empirischen Philosophie und Physik, der modernen Baukunst, des Jugendstils, da waren die Wiener Secession und die Wiener Werkstätten, die Dichtung Musils und Schnitzlers, die Zwölftonmusik – und der Antisemitismus, der engstirnigste Nationalismus, der Militarismus, das wildgewordene Kleinbürgertum. Wien stand unter der Herrschaft des Dr. Karl Lueger, den sich Hitler zum Vorbild machte (Mahler blieb es erspart, die Wagner-Aufführungen dirigieren zu müssen, in die Hitler nach 1907 pilgern sollte). Karl Kraus (1874–1936) hat in seiner roten *Fackel* all dem den Spiegel vorgehalten. Gustav Mahler stand zu den neuen Strömungen in der Kunst und in der Wissenschaft in enger Beziehung; Arthur Schnitzler gehörte genauso zu seinen Bewunderern wie der Physiker Ludwig Boltzmann, und Mahler interessierte sich ebenso lebhaft für die Secessionisten wie für die neuesten Erkenntnisse der Naturwissenschaften.

In den ersten Wiener Jahren konnte von Komponieren nicht die Rede sein. Nur vier letzte *Wunderhorn*-Lieder: 1898 das *Lied des Gefangenen im Turm* und *Wo die schönen Trompeten blasen*, 1899 *Revelge* und

1901 *Der Tamboursgsell.* Die *Revelge* (eine Verballhornung von *reveille* = Weckruf) läßt unter dem Schlag der Trommel eine ganze hingemetzelte Kompanie aufstehen: ein panischer Schrecken schlägt den Feind. Dann führt der stolze Trommler die Soldaten vors Fenster seines Mädchens:

> Des Morgens stehen da die Gebeine,
> In Reih und Glied sie stehn wie Leichensteine,
> Die Trommel steht voran, dass sie ihn sehen kann.

Das unaufhörliche Stampfen des Marschtritts, der eiserne Zwang des Vorwärtsstürmens wird in der Sechsten Symphonie wiederkehren; von dort ging er in Schostakowitschs Vierte ein. – Im Dezember 1901 kündigte Mahler seiner Braut ganz vorsichtig die soeben fertiggestellte Vierte Symphonie an: „Denn die ist wieder ganz Humor – ‚naiv' etc; weißt Du, das an meinem Wesen, was Du noch am Wenigsten aufnehmen kannst – und was jedenfalls in alle Zukunft nur die Wenigsten erfassen werden".[46]

Die Vierte schlägt einen altertümelnden, heiteren Ton an, weil sie eine naive Vision darstellt: der Tod verliert seine Schrecken. Im Scherzo lockt er als der mittelalterliche „Freund Hein" mit seiner falsch gestimmten Geige, spielt zu einem Tanz der Verhältnisse auf, der zum makabren Totentanz geworden ist – eine Variante des Weltlauf-Scherzos.[47] Das Adagio gibt das Gefühl sicherster Geborgenheit: Mahler dachte dabei an das „mit tiefer Traurigkeit und wie durch Tränen lachende Antlitz" seiner Mutter, die „auch unendlich gelitten, aber alles immer liebend aufgelöst und vergeben" habe.[48] Das Liedfinale – auf einen *Wunderhorn*-Text – schildert dann das *Himmlische Leben* in einer Deftigkeit als Schlaraffenland, die zeigt, dass hier wirklich die reine Unschuld herrscht: Johannes schlachtet das Lämmlein, und der Metzger Herodes passt dabei auf…

Der erste Satz dieser vom Ende her entworfenen Symphonie (das Liedfinale gehört noch zum Kreis der Dritten Symphonie) leistet es sich, den musikalischen Verlauf in aller Gutmütigkeit auch einmal aus dem Gleis laufen zu lassen. Ein Trompetensignal bringt alles wieder in die Reihe. So kann man die Welt sich ansehen, wenn der Tod seinen Schrecken verloren hat, wenn er nur noch eine unbedeutende Übergangsform ist im ewigen Kreislauf der Natur. „Was mir hier vorschwebte, war ungemein schwer zu machen. Stell dir das ununterschiedene Himmelsblau vor, das schwieriger zu treffen ist als alle wechselnden und kontrastierenden Tinten. Dies ist die Grundstimmung des Ganzen. Nur manchmal verfinstert es sich und wird spukhaft schauerlich: doch nicht der Himmel selbst ist es, der sich trübt, er leuchtet fort in ewigem Blau. Nur uns wird er plötzlich grauenhaft, wie einen am schönsten Tage im lichtübergossenen Wald oft ein panischer Schreck überfällt."[49]

Was in der Vierten galt, hatte keine Geltung mehr für die Fünfte Symphonie (1901–1903): die Trompete, die dort zur Ordnung gerufen hatte, wird zum Leitmotiv eines strengen Trauermarsches, des ersten Satzes voll pathetischer Emotion. Er ist mit einem zweiten Satz aufs engste verbunden, der „Stürmisch bewegt", mit größter Vehemenz zwischen einer rasenden Bewegung und Rückfällen in den Trauermarsch hin- und herpendelt. Mahler hat die Distanz zum Getriebe des Alltags, zu den Kämpfen an der Oper, nicht wirklich erreicht.

Er hat aber seine Vision, seine Utopie. Am Ende des zweiten Satzes lässt er sie als Choral erscheinen, der sich zunächst wieder verflüchtigt, um dann aber als krönender Höhepunkt des Finales wiederzukehren. Der Mittelsatz der fünfsätzigen Symphonie ist das große Scherzo, das die simple A-B-A-Form zu etwas Neuem umformt: es ist durchkomponiert, die Trios brechen wie aus einer anderen Welt herein, der Satz wird zu einer Art Protokoll eines psychischen Prozesses, zur Aufzeichnung von Erinnerung an die Ländler- und Walzermelodien aus der böhmisch-mährischen Kindheit und zu deren Spiegelung in der Gegenwart.[50]

Am Ende des Scherzos steht das Bewusstsein, wieder über alle Kraft zu verfügen. Das folgende *Adagietto* hat Mahler aus dem Rückert-Lied *Ich bin der Welt abhanden gekommen* entwickelt:

> Ich bin gestorben dem Weltgetümmel,
> Und ruh' in einem stillen Gebiet!
> Ich leb' allein in meinem Himmel,
> In meinem Lieben, in meinem Lied.

Nach dieser idyllischen Selbstberuhigung kann das Rondo-Finale sich der übermütigen Vorbereitung des Wiedererscheinens des Chorals widmen.

Unter den fünf Liedern nach Texten des fränkischen Romantikers Friedrich Rückert (1788–1866) befindet sich noch eine andere Variante der Kapitulationserklärung: In dem Lied *Um Mitternacht* wird erst die „Schlacht, o Menschheit deiner Leiden" beschworen, um dann, grundiert von einem düster-prachtvollen Choral, aufzugeben:

> Um Mitternacht hab ich die Macht
> In deine Hand gegeben, Herr über Tod und Leben!

Mahler hat die Idylle des Privatlebens vielleicht ersehnt, aber er konnte sich vom Zwang des Kampfs bis zur völligen Erschöpfung seiner Kräfte dennoch nicht lösen, wie die Sechste Symphonie (1904/05) zeigt. Die Exposition des ersten Satzes wird wiederholt: Das hat es zuvor nur in der Ersten Symphonie gegeben und wird es nicht wieder geben – bei Mahler durfte sich nichts ohne Veränderung wiederholen[51], als sei in der Zwischenzeit nichts geschehen. Das aber ist hier gerade das Verhängnis. Das erste Thema stürmt mit markigem Marschtritt daher, mit dem schwungvollen „weiblichen“ Thema durch eine choralartige Überleitung verbunden; diese Exposition war als eine Art musikalisches Portrait des Ehepaares Mahler gedacht (Mahler hatte im März 1902 die 19 Jahre jüngere Alma Schindler geheiratet). Ein Motiv verbindet die Sätze der Sechsten: ein militärischer Rhythmus, über dem ein Dur-Akkord der Trompeten sich in einen Moll-Akkord der Holzbläser verfärbt; ein Symbol für den Kampf und die Notwendigkeit seines Scheiterns. Aus diesem Kampf gibt es keinen Ausweg. Der gnadenlose Marschtritt geht weiter unter dem gellenden Hohn von Holzbläserfiguren, geht durch die folgenden Attacken, findet auf der von Kuhglocken illustrierten Bergwiese vorübergehende Ruhe, die die Geschäftigkeit des Alltags nur scheinbar unter sich ließ, und wird am Schluss des ersten Satzes durch die triumphale Wiederkehr des weiblichen Themas noch glorreich bekräftigt.

Das groteske, stampfende Scherzo mit den „altväterlich“ gestelzten Trios, mit seinen schrill-höhnischen Trillerketten und dem „gepeitschten“ Heulen der Geigen schwankt zwischen beißender Satire und ohnmächtigem Zusehen. Die Wiegenmotive des wehmütigen langsamen Satzes versprechen Ruhe und Frieden.

Und dann das Finale, ein Sonatenhauptsatz, der sich auf fast eine halbe Stunde ausdehnt. Die Symphonie hatte sich zu einer Form entwickelt, die ihrem Anspruch nach und in ihrer Vielschichtigkeit dem entspricht, was der Roman in der Literatur ist; ihre einzelnen Teile müssen zueinander in einem ausgewogenen Verhältnis stehen. Ein Kehraus-Finale wie in der klassischen Tradition konnte Mahler in der Fünften nur schreiben, weil es durch den vorhergehenden Prozess musikalisch, gefühlsmäßig und gedanklich gerechtfertigt war. Er ließ „die Muskeln spielen“, um zu zeigen, wie seine Vision der Wahrheit ihn mit allen Schwierigkeiten fertig werden läßt. Dieser Schlussjubel auf die Utopie, der er die Gestalt eines ekstatischen Bruckner-Chorals gegeben hat, war aber zu einem nicht unerheblichen Teil auch durch die Form vorgegeben: Eine Symphonie beendet man eben in der Regel mit fröhlicher Affirmation. Jede Symphonie ein Miniatur-Mythos, nach Feierabend genossen, wenn man die krude Realität hinter sich gelassen hatte, in der das geknechtete „Wahre, Schöne, Gute" leider nicht erlöst wurde, sondern geknechtet blieb. – Mendelssohn hatte seiner Dritten, der Schottischen Symphonie, die eigentlich nicht dorthin tendierte, einen lauten Schluss angeklebt, Brahms hatte seine Dritte leise enden lassen, und auch der Schluss seiner Vierten ist nicht wirklich positiv. Wir haben gesehen, wie es für Tschaikowsky zum Problem geworden war, einfach so in Jubel auszubrechen. In die vorhergehenden Sätze hatte sich zu viel Problematisches eingeschlichen. Mahler hatte den zweiten Satz der Fünften – und damit die angerissenen Probleme – offen enden lassen, und so eine finale Lösung notwendig und möglich gemacht. Das entsprach seinem damaligen Selbstverständnis. In der Sechsten endete der erste Satz positiv, und vor dem Finale steht nicht wie üblich das Scherzo, sondern an der Stelle von dessen Irritation die Sehnsucht des Andante und sein Versprechen von Geborgenheit.

Der erste Satz hat keinen Zweifel daran gelassen, dass dies eine kämpferische Symphonie werden würde. Der Beginn des Finale fällt in eine Phase, in der man dem Verlauf des zu erwartenden Kampfes zuversichtlich entgegensieht.[52] Doch die beiden Höhepunkte des Satzes werden zugleich zu Augenblicken der Niederlage, zu Punkten des Umschlagens. Das wird in der Instrumentation durch den „Hammer" verdeutlicht, dessen dumpfer Schlag die Musik wie ein Beil schockartig durchzuckt. – Nach einer idyllischen Almwiesen-Episode wie im ersten Satz kehrt die kämpferische Thematik zurück, aber nach einem rauschhaften, stetigen Steigern der Energie kommt der Moment, wo die Kräfte erlahmen und die Musik ohne einen „Anstoß von außen" umschlägt und mehr und mehr ermattet.[53] Die Kraft hat sich selber aufgezehrt. Die Coda ist ein schwarzer Grabgesang auf die Kampfthematik. Der soldatische Marsch, das blindwütige Vorwärts um jeden Preis, das Prinzip männlicher Härte, der Fortschrittsglaube, der Gleichschritt, das Opfer – all dies wird hier begraben. Ein scharfer Schlag, und es ist aus. Kein Trost, keine Rettung, keine Erlösung. Zum ersten Mal wird gezeigt, dass der Kampf nicht die Garantie für den Sieg ist.

Den geschichtlich zwanghaft gewordenen Sieges-Optimismus hat Mahler hier nachdrücklicher durchbrochen als Tschaikowsky zehn Jahre zuvor mit seiner Sechsten. Mahlers Sechste Symphonie ist der radikalste Bruch mit der Tradition der Beethovenschen Symphonie, weil sie deren Typus aufnimmt, aber seine Logik zerstört.

Ein denkender Musiker wie Schostakowitsch hat an der Sechsten sein symphonisches Bewusstsein schulen können – seiner Vierten und Fünften Symphonie ist es unmittelbar anzuhören, die sich beide mit dem Zwang zur Affirmation auseinandersetzen, mit dem angeblich von der Form erzwungenen guten Ausgang jeder Geschichte. So ist die Wirklichkeit nicht, und so ist auch nicht mehr die Kunst.

Wie sehr Mahlers Musik sich von der zeitgenössischen abhebt, zeigen die Parallelen zu den Symphonischen Dichtungen von Richard Strauss. Strauss hat ein ironisches symphonisches Selbstportrait verfertigt, *Ein Heldenleben* op. 40 (1898), in dem er seine Widersacher lächerlich macht, die eigenen „Friedenswerke" zitiert und die private Gemütlichkeit feiert. Ein ähnlich schroffer Gegensatz besteht zwischen Mahlers Zweiter Symphonie und Strauss' *Tod und Verklärung* (1889), sowie Mahlers Dritter und *Also sprach Zarathustra* (1896) von Strauss.

Im Sommer 1904, noch während der Arbeit an der Sechsten, entwarf Mahler schon seine Siebte Symphonie, die er im folgenden Sommer abschloss. Die Kopfsätze beider Symphonien sind verwandt, doch führt der erste Satz der Siebten nicht in einen Kampf, sondern in eine nächtliche Traumwelt. In der Mitte der Symphonie rahmen zwei *Nachtmusiken* ein schattenhaftes Scherzo ein. Und das Finale? Wie der blendende Tag bricht das Rondo-Finale in die Traumwelt ein. Mahler hat ihm die tückisch-sinnleere Überschrift Allegro ordinario gegeben: ein „ordentliches" Tempo, „ein bißchen zum Ekeln" also…

Der Pauker schlägt „mit Bravour" auf seine Pauken ein, das Blech protzt sein Trara in C-Dur, die Theatralik der *Meistersinger* klingt an, daneben stehen karikierende „Zartheit" (Graziosissimo, beinahe Menuett, Z. 276), Ländler, Triviales. Das musikalische Material ist dürftig, aber die Veranstaltungen, die Mahlers Instrumentation daraus macht, sind bombastisch. Der Formverlauf dreht sich, wie es einem Rondo ansteht, ständig im Kreis. Vor dem Schlussritornell schleicht sich in dieses Spektakel das Thema des ersten Satzes ein: hier klingt es falsch. Am falschesten, wenn die Trompeten es in einer feierlichen Passage strahlend blasen.[54] Schließlich mündet das eitle Getöse in eine prachtvolle Stelle, an der die Musik still zu stehen scheint[55]: Glocken läuten (und das Gebimmel der Herdenglocken sagt, welche Schafherde Mahler im Visier hatte), pomphaft kehren die Themen wieder, werden sinnlos wiederholt – eine groteske Versammlung! Auf dem Höhepunkt erklingt die C-Dur-Apotheose des Kopfsatz-Themas, an eine Stelle geschmuggelt, die eigentlich einem Finale-Thema zugestanden hätte. Der Schlusspunkt nimmt einen Filmmusik-Gag voraus: Vor dem scharfen C-Dur-Schlag, der die Symphonie abschließt, läßt Mahler einen Akkord erklingen, der diese Lösung harmonisch verzögert, und läßt ihn sogleich abblenden. Diese Verzögerung wirkt, als erscheine er selber hinter dem fallenden Vorhang und drehe dem Publikum noch einmal eine Nase.

Dieses Finale ist eine einzige Satire auf die Erwartungen der Spießer an einen festlichen Ausklang. Die Linie vom *Fischpredigt*-Scherzo zu diesem Satz ist überdeutlich. Auch hier verwandelt sich die parodistische Musik in „ihre Sprache". Diese Linie führt weiter zur Burleske der Neunten Symphonie, und schließlich zu Schostakowitschs Satiren.

* * *

In den Sommermonaten des Jahres 1906 schrieb Mahler seine Achte Symphonie, die den katholischen Hymnus *Veni Creator Spiritus* mit der Schluss-Szene von Goethes *Faust II* verbindet. Er ließ den gewaltigen Apparat von acht Gesangssolisten, zwei gemischten Chören, Knabenchor, Orgel und großem Orchester im ersten Teil um Erleuchtung flehen, als rüttle die gesamte Menschheit an ihren Ketten. Im zweiten Teil wird aus dem Kernthema des Hymnus, „Accende lumen sensibus", das Erlösungsversprechen: Gerettet ist das edle Glied der Geisterwelt vom Bösen.[56] Die Uraufführung der Achten in München am 12. und 13. September 1910 wurde zu Mahlers größtem Triumph. Unter den Begeisterten waren Thomas Mann, Hugo von Hofmannsthal, Max Reinhardt, Stefan Zweig, Arthur Schnitzler, Richard Strauss, Hans Pfitzner, Arnold Schönberg, Anton Webern, Alban Berg, Bruno Walter, Otto Klemperer. Der europäische Geist schien sich in dieser Anrufung seiner mystischen Wurzeln noch einmal gegen das heraufziehende Unheil zu manifestieren.[57]

Doch der Gustav Mahler, der den Beifall für die Achte Symphonie entgegennahm, war nicht mehr der gleiche, der sie geschrieben hatte. Sein Leben hatte sich grundsätzlich verändert und auch sein Werk hatte sich in eine ganz andere Richtung entwickelt. Nach dem Abschluss der Achten beschloss Mahler, die Wiener Hofoper zu verlassen. Er wollte sich nicht länger in dieser Tretmühle aufreiben, hatte die Intrigen, die Pressehetze, den Schlendrian satt, fühlte nicht mehr die Kraft „das Gesindel aufzuhalten", und war obendrein zur Auffassung gelangt, dass die Oper in der bestehenden Form nicht mehr zu halten sei.[58] Jetzt wollte er endlich Zeit für das Komponieren gewinnen. Er übernahm an der New Yorker Metropolitan Opera für vier Monate im Jahr bestimmte Aufführungen und würde innerhalb von vier Jahren 300 000 Kronen dafür bekommen – eine solide Basis für die Familie, ein eigenes Haus auf dem Semmering und unabhängiges Komponieren.[59]

Den Ausschlag gab die persönliche Katastrophe des Sommers 1907, als seine ältere Tochter Maria an Diphtherie starb. Dieses Kind hatte er besonders geliebt. Als der Arzt die erschöpften Eltern untersuchte, stellte er bei Mahler einen Herzschaden fest. Ein Wiener Spezialist diagnostizierte einen angeborenen doppelten Herzklappenfehler, der zwar kompensiert sei, aber eine grundlegende Veränderung der Lebensweise notwendig mache. Mahler, der nicht Spazieren ging, sondern rannte, der Radfahrer, Schwimmer und Bergsteiger sollte „das Gehen lernen", sich mit der Stoppuhr kontrollieren und viel ruhen.

An der Hofoper dirigierte er am 15. Oktober zum letzten Mal und ging danach auf Konzertreisen. Am 9. Dezember verabschiedeten ihn seine Freunde nach Amerika; ein Dankschreiben trug die Unterschriften von Mach, Freud, Klimt, Zweig, Altenberg usw. Nach zwei Wintern an der Met übernahm Mahler die Leitung der New Yorker Philharmoniker. Im Sommer komponierte er in Altschluderbach bei Toblach (das Haus am Wörthersee hatte er nach dem Tod seiner Tochter verkauft) *Das Lied von der Erde*, die Neunte Symphonie und entwarf die Zehnte.

Im vierten Amerika-Winter brach er zusammen. Eine chronische Angina hatte zu einer Infektion geführt, gegen die es damals noch nichts gab, und die sein Herz überforderte. In Wien starb er am 18. Mai 1911, noch nicht 51 Jahre alt. Karl Kraus kommentierte genüsslich die Aufmerksamkeiten, die Mahler jetzt von der gleichen Presse zuteil wurden, die früher gegen ihn gehetzt hatte.[60]

Mahler hatte 1907 alle philosophische Klarheit verloren, deren er sicher gewesen war, und feststellen müssen, dass er nichts konnte als arbeiten, dass er nach Arbeit süchtig war. Er hatte sich gezwungen, in der Einsamkeit wieder zu sich selbst zu kommen[61]. Das Ergebnis war *Das Lied von der Erde*, ein symphonischer Zyklus von sechs Gesängen nach chinesischer Lyrik:

- Das Trinklied vom Jammer der Erde
- Der Einsame im Herbst
- Von der Jugend
- Von der Schönheit
- Der Trunkne im Frühling
- Der Abschied

Das Lied von der Erde endet offen: Das Unglück des Einzelnen wird aufgehoben in der ewigen Schönheit der Natur. Die Musik setzt keinen affirmativen Schlusspunkt, sondern zerfließt. Dem Zwang zum positiven Schluss unterwarf sich Mahler auch in der Neunten Symphonie nicht mehr, und genauso wenig plante er ihn für die unvollendete

Zehnte. Ein Brief an Bruno Walter vom Winter 1909, als Mahler an der Neunten arbeitete: „Von mir ist zu viel zu schreiben, als dass ich auch nur versuchen könnte, anzufangen. Ich durchlebe jetzt so unendlich viel (seit anderthalb Jahren), kann kaum darüber sprechen. Wie sollte ich die Darstellung einer solchen ungeheuren Krise versuchen! Ich sehe alles in einem so neuen Lichte – bin so in Bewegung; ich würde mich manchmal gar nicht wundern, wenn ich plötzlich einen neuen Körper an mir bemerken würde. (Wie Faust in der letzten Szene.) Ich bin lebensdurstiger als je und finde die ‚Gewohnheiten des Daseins' süßer als je. Diese Lebenstage sind eben wie die Sibyllinischen Bücher. Mich selbst finde ich jeden Tag unwichtiger, kann es aber oft nicht begreifen, dass man im täglichen Leben doch seinen alten gewohnten Trott weitergeht – in allen ‚süßen Gewohnheiten des Daseins'.

An Lipiner muss ich sehr oft denken. Warum schreiben Sie mir nichts über ihn? Ich möchte wissen, ob er über den Tod noch ebenso denkt wie vor acht Jahren, als er mir über seine höchst merkwürdigen Anschauungen Auskunft gab (auf mein etwas zudringliches Befragen – ich war gerade von meinem Blutsturz Rekonvaleszent).

Wie unsinnig ist es nur, sich vom brutalen Lebensstrudel so untertauchen zu lassen! Sich selbst und dem Höheren über sich selbst auch nur eine Stunde untreu zu sein! Aber das schreibe ich nur so hin – denn bei der nächsten Gelegenheit, also z. B., wenn ich jetzt aus diesem meinem Zimmer hinausgehe, werde ich bestimmt wieder so unsinnig wie alle anderen. Was denkt denn nur in uns? Und was tut in uns?

Merkwürdig! Wenn ich Musik höre – auch während des Dirigierens – höre ich ganz bestimmte Antworten auf alle meine Fragen – und bin vollständig klar und sicher. Oder eigentlich, ich empfinde ganz deutlich, dass es gar keine Fragen sind."[62]

„Ich habe Papier gelebt!" klagte der Todkranke in seinen letzten Lebensmonaten.[63] Mahlers Neunte Symphonie überlässt sich in ihren beiden langsamen Ecksätzen dem Fließen der Erinnerung. Dramatische Kämpfe werden nicht mehr ausgetragen, die Sonatenform löst sich auf. Wie im Finale der Sechsten werden im ersten Satz der Neunten die Höhepunkte zu Katastrophen. Jegliche Hoffnung wird zunichte. Die Illusionen werden zu Grabe getragen – mit einem Trauermarsch. Nur die Sehnsucht nach einer Tröstung bleibt. Alban Berg schrieb darüber: „Der erste Satz ist das allerherrlichste, was Mahler geschrieben hat. Es ist der Ausdruck einer unerhörten Liebe zu dieser Erde, die Sehnsucht, im Frieden auf ihr zu leben, sie, die Natur, noch auszugenießen bis in ihre tiefsten Tiefen – bevor der Tod kommt. Denn er kommt unaufhaltsam. Dieser ganze Satz ist auf die Todesahnung gestellt. Immer wieder

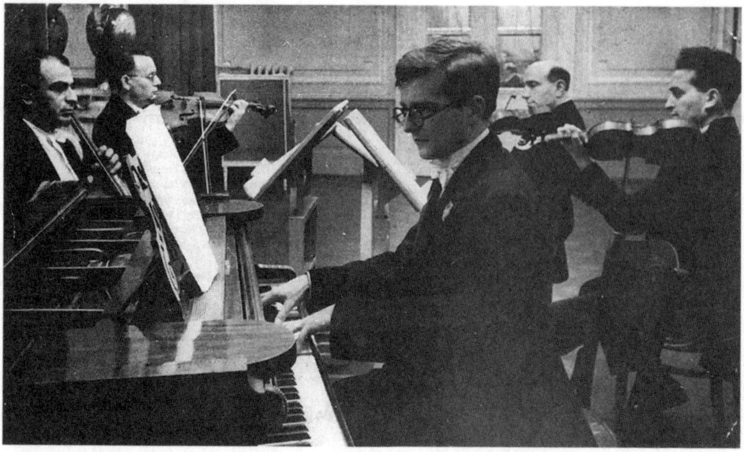

Schostakowitsch mit dem Glasunow-Quartett bei der Aufführung seines Klavierquintetts am 23. 11. 1940 im Kleinen Saal des Leningrader Konservatoriums

meldet sie sich. Alles irdisch Verträumte gipfelt darin (daher die immer wie neue Aufwallungen ausbrechenden Steigerungen nach den zartesten Stellen) – und am stärksten natürlich bei der ungeheuren Stelle, wo diese Todesahnung Gewissheit wird, wo mitten in die ‚höchste Kraft' schmerzvollster Lebenslust, mit ‚höchster Gewalt' der Tod sich meldet – und dazu das schauerliche Bratschen- und Geigensolo und diese ritterlichen Klänge: der Tod in der Rüstung. Dagegen gibts kein Auflehnen mehr. – Es kommt mir wie Resignation vor, was jetzt noch vor sich geht – immer mit dem Gedanken an das ‚Jenseits', das einem in der Stelle ‚misterioso' (Takt 376ff) gleichsam wie in ganz dünne Luft, noch über den Bergen – ja, wie im luftverdünnten Raum erscheint. Und wieder, zum letzten Mal wendet Mahler sich der Erde zu – nicht mehr den Kämpfen und Taten, die er gleichsam – (wie schon im Lied von der Erde mit diesen chromatischen Morendo-Läufen nach abwärts) – von sich streicht, sondern ganz und nur mehr der Natur. Was ihm und wie lange ihm die Erde noch ihre Schätze bietet, will er genießen: er will, fern von allem Ungemach, in freier, dünner Luft des Semmerings sich ein Heim schaffen, um diese Luft, diese reinste Erdenluft in sich zu saugen, mit immer tieferen Atemzügen, dass sich das Herz, dieses herrlichste Herz, das je unter Menschen geschlagen hat, sich weitet – immer mehr sich weitet – bevor es hier zu schlagen aufhören muß."[64]

Das Scherzo mit seinen beiden Ländlern und dem schnellen Walzer ist eine Groteske, und beißend ist der dritte Satz, die „Rondo-Burleske". Schon der Titel ist sarkastisch; außerdem zieht er die Verbindung zum Finale der Siebten Symphonie. Mahler hat ihn im Untertitel „Meinen Brüdern in Apoll", den Künstlerkollegen also, gewidmet. Die Musik dieses Satzes karikiert den „brutalen Lebensstrudel", aus dessen Hetze sich der Mittelteil hochzuschaffen versucht auf die Ebene des „Wahren, Schönen, Guten" – man hört die Anstrengungen überdeutlich, die das kostet. Aber das schöne Motiv eines Doppelschlags wird verzerrt nachgepfiffen, es wird dazwischengekichert, das Schöne verkehrt sich in „ihre Sprache" und wird falsch und hohl. Das Getriebe gewinnt wieder die Oberhand; in der virtuosen Stretta überschlägt es sich vor Hektik. Das abschließende Adagio, das von Liebe und Liebessehnsucht bis zum Bersten gefüllt ist, gewährt dem in der „Burleske" verhöhnten Motiv sein Recht. Und in diesem Thema der Kunst verliert sich die Musik am Ende, die immer wieder Zitate aus den *Kindertotenliedern* anklingen ließ (u.a. „Möchten nah dir bleiben gerne … denn bald sind wir dir ferne"), leiser und immer leiser werdend, ohne wirklich schließen zu können.

Auch die Entwürfe der Zehnten Symphonie vom Sommer 1910 sehen einen ähnlich offenen Schluss vor wie *Das Lied von der Erde* und die Neunte. Um diese Verweigerung der symphonischen „Lösung" konnten nachfolgende Komponisten sich eigentlich nur herummogeln, wenn sie eine naive „Symphonie classique" schrieben, wie Prokofjew 1916/17. Die Kulturbürokraten der Stalinzeit hatten jedoch nichts anderes im Sinn, als das hinfällig gewordene Schema „per aspera ad astra" wieder als gedankenloses symphonisches Dogma vorzuschreiben. Schostakowitsch, der Mahlers Musik so gut kannte und so sehr liebte, konnte dem nicht ohne Skrupel folgen.

Aber wer Rezepte hat für eine bessere Welt, kann Mahler nicht mögen, und für den gilt auch seine Erfahrung nichts – Hanns Eisler lehnte Mahler schroff ab.[65] Das verwundert auf den ersten Blick: Eisler war Schönbergs Schüler und seinem Meister in vielem treu ergeben. Die Schönberg-Schule aber verehrte Mahler als einen „Heiligen".[66] Doch Eisler hatte andere Heilige gefunden. Der idealistische Glaube Schönbergs an den „Heiligen" Mahler wurde den nachfolgenden Generationen brutal ausgetrieben. Nach dem Verbot der Nazizeit war er nahezu vergessen. Als 1960 sein hundertster Geburtstag zu feiern war, schien es, als habe die Geschichte das negative Urteil über ihn zementiert. Nachschlagewerke und Schulbücher nannten als die wichtigsten deutschen Komponisten der Jahrhundertwende Strauss,

Reger, Wolf und Pfitzner. Mahler habe als überragender Dirigent auch gemeint, komponieren zu müssen, aber „mehr gewollt, als erreicht". Seine Werke wurden selten aufgeführt, und es gab kaum Schallplatten. Die Wiederaufbaugeneration brauchte ihn in ihrer restaurativen Gesinnung auch nicht.

Die 1960er Jahre weckten Zweifel an den Normen der Gesellschaft und damit entstand auch eine Sensibilisierung für Mahlers Musik. Mahler zu entdecken war auch ein Teil der Befreiung von den Vorurteilen der vorangegangenen Generationen. 1960 war Adornos Mahlerbuch erschienen, das diese Musik historisch-philosophisch interpretiert; als Bergs Kompositionsschüler war er auch als Musiker dafür prädestiniert. Den Frankfurter Opernchef Georg Solti machte erst Adorno in den 1950er Jahren auf Mahler aufmerksam. Dirigenten, die mit der Neuen Musik verbunden waren wie Maderna und Scherchen, hatten Mahler immer geschätzt. Bruno Walter und Otto Klemperer, die Mahler noch persönlich erlebt hatten, spielten von gegensätzlichen Standpunkten aus noch einige Werke für die Schallplatte ein. Der erste vollständige Zyklus der Mahler-Symphonien kam jedoch in Leonard Bernsteins Interpretation 1966 aus Amerika.

In der Sowjetunion wagten die Dirigenten sich erst in den 1960er Jahren wieder an Mahler. Kyrill Kondraschin, der durch Sollertinski und Schostakowitsch zu Mahler gekommen war, machte damals einige exemplarische Schallplatten-Einspielungen. Swetlanow dirigierte in den späten 1960ern die sowjetische Erstaufführung (!) der Siebten. Wenn Swetlanow sagte, Mahler sei für ihn der größte Genius aller Zeiten und Völker[67], dann war das auch eine politische Provokation. Der sowjetische Komponist Alfred Schnittke (geb. 1937) sagte am 8. Dezember 1980, warum er Mahler schätzt: „Wenn ich mir irgendein Leitbild vorstellen soll, dann bleibt für mich nur Gustav Mahler. Das ist doch ein Höhepunkt in einer moralischen Hinsicht: dass ein Komponist sich nicht schön macht. Denn alle machen sich schön und sind in ihrer Musik erhaben und stark und verdrängen das Schwache und Banale und das Simple, das allen doch irgendwie eigen ist. Das verdrängen sie auf einmal und werden nur schön und monumental. Mahler war der erste, der sich erlaubt hat, sich so hinzustellen, wie er ist, mit allen Schwächen – und dadurch ist er auch irgendwie moralisch stärker. Es ist immer ein offenes Bekenntnis, es ist immer auch eine gewisse Beichte in seiner Musik. Und ich finde das jetzt noch wichtiger als früher, denn das Puristische hat sich weiterentwickelt, und ich halte sie für eine Heuchelei, diese puristische Avantgarde-Stellung."[68]

V „Das Werden der Persönlichkeit“

Was Schnittke an Mahler groß fand, wurde im real existierenden Sozialismus gar nicht geschätzt. Schwäche ist mit der Doktrin vom Sozialistischen Realismus nicht vereinbar. Werke ohne optimistischen Ausblick gelten als reaktionär, denn dem Künstler fehlt da offensichtlich die positive Parteilichkeit gegenüber dem Aufbau. Wenn Schostakowitsch aber Mahler liebte, muss er mit dessen Haltung sympathisiert haben.

Diese Doktrin kennt keinen Unterschied zwischen dem Künstler als Mitglied der Gesellschaft und dem Kunstwerk als einem Produkt, dessen unkontrollierter, irrationaler Anteil genauso wertvoll ist. Das Kunstwerk wird der wissenschaftlichen Abhandlung gleichgesetzt – ein schlechtes Erbe der Aufklärung, keinen Winkel der Welt kontrollfrei zu lassen. Der Künstler darf nicht träumen, sich ängstigen, phantasieren, sondern wird als Agitator eingespannt. Sein Werk soll virtuos auf den Gefühlssaiten der Menschen spielen, und die Wirkung soll berechenbar sein.

Eine solche Ästhetik ist die Folge eines platten Weltbildes, das sich desto besser zum Herrschaftsinstrument eignet. War Schostakowitsch sich 1936 darüber im klaren, dass es nur noch um die Sicherung der Herrschaft ging, und die „theoretischen“ Formeln das nur verbrämten? Dass die Künstler nur noch dann etwas wert waren, wenn sie die Massen für die Mächtigen bei der Stange hielten?

Schostakowitsch war zwar parteilos, aber im Elfenbeinturm wollte er nicht leben. Die „Deklaration der Pflichten eines Komponisten“ war ein politisches Dokument. In der Iswestija vom 3. April 1935 hatte er sich ein weiteres Mal zu seinen Absichten geäußert: er bekannte sich zur westlichen Musik von Hindemith, Krenek und ganz besonders Strawinsky, die ihm nach dem Konservatorium die Hände gelöst und den Einfluss des „Mächtigen Häufleins“ völlig verdrängt habe. Er setzte sich aber gleichzeitig vom Konzept der westlichen Komponisten ab, so weit diese nur mit dem Material spielten, nur musizierten, ohne ihre formalen Neuheiten auch in den Dienst neuer Inhalte zu stellen: „Als Schuljunge hatte ich mir die Musik immer als eine Zusammenstellung verschiedenartiger Tonverbindungen vorgestellt, deren ‚Wohlklang‘ die Qualität eines Musikstücks ausmacht. Nur wenig später begriff ich die einfache Wahrheit, dass die Musik eine ganz mächtige Kunst ist, die verschiedensten Empfindungen und Gefühle wiederzugeben. Da setzte mein Ringen um eine Weltanschauung ein. Dieses Ringen ist noch im Gange, und ich glaube nicht, dass es so bald abgeschlossen sein wird. Eine Weltanschauung – das ist das, was die sowjetischen Komponisten von den nichtsowjetischen unterscheiden muss."[1]

Schostakowitsch stand schon durch seine Arbeit in enger Verbindung mit kommunistischen Künstlern und Politikern. Meyerhold war Kommunist und kämpfte bis zuletzt um seine Auffassungen – von Genosse zu Genosse, wie er glaubte. Seit zehn Jahren war Schostakowitsch mit Michail Tuchatschewski (1893–1937) befreundet, der aus einer Adelsfamilie stammte, sich im Bürgerkrieg als einer der fähigsten Führer der Roten Armee erwiesen hatte und im Jahr 1935 zum Marschall der Sowjetunion ernannt worden war. Er war der politischste Kopf der Roten Armee und dank seiner großen Popularität hielt man ihn auch für einen möglichen Rivalen Stalins. Schostakowitsch hing sehr an dieser Freundschaft: „Michail Nikolajewitsch hatte ein außerordentlich gewinnendes Wesen. Er war von bestechender demokratischer Gesinnung, Aufmerksamkeit und Feinfühligkeit. Schon bei der ersten Begegnung mit ihm fühlte man sich wie ein alter Bekannter, leicht und frei. Die hohe Kultiviertheit und umfassende Bildung Tuchatschewskis bedrückten den Gesprächspartner nicht, sondern machten – im Gegenteil – das Gespräch lebhaft und hinreißend interessant."[2]

Seine Äußerungen im Jahr 1935 lassen wenig Zweifel am aufrichtigen Einsatz Schostakowitschs für die kommunistische Idee. Er versuchte sich so darzustellen, und seine Bemühungen um Einfluss auf die kunstpolitischen Debatten verband er stets mit der Darlegung seiner nächsten Ziele. In dem Iswestija-Artikel wies er den Formalismus-Vorwurf scharf als leichtfertig zurück und setzte trotzig die Ankündigung dagegen, derzeit stehe er vor dem Beginn der Niederschrift seiner Vierten Symphonie, die eine Art Credo seiner kompositorischen Tätigkeit sein werde. „Jetzt steht vor mir als Hauptaufgabe, eine eigene, einfache und ausdrucksvolle musikalische Sprache zu finden. Das Ringen um eine einfache Sprache wird manchmal ein bisschen oberflächlich verstanden. Oft geht die ‚Einfachheit' in Epigonentum über. Aber einfach sprechen bedeutet nicht, so zu sprechen, wie man vor fünfzig oder hundert Jahren gesprochen hat. Das ist ein Fehler, in den viele Komponisten verfallen, wenn sie den Vorwurf des Formalismus fürchten. Sowohl Formalismus als auch Epigonentum sind die schlimmsten Feinde der sowjetischen Musikkultur. Wenn der sowjetische Komponist diese Scylla und Charybdis meidet, kann er zu einem echten Sänger unserer großen Epoche werden."[3]

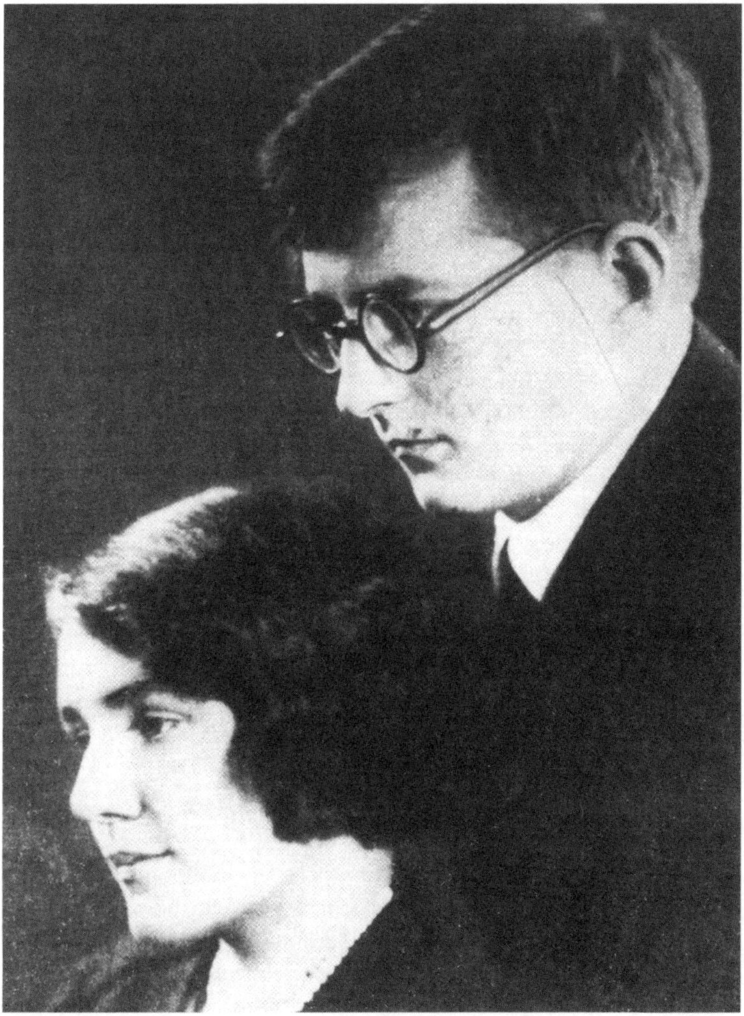

Dimitri Schostakowitsch mit seiner Frau Nina Wasiljewna, Mitte der 1930er Jahre

Ein Jahr danach – dazwischen lag die Prawda-Attacke – las sein Freund Wissarion Schebalin in einem Brief vom 17. April 1936 sehr viel weniger heroische Worte: „Was mich betrifft, so habe ich meine Symphonie fast fertig. Im Moment bin ich bei der Instrumentation des Finales (3. Satz). Wenn ich fertig bin, komme ich, wenn eine Möglichkeit besteht, nach Moskau, um sie Dir und noch irgendwem zu zeigen. Meine Stimmung ist mies. Ich weiß nicht mehr, was ich weiter machen soll. Darum ziehe ich die Fertigstellung der Symphonie in die Länge. Wenn ich intensiv arbeiten würde, könnte ich in etwa fünf Tagen fertig sein. Da ich aber wenig arbeite, werde ich vielleicht in zehn bis fünfzehn Tagen fertig."[4] Man weiß, dass Schostakowitsch ein Werk in der Regel zunächst als Ganzes konzipierte, bevor er sich an die Niederschrift machte, die dann sehr rasch erfolgte. Wenn sein „kompositorisches Credo" nach einem Jahr immer noch nicht fertig war, müssen massive Schwierigkeiten aufgetreten sein. Ob er sein Konzept geändert hat, wissen wir heute nicht. Alles wesentliche an dieser Symphonie muss jedoch bereits vor dem Prawda-Artikel festgestanden haben.

Die *Vierte Symphonie* op. 43 war sein bis dahin umfangreichstes Instrumentalwerk. Sie dauert eine volle Stunde. Ein Scherzo von nur 7 Minuten wird von zwei Sätzen umrahmt, von denen jeder über 25 Minuten dauert. Das sind schon Mahlersche Dimensionen. Ein langsamer Satz ist nur angedeutet, nämlich als Largo-Einleitung zum Allegro-Finale. Die Vierte war Schostakowitschs erster Versuch in groß angelegter symphonischer Architektur.

Der Stil der Vierten ist der Stil der Wende von 1931, also eine Musik, die nicht als subjektiver Gefühlsausdruck des Autors verstanden werden darf, die nicht romantisch ist, sondern theatralisch demonstriert, kommentiert, Gefühle nur in distanzierter Form vorführt. Pathetische Ausbrüche gibt es aus kalkuliertem Grund. Im Detail ist die Musik außerordentlich gestenreich, und obwohl es sich um eine abstrakte Instrumentalkomposition handelt, wirkt das Stück streckenweise wie die Musik zu einem imaginären Film. Und dieser Stil ist in vielem von Mahler, vor allem von dessen Sechster Symphonie, geprägt. Der Widerspruch zwischen den architektonischen Prinzipien der Symphonie und den sie überlagernden gestischen Ausdrucksformen hätte es den unvorbereiteten Hörern 1936 schwer gemacht. Ein einstündiges Werk zu erfassen ist keine einfache Sache, auch wenn es simpler gebaut ist. Schostakowitschs Form war allein aber nicht schlüssig genug, um befriedigend Sinn zu stiften. Sie wirft zu viele Fragen auf. Wenn er seinen bekannten Satire-Ton anschlägt, stellt sich doch die Frage: Wogegen wird hier polemisiert?

Der präzis konstruierte erste Satz folgt in seinem Umriss der Sonatensatzform. Zwei Felder gegensätzlicher Musik folgen aufeinander, die als Exposition anzusehen sind, der (ab Ziffer 51) ein durchführungsartiger Teil folgt. Eine Reprise (Z. 90) und eine Coda (Z. 103) schließen sich an. Der erste Abschnitt macht aber schon beinahe die Hälfte des ersten Satzes aus (12 Minuten!), was das Formgefühl nachhaltig irritiert. Deutlicher nimmt man wahr, dass der Satz in vier große Abschnitte von jeweils rund 6 Minuten Dauer gegliedert ist, die deutlich voneinander getrennt sind: Exposition I (bis Z. 29), Exposition II, Durchführung, Reprise und Coda.

Am Anfang erklingen drei fahle Pfiffe, dann spielen die hohen Holzbläser mit Xylophon *marcatissimo* das Eröffnungsmotiv: eher eine motorische, automatische Bewegung als ein Thema. Unter Führung der Trompeten nimmt das Orchester diese maschinenhafte Bewegung auf. Dass einige Floskeln ein paar Mal zu oft repetiert werden, als für den Lauf der Musik sinnvoll wäre, unterstreicht das Maschinenhafte noch. Man denkt an die mechanischen Utopien der Futuristen. Das Trompetenthema hatte vor den Repetierfiguren unüberhörbar mit einem Motiv geendet, das uns wohlbekannt ist: mit dem Gewaltmotiv. Zu dieser Maschinerie gehört also das Merkmal der Gewalt – wie ja auch die Gewalt ihrerseits etwas Mechanisches hat.

Mit gellend hämmernden Hörnern hallt der motorische Achtelrhythmus zunächst aus und klopft nur noch *piano* weiter, während auf drei schrille Pfiffe die Holzbläser mit einer *fff* geblasenen, kecken Wendung reagieren, die in ihrer Form nicht hierher gehört, sondern etwas neues herausfordert (eine Aufforderung zum Tanz?). Es folgt eine Phase ständigen Taktwechsels, in der die Musik ziellos umherzuschweifen scheint: das erwartete zweite Thema stellt sich jedoch nicht ein. Schließlich beginnt wieder das grelle Lärmen der sich Zug um Zug rekonstituierenden Maschinenmusik. Wenn die drei Pfiffe zum zweiten Mal die hämmernden Hörner abschneiden, kehrt auch die Orientierungslosigkeit wieder – spannungsvolle Erwartung eines tänzerischen Themas. Wütend setzt im Dreiertakt Tanzmusik ein. Im *fff* schlägt die Pauke solo den Walzerrhythmus. Der schüchterne Ansatz eines Walzers versiegt jedoch sogleich wieder. Damit ist der erste Abschnitt beendet.

Zu Beginn des zweiten Abschnitts bricht das ganze Orchester in einen gewaltigen Aufschrei im *ffff* aus, der noch das Getöse der *Manfred-Symphonie* in den Schatten stellt. Der langsamere zweite setzt sich vom ersten Abschnitt durch den subjektiveren Ton und den Dreiertakt ab. Das Thema wird vom Fagott *espressivo* vorgetragen. Sein – sehr mattes – Szenarium führt schließlich zu einem klagenden Höhepunkt.

Ihm folgen krampfartige Verzerrungen, bis der Abschnitt etwas gewaltsam zu Ende gebracht wird. Das Ersehnte hat sich nicht gefunden!

Von den Holzbläsern *piano* und in schnellem Tempo vorgetragen, tritt die Maschinenmusik wieder auf. Ihr „frisches" Hüpfen macht einen karikaturistischen Eindruck. Doch entsteht daraus ein immer heftigeres Vorwärtsdrängen, bis von den Streichern *presto* ein regelrechter Wirbelsturm entfacht wird. Er reißt die Musik in einen gigantischen Galopp, der alles niederzuwerfen scheint. Aber dann – ja, was dann? All der Aufwand scheint zu rein gar nichts geführt zu haben. Feurige Floskeln statt musikalischer Weiterentwicklung. Wenn auch noch die tiefen Streicher rhythmisch den Marsch zu stampfen beginnen, erinnert das doch sehr an entsprechende Stellen in Mahlers Sechster Symphonie[5], an denen der unerbittliche Gleichschritt alles zum Einordnen zwingen will. Eine sprechende Cellostelle signalisiert aufgeregte „Kommando-Allüren".[6] Dann tritt überraschend das espressivo-Thema im Gewand eines gefälligen Walzers auf. Dazu zitiert Schostakowitsch neckisch-satirische Figuren aus seiner Cellosonate[7], die die Walzerstimmung sarkastisch pointieren. Während der Walzer noch im Bass weiterwest, machen zitternde Holzbläsertöne schon frösteln:

Der letzte Abschnitt beginnt mit acht jedes Mal stärkeren Schlagzeug-Wirbeln, gegen die das Aufspringen der Gräber im Großen Appell von Mahlers Zweiter Symphonie eine harmlose Kinderei ist. Dazu dröhnen die Blechbläser mit Akkorden, die zum Schluss im *fffff* brüllen. Ins Ungeheuerliche vergrößert kündigt sich die Reprise der Eröffnung an: als ein Schreckensbild. Die drei Akkorde sind monströs aufgeblasen. Mit einem Beckenschlag setzt der Maschinenrhythmus mit dem Xylophon ein. Über den hämmernden Bässen erscheint jetzt aber nicht das Trompetenthema der Exposition I, sondern die espressivo-Melodie, die eben noch als Walzer aufgetreten war, nun aber, nach Moll gewendet, von den Trompeten in tragischem Ton vorgetragen wird. Es klingt, als würde sie abgeführt. Diese Stelle erinnert an die Gefangenen des letzten Akts der *Lady Macbeth* beim Weg nach Sibirien. Zum Schluss schlägt die Trommel den Marschrhythmus, und das Fagott spielt das erste Thema dazu. Die Maschine stampft nun zwar ganz leise vor sich hin, aber noch in der Ruhe macht sie auf ihre unheilvolle Präsenz aufmerksam, indem sie einige bedrohliche Pfiffe ausstößt, bevor die gespenstische Musik erlischt.

Mit diesem Satz hat Schostakowitsch das grandiose Bild eines Scheiterns entworfen. Diese Konzeption wird im folgenden weitergeführt. Im Scherzo findet sich Material aus dem ersten Satz wieder. Dieser Satz steht im gleichen Dreivierteltakt, den die Pauke so nachdrücklich geschlagen hatte. Das einprägsame Thema zu Beginn zeigt einen Melodiefluss voller Gleichgültigkeit. Rasch stellen sich Assoziationen zu Mahlers Fischpredigt-Scherzo aus der Zweiten Symphonie ein. Hier wie dort die gleichförmige Bewegung, die „kreischenden" Klarinetten, die chromatischen Läufe, das „taumelige und besoffene" Dudeln. Beim zweiten Trio, das durch besonders abstoßende und geradezu „schmierige" Läufe eingeleitet wird, erhebt sich aus dem gleichgültigen Getriebe eine dissonante Hymne des Stumpfsinns. Die Musik sinkt in sich zusammen, und der kurz abschließende Hauptteil wird vom Klappern der Mechanik des Schlagzeugs bestimmt.

Auch die Largo-Einleitung des Finales ist eine sarkastische Karikatur: eine Parodie des Trauermarschs aus Mahlers Erster Symphonie. Der Rhythmus jenes kecken Tanz-Motivs nach dem ersten Verklingen der Maschinenmusik in der Exposition I bildet die thematische Grundlage. Nach dieser satirischen Grablegung (der kecken Neugier?) beginnt unter grellen Trillern der Holzbläser eine hektische, über unbetonte Taktteile stolpernde Flucht. Sie führt nach endlosem Hinken in einen Ausbruch von Begeisterung: Beckenschlag, Glockenspiel, folkloristisch gefärbter Jubel der Blechbläser – alles ganz in der russischen Tradition. Der hinkende Rhythmus sinkt nun matt zusammen und es tut sich eine Märchenwelt auf: im Walzer- und im Galopprhythmus ziehen Szenen aus feenhaften Balletten vorbei. Man meint die Elfen auf Zehenspitzen trippeln zu sehen, den Kuckucksruf im Wald zu hören, dem feurigen Reiter nachzuschauen… Die gängigen Klischees der populären Musik lösen sich der Reihe nach ab. Schostakowitsch parodiert sie so gekonnt, als hätten Rimski-Korsakow oder Glasunow selbst ihm die Feder geführt.

Die hübschen Episoden reihen sich formlos aneinander. Die musikalischen Einfälle werden immer spärlicher, die Musik wird langweilig und scheint schließlich einzuschlafen. Da setzt eine grandiose Apotheose ein. Ist das die Morgenröte der Menschheit, die lichte Zukunft des Kommunismus, die da anbricht? Nach der marxistisch-leninistischen Theorie stirbt dann ja nicht nur der Staat ab und wird überflüssig, sondern (das ist Hegels Erbe) auch die Kunst hat ihre Schuldigkeit getan: in der Gesellschaft ohne antagonistische Widersprüche ist sie nicht mehr als Trostpflästerchen nötig. (Freilich mischt sich in die erhabenen Fanfaren beharrlich ein falscher Ton.) Dann verklingt die Musik in eine ewige Sternennacht.

Wie könnte man aus diesem Finale etwas anderes heraushören als eine bissige Satire auf den Dornröschenschlaf, den die Kulturbeamten der Musik verordnen wollten? Als kleine Pikanterie sei noch vermerkt, dass die Soloposaune, die zum Walzerrhythmus belanglose Figuren vor sich hin bläst, auch so ganz nebenbei zweimal harmlos das Gewaltmotiv anspielt.[8] Das ist genauso wenig ein Zufall wie im ersten Satz, wo es die Schlusswendung des Hauptthemas bildete. Denn in dieser Symphonie ist nichts dem Zufall überlassen. Wir haben Schostakowitsch in seiner bekannten Verfassung vor uns: Hier ist nicht von seinen Gefühlen die Rede, sondern er hat in verbitterter Stimmung seine Meinung über die Kulturpolitik formuliert. Von ihm war kein positives Credo zu erwarten, sondern eine Polemik, formvollendet gestaltet.[9]

Für den Hörer des Jahres 1936 hätten zunächst jedoch die Details die symphonische Form überwuchert. Das war ja nicht die „einfache Sprache der Sänger der großen Epoche". Die Deutung der Symphonie wäre vielen Missverständnissen ausgesetzt gewesen – und am katastrophalsten hätte noch das Verständnis gewirkt. Das war der Grund, warum Schostakowitsch, der die Symphonie nur missmutig fertiggeschrieben hatte, schließlich die Uraufführung nicht wagte. Er hatte einsehen müssen, dass eine solche Polemik nicht mehr geführt werden konnte. Und wie er sagte, wusste er außerdem nicht mehr, wie er nach seinem „Credo" weitermachen sollte. Wenn einer nach dem Bekenntnis nicht weiter weiß, muss auch in dem Bekenntnis eine Schwäche sein. Es war nicht unbedingt Opportunismus, der Schostakowitsch 1956, als er großen Ehrungen zu seinem 50. Geburtstag entgegensah, sagen ließ: „Misslungen ist auch meine Vierte Symphonie, die nicht mit Orchester erklang. Dieses Werk ist sehr unvollkommen in der Form, zu lang und, ich möchte sagen: leidet an „Grandiosomanie". Obwohl mir auch an dieser Partitur dies und jenes gefällt."[10]

Er hat sie aber unverändert in der Schublade liegenlassen und schließlich doch noch zur Uraufführung am 30. Dezember 1961 durch die Moskauer Philharmonie unter dem Dirigenten Kyrill Kondraschin freigegeben. Seine Meinung über die Vierte Symphonie schwankte, weil er sie für den Ausdruck einer Schaffenskrise hielt. 1936 waren die Freunde, denen er sie vorgespielt hatte, begeistert gewesen. Doch nach den Orchesterproben war allen klar geworden, dass dieses Werk die aktuelle Lage nicht mehr traf. „Werd' Verachtung ich bewahren meinem Schicksal fürderhin?" lautete die Frage der Puschkin-Lieder. Wie konnte Schostakowitsch seine Integrität wahren?

* * *

Schon seit 1935 waren gewisse Veränderungen im politischen Leben nicht zu übersehen. Der Propagandaapparat ließ Stalins Konterfei allgegenwärtig werden. Bei Demonstrationen und Kundgebungen wurde sein Bild gezeigt und außerdem war es noch als Anstecknadel oder Blusenaufdruck präsent. Die Parole lautete: „Wir danken dem Genossen Stalin für das glückliche Leben!" Nach zwanzig Jahren Krieg und Not hatte der Lebensstandard sich bescheiden gebessert. Sogleich wurde die Realität rosarot eingefärbt. Außerdem fand die große Kampagne für die neue „Stalinsche" Verfassung statt. Da die Klassengegensätze nach der Kollektivierung aufgehoben seien, könne nun auch das allgemeine und gleiche Wahlrecht eingeführt werden.

Die Menschen ahnten noch nicht, dass all die schönen Rechte, die im November 1936 verabschiedet wurden, nur die vollständige Aufhebung jeder Gesetzlichkeit kaschieren sollten, die gerade im Gange war. Am 1. Dezember 1934 war der Leningrader Parteichef Kirow ermordet worden. Er galt als Freund Stalins, was dessen heftige Reaktion zu erklären schien. Noch am gleichen Tag wurde eine Verordnung erlassen, die den Sicherheitsbehörden freie Hand gab: den Untersuchungsbehörden wurde das beschleunigte Verfahren in Fällen „terroristischer Handlungen" auferlegt, Gnadengesuche hatten keine aufschiebende Wirkung mehr bei Todesstrafe wegen Terrorismus, da in solchen Fällen der Gnadenerweis ausgeschlossen wurde, und die Organe des Volkskommissariats für Inneres (NKWD) vollstreckten Todesurteile gleich nach der Verkündung. Dies wurde aber nicht zur Verfolgung von Terrorismus angewandt, sondern damit begann die systematische Vernichtung von Stalins Gegnern.

Heute wird nicht mehr daran gezweifelt, dass Stalin die Ermordung Kirows selbst anregte, um einen ernsthaften Rivalen aus dem Weg zu räumen und einen Anlass für Verfolgungsmaßnahmen zu haben.[11] Nun ließ er Sinowjew und Kamenew zusammen mit einigen ihrer Anhänger wegen des Mordes an Kirow vor Gericht stellen. Beweise lagen nicht vor, und so kam es „nur" zu Gefängnisstrafen. Hunderte weiterer Oppositioneller wurden verhaftet. Im August 1936 begann ein großer Schauprozess gegen Sinowjew, Kamenew, Mratschkowsky u. a., bei dem die Angeklagten infolge entsprechender Verhörmethoden des NKWD das Bild gebrochener Bösewichter boten. Im ganzen Land wurden Versammlungen organisiert, die die Wut auf die Angeklagten schürten (gegen die keinerlei Indizien und Dokumente, sondern nur die eigenen Geständnisse vorlagen) und deren Erschießung forderten. Vorsorglich wurden von der Staatsanwaltschaft Verbindungen der Verschwörer zu Rykow, Bucharin, Tomski usw. „aufgedeckt". Nun forderten die Versammlungen den Staatsanwalt auf, diese Verbindungen zu prüfen. Tomski beging Selbstmord. Bucharin blieb vorerst nominell Chefredakteur der Iswestija. Nach dem Prozess löste Stalin seinen Henker, den NKWD-Chef Jagoda, als zu wenig effektiv ab und ersetzte ihn durch Jeschow, der der folgenden Terrorwelle im Volk den Namen „Jeschowschtschina“ gab. Nach getaner Arbeit wurde er zwei Jahre später zusammen mit seinen Helfershelfern ebenfalls abgelöst und hingerichtet. Alle Spuren wurden verwischt.

Das Jahr 1937 begann mit dem zweiten großen Prozess gegen Karl Radek und weitere 16 Angeklagte, denen die Zusammenarbeit mit dem faschistischen Deutschland vorgeworfen wurde, und zwar mit dem Ziel, die Staatsführung zu ermorden. Anschließend kam die Spitze der Roten Armee an die Reihe. Der stellvertretende Volkskommissar für Kriegswesen, Michail Tuchatschewski, wurde im Mai amtsenthoben und im Juni wurde seine Verhaftung zusammen mit der weiterer Militärführer bekanntgegeben. „Erschießt die tollen Hunde!“ lauteten die Schlagzeilen der Presse. Am nächsten Tag meldeten sie den Vollzug der Todesurteile (in Wirklichkeit waren die Angeklagten noch am Tag der Verhaftung abgeurteilt und erschossen worden). Schostakowitsch schrieb später: „Und plötzlich kam der furchtbare Tag, an dem ich in den Zeitungen von der Gewalttat an Michail Nikolajewitsch las. Mir wurde schwarz vor Augen. Vor Kummer und Verzweiflung empfand ich fast physischen Schmerz. Das Gefühl war so, als ob die Kugel, die ihn ereilt hatte, mir ins Herz gedrungen wäre.“[12] In diesem Juni 1937 arbeitete Schostakowitsch an seiner Fünften Symphonie. Er hatte am 18. April mit der Niederschrift begonnen und beendete sie am 20. Juli.

Der Schriftsteller Ilja Ehrenburg berichtete, unter welchem Druck das Militärtribunal gegen Tuchatschewski verhandelt hatte: „Ich denke an einen furchtbaren Tag bei Meyerhold. Wir saßen da und betrachteten friedlich eine Renoir-Monographie. Plötzlich trat ein alter Freund von Meyerhold, der Armeekorpskommandeur Below, ins Zimmer. Er war entsetzlich aufgeregt. Ohne darauf zu achten, dass sich außer Meyerhold auch noch Liuba und ich im Raum befanden, begann er zu erzählen, wie man Tuchatschewski und die anderen Kommandeure abgeurteilt hatte. Below gehörte dem Militärkollegium des Obersten Gerichtshofs an. ‚Sie saßen so da – uns gegenüber. Uborewitsch schaute mir in die Augen.‘ Ich entsinne mich noch an den folgenden Satz Belows: ‚Und morgen setzt man mich an ihren Platz!‘ […] Ich schaute Meyerhold an. Er saß mit geschlossenen Augen da: wie ein waidwunder Vogel.“ (Below wurde bald darauf verhaftet.)[13]

Meyerholds Theater wurde im Januar 1937 geschlossen. (Auch Tairows Theater wurde geschlossen.) Er hatte es nicht aufgeben wollen, für die Leidenschaft und Freiheit des Theaters zu kämpfen. Der Kritiker Béla Balász (1884–1949) feierte diese Maßnahme in der marxistischen deutschen Emigrantenzeitschrift (!) „Das Wort" als Sieg der volkstümlichen Kunst über äußerliche expressionistische Mätzchen.[14] „Meyerholdismus" war in der Sowjetunion ungefähr das, was Goebbels „entartete Kunst" nannte. Die gesamte „linke" Kunst wurde ausradiert: die Moderne wurde geächtet. 1938 wurde Meyerhold verhaftet. Nach besonders grausamen Folterungen starb er im Gefängnis. Schostakowitsch hatte keinen Grund, für sich ein anderes Schicksal zu erwarten.

* * *

Die Terrormaschine lief auf Hochtouren. „Im Kreise meiner Bekannten war keiner des morgigen Tages sicher; viele hatten ein Köfferchen mit warmer Unterwäsche bereitgestellt", schrieb Ehrenburg.[15] Im März 1938 fand dann der dritte und letzte große Prozess statt: Bucharin, Rykow, Jagoda und andere wurden verurteilt. Wer nicht gleich zum Tod verurteilt und erschossen wurde, kam später dennoch ums Leben. Die Angeklagten wurden mit hassvollen Titeln geschmückt: weißgardistische Wichte, elendes Gewürm, Gezücht, nichtswürdige Lakaien der Faschisten, Scheusale, Abschaum der Menschheit usw. Das waren die Führer der Oktoberrevolution! Stalin blieb der einzige Überlebende des damaligen Politbüros. Die alten Bolschewiki verfolgte er gnadenlos. Nachdem er sie ausgerottet hatte, konnte er die Geschichte der Revolution umschreiben lassen. Aus den Bibliotheken wurden die Schriften aller Liquidierten entfernt – übrig blieb die stalinistische Geschichtsschreibung. Das Gedächtnis der sowjetischen Gesellschaft war gelöscht. Es war nicht ratsam, die alten Bücher zu Hause zu haben. Als Ehrenburg 1937 nach dem Untergang der spanischen Republik nach Moskau kam, sah er im Fahrstuhl einen Zettel: „Es ist verboten, Bücher ins WC zu werfen. Die Schuldigen werden ermittelt und bestraft".[16] Unter Stalins persönlicher Mitwirkung entstand die „Geschichte der Kommunistischen Partei der Sowjetunion (Bolschewiki), Kurzer Lehrgang". Als hundertmillionenfach verbreitetes Lehrbuch machte sie das „neue Bewusstsein" seit 1938 für die Kommunisten in aller Welt verbindlich.

Stalin beseitigte alle ehemaligen Oppositionellen, die alten Bolschewiki (die seine historische Rolle hätten schmälern können), die Armeeführung und diejenigen Mitglieder der Parteiführung, die ihm nicht blind ergeben waren. Seinen georgischen „Freund" Ordschonikidse trieb er in den Selbstmord. Von den 139 Mitgliedern, die der 17. Parteitag ins ZK gewählt hatte, waren bis Anfang 1939 110 als „Schädlinge" verhaftet. Dann wurde in einer fieberhaften Kampagne gegen verborgene Schädlinge und Spione die mittlere Führungsebene ausgemerzt. Die Organe des NKWD bespitzelten die Parteiorgane. Viele Verhaftungen fanden nur deshalb statt, weil eifrige Verfolger sich durch zahlreiche Entlarvungen hervortun oder umgekehrt weniger eifrige sich vor dem Vorwurf schützen wollten, sie seien gleichgültig und deshalb vielleicht selbst Spione. Wie in der Wirtschaftspolitik log man sich Normen und Normerfüllung zurecht. Da in fast keinem Fall Beweise vorlagen, trug die Mitwirkung an den „Troikas", den Dreierausschüssen, die zur Aburteilung von Schädlingen massenhaft außerhalb der ordentlichen Gerichtsbarkeit gebildet wurden, zwangsläufig zur moralischen Korrumpierung der Partei bei. Der gesamte Vorgang nahm ein derartiges Ausmaß an, dass er kaum jemandem verborgen bleiben konnte, schon gar keinem Intellektuellen, und erst recht nicht einem politisch engagierten Künstler wie Schostakowitsch. Er hat das Bewusstsein dieser Menschen vielmehr tief geprägt. Die Partei selbst verlor in diesen Jahren rund 1 Million Mitglieder, von denen etwa 400 000–500 000 ermordet wurden.[17]

Als die Mordmaschine schließlich außer Kontrolle zu geraten und Partei und NKWD sich gegenseitig zu zerfleischen drohten, gebot Stalin mit souveräner Geste Einhalt – und ließ Jeschow verhaften. „Jeschow ist eine Ratte. Er hat 1938 viele Unschuldige ermordet; dafür haben wir ihn erschossen" sagte er.[18] Dank seiner schlauen Taktik konnte er sich aus der Schmutzarbeit heraushalten. Er kam aus jeder Affäre als der starke Überwinder heraus, das Volk durfte ihm für die Wachsamkeit danken, und die Parteimitglieder dafür, dass er für sie dachte und sie führte: „In der Vorstellung vieler Millionen hatte sich Stalin in einen mythischen Halbgott verwandelt. Mit ehrfurchtvollem Zittern wiederholten alle seinen Namen. Alle glaubten, nur Stalin allein könne den Sowjetstaat vor Invasion und Zerfall retten. Wir glaubten (wahrscheinlich, weil wir es glauben wollten), Stalin wisse nichts davon, er konnte doch nicht wissen, in welch sinnloser Weise viele Kommunisten und Vertreter der Sowjetintelligenz hingemetzelt wurden. Meyerhold meinte: ‚Man hält das vor Stalin geheim'. Als ich nachts mit dem Hund Tschuka auf die Gasse ging, begegnete ich Pasternak. Er blieb inmitten der Schneewehen stehen und warf die Arme hoch: ‚Wenn es doch jemand Stalin erzählen würde!'"[19]

Der das später schrieb, um nach Rechtfertigungen für das Versagen zu suchen, Ilja Ehrenburg, war selber in die Ereignisse verstrickt; viele warfen ihm Opportunismus vor. Seine Schilderungen sind immer mit Vorbehalt zu lesen: So will einer seine Rolle verstanden wissen. Die

Intelligenz stand dem ungebildeten „Fußvolk“ in nichts nach, wenn es um die Beteuerung der Ergebenheit ging. Es war dafür gesorgt, dass die Parteimitglieder an der Notwendigkeit der Säuberungsmaßnahmen nicht zweifelten. Keiner durfte sich so einfach auf der richtigen Seite fühlen: ein „Stalinscher Soldat der Partei“ wurde man erst, wenn man sich durch einen Selbstkritik-Prozess gereinigt hatte.

„Ganze Säle verwandelten sich in Beichtkammern. Obschon die Vergebung der Sünden nur sehr zögernd erfolgte (meist wurden die Beichten als ‚unzulänglich‘ bezeichnet), stieg die Flut der ‚Reuebekenntnisse‘ täglich höher. Auf jeder Versammlung gab es die ‚Tagessuppe‘ – man bereute, die Theorie der permanenten Revolution falsch verstanden und sich bei der Abstimmung über die oppositionelle Plattform im Jahre 23 der Stimme enthalten zu haben; man bereute, Großmachtchauvinismus empfunden und den zweiten Fünfjahresplan unterschätzt zu haben; man bereute, mit gewissen ‚Sündern‘ verkehrt und eine Vorliebe für das Theater von Meyerhold gehabt zu haben.“[20]

Dieser Hebel des schlechten Gewissens zeigt, wie geschickt die Machthaber die religiösen Gefühle der Beherrschten zu mobilisieren wussten. Die Mentalität der „belagerten Festung“ förderte zudem die Militarisierung des politischen und gesellschaftlichen Lebens. Erst auf dem VII. Kominternkongress 1935 hatte die Bedrohung durch den Faschismus eine Kurswende erzwungen: Komintern-Chef Georgi Dimitroff, der gerade beim Reichstagsprozess frei gesprochen worden war und Hitler damit eine empfindliche Schlappe beigebracht hatte, verkündete die neue Linie der Einheitsfront mit allen antifaschistischen Kräften, die man zuvor noch als den ärgsten Feind bekämpft hatte.

Diese radikale Wende der sowjetischen Bündnis- und Parteipolitik förderte das Ansehen der UdSSR. Angesichts des ständigen Vorrückens der Faschisten schien sie die einzige Hoffnung des Humanismus, der „Kern, in dem die menschliche Zukunft lebt“ (Graf Károlyi) zu sein.[21] Die westlichen Regierungen zogen es vor, sich mit Hitler zu arrangieren, und hofften, er werde seine Aggressivität auf die Sowjetunion richten. Für die Moralisten, die dem Faschismus entgegentreten wollten, gab es zur Unterstützung der Sowjetunion keine Alternative. Der französische Dichter Romain Rolland sah sich durch den Naziterror in die politische Aktion gedrängt – und damit auch in die Position des Freundes der Sowjetunion. Denn Kritik an der UdSSR nützte nur den Faschisten: „was allein zählt, ist die positive Seite, die Aufbauarbeit“.[22] Als André Gide nach seiner Russlandreise in dem Buch *Zurück aus Sowjet-Russland* die Sowjetunion kritisierte, stürzten sich die Faschisten und die Konservativen, die sie begünstigten, mit Begeisterung darauf – dieses Risiko schien den meisten Antifaschisten zu groß. Auf die ausländische Öffentlichkeit glaubte Stalin daher wenig Rücksicht nehmen zu müssen. Erst mit den Moskauer Prozessen verspielte er einen Teil dieses ungeheuren moralischen Kredits.

Der Faschismus half auch Stalins Regime nach innen zu legitimieren. Nur dank der Aggressionsdrohung konnten in den Prozessen die „einstigen Helden und Organisatoren der Oktoberrevolution als ein isolierter Klub verkommener und ohnmächtiger Verschwörer, als Karikaturen ihres einstigen revolutionären Selbst und als reuige Sünder, die sich selbst anprangerten",[23] vorgeführt werden. Sie selbst sahen keine Gruppe mehr, die in der Partei zum Führungswechsel fähig gewesen wäre – nichts stand ihnen aber höher als die Erhaltung der Macht gegen die äußere Bedrohung (und die herrschende Unzufriedenheit) und für das Erlösungsziel des Kommunismus. Ihr Glaube an dies Ziel sagte ihnen: Die Partei muss als geschlossener Block gegen die inneren Schwierigkeiten kämpfen, um auch als Block gegen die Faschisten kämpfen zu können. Und sie selbst hatten diese Einheit durch ihre Opposition bedroht! Wer jetzt noch nicht verhaftet war, suchte sich durch umso hysterischere Ergebenheitsadressen an Stalin reinzuwaschen, wie beispielsweise Radek und Pjatakow, als sie nach dem Blut von Sinowjew und Kamenew schrien und damit nicht nur ihre alten Freunde verrieten, sondern erst wirklich ihre eigene Liquidation rechtfertigten.[24] Im Prozess blickten die gestürzten Führer ins Nichts. Sie waren isoliert, und die manipulierte Öffentlichkeit sah in ihnen nur noch Dreck auf dem Glanz der Partei. Schließlich blieb ihnen nichts, als sich selbst zu opfern, um die Partei zu stärken.

Die kommunistische Moral war im Machtbesitz vollständig zersetzt worden. Je höher einer in der Hierarchie stand, desto größer war für ihn der Zwang, alles zu rechtfertigen, und das heißt der Zwang zur Lüge. Das Presse- und Informationsmonopol vermittelte ein verzerrtes Bild der Wirklichkeit und verhinderte jede offene Debatte. Revolutionäre Tugenden wurden durch Gehorsam ersetzt. Ja, man bemühte sich, die Befehle vorauszuahnen, um sich opportun zu verhalten. So war die seelische Verkrüppelung, wie Ervin Sinkó schrieb, die zwangsläufige Folge der beschriebenen politischen Konstellation, „in der dem Revolutionär, gerade weil er nicht verzweifeln durfte, gerade weil er ein Revolutionär, ein ganzer Mensch bleiben wollte, aus psychologischen, aber auch aus moralischen Gründen nichts anderes übrigblieb, als die moralische Empörung in seinem Inneren, die kritischen und klaren Gedanken Tag für Tag niederzuknüppeln. Er musste seiner moralischen Auflehnung unermüdlich Gewalt antun, bis auch er entweder physisch in den Tod geschickt wurde oder überlebte. Von beiden möglichen Tragödien ist das Überleben wahrscheinlich die jämmerlichere. Nachdem der Revolutionär jahrelang jede selbständige, spontane Aufwallung und Idee in seinem Inneren so systematisch und erfolgreich abgetötet hatte, dass ihm die geistige Selbstverleugnung zum Schluss weder etwas abverlangte noch ihn schmerzte, pries der Überlebende einen Menschentypus als revolutionäres Ideal, der kein Mensch mehr war, sondern ein deformierter Parteifunktionär."[25]

Sogar ein früher empfindsamer Ankläger menschlichen Elends wie Maxim Gorki (1868–1936), der seine Freundschaft mit Lenin bis zur Emigration 1921 oft genutzt hatte, um Künstler und Wissenschaftler gegen die Staatsorgane zu verteidigen, sagte jetzt: „Gegen uns ist alles, was die ihm von der Geschichte gesetzten Fristen bereits überlebt hat, und das gibt uns das Recht, uns immer noch als im Bürgerkriegszustand befindlich zu betrachten. Die natürliche Schlussfolgerung daraus ist: Wenn der Feind sich nicht ergibt, wird er vernichtet".[26] Bessere Rechtfertigung als durch diese Pauschalformel konnte Stalin nicht erhoffen, der sich sehr bemühte, den alten Gorki als Galionsfigur zu hätscheln.

Wir oder sie – diese Gegenüberstellung beherrschte die Köpfe. Die Oktober-Generation hatte geglaubt, Ausbeutung, Unterdrückung und Krieg mit einem Schlag ausgerottet zu haben. Auf diesen Schlag hatten sie die gesamte politische Energie des Landes gerichtet. Doch dann fingen die Probleme erst an. Der Ökonomismus im Marxschen System – so wie es zur politischen Kraft wurde –, der Glaube, nur indem man ihr die ökonomische Grundlage entziehe, könne man die alte Gesellschaft auslöschen, täuschte vor, alles weitere richte sich sozusagen im Selbstlauf. Der naive Fortschrittsglaube, die Geschichte sei jetzt machbar, war da vom Fortschrittsglauben des kapitalistischen Systems nicht weit entfernt. Nun hatte man auch noch die meisten Kader ausgerottet, die sich einige Kompetenz erworben hatten. Die Tendenz, die Widersprüche gewaltsam zu lösen, wurde dominierend.

Das wiederum förderte den Fanatismus. Das aufklärerische Element war ausgeschaltet, die religiösen Elemente wurden gefördert. Ganz bewusst appellierte die Partei an recht niedere Instinkte, wenn sie Stalin als die überragende Führerfigur aufbaute, die als eine Art Oberpriester unfehlbar in der Auslegung der Heiligen Schriften sei. Der Glaube an die Revolution als „letzte Schlacht" war mit dem Glauben ans Jüngste Gericht als endgültige Abrechnung mit dem Bösen verwandt. Das Erlösungsbedürfnis der geknechteten Menschen traf sich mit dem Heilsversprechen, der Tag sei gekommen: wie jede Endzeitprophetie war sich auch die des Marxismus sicher, dass es ausgerechnet das Heute sei, in dem sich die einzigartige Wende vollziehen werde. Diesmal war nicht einem einzelnen Messias die erlösende Tat vorhergesagt, sondern einer Gesellschaftsklasse, dem Proletariat. Und darauf, dass die Prophezeiung sich nicht so recht erfüllen wollte, antwortete man mit Fanatismus.

Dieser Zusammenhang war nicht leicht zu durchschauen, da die kommunistische Ideologie mit wissenschaftlichem und antireligiösem Anspruch angetreten war. Wer aber Anlass zu Zweifeln an seinem Glauben an die Richtigkeit der Ideologie gab, mit dem fand keine Auseinandersetzung mehr statt, der wurde als Ketzer verdammt. Auch das Christentum ging dazu über, die Ketzer zu verbrennen, nachdem es die Staatsmacht erlangt hatte. Die Gewissensnöte, die Kommunisten wie „Mitläufer“ plagten, bis sie entweder kapitulierten oder zum Ketzer wurden, haben Schriftsteller wie Manès Sperber, Arthur Koestler, Lew Kopelew, Susanne und Wolfgang Leonhard aus unterschiedlicher Sicht gezeigt.[27] Die Entscheidung, Ketzer zu werden, ist schwer: man löst sich aus der Gemeinschaft, gibt das Ziel auf, das dem Leben Sinn gegeben hatte – ganz abgesehen von der physischen Bedrohung. Der religiöse Terror machte den physischen dann aber in immer geringerem Maß nötig: Die entmündigten Revolutionäre knebelten sich selbst.

Die Wissenschaft – und es gab hervorragende bürgerliche wie marxistische Wissenschaftler – wurde zerschlagen und durch eine Dogmatik ersetzt, die auf den kanonisierten Schriften der „Klassiker“ Marx, Engels und Lenin beruhte. Wie die Auslegung dieser Schriften zu Handlungsanweisungen auszuwerten sei, führte Stalin in dem Abschnitt „Dialektischer und Historischer Materialismus“ des „Kurzen Lehrgangs“ vor, der sich wie ein „Kleiner Katechismus“ der wichtigsten Glaubenssätze ausnimmt.[28] Als ihr vorgeschrieben wurde, welche Ergebnisse sie zu erbringen habe, verarmte die Wissenschaft. Wer seinem Gewissen treu blieb, wurde nicht wie Giordano Bruno verbrannt, sondern erschossen. Wer seinem kommunistischen Gewissen treu blieb und dennoch unter Anfechtungen litt, wagte sie kaum noch unter vier Augen zu äußern, während er in der Öffentlichkeit stramm zur Linie stand. Was der andere wirklich dachte, konnte keiner wissen. Man riskierte nichts. Die nächsten Freunde wurden undurchdringliche Masken, ja Kinder wurden öffentlich gelobt, wenn sie ihre Eltern bespitzelten, denn Kinder sind leicht religiös zu fanatisieren. Der eine versuchte seinen Kopf durch innere Emigration zu retten, der andere durch Katzbuckelei, Niedertracht und Intrigen.

Das Bild wurde durch die Verordnung einer viktorianisch anmutenden Prüderie ergänzt. 1934 wurden die Familiengesetze geändert. Die Abtreibung wurde 1936 verboten – sie war eine entscheidende Errungenschaft der Revolution für die Befreiung der Frau gewesen. Einerseits wurde Menschenmaterial gebraucht, andererseits war die Sexualität ein gefährliches Feld individuellen Glücks. Die Zeiten der „Freien Liebe" waren vorbei. Homosexualität wurde schärfer bestraft als unter dem Zarismus: Alle männlichen homosexuellen Beziehungen wurden mit Freiheitsstrafen zwischen drei und fünf Jahren bedroht (und solche Strafen werden bis heute verhängt). Maxim Gorki trug zu dieser repressiven Kampagne unter anderem durch eine denkwürdige Idee bei, die er in seinem Aufsatz mit dem schönen Titel „Proletarischer Humanismus" am 23. Mai 1934 in der Prawda veröffentlichte: er sprach über die zerstörenden und zersetzenden Einflüsse des Faschismus auf die europäische Jugend und wies dann empört darauf hin, dass im Kulturland der großen Philosophen, Gelehrten und Komponisten Homosexualität frei und ungestraft sei (was nicht stimmte); es sei sogar das sarkastische Sprichwort entstanden „Rottet die Homosexuellen aus – und der Faschismus verschwindet!"[29] Wenn angesehene Künstler sich zur Pogromhetze hergaben, wie muss dann erst das Echo bei den Schergen der Macht gewesen sein …

* * *

Und ausgerechnet die Kunst sollte in diesem Untertanenleben frei sein? Die Hauptaufmerksamkeit der Partei galt dem Film, denn er erreicht die breitesten Massen. Einem Künstler die teuren Materialien für „private Hirngespinste" zu überlassen, kam nicht in Frage. Die Stalinschen Formeln, die schon die Lebendigkeit von Versammlungen, die Spontaneität von Beschlüssen und Erklärungen, sowie den Abwechslungsreichtum von Presseartikeln erstickt hatten, legten sich auch um die Kunstproduktion wie ein tödlicher Stahlring. Ehrenburg erinnerte sich an einen Abend im Jahr 1934 bei dem Filmregisseur A. Dowschenko: „Er war wie immer erregt und leidenschaftlich, sein Film *Aerograd* machte ihm viel zu schaffen. Man wollte, dass er einen ähnlichen Film drehe wie *Der Gegenzug*, worin abziehbildhafte Stoßarbeiter im Handumdrehen spielend leichte Siege errangen. Die Ausstellungen waren schon mit riesengroßen Bildern überschwemmt, die sich kaum von übermalten Fotografien unterschieden: Stalin auf der Tribüne, Stalin auf der Gartenbank, Sitzung des Dorfsowjet, Versammlung in der Gießereizeche. Neben das Hotel National baute man ein pseudoklassizistisches Haus und behauptete: „Das ist unser Sowjetstil, ohne formalistische Faxen!" Im Kaufhaus Mostorg wurden als Zimmerschmuck Vasen, Kätzchen und Eulen verkauft, wie ich sie als Kind in Kaufmannshäusern gesehen hatte. Aus den Fenstern plärrte der Modeschlager *Am Samowar sitz' ich mit meiner Mascha.* Die Zahl der Maschas überstieg bei weitem die Zahl der Samoware, jedoch die Verbindung beider war allen recht: den leitenden Angestellten, den Stadtratsvorsitzenden und den Redakteuren. Den Geschmack des vorrevolutionären Kleinbürgertums erhoben sie zum Schönheitsideal."[30]

Nur auf den ersten Blick kann es befremden, dass die Welle der Hysterie gegen angebliche Feinde und deren unbarmherzige Liquidation mit einer Welle des Kitschs zusammenfiel. Denn die schematisch erstarrte Ideologie diente nur noch der Erhaltung der Macht: wohl dem industriellen Aufbau, aber keinem sozial-utopischen Ziel. Selbständiges Denken und Argumentieren war nicht gefragt. Die Schriftsteller waren davon vielleicht am unmittelbarsten betroffen, weil sie sich der Sprache bedienen müssen. Bei den Schauprozessen hatte sich kaum einer entzogen, als auch Entschließungen von Schriftstellern mit den gängigen Phrasen die Todesstrafe forderten. Aber der Kotau machte sie erst recht schutzlos: Fast ein Drittel der organisierten Schriftsteller, rund 600 Menschen, wurde ausgerottet.[31] Der Film und die Musik wurden stärker geschont[32]; vielleicht hat Stalins Vorliebe für diese Künste vielen Komponisten und Regisseuren das Leben gerettet.[33]

In der Musik fand die ideologische Neuorientierung einen originellen Ausdruck: bei Kongressen wurde seit 1935 auch in Stalins Anwesenheit statt der *Internationale* immer öfter der Operettenmarsch *Wessolije rebjata* (Glückliche Kinder) gespielt.[34] Die Zeit des Kampfs war also vorbei, und das „glückliche Leben" hatte begonnen. Danach hatten die Menschen wahrlich die größte Sehnsucht: Wiederholt man die Phrase oft genug, glauben sie vielleicht daran. Betrachtet man die Bauten, die damals in Moskau errichtet wurden – einschließlich der imperialen U-Bahn – muss man an Karl Kraus und Adolf Loos denken: die wuchernde Ornamentik, der falsche Prunk waren die gleiche Lüge, wie die Phrasen, die das politische Leben beherrschten. Und in der Musik hatte dies seine Entsprechung eben im Operetten- und Folklorekitsch.

Nach den beiden Prawda-Artikeln gegen Schostakowitsch wurde ein „Allunions-Komitee für Kunstangelegenheiten" gebildet. P. M. Kerschenzew, der Präsident dieser Einrichtung, machte in der Zeitung Moskau am Abend vom 10. 2. 1936 darauf aufmerksam, dass „alle Arbeiter der Kunst die Hinweise Stalins und Molotows sowie die Artikel der Prawda über Schostakowitsch im Auge behalten müssen". Ferner, dass

„alle Künstler verpflichtet sind, aus diesen Hinweisen sämtliche Konsequenzen zu ziehen. Sind doch diese Hinweise wesentlich: Sie zeigen, wie um den sozialistischen Realismus gekämpft, wie unsere herrliche Wirklichkeit in der Kunst richtig dargestellt werden müsse". Schostakowitsch bekam von Kerschenzew den Rat, sich an Rimski-Korsakow zu orientieren, der Volksmusik gesammelt habe, statt „fern von diesen Schätzen in der Stille des Arbeitszimmers zu komponieren".[35] Von allen Künstlern forderte er eine den breiten Massen verständliche, volksnahe und volkstümliche Kunst.

Das war der Aufruf zur Produktion von Kitsch. Auf dem Pariser Schriftstellerkongress gegen den Faschismus im Jahr 1935 hatte Ehrenburg noch die Maschinenarbeiter gerühmt, die sich durch die Gedichte Pasternaks endlich ein neues Lebensgefühl erringen. Jetzt war Pasternak verpönt, weil er nur von Liebe, Wolken und Bäumen schrieb. Die Arbeiter sollten Kunst konsumieren, die ihre Arbeitskraft erneuern, ihre Produktivität erhöhen half. Bereicherung ihrer Gefühlswelt? Unnützes Zeug! Gebraucht wurden nicht originelle, sondern funktionierende Menschen. Deren Gefühlsleben mag in den vertrauten Bahnen bleiben und sich mit dem tausendfach reproduzierten Kitsch begnügen, einem Kunsthandwerk, dem jede Spur von Originalität längst abhanden gekommen ist. Im „neuen Leben" endete der Neue Mensch in der Spießeridylle. So bekam das Stalin-Wort von den „Ingenieuren der Seele" erst den richtigen Klang.

Der Kitsch, die handwerkliche oder industrielle Massenproduktion von „Kunst", kanalisiert und fesselt die Gefühle der Massen. Das tun auch die Moden; sie ergänzen das Repertoire um aktuelle Varianten, die aber schon in Kürze ebenfalls zur Gesichtslosigkeit führen. Gegen Moden im Bereich des Massenkonsums war die Partei meist machtlos, aber das war ja auch nicht wirklich gefährlich. Gefährlich waren eigenständige Gedanken, die sich in originellen, neuen Formen ausdrückten, gefährlich waren die individualistischen Künstler. Die Vorschrift, in altbekannten Bahnen zu produzieren, unterdrückte Künstler und Publikum gleichermaßen: beiden wurde die Möglichkeit genommen, nach neuem, authentischem Ausdruck für ihre Gefühle zu suchen, beide wurden geistig gebunden.

Was wunderte sich Ehrenburg: wenn die Spießer die Herrschaft ausübten, setzten sie natürlich auch ihren Geschmack durch. Die Säuberungen hatten die letzten kultivierten Funktionäre ausgeschaltet. Die Nachrückenden hatten meist weder die Zeit noch die Möglichkeit gehabt, sich Bildung anzueignen. Man kann von niemandem verlangen, dass er etwas nachvollzieht, was über seinen Horizont geht. Das 20.

Jahrhundert gab den an die Macht gelangten Kleinbürgern die Instrumente, ihr ästhetisches Empfinden der ganzen Gesellschaft aufzuzwingen. Stalin und seine Gefolgsleute waren gegenüber allem, was sie nicht verstanden, äußerst misstrauisch. Die Rankünе der Bornierten und ihr Hass auf alles Intellektuelle ist unversöhnlich. Ihre Diktatur des Spießertums vertrug noch nicht einmal einen Hofnarren.

* * *

Hiergegen hatte sich die Polemik der Vierten Symphonie gerichtet. Doch jetzt war das politische Klima für Polemik nicht mehr geeignet. Schostakowitsch unterlag zwar als „Mitläufer" nicht der Parteidisziplin. Künstler, die auch Parteimitglieder waren, mussten sich in viel stärkerem Maß rechtfertigen und wurden auch eher liquidiert. Schostakowitsch musste „nur" im Komponistenverband Rede und Antwort stehen. Gefährdet war er trotzdem: durch seine Prominenz und durch seine Freundschaft mit Tuchatschewski. Verwandte und Freunde von Opfern der Säuberungen wurden ziemlich wahllos verhaftet. Der Komponist Nikolai Schiljajew (1881–1938), den Schostakowitsch als einen seiner Lehrer betrachtete und den er sehr mochte[36], wurde wegen seiner Freundschaft mit Tuchatschewski umgebracht. Was konnte der Autor der kompromisslosen Vierten Symphonie in dieser Situation tun? Die Entmündigung der Künstler bewegte ihn zutiefst, wie die Vierte gezeigt hat. Würde Schostakowitsch zu Kreuze kriechen?

Zunächst errichtete er einen publizistischen Nebelvorhang vor der neuen Symphonie. In der Presse kündigte er sie als seine „schöpferische Antwort" an: „Wenn es mir wirklich gelang, in meine Musik all das hineinzulegen, was ich nach den kritischen Artikeln in der Prawda durchdacht und empfunden habe, kann ich zufrieden sein".[37] Obwohl die Fünfte ein reines Instrumentalwerk ist und dem klassischen viersätzigen Schema folgt, griff der Komponist dankbar Worte Alexej Tolstois auf: „Thema meiner Symphonie ist das Werden der Persönlichkeit. Gerade den Menschen mit seinem ganzen Erleben sehe ich im Mittelpunkt der Idee dieses Werkes, das seinem Charakter nach vom Anfang bis zum Schluss lyrisch ist".[38] Diese Sätze sind nur scheinbar konkret, enthalten in Wirklichkeit aber keine präzise Aussage: Was durchlebte er denn; was ist denn aus der Persönlichkeit geworden? Eine sozialistische – nein, ein Mensch. Jeder mochte diese Sätze interpretieren wie er wollte. Mochte er auch die Symphonie so aufnehmen, wie er wollte! „Noch leben die Eindrücke aus diesen Tagen in unserem Gedächtnis fort. Wir erinnern uns an überfüllte Konzertsäle, an Menschen aller

Berufe und Nationalitäten, die gespannt und begeistert jeden Ton, jeden Akkord in sich aufnahmen. Eine neue Welt eröffnete sich ihnen. Schostakowitsch hatte uns eine Symphonie von klassischer Vollendung, ethisch erhaben und im besten Sinne des Wortes menschlich, geschenkt."[39] Was Iwan Martynow, Schostakowitschs erster Biograph, hier beschreibt, ist die Ursache des Erfolgs der *Fünften Symphonie* op. 47: ihre Konzentriertheit und die Stringenz ihrer Form. Der Hörer wird von ihr überrumpelt und keine Sekunde lang aus ihrer Hochspannung entlassen. Weder die Architektur noch die klangliche Gestaltung überschreiten je die Grenze, an der die Irritation oder gar das Experiment beginnen. Dabei wirkt die Musik durchaus eigenständig und abwechslungsreich. Konservativismus und Originalität sind geschickt gemischt. All dies ist mit so starker Hand gestaltet, dass das Publikum schon beim ersten Hören den Eindruck bekam, das müsse ein Geniestreich sein.

Was in der Vierten Symphonie nur schwer einen Zusammenhang fand, ist hier klar integriert. Schostakowitsch ist von seinem Ausflug in Mahlersche Gefilde (der immer noch reinster Schostakowitsch geblieben war) zu den konzentrierten Formen der Ersten Symphonie, des Klavierkonzerts, der Cellosonate zurückgekehrt. Wenn man die Fünfte sozusagen vom Frühwerk und der *Lady Macbeth* her versteht, statt sie wie eine Mahler-Symphonie zu spielen, erschließt sie sich.

Die programmatischen Äußerungen, die Schostakowitsch abgegeben hatte, um dem Formalismus-Vorwurf auszuweichen, wiesen auf das alte Schema „per aspera ad astra" – durch Nacht zum Licht. Die sowjetischen Kritiker folgten diesen Hinweisen und beschrieben die Dramaturgie der vier Sätze übereinstimmend: 1. Satz: heroische Tragödie; 2. Satz, Scherzo: Ausdruck gesunder Lebensfreude; 3. Satz, Largo (langsam): Meditation; 4. Satz, Finale: Erringen des Sieges. Im ersten und im vierten Satz stellten russische wie ausländische Kritiker Einflüsse Tschaikowskys fest: Schostakowitsch gebe sich entschieden slawisch.[40] Auch das kam möglicher Kritik zuvor.

Und dennoch: all dies sind nur Äußerlichkeiten, die in die Irre führen. Schostakowitsch ist sich ganz und gar treu geblieben. Er schrieb auch in der Fünften keine romantisch-subjektive Symphonie – das täuschte er nur vor – sondern behielt seine indirekte, seine Lehrstückhaltung bei. Er führt uns in seiner Manege etwas vor: Da, schaut her!

Der erste Satz beginnt energisch-trotzig. Das soll eine faustische Haltung symbolisieren; in seiner zweiten Hälfte fällt das erste Thema nach dem kraftvollen Anfang denn auch in „inaktive" Gedankenschwere zurück. Ein zweiter Gedanke, von den Geigen piano eingeführt (Ziffer 1), ist mit dieser absteigenden Linie verwandt. Er tritt in der Exposition nicht wieder auf, spielt in der Durchführung aber eine umso wichtigere Rolle in diesem Satz, der der Sonatenhauptsatzform nur grob folgt: äußerlich betrachtet rahmen zwei langsame Partien nach dem A-B-A-Schema eine schnellere ein. Der erste Abschnitt ist gut sechs Minuten lang (bei einer Gesamtdauer des Satzes von nur 13 Minuten). „Moderato" überschrieben, beginnt er bereits mit der Durchführung des Themenmaterials. Er könnte gut als Illustration zu Fausts Studierstube durchgehen. Er enthält ein Thema, das weit ausgreifend und ständig modulierend eine Art utopische Sehnsucht ausdrückt. Die inaktiv-nachdenkliche Musik steigert sich zeitweise emphatisch und nimmt gegen Schluss im Tempo bis zum *Allegro non troppo* zu.

Im eigentlichen Durchführungsabschnitt wandelt sich das Bild grundlegend (ab Ziffer 32). Der erste Abschnitt kam ohne das Schlagzeug aus. Jetzt greift das Klavier, wie ein Schlaginstrument behandelt, ein kurzes Motiv heraus, und hämmert damit vor sich hin. Ein wenig schöner Eindruck. Das tiefe Blech dröhnt den absteigenden Gedanken von Ziffer 1 aus der Exposition dazu, der nun in verzerrter Form die führende Rolle in der sich stets noch beschleunigenden Entwicklung übernimmt. Jetzt erkennt man dieses abstoßende Thema wieder: aus dem Trio der Vierten Symphonie! Jetzt herrscht also das „aktive" Element. Das Ganze klingt äußerst krampfhaft und hässlich. Je weiter die motorisch-hektische Musik sich in Erregung steigert, desto brutaler wirkt sie. Plötzlich schlägt sie um in einen harten Marsch von sehr militantem Ausdruck, unterstrichen durch die Schärfe von Schlagwerk und Blechinstrumenten.

Wie in Panik antwortet darauf die Reprise des ersten Themas in den Streichern und Holzbläsern, kontrapunktiert durch eine vergrößerte Form davon, die der Exposition entstammt, gefolgt von der absinkenden Themenhälfte und schließlich *largamente* der weit ausgreifenden „Melodie", unisono gespielt, mit rezitativischem Gestus, als halte einer eine flehende Rede. Doch mit Gewalt – *con tutta forza* – bricht das Hämmern des Blechs mit dem Hauptthema die Musik nieder.

An diesen Mittelteil von Tschaikowskyscher Wucht schließt sich die lyrische Coda an.[41] Die unglaubwürdige Idylle – als sei nichts geschehen – ist der Stimmung im Finale der Vierten Symphonie ähnlich. Anfangs wird eine unbeteiligte Heiterkeit markiert, allmählich legt sich eine todmatte Traurigkeit darüber. Die Themen der Exposition treten nicht pathetisch und sehnsuchtsvoll auf, sondern trostheischend. Sogar der absteigende Gedanke, der im Durchführungsabschnitt so grauenvoll war, wird von der Flöte in der Umkehrung vorgetragen: aufsteigend, im Pianissimo. Die kadenzierende Harmonik strebt deutlich zum Ende, das, wie in der Vierten, auch hier die Celesta in aufsteigenden Skalen versilbert.

Man muss davon ausgehen, dass das Publikum – wie bei Tschaikowsky – von der dramatischen Energie dieses Symphoniesatzes einfach mitgerissen wird. Dass er tragisch endet, merkt jeder. Schon weniger, dass die Niederlage ja gar nicht eingestanden und verarbeitet ist. Und auch wie der Marsch in der Durchführung aufgefasst wird, ist jedermanns eigene Sache: ein soldatischer Mensch wird ihn als zackig empfinden und heroisch das Kinn vorschieben. Kampf war gefragt in diesen Zeiten. Leiden und Raserei, Lautstärke und Ekstatik schätzte man bei Tschaikowsky, warum dann nicht auch bei Schostakowitsch? Der Satz hat ein Scheitern formuliert – aber es läßt sich für den Hörer nicht dingfest machen, was da gescheitert ist. Wir müssen uns aber fragen: Ist es nicht der Versuch gewesen, die philosophischen Gedanken zur Tat werden zu lassen?

Im Scherzo hat man stets die Anklänge an die Scherzi Mahlers gehört, an dessen Sechste beispielsweise. Da die Musik dieses Satzes „saftig" klingt, hat man gesagt, hier sei nach dem grüblerischen ersten Satz die „gesunde Lebensfreude" dargestellt. Der Held der Symphonie – man unterstellte einfach einen, der dann womöglich das alter ego Schostakowitschs sein sollte – schöpfe sozusagen im Volke neue Kraft, wie man das aus Beethovens *Pastorale*, Berlioz' *Harold in Italien* und Tschaikowskys Vierter zu kennen glaubt.

Doch an welches Scherzo Mahlers klingt dieser Satz vor allem an: an das Fischpredigt-Scherzo der Zweiten Symphonie! Schostakowitsch wollte mit seiner Parodie nichts anderes ausdrücken. Die auftrumpfende Eitelkeit (wie bei Ziffer 54 und 56, sowie 70 und 72), das schmierige Schmeicheln (Ziffer 62 und 64 im Trio), und noch einiges mehr hat sein Vorbild in Mahlers Satire auf die ewig unbelehrbaren Spießer, deutlicher noch als im Scherzo der Vierten. Und die gezierte Affektiertheit der Geigenpassage bei Ziffer 57 stammt aus Schostakowitschs eigenem Spott-Repertoire, wie wir es beispielsweise aus der Cellosonate kennen. Das Xylophon tritt in seiner charakteristischen Rolle auf.

Schostakowitsch hat seine Musiksprache durch die Erfahrung von Mahlers Weltlauf-Scherzi bereichert. Dieses Scherzo steht dennoch so sehr in der Tradition seiner bissigen Karikaturen, dass von einem wirklichen Stilwandel nicht die Rede sein kann. Am wichtigsten ist die schon erwähnte Parallele zum Scherzo seiner Vierten Symphonie. Wie im ersten Satz der Fünften ist also im wesentlichen ein Prozess der

Konzentration des Materials vor sich gegangen, der nach außen hin die makellos klassizistische Form vorweisen läßt, ohne inhaltlich Abstriche zu machen. Die offensichtliche Polemik ist vermieden, aber die Aussage der Fünften unterscheidet sich bisher nicht sehr viel von der Idee der Vierten. Schostakowitsch konnte sicher sein, dass den Bürokraten das Scherzo von Mahlers Zweiter Symphonie nicht geläufig ist und seine Bedeutung schon gar nicht. „Gesunde Lebensfreude“ war 1937 sehr gefragt. Wer sie hören wollte, konnte sie mit den deftigen Klängen dieses Scherzos gerne haben: wenn es klingt, „als fassten sich die Ochsen an den Hufen, um den Reigen zu tanzen“, könnten sie ihr Spiegelbild sehen. Es muss Schostakowitsch eine zusätzliche Befriedigung verschafft haben, dass so allmächtige Zensoren unfähig waren, das zu erkennen.

Nach dem lauten Scherzo haben die Schlagzeuger und Blechbläser im langsamen Satz „Largo“ Pause. Dieses Largo – ein genussvolles Zelebrieren von Innerlichkeit – hat bezeichnenderweise ein viel stärkeres Gewicht als das „humorvolle“ Scherzo.

Die Musik des „Largo“ verklang ersterbend. Martialisch bricht der Ansturm des Finales aus. Ein kämpferisches Thema rast mit immer größerem Tempo siegreich und rauschhaft dahin. Von russischen Jubelfloskeln der Geigen und Blechbläser unterlegt, triumphiert eine strahlende Trompetenmelodie – bis auf einmal alles krachend einstürzt. Der Rhythmus, der den Zusammenbruch auffängt, ist der gleiche wie im ersten Satz (überflüssig, darauf hinzuweisen, dass auch in dieser Symphonie das thematische Material alle Sätze verbindet). Danach bläst das Horn die vorher triumphale Trompetenmelodie als traurigen Abgesang, schließlich spielen die Geigen sie voller Angst.

Die Musik versinkt in Ratlosigkeit.[42] Der kollektive Höhenflug war eine Illusion. Zum zweiten Mal hat sich eine Katastrophe ereignet. Wie soll die Symphonie zu einem guten Ende führen? Die Musik versetzt sich in Weihestimmung. Das Schlagzeug gibt einen schleppenden Rhythmus vor, nach dem das Finale-Thema in hymnischer Form rekonstruiert wird. Wie in Tschaikowskys Fünfter wird jetzt gelogen. Die Hiebe der kleinen Trommel zeigen, wie schwer die Schritte fallen, wie groß die Last ist. Typisch russische Formeln erinnern an byzantinische Riten. Man denkt auch an die Eröffnungsszene des *Boris Godunow*, wo das Volk zum Bittgebet und zum Jubeln gezwungen wird. Ganz mechanisch wird der Triumph zusammengebaut. Endlose Tonwiederholungen – protzende Akkordschichtungen – der Schluss mit dem zur Fanfare zerdehnten Auftakt des Themas – also hohl! – pathetische Paukenschläge – das ist alles: „Des Kaisers neue Kleider“, oder: der auskomponierte Kotau.

Ein gespenstisches Bild drängt sich auf: die gesamte sowjetische Öffentlichkeit blickt auf Schostakowitsch. Er steht im grellen Scheinwerferlicht. Alles fragt sich: was wird er tun? Er ist einer der besten Komponisten seiner Zeit. Er kann sich in keinem Winkel verkriechen und einer wie alle werden. Er muss die Huldigung an die neue Linie darbringen. Wird er jubeln? So drückt sich in den endlos wiederholten *a*s, die nach dem gloriosen „Durchbruch“ für das Thema Spalier stehen, auch die unendliche Einsamkeit dessen aus, der da sein Lied abliefert und den Jubel hinausschreit. Der Schluss der Fünften Symphonie Schostakowitschs ist ebenso schmerzhaft und negativ wie der Schluss von Tschaikowskys Vierter – auch, oder: gerade wenn das Publikum mit Begeisterung auf den Klangsturm reagiert.

Die zahlreichen Berichte darüber, wie sehr die Fünfte damals die Menschen erschüttert hat, zeigen jedoch, dass viele verstanden haben, worum es geht. Erregend ist diese Musik allemal – obgleich die Symphonie nur von Schostakowitschs Frühwerk her verständlich wird, nicht aber, wenn man eine Mahler-Symphonie daraus macht. Vielleicht haben sogar einige Kritiker verstanden und schützende Formulierungen ausgedacht, die uns heute lächerlich erscheinen. Die Vortäuschung der klassisch-romantischen Klischees hat Schostakowitsch gerettet. Was für ihn früher ein Spiel war, muss jetzt eine ernste, zweite Ebene tragen. Und es trägt: eine intelligentere, künstlerisch stärker überzeugende Antwort auf die Repressionen kenne ich nicht.

„Das Werden der Persönlichkeit“: Schostakowitsch hat gezeigt, dass es eine gebrochene, gespaltene Persönlichkeit ist, die im „glücklichen Leben“ des Sowjetstaates hervorgebracht wird, dass er selber aber sich nicht hat brechen lassen.

VI Lebensfreude auf Bestellung

Die Uraufführung der Fünften Symphonie am 21. November 1937 und die Ernennung zum Professor am Leningrader Konservatorium im selben Jahr stabilisierten die Position Schostakowitschs. Nach Jeschows Sturz im Juli 1938 glaubte man, jetzt sei das Schlimmste überstanden. Im Dezember übernahm Lawrentij Berija das NKWD. Er genoss Stalins besonderes Vertrauen; im Kaukasus hatte man ihn als völlig gewissenlosen Karrieristen kennengelernt. Durch hündische Ergebenheit gegenüber seinem Herrn hatte er erreicht, dass Stalin ihn an die Spitze der dortigen Parteiführung setzte, obwohl man von seiner früheren Spitzeltätigkeit gegen die Bolschewiki wusste. Jetzt „verfeinerten" sich die Methoden.[1] Das Spitzelwesen sorgte dafür, dass abweichende Meinungen nicht erst geäußert wurden. Außerdem war der Kontakt mit Ausländern so gut wie unmöglich geworden, weil er sogleich den Verdacht der Spionage nach sich zog; diese Abschirmung engte den Gesichtskreis empfindlich ein. Im Bereich der künstlerischen Produktion sorgte die Doktrin des „Sozialistischen Realismus" für die Handhabung der Kontrolle.

Diese Theorie hat bis heute alle ideologischen Revisionen überstanden; ausgehend von der knappen Definition des 1. Schriftstellerkongresses 1934, wurde sie zu einem umfassenden ästhetischen System ausgebaut, das für die Kulturpolitik der Sozialistischen Länder verbindlich blieb. In der DDR gab die SED 1974 eine 900-seitige *Theorie des Sozialistischen Realismus* heraus. An diesem Umfang zeigt sich, wie schwer die Doktrin es mit den Tatsachen hat, aber es drückt sich darin auch eine flexiblere Handhabung aus, da die schematischen Losungen der 30er Jahre auf die Dauer nicht standhielten – der Kern der Theorie blieb jedoch erhalten.

Sie bringt die Übernahme der bürgerlichen Formel vom „Wahren, Guten und Schönen" unter einen Hut mit der Forderung nach dem parteilichen Blick auf die Wirklichkeit.[2] Die Kunst gilt als eine Form des gesellschaftlichen Bewusstseins – neben Philosophie, Recht, Religion, Moral, Politik – die folglich unter ideologischen Vorbehalt gestellt werden muss: Wenn die Kunst eine Form der Ideologie ist, dann muss das einzelne Kunstwerk darauf überprüft werden, ob es nicht eine feindliche Ideologie transportiert und entsprechend bekämpft werden muss.

„Denn die künstlerische Methode des sozialistischen Realismus ist Ausdruck der wissenschaftlichen Weltanschauung der Arbeiterklasse, was sozialistische Parteilichkeit, also die organische Verbindung mit der marxistisch-leninistischen Arbeiterbewegung, einschließt. Die Trennung von künstlerischer Methode, wissenschaftlicher Weltanschauung und Politik sind für den sozialistischen Realisten völlig unvereinbar".[3]

Das System des Marxismus gibt den Raster vor, nach dem die Wirklichkeit beurteilt wird. Da es sich um ein geschlossenes System handelt, müssen die Urteile immer eindeutig sein. Nichts darf erkannt werden, was im Widerspruch zu dem Denkraster stünde. Aus dem Zwang, die Erscheinungen der Welt ein für allemal „korrekt" einschätzen zu müssen, entsteht ein Denkverbot. Zusätzlich wird das kritische Denken durch die Abschottung gegenüber dem Ausland geschwächt. In jedem Fall des Zweifels hat der Zitatenfriedhof aus den Werken der „Klassiker" immer die stärkere Beweiskraft.[4]

Da nach der marxistischen Theorie das Proletariat als die letzte Klasse in der Geschichte der Menschheit die gemeinschaftlichen Interessen aller anderen Klassen und Schichten realisiert, wird die klassenmäßige Festlegung der sozialistischen Kunst als höchster Ausdruck des Allgemeinmenschlichen interpretiert[5], wobei der Klassencharakter eines künstlerischen Werkes sich „aus der ideologischen Position, die der Künstler einnimmt, nicht aber aus dessen sozialer Herkunft"[6] ergibt. Die sozialistische Parteilichkeit ist das grundlegende Prinzip des Sozialistischen Realismus:

Als eine in der Geschichte der Weltkunst völlig neue Erscheinung entstand die sozialistische Parteilichkeit gesetzmäßig mit dem Schaffen jener Künstler, die in freier Entscheidung ihre spezifischen Fähigkeiten, ihre Talente, ihre Willenskräfte und Kenntnisse in den Dienst der revolutionären Arbeiterbewegung stellten. Objektiv durch die führende Rolle der marxistisch-leninistischen Partei im Kampf der Arbeiterklasse begründet, wird sie als ideell-ästhetisches Prinzip des Kunstschaffens nur über die subjektiv-schöpferische Tätigkeit des Künstlers wirksam. Ästhetisch beweist sie sich einzig und allein im Kunstwerk.

Mit dem Begriff „sozialistische Parteilichkeit" erfasst die Theorie des sozialistischen Realismus den ästhetischen Ausdruck der offenen und tiefen, zur persönlichen Überzeugung gereiften Übereinstimmung des Künstlers mit den gesellschaftlichen Zielstellungen, den Aufgaben und der revolutionären Praxis der marxistisch-leninistischen Partei der Arbeiterklasse. Diese Übereinstimmung bedeutet aktive Teilnahme am Kampf um die Verwirklichung des Sozialismus, sie schließt jede kontemplative Einstellung aus.[7]

Das bedeutet nicht weniger, als dass der Künstler den Weisungen der Partei, die ja als Träger der wissenschaftlichen Quintessenz der Epoche gilt, unterworfen sein muss, auch wenn er ihr nicht angehört. Denn unterstützt er den sozialistischen Aufbau nicht, dann ist er ein Feind, kann nicht mehr Mitglied des Künstlerverbandes sein (der auf den Sozialistischen Realismus verpflichtet ist), kann nicht mehr publizieren, weil das nur Verbandsmitgliedern gestattet wird... er kann dann also kein Künstler mehr sein.

Das innere Beteiligtsein des Künstlers drängt nach Produktivität, nach eigenständiger schöpferischer Leistung im Dienst der Sache, es erfüllt sich im selbstbewussten Mitgestalten der sozialistischen Gesellschaft, im Mitformen ihrer geistigen Grundlagen. Der Künstler folgt gewissermaßen einer inneren Verpflichtung, sich fortlaufend durch den künstlerischen „Eingriff" in die gesellschaftlichen Belange produktiv zu bestätigen. Übereinstimmung im Sinne von Parteilichkeit heißt nicht, auf einen „Auftrag" zu warten, sondern sich diesen Auftrag selbst zu erteilen, vom gesellschaftlichen Hauptanliegen der Epoche ausgehend, eigene künstlerische Vorstöße zu unternehmen.[8]

Es gibt zwei Möglichkeiten, wie sich diese Forderung im Künstler umsetzen kann: bei überzeugten Kommunisten wegen ihrer Unerfüllbarkeit in ein nagendes Gewissen – oder allgemein in Zynismus bzw. in die Verzweiflung der Ausweglosigkeit. Parteilichkeit läßt sich nicht befehlen, es sei denn, sie nähme die Form des Karrierismus an. In der Geschichte der Menschheit sind derartige Erscheinungen natürlich nichts Neues. Dass es nicht neu ist, einer gesamten Territorialbevölkerung einen einheitlichen Glauben zu oktroyieren, daran erinnert den Christen der Grundsatz „cujus regio, ejus religio", nach dem in der Reformationszeit länderweise das Gewissen geändert wurde. Und wie gläubiger Fanatismus jedes Abweichen vom Dogma mit dem Leben büßen läßt, daran erinnert ihn die Inquisition. Den Deutschen erinnert der Nationalsozialismus daran, wie der Mitläufer zum kalten Mörder werden kann, wenn er sich nur mit der Macht und mit dem öffentlichen Bewusstsein in Übereinstimmung weiß.

Es geht um die Sicherung der Herrschaft. Dazu ist der Kampf um die Köpfe nötig. Die „bürgerliche", bzw. „imperialistische" Ideologie könnte die Köpfe der Untertanen verwirren. Der Genuss eines Kunstwerks mit feindlicher Ideologie (feindliche Ideologie ist jede, die nicht von sozialistischer Parteilichkeit ist) könnte schädliche Gedanken wecken. Der Arbeiter könnte sich am bürgerlichen Kunstwerk infizieren, und die alten Spezialisten könnten in ihre bürgerliche Vergangenheit zurückfallen. Derartige Vorstellungen setzen den unmündigen

Bürger voraus, dem man seine „Laster“ verbieten muss – ob Alkohol oder Literatur.

Die „Abhängigkeit vom Geldsack, vom Bestochen- und Ausgehaltenwerden“[9], die Lenin im Sozialismus wegfallen sah, wodurch der Künstler endlich künstlerische Freiheit erlange, war nun durch eine neue Abhängigkeit ersetzt. Auf die Frage, warum der sozialistische Staat, als der reale Gesamtkapitalist, überhaupt eine Ästhetik braucht, antwortete der ungarische Schriftsteller Miklós Haraszti lakonisch: „Die politische Ästhetik ist das natürliche Produkt eines Supermonopols, das im nationalen Maßstab wirtschaftet, die Gesamtbevölkerung beschäftigt und versorgt. Bevölkerung, Arbeitskräfte, Verbraucher, Staatsbürger, Publikum – das sind alles nur verschiedene Bezeichnungen für ein und dasselbe unteilbare Eigentum. Einer ästhetischen Regelung bedarf es deshalb, weil jedes gesellschaftliche Bedürfnis (einschließlich des Bedürfnisses für das Schöne) zum Objekt zentraler Entscheidungen gemacht wird.“[10]

Weiter stellte Haraszti fest, dass der klassische Sozialistische Realismus die Schule der Fabrikdisziplin für die neue Mittelklasse gewesen sei. Diese machte sich den Gesichtswinkel des Gesellschaftsplaners zueigen, der sich auf die „Realität“ der Gesellschaftsstruktur einschränkt: Der Blickwinkel des Künstlers sei dann der Blickwinkel der Zentrale, die Menschen und Dinge nur unter dem Gesichtspunkt der gesellschaftlichen Integration wahrnehme – und nur unter diesem Gesichtspunkt als real existierende anerkenne[11]. So findet er sich im Netz der herrschenden Ideologie gefangen.

Das Kunstwerk des Sozialismus sollte nicht nur parteilich sein, sondern auch „volksverbunden“ – dies ist das zweite wesentliche Prinzip des Sozialistischen Realismus.[12] Diese Qualität will erworben sein: „In der sozialistischen Gesellschaft kann keine wirklich volksverbundene Kunst entstehen, die im Widerspruch oder gar Gegensatz zur sozialistischen Parteilichkeit stünde“.[13]

Dem Kriterium der Volksverbundenheit muss der Künstler in zweierlei Hinsicht genügen: Er muss den Gefühlen des Volkes Ausdruck geben und er muss vom Volk verstanden werden.[14] Welche Gefühle aber hat das Volk? Hat es nicht vielleicht auch falsche Gefühle? Und die Gefühle des Künstlers? Falls er einen Widerspruch zwischen seinen eigenen Gefühlen und denen des Volkes empfindet, muss er sich aufgeben, um dem Volk zu dienen. Man sieht: Dies alles ist eine Frage der Interpretation, nicht der wissenschaftlichen Definition.

Glaubt man Kunstwerke bewerten zu müssen, muss man sie zuerst interpretieren. Werke der Literatur oder der bildenden Kunst haben meist einen sichtbaren Inhalt (abstrakte Kunst war in der Sowjetunion jetzt als bürgerlich-formalistisch verboten, weil sie keinen „menschlichen Inhalt“ habe), bei dem der Interpret ansetzen kann. Doch wie sollten die sozialistische Parteilichkeit und die Volksverbundenheit der Musik feststellbar sein? Man versuchte, der Musik einen Inhalt zu geben: „Es gab eine Zeit, als das Problem des Inhalts eine einfache Sache war“, schrieb Schostakowitsch 1953, „man gab ein paar Verse dazu – und fertig war der Inhalt; keine Verse dagegen – Formalismus“.[15]

Die Ergänzung einer solchermaßen aufgesetzten – und somit überprüfbaren – Inhaltsformel war das Schlagwort von der Demokratisierung der Musik, die durch die schöpferische Verwendung des Volksliedgutes erreicht werden sollte. Im Grunde war dies nur die Übernahme des Konzepts, das für das Mächtige Häuflein im 19. Jahrhundert einen Sinn gehabt und sich in entsprechend wertvollen Kunstwerken niedergeschlagen hatte. Die Theorie des Sozialistischen Realismus geht davon aus, dass die Volkskultur durch die kapitalistische Kultur abgetötet würde, im Sozialismus aber weiterleben könne. Die marxistischen Theoretiker brachten den Import des Industriesystems nicht in Verbindung mit dessen bekannten Auswirkungen auf die Gesellschafts- und Bewusstseins-Strukturen, da sie glaubten, diese seien nur von den ökonomischen Verhältnissen abhängig. Die Fabrikdisziplin hatten sie ganz gezielt übernommen, aber die bewusstseins- und kulturverändernden Wirkungen des Fabriksystems nicht berechnet. Die Massenkultur brach sich von selbst Bahn, ohne nach Direktiven zu fragen. Die Rolle der vorindustriellen Kultur kann sich im sozialistischen Industriesystem nur graduell von der Rolle unterscheiden, die sie im Kapitalismus spielt: der Rolle der Folklore. Also bedeutet das Festhalten an diesen überholten Formen, dass man die Menschen auf diesem überholten Bewusstseinsstand festhalten will. Das ist weder realistisch noch volksverbunden.

* * *

Wie realistisch sind dagegen die Grotesken Schostakowitschs, die von den Kulturbürokraten als unmenschlich und formalistisch gegeißelt worden waren! Was ist mit den grotesken Erzählungen Gogols, mit Rabelais und mit Swift, die doch sämtlich zum „Erbe der Menschheitskultur“ zählen, das den Künstlern als Vorbild präsentiert wurde? Den Grotesken Schostakowitschs fehlte es an dem geforderten „optimistischen Lebensgefühl“[16], sie strichen das Negative heraus: Gogol durfte das Negative des Zarismus zeigen, aber der sozialistische Künstler hat die positive Tendenz zu betonen.

Schostakowitsch hatte einen anderen Begriff von Volkstümlichkeit und auch einen anderen Begriff vom Inhalt. Er lehnte den Charakter der russischen Musik keineswegs ab und auch seine Betonung eines Ideengehalts der Musik wurde bereits zitiert. Er gab der Fünften Symphonie russische Intonationen und schrieb einige Worte über ihren angeblichen Inhalt. Die Analyse hat gezeigt, dass der platte Inhalt, den diese Worte nahe legten, den tatsächlichen, tieferen Inhalt verdeckten. Bei den russischen Charakteren in seiner Musik ging es ihm ebenfalls nicht um den simplen Wiedererkennungswert von Folkloreversatzstücken (die Satiren ausgenommen): „Volkstümlichkeit – das ist nicht nur ein glücklich gewähltes Folklorezitat oder eine Vereinigung von Zitaten, wie man es bei verschiedenen Werken beobachten kann. Volkstümlichkeit zeigt sich im intonationsmäßigen Bau eines Werkes, zeigt sich in der Art und Weise der Fortspinnung, zeigt sich in der Faktur, in der Polyphonie, in der Instrumentation. Schließlich gibt es ein höchstes Kriterium der Volkstümlichkeit: die Tiefe und Bedeutsamkeit der Idee, die natürlich in vollendeter künstlerischer Form dargeboten sein muss.“[17]

Selbst solche schlichten Aussagen Schostakowitschs stehen in Widerspruch zu den am Ende der 1930er Jahre vorherrschenden Tendenzen oberflächlicher Politisierung und Kolorierung. Im symphonischen Bereich gab es Werke, die vor allem vom Kolorit der Musik der verschiedenen Sowjetvölker lebten, es gab die Lied-Symphonie mit vorwiegend revolutionären Themen und es gab reine Instrumentalwerke, die nach politischen Ereignissen benannt waren, wie Steinbergs *Turksib*-Symphonie oder Mjaskowskis den sowjetischen Fliegerhelden gewidmete 16. Symphonie.[18] Die sowjetische Symphonik unterlag dabei der gleichen Gefahr der Simplifizierung, die Assafjew später beklagte, als er über die Oper der 30er Jahre schrieb: „Die Bedeutung des Rezitativs sank [...] entweder zu einer „metrischen Sprache“ oder zu einer trockenen, primitiven, naturalistischen Darlegung der prosaischen Rede mit unterlegten Intervallen. Der Rhythmus verarmte völlig. Die ständige Zuflucht zum Marschtritt wie im Massenlied war ein unvermeidliches Rezept und verbilligte den an sich wertvollen Ausdruck heroischer Gefühle durch Massenchöre. [...] Die Ensemblekunst verschwand vollständig. [...] Die Melodie [...] wurde durch coupletartige Straßenliedchen in der Art der „Tschastuschki“ oder sentimentale Romanzen ersetzt.“[19]

Prokofjew, der 1936 mit seiner *Russischen Ouvertüre* op. 72 dem neuen Nationalismus geopfert hatte, schrieb 1939 die Oper *Semjon Kotko* über einen Bauern und sowjetischen Partisanen, die als formalistisch verurteilt wurde und für 20 Jahre von den Bühnen verbannt blieb. Großen Erfolg hatte dagegen die Oper *Im Sturm* (1939) des jungen Tichon Chrennikow (geb. 1913), die zum ersten Mal Lenin auf die Opernbühne stellte – als Sprechrolle. Von Bedeutung war auch Kabalewskis Oper *Colas Breugnon* nach Romain Rolland, die nach ihrer Leningrader Uraufführung 1938 nicht weiter gespielt wurde.[20] Keinerlei Fortschritte machte das Ballett, das in Kitsch und Pomp erstickte. Prokofjews *Romeo und Julia* wurde erst nach Jahren der Auseinandersetzung 1940 in der Sowjetunion inszeniert; die Uraufführung hatte 1938 in Brünn stattgefunden.

Bedeutende Komponisten widmeten sich der Komposition von Filmmusik, so Kabalewski, Schebalin, Chatschaturjan, Swiridow. Schostakowitsch schrieb in den Jahren 1937 bis 1941 acht Filmpartituren und außerdem die Musik zu Shakespeares *König Lear*. So konnte man seinen Lebensunterhalt relativ ungefährdet verdienen. Den bedeutendsten Auftrag zur Komposition einer Filmmusik erhielt Prokofjew: er schrieb 1938 die Musik zu *Alexander Newski* von Sergej Eisenstein. Dieser Film war eines der Projekte Stalins zur Neuinterpretation der russischen Geschichte. Der Fürst von Nowgorod, der im Jahr 1242 das Heer der deutschen Ordensritter auf dem gefrorenen Peipus-See geschlagen hatte, wurde jetzt als erster Einiger Russlands gefeiert. 1940 bis 1945 folgten die beiden Teile von *Iwan der Schreckliche*, wieder von Eisenstein und Prokofjew. Auch dieser Zar, der vorher als abschreckendstes Beispiel autokratischer Willkür gegolten hatte, wurde in die Ahnenreihe Stalins aufgenommen. (Der II. Teil rief allerdings einen Wutausbruch Stalins hervor: „Auslöschen!" war sein einziger Kommentar, da er Iwans treue Opritschniki als gefährliche Meute dargestellt sah – und Eisensteins Film *Beschinwiese* hat Stalin tatsächlich ausgelöscht.) Der Roman über Peter den Großen von Alexej Tolstoi ergänzte diese Bemühungen auf dem Gebiet der Literatur. Prokofjew überarbeitete seine Partituren zu Kantaten, die als durchgearbeitete Konzertkompositionen die originelle Wucht seiner Filmmusik auch außerhalb des Kinos lebensfähig machten.

Was er von den politischen Vorgängen dieser Zeit dachte, wissen wir von Schostakowitsch so wenig wie von jedem anderen Sowjetbürger. „Wir nahmen ja alle teil an der großen Verschwörung des Schweigens", schrieb Ehrenburg. „Keiner weiß, wie einsam wir in jenen Jahren waren".[21] In der Presse gab Schostakowitsch, wie schon 1935, auch 1938 und 1940 bekannt[22], er schreibe an einer viersätzigen Chorsymphonie zum Gedenken an Lenin nach Texten von Majakowski, Dschambul und Stalski, die aber nie erschien. Heraus kam 1938 das *Erste Streichquartett* op. 49: „Ein ganzes Jahr nach dem Abschluss der Fünften Symphonie habe ich fast nichts getan. Ich schrieb lediglich ein Quartett, das aus vier kleinen Sätzen besteht. Ich habe es zu schreiben begonnen, ohne dass mich besondere Gedanken und Gefühle bewegt hätten, ich war der Meinung, dass sowieso nichts daraus wird. Das Quartett ist nämlich eines der schwierigsten Musikgenres. Die erste Seite schrieb ich als eine Art Übung in Quartettform, ohne daran zu denken, es irgendwann einmal abzuschließen und herauszugeben. Doch dann riss mich die Arbeit an dem Quartett mit, und ich komponierte es außerordentlich rasch. Man soll nicht versuchen, eine besondere Tiefe in diesem meinem ersten Quartett zu entdecken. Der Stimmung nach ist es heiter, lustig und lyrisch. Ich würde es „frühlingshaft" nennen."[23] Mit dieser Erklärung versuchte Schostakowitsch die öffentliche Einschätzung seines Werks in eine bestimmte Richtung zu lenken. Er entschuldigte sich beinahe, eine so altertümliche Form zu pflegen, die auf einen kleinen Kreis von Kennern zugeschnitten ist, also keineswegs „volksverbunden" genannt werden kann. Tatsächlich ist das Quartett lyrisch, die ersten beiden Sätze sind in gelassenem *moderato*, ohne dramatische Entwicklungen. Die meisterhaft gearbeitete Musik hat den Ton einer ganz unschuldigen Reinheit. Man spürt, dass der Komponist das Bedürfnis hatte, einfach nur Musik zu machen, gute Musik, für Menschen, die gute Musik machen oder hören wollen und sonst nichts. Dabei ist die im Detail so ausgefeilte Partitur das beste Beispiel für die Möglichkeit, eingängige Musik zu schreiben, die nicht trivial und folkloristisch aufgeputzt ist.

Die Stimmung des Quartetts ist nicht nur „frühlingshaft". Der erste, und vor allem auch der zweite Satz sind von einem Schleier der Melancholie überzogen. Die Gefühlswelt dieser Musik ist sehr reich an Schattierungen. Ihre ruhige Heiterkeit gewinnt sie offenbar aus der Überwindung von Schmerz: daher die nachdenkliche Haltung des Kopfsatzes statt der dort traditionell üblichen Aktivität.

Wirklich fröhlich und gut gelaunt – wenn auch nicht ungebrochen – ist der Schluss-Satz. Aber auch hier lohnt sich das Hinsehen. Das ist wieder fast der alte Schostakowitsch mit seinen harmonisch frechen Spielen. Die Schluss-Steigerung ist ganz das Gegenteil von dem platten Dur-Feier-Stil der Fünften Symphonie, denn hier wird kräftig gewürzt mit Dissonanzen und witzigen Wendungen. Lässt so das Quartett nicht auch Rückschlüsse auf die Fünfte Symphonie zu?

Am 3. Dezember 1939 wurde das Publikum bei der Uraufführung von Schostakowitschs *Sechster Symphonie* op. 54 völlig verblüfft: viele hatten die Presseerklärungen über die Leninsymphonie noch im Kopf, aber auch diejenigen fühlten sich betrogen, die eine Fortführung der Fünften erwartet hatten. Statt dessen wurde ihnen ein dreisätziges Orchesterwerk von einer knappen halben Stunde Dauer präsentiert; der erste Satz war ein Largo, ihm folgten zwei kurze scherzohafte Sätze. Der Anfang war so überraschend wie der Schluss: es fehlte der übliche Sonatenhauptsatz, und die aufgedrehte Lustigkeit des Schlusses schien recht unsymphonisch. War das die neue Volkstümlichkeit?

Die Kritiker nannten die Sechste eine „Symphonie ohne Kopf". Sie hatten damit tiefer recht, als sie dachten. Der langsame erste Satz ist trauerverhangen, gedankenschwer und voll tiefen Gefühls. Zu den folgenden beiden Sätzen steht er in schärfstem Kontrast. Martynow sah den Sinn des Werkes in der „krassen Gegenüberstellung zweier grundlegender Darstellungen verschiedener psychischer Zustände. Die völlige Versunkenheit des innigen Largo kontrastiert wunderbar zu der schäumenden Lebensfreude der beiden Scherzi".[24] Allerdings sah er in der Schwermut des Largo ein Bild der Vergangenheit, das Schostakowitsch dem „glücklichen Leben" gegenübergestellt habe.

Man kann die Sechste Symphonie aber auch anders verstehen. Der Kopfsatz kann nicht ohne Grund fehlen, wenn die klassische Satzfolge mit Largo, Scherzo und Finale eingehalten ist, die Schostakowitsch ja auch den vorangegangenen Werken, der Fünften Symphonie und dem 1. Streichquartett zugrundegelegt hatte. Mit dem Sonatenhauptsatz hat er dessen dramatische Ausgestaltung des Konflikts zwischen erstem und zweitem Thema eliminiert: Es gibt keine Auseinandersetzung mehr, es gibt nur noch einen unauflösbaren Widerspruch. Die Sechste Symphonie gestaltet kein kämpferisches Bewusstsein; statt aktiver, dramatischer Entwicklung gibt sie einen Gefühlszustand wieder: einen gespaltenen. Und wer sagt, dass im Largo über die Vergangenheit getrauert wird? Diese Tragik ist sehr gegenwärtig.

Wie weit her ist es mit der „Lebensfreude" der Scherzi? „In diesen Sätzen ist alles schimmernd, strahlend, alles trägt uns in unübersehbare, sonnendurchflutete Weiten", schrieb Martynow. Das erste beginnt mit übermütigster Munterkeit, die an die Streiche Petruschkas – oder Till Eulenspiegels – erinnert. Doch man weiß, wie es den Spaßvögeln erging: Jäh nimmt die Musik einen bedrohlichen Charakter an, und mit schwerem Ausdruck nähert sich etwas Unausweichliches. Nach dem wilden Höhepunkt sammelt sich das thematische Material des ersten Teils zwar wieder, gewinnt aber nicht mehr die direkte Präsenz und Kraft, sondern wirkt zurückgenommen und verstört. Die selbstbewusste Kraft des Witzes ist dahin.

Das Final-Scherzo ist im wahrsten Sinne des Wortes „quietschvergnügt“. Bald klingt es nach Rossinis *Wilhelm Tell* und bald nach Jacques Offenbach. Wenn der Mittelteil wieder wie im Scherzo bedrohliche Töne anschlägt, wird der wilde Tanz diesmal souveräner absolviert. Nach kurzem Einhalten setzt der Endspurt an: ein deftiger Galopp, der sich seines applaustreibenden Effekts bewusst ist. Aber die Musik dieses Satzes wirkt im Vergleich zum ersten Scherzo trivial, sie klingt nach Unterhaltung. Populärer kann Symphonik nicht sein.

Muss man dieses Finale wörtlich nehmen? Klingen nicht die Offenbachiaden aus der frühen Filmmusik *Das Neue Babylon* ebenso hier herein wie das erste Klavierkonzert (mit seiner Bürgerschreck-Haltung) oder die Karikatur des selbstgefälligen, trivialen Spießers in den Figuren des Boris und des Popen in der *Lady Macbeth*? Und nicht zuletzt auch das Scherzo der Fünften Symphonie legt den Verdacht nahe, Schostakowitsch habe auch hier eine sarkastische Persiflage auf das Verlangen der Kulturbürokratie nach „Volkstümlichkeit“ und „gesunder Lebensfreude“ geschrieben.

So ergibt der Dualismus der beiden Teile der Sechsten Symphonie einen Sinn: War nicht auch der Künstler Schostakowitsch zweigeteilt? Musste er nicht seine Trauer um enge Freunde in sich verschließen, nach außen hin aber die verlangte Fröhlichkeit spielen und in Musik abliefern? Auch dies war ein statischer Zustand, der durch keinerlei aktives Handeln veränderbar schien. Deshalb verzichtete Schostakowitsch auf die musikalische Lüge und gab seinem Gefühlszustand einen aufrichtigen, schizophrenen Ausdruck.

Die dritte bedeutende Komposition nach der Fünften Symphonie war das *Klavierquintett* op. 57 (1940), das Schostakowitsch schrieb, nachdem er Mussorgskis *Boris Godunow* neu instrumentiert hatte, jene großartige Oper über das Thema Volk, Macht und Gewalt. Das fünfsätzige Klavierquintett schlägt einen luziden, neoklassizistischen Ton an. Seine hohe technische Qualität und differenzierte Ausdrucksfähigkeit straft die banale Vergnügtheit des Finales der Sechsten Lügen: Das war doch nicht der neue Stil Schostakowitschs. Es beginnt mit einem romantisch-pathetischen Präludium, auf das als umfangreichster Satz eine Adagio-Fuge folgt. In der Mitte steht ein Scherzo. Nach dem leidenschaftlichen Gesang des Lento-Intermezzos stimmt das Finale einen lichten Ton der Versöhnung an. Solche Finale-Einsätze, die utopisch an unbekümmertes Sprießen von ganz Neuem erinnern, schrieb Schostakowitsch mehrfach. Dieses Finale erfährt Krisen: Die

Musik verkrampft sich plötzlich und wird grob, unternimmt bedrohliche Anläufe zu wuchtiger Apotheose, zu einem Schluss à la Fünfte Symphonie, was zwar alles abgebogen wird, aber einige recht schaurige Momente bringt. Die Krisen werden aufgelöst, damit das Stück in Lockerheit leise ausklingen kann … doch auch die Leichtgewichtigkeit dieses Schlusses scheint mir nicht ganz ohne ein Augenzwinkern zu sein.

Das Klavierquintett wurde sofort ein Erfolg. 1941 wurde es mit dem Stalinpreis 1. Klasse ausgezeichnet (neben der Ehre bedeutete das einen Geldpreis von 100 00 Rubeln); bereits 1940 war der Komponist mit dem Rotbannerorden dekoriert worden, seit 1939 war er ordentlicher Professor. Die öffentliche Anerkennung war zurückgewonnen.

In der Mitte des ernsten, musikalisch sehr ausgearbeiteten Quintetts steht ein Scherzo, dem die Kritik wieder „stürmische Lebensfreude" zuschrieb. Aber dafür ist es eine Spur zu banal und grotesk in dieser Umgebung. Die Rohheiten dieser sarkastischen Karikatur korrespondieren höchstens mit den bedrohlichen Stellen des Finales. Das Scherzo war eine der wichtigsten Formen des jungen Schostakowitsch. Jetzt haben seine Scherzi ihre Unschuld eingebüßt, die sie – bei allem grotesken Witz – in der Ersten Symphonie, im Streichoktett op. 11 oder in der Cellosonate noch hatten. Sie haben einen bösen Unterton bekommen, wirken sarkastisch.

* * *

Dieser Typus des sarkastischen Scherzo geht auch durch das weitere Werk Schostakowitschs. Nicht selten hat das den Blick auf seine Stücke verstellt, weil man sie wirklich für einen – etwas überdrehten – Ausdruck sozialistischer Lebensfreude hielt, also für eine gewollte, populistische Primitivität oder schlimmer, für musikalische Unaufrichtigkeit. So mögen in der *Achten Symphonie* op. 65 (1943), die im ersten Satz die Schrecken der Zeit des Krieges zeigt, die beiden folgenden Scherzo-Sätze auf den ersten Blick befremden. Doch das erste Scherzo ist so offensichtlich primitiv, dass es nicht schwer fallen sollte, die brutale Kraftprotzerei zu spüren, die so oft der Ausgang von Pogromen und Massakern war. Wie ein Spuk zieht diese grölende Horde vorbei. Der Schlussakzent ist gewaltsam-bedrohlich. Die gespenstische Stimmung des toccatenhaften zweiten Scherzos der Achten Symphonie läßt sich dann allerdings kaum mehr überhören. Seine beispiellose Hetzjagd wird von schrillen Schreien und harten Schlägen begleitet. Im Mittelteil bekommt der Galopp zwar ein sehr russisches Kolorit, wie eine

Reiterattacke der Kosaken, doch scheint dieser feurige Angriff von den apokalyptischen Reitern zu kommen.

Von wilder und zugleich marionettenhafter Gewaltsamkeit ist auch das Scherzo des *Dritten Streichquartetts* op. 73 (1946), und selbst im schattenhaften Scherzo des *Vierten Streichquartetts* op. 83 (1949) nimmt der Galopp zeitweise gespenstische Züge an. Die sarkastische und anklagende Qualität des Scherzos der *Zehnten Symphonie* op. 93 war jedem Hörer sofort klar. Der aggressive Charakter der im Jahr 1953, nach Stalins Tod komponierten Musik klagte unüberhörbar die Gewalt an. Das wildeste aller dieser sarkastischen Scherzi ist wohl das im *Zehnten Streichquartett* op. 118 (1964), das Schostakowitsch auch mit *furioso* überschrieb.

Die europäische Musik am Anfang des 20. Jahrhunderts war oft gewollt primitiv. Ihre Primitivismen richteten sich teilweise gegen die satte Ästhetik des Bürgertums und zum andern Teil entsprangen sie der Faszination der Technik. Über Strawinsky, Prokofjew, Bartók und Hindemith war die neue Ausdrucksform auch in Schostakowitschs Frühwerk gekommen. Die Primitivismen seiner Werke nach dem Prawda-Artikel hielt man im Westen allerdings für einen Primitivismus des Unvermögens, wie er dank des Zwangs zum Volkstümlichen sich in der Sowjetunion tatsächlich seuchenhaft verbreitete. Nun stehen derart primitive Passagen zu oft in der Nachbarschaft verfeinerter und geistreicher Musik, als dass man an Schostakowitschs Unvermögen glauben könnte. Auch an seine Anpassung an die herrschende Ästhetik mag man nicht mehr glauben, wenn man die Entwicklung seiner karikaturistischen Fähigkeiten durch die Jahre bruchlos verfolgen konnte. Er hat hier ein Verfahren entwickelt, in seine Werke sozusagen eine zweite Ebene einzuziehen. Diese Doppelbödigkeit ist der genaue Ausdruck der Lage der Künstler in dieser Zeit. Sie liefert scheinbar die vom Komponisten erwarteten Mengen an Lebensfreude ab und bleibt für den oberflächlichen Hörer – also auch den Zensor – undurchdringlich.

Wenn Schostakowitschs Musik gemein klingt, will sie auch Gemeinheit darstellen. Die Dummheit ist die Schwester der Gewalt – wie könnte diese Tatsache besser ausgedrückt sein als im ersten Scherzo der Achten Symphonie? Wann gab es größeren Anlass, diese einfache Wahrheit auszudrücken, als im Krieg? Und auch mit der Folklore ist es so: Wer sie der sich entwickelnden Musik als totes Ornament vorschreiben will, verpasst ihr ein Korsett, an dem sie ersticken muss. Die Entwicklung der Gefühle der Menschen läßt sich nicht rational vorhersehen und planen – aufrichtige Kunst schlägt daher immer unvorhersehbare Wege ein. Die Gesinnung der folklore-verbrämten sowjetischen

Musik ist derjenigen eleganter Münchner Herren im teuren Trachtenjanker nicht wesensfremd. Man schmückt sich mit Dingen, die ihres früheren Geistes entleert wurden. Warum? Meist steckt einfach der Spießergeschmack dahinter (auch der ist im Industriezeitalter international), oft reiner Chauvinismus.

Nationalismus ist eine gefährliche Form der Dummheit. Er neigt zur Kraftmeierei, er vernebelt die Köpfe, er treibt in den Krieg. Das Protzen mit den nationalen Kulturwerten vernebelt die Köpfe genauso. Die grauenhafte Toccata der Achten Symphonie läßt die apokalyptischen Reiter in ihrem Mittelteil nicht von ungefähr mit russischer Musik dahertoben: über den Schrecken des Krieges waren die Schrecken des eigenen Regimes und seiner Russentümelei noch lange nicht vergessen.

All diese Assoziationen werden durch ständige Wiederkehr der beschriebenen Charaktere in anderen Werken bestätigt. Wie viele Allegretti Schostakowitschs tragen den gleichen marionettenhaften Charakter! Seine Scherzi werden sehr oft von rein mechanischer Bewegung getragen, was nur auf den ersten Blick ein Zeichen des Primitivismus ist. Es ist aber das Bild des Zwangs: des Zwangsverhältnisses, unter dem das Leben steht, des Verblendungszusammenhangs der Gesellschaft wie des kritiklosen Mitmachens.

Die Volkstümlichkeit und Verständlichkeit ist bei Schostakowitsch nur Schein. Das ist vielleicht seine größte Verwandtschaft mit Mahler. Dessen Modelle hat er immer wieder für sich nutzbar gemacht, weil sie einem ähnlichen Lebensgefühl entsprangen. Im *Ersten Violinkonzert* op. 77 (1947) greift das Finale des viersätzigen Werks eine Mahlersche Überschrift auf: die Burleske in Mahlers Neunter Symphonie, den „Brüdern in Apoll“ gewidmet, hatte die Versuche verhöhnt, das „Wahre, Gute, Schöne“ im Getriebe des Alltags hochzuhalten. Schostakowitschs Konzert beginnt mit einem Nocturne, das aber weder eine romantische Träumerei, noch eine Mahlersche Nachtmusik ist, sondern im wörtlichen Sinn ein einsamer Gesang, geschrieben in finsterster Nacht. Das folgende Scherzo ist eines von der sarkastischen Art, ein nächtlicher Spuk, in dem der Autor selber zum Mittanzen gezwungen wird: Immer wieder sucht er sich durch das Anspielen seiner Initialen *d-es-c-h* seiner Identität zu versichern. Nach dem teuflischen Tanz eine tragische Passacaglia, der langsame Satz. Die düstere Passacaglia geht in die Solokadenz der Violine über, die sich zu einem eigenen Satz ausweitet. In dieser Meditation fiebert die Angst der ganzen Epoche mit.

Am Ende der Kadenz muss der Solist (der sein Spiel erneut um *d-es-c-h* kreisen läßt!) wieder in den Alltag zurückfinden: das wird die

Burleske. Nun klärt sich die „Dramaturgie" des Werks. Hier herrscht eine grobschlächtige Themenbildung vor, und die Begleitmusik ist oft schauerlich. In wildem Taumel, mit an Show-Effekten reicher Grifftechnik, rast das Stück dem Ende zu, über dem allerdings das tragische Thema der Passacaglia erscheint: über dem Getriebe lastet das Verhängnis.

* * *

Folkloristischen Schmuck ganz eigener Art trägt das *Zweite Klaviertrio* op. 67. Auch dieses Werk aus dem Kriegsjahr 1944 ist tragisch. Es beginnt leise mit einem unendlich traurigen Thema, das vom Violoncello fahl in höchster Flageolett-Lage gespielt wird. Später wird die Musik wütend und trotzig. Das zweite Thema hat den Tonfall eines Kinderlieds und hinten wird noch ein „di-dideldum" angehängt. Musikantentum scheint sich hier selbst zu verspotten. So schwankt der Ausdruck des Satzes ständig zwischen Musizierfreude und Entsetzen. Das Scherzo ist so wild, dass dem Hörer beinahe schwindlig werden mag.

Im Finale, das dem langsamen Satz (einer Passacaglia) attacca folgt, konzentriert sich der Gehalt des Werkes. Nach dem ersten Thema mag mancher Hörer noch ein gepfeffertes folkloristisches Finale erwarten, ähnlich vielleicht den ungarischen Finali, die Brahms gern schrieb, z. B. für sein Klavierquartett op. 25. Das ist keine zufällige Parallele, denn die folkloristische Färbung der drei Themen des Finale ist dem nicht unähnlich, was man mit ungarischer Zigeunermusik verbindet; allerdings handelt es sich um jüdische Folklore. Genau wie in der Zigeunermusik wird auch in der Musik dieses orientalischen Volkes das jahrhundertelange Leiden auch in lustigen Weisen noch spürbar. (Das hat auch den grimmigen Humor von Brahms gereizt.) Die scheinbar folkloristisch-populären Themen haben selbst einen doppelten Boden. Schostakowitsch sah im jüdischen Musikanten sicherlich einen Verwandten. Das wird auch in Volkows *Memoiren* deutlich: „Ich glaube, wenn man von musikalischen Einflüssen spricht, so hat die jüdische Volksmusik mich am stärksten beeindruckt. Ich werde nicht müde, mich an ihr zu begeistern. Sie ist so facettenreich. Sie kann fröhlich erscheinen und in Wirklichkeit tief tragisch sein. Fast immer ist es ein Lachen durch Tränen. Diese Eigenschaft der jüdischen Volksmusik kommt meiner Vorstellung, wie Musik sein soll, sehr nahe. Die Musik muss immer zwei Schichten enthalten. Die Juden wurden so lange gequält, dass sie es gelernt haben, ihre Verzweiflung zu verbergen. Ihre Verzweiflung drücken sie in Tanzmusik aus. Jede echte Volksmusik ist schön, aber von der jüdischen muss ich sagen, sie ist einzigartig."[25]

In der Durchführung des Finales wird die Tragik, die in den Themen verborgen war, freigesetzt. Die Musik wird schmerzhaft zerrissen. Immer wieder wird versucht, durch leidenschaftliches Anspielen der Themen Form und Fassung wiederzugewinnen. Mit der Reprise des dritten Themas wird dies zwar erreicht – aber welche Verzweiflung prägt jetzt die Musik! Der Ausdruck der Sehnsucht, den die Themen zu Beginn hatten, wird nun vom Ausdruck der Hoffnungslosigkeit überblendet. Zu *legato*-Läufen des Klaviers wird der Anfang des Stücks wieder aufgenommen. Danach wirkt die Reprise des ersten Finale-Themas, begleitet vom typischen Marionettentrott, äußerst makaber. In der Coda schließlich tritt noch einmal das tragische Passacaglia-Thema auf, bis dann versprengte Floskeln und gebrochene Akkorde das Stück ersterben lassen.

In einer Erzählung von Anton Tschechow (1860–1904) ist etwas ähnliches ausgedrückt. Es ist kein Zufall, dass Tschechow Schostakowitschs Lieblingsschriftsteller war.[26] Er zeichnete mit feinem Strich, aber ohne äußerlichen Anspruch, Bilder aus dem alltäglichen Leben des Volkes, bei denen das Unausgesprochene oft das eigentlich Wichtige ist. Seine Erzählung *Rothschilds Geige* liebte Schostakowitsch besonders; in dieser Geschichte geht es um die Musik – und dazu noch um die jüdischen Musikanten.

Beim Tod seiner Frau Marfa wird dem Sargtischler Jakow plötzlich bewusst, wie sinnlos ihr gemeinsames Leben verflossen ist. Nicht die kleinste Freude hatte er ihr, und auch nicht sich selbst gegönnt: „das Leben floss nutzlos dahin, ohne jegliches Vergnügen, sinnlos war es vertan, für nichts und wieder nichts; für die Zukunft blieb nichts mehr zu hoffen, und blickte man zurück, dann gab es nichts als Verluste, so furchtbare Verluste, dass es einen schauderte. Warum konnte der Mensch nicht so leben, dass diese Verluste nicht entstanden? Er fragte sich, weshalb man den Birkenhain und den Kiefernwald abgeholzt hatte. Weshalb war die Viehweide leer? Warum taten die Menschen immer gerade nicht das, was nötig war? Warum hatte Jakow sein ganzes Leben lang geschimpft, gebrüllt, mit den Fäusten gedroht, seine Frau gekränkt, und, so musste man fragen, warum hatte er vorhin erst den Juden erschreckt und beleidigt? Was für Verluste ergab das! Was für schreckliche Verluste! Gäbe es nicht soviel Hass und Bosheit, die Menschen hätten gewaltigen Nutzen voneinander." Nachdem er zum ersten Mal im Leben zum Nachdenken gekommen ist, wird Jakow aber selber krank und muss bald einsehen, dass auch ihm wohl kein Pülverchen helfen wird.

„Als er dann nach Hause ging, überlegte er sich, dass man vom Tod eigentlich nur Nutzen hatte: man brauchte weder zu essen noch zu trinken, man brauchte keine Steuern zu zahlen und nicht die Leute zu kränken, und da der Mensch nicht ein Jahr, sondern Hunderte, ja Tausende von Jahren im Grabe liegt, war der Nutzen, wenn man alles zusammenrechnete, gewaltig. Vom Leben hatte der Mensch Verluste, vom Tod hatte er Nutzen. Diese Überlegung war natürlich richtig, trotzdem aber kränkend und bitter – wozu war es auf Erden so sonderbar eingerichtet, dass das Leben, das dem Menschen doch nur ein einziges Mal gegeben war, ohne Nutzen vorüberging?

Es tat ihm also nicht leid, dass er sterben musste, kaum aber erblickte er daheim seine Geige, da krampfte sich sein Herz zusammen, und jetzt tat es ihm leid. Die Geige konnte er nicht mit ins Grab nehmen, nun würde sie verwaist zurückbleiben, und mit ihr würde das gleiche geschehen wie mit dem Birkenhain und dem Kiefernwald. Alles auf Erden ging zugrunde, und auch in Zukunft würde es zugrunde gehen! Jakow trat hinaus und setzte sich auf die Schwelle seiner Hütte, die Geige an die Brust gedrückt. Er dachte an sein sinnloses, an Verlusten reiches Leben und fing an zu spielen, ohne zu wissen, was, aber es klang traurig und rührend, und Tränen liefen ihm über die Wangen. Und je mehr er überlegte, desto trauriger sang die Geige. Der Jude Rothschild, den er vorher beschimpft hatte, hört sein Geigenspiel und weint vor Entzücken und Leid. Darauf lag Jakow den ganzen Tag darnieder und grämte sich. Als am Abend der Priester ihn bei der Beichte fragte, ob er nicht an eine besondere Sünde denke, da fiel ihm, während er sein schwach gewordenes Gedächtnis anstrengte, Marfas unglückliches Gesicht und der verzweifelte Schrei des Juden ein, den der Hund gebissen hatte, und er flüsterte kaum hörbar:

‚Die Geige geben Sie Rothschild.‘

‚Gut‘, antwortete der Priester.

Und nun fragen sich alle in der Stadt: woher hat der Rothschild so eine schöne Geige? Hat er sie gekauft oder gestohlen, oder hat man sie ihm vielleicht als Pfand überlassen? Das Flötenspiel hat er längst aufgegeben, er spielt nur noch auf der Geige. Er entlockt ihr so klagende Töne wie vordem der Flöte; wenn er aber das zu wiederholen versucht, was Jakow gespielt hat, als er auf der Schwelle saß, dann klingt es so verzagt und traurig, dass die Zuhörer weinen, und er selbst rollt zum Schluss mit den Augen und sagt: ‚Achhhhh!‘. Und diese neue Melodie hat in der Stadt solchen Anklang gefunden, dass Rothschild ununterbrochen von Kaufleuten und Beamten eingeladen wird, die sie sich wohl zehnmal vorspielen lassen."

Die mal feurige, mal schwermütige Musik der Juden ist in Russland wegen ihres orientalischen Kolorits und wegen ihrer Gefühlsträchtigkeit traditionell populär. Das Judenorchester in Tschechows Erzählung verdient sein Geld, indem es auf Hochzeiten, Beerdigungen und sonstigen Feierlichkeiten spielt. Doch was für die Zuhörer Unterhaltung ist, bedeutet für den Musiker einen Teil seiner innersten Existenz. Dieses Thema musste Schostakowitsch faszinieren.

Er hat seinen Schüler Benjamin Fleischmann (geb. 1913) ermutigt, Tschechows Erzählung zu vertonen. Der Jude Fleischmann fiel am 14. September 1941 bei der Verteidigung Leningrads – als russischer Patriot – bevor er seine Oper *Rothschilds Geige* fertig instrumentiert hatte. Schostakowitsch hat dieses großartige Melodram fertiggestellt. Obwohl Fleischmann Jude war, ist es nicht selbstverständlich, dass er seiner Musik den jüdischen Tonfall gab, der seinen Lehrer so sehr begeisterte. Bei der Komposition seines 2. Klaviertrios hat Schostakowitsch zweifellos auch an das Schicksal seines Schülers gedacht.

In der idealistischen Phase der Revolution galten noch Lenins Utopien über die nationale Frage: Der Sowjetstaat sollte die nationalen Minderheiten aufs sorgfältigste pflegen und sie vor dem großrussischen Chauvinismus schützen. Stalin als zuständiger Volkskommissar wich schon damals durch Willkür davon ab. Im Vollbesitz der Macht kannte er keine Grenzen mehr. Ganze Völker, von den Krimtataren bis zu den Wolgadeutschen, wurden unter dem Vorwand des Krieges nach Sibirien zwangsumgesiedelt. Für die Juden hatte man schon früher die „Republik Birobidschan" im östlichsten Sibirien vorgesehen. Antisemitismus – der auch in Russland seine Tradition hatte – galt unter den alten Bolschewiki als ein besonders widerwärtiges Erbe. Stalin spielte wieder virtuos auf diesem Machtinstrument.

Im Krieg durften alle Patrioten sein. Da wurde auch die Musik nicht so scharf kontrolliert, obwohl es sicherlich nicht gern gesehen wurde, wenn in russischer Musik jüdische Folklore auftauchte. Unter den zahlreichen antifaschistischen Komitees gab es auch ein jüdisches. Unter den russischen Juden richteten die Deutschen grauenhafte Massaker an, beispielsweise die Massentötung zehntausender Kiewer Juden in der Schlucht von Babij Jar. Als Anfang der 1960er Jahre erneut eine Welle des Antisemitismus durchs Land ging, stellte Schostakowitsch an den Anfang seiner Dreizehnten Symphonie nach Texten von Jewtuschenko das Gedicht *Babij Jar*: „Für Judenfeinde bin ich wie ein Jude!"

Ehrenburg ging 1943 mit Wassilij Grossman daran, ein *Schwarzbuch* mit Berichten und Dokumenten über die Ausrottung der Juden durch die Nazis in den besetzten Gebieten zusammenzustellen. Die Arbeit daran war 1946 abgeschlossen, Auszüge wurden veröffentlicht. Doch dann kam die Kampagne gegen Kosmopolitismus und Kriecherei vor dem Ausland – die kurze Zeit des Bündnisses mit den westlichen Ländern war vorbei, und der Kalte Krieg begann. Stalin schaltete auf rigorosen Nationalismus um, und auch in der Kulturpolitik wurden die Zügel wieder schmerzhaft gestrafft. Wie 1936/37 ging es ihm um die institutionelle Sicherung der Macht. Gegen wachsende Unzufriedenheit in der Bevölkerung über innen- und außenpolitische Fehler wurden die niedrigen Instinkte geweckt: Karrierismus, nationale Gegensätze, Antisemitismus. Die antisemitische Politik wurde jetzt als „Antizionismus" getarnt. Berijas Geheimdienst ermordete am 13. Januar 1948 den berühmten Schauspieler und Leiter des Jüdischen Theaters, S.M. Michoëls (und täuschte einen Unfall vor). Während des Krieges hatte dieser als Vorsitzender des Jüdischen Antifaschistischen Komitees unter anderem auch in den USA für die Unterstützung der UdSSR geworben. Ende 1948 wurden die Antifaschistischen Komitees aufgelöst. Der Leiter der Komitees, der Stellvertretende Außenminister Losowskij, wurde ebenso wie die Mitglieder verhaftet, gefoltert und 1952 erschossen. Das *Schwarzbuch* wurde eingestampft. Die Mitarbeit daran wurde vielen Schriftstellern und Journalisten zum Verhängnis.[27] Schostakowitsch „profitierte" vom Krieg und der bewegten Zeit danach. Für seine „patriotische" Siebte, die *Leningrader Symphonie* hatte Schostakowitsch den Stalinpreis 1. Klasse bekommen und das Klaviertrio war durch einen Stalinpreis 2. Klasse geschützt (weil es so populäre Klänge enthält?). Seinen Patriotismus hatte er im Krieg unter Beweis gestellt – und tat es 1947 erneut mit einem *Poem von der Heimat* für Soli, Chor und Orchester. Er wurde 1947 mit dem Leninorden ausgezeichnet und in den Obersten Sowjet der RSFSR delegiert. Doch schon wagte er es nicht mehr, sein Violinkonzert zu veröffentlichen, das auch jüdische Elemente enthält. Es wurde erst 1955 durch David Oistrach uraufgeführt, der in einem Zeitungsaufsatz beschrieb, wie er dieses Werk erst skeptisch betrachtete, dann aber immer mehr lieben lernte. Er, der den dämonischen Charakter des Scherzos sehr wohl erkannte, beschreibt das Finale als heitere Volksfeststimmung – ob er das so empfand, oder ob das eine Hilfestellung war, um Schostakowitschs Maske zu wahren?

Zusammen mit dem Violinkonzert op. 77 legte Schostakowitsch 1948 noch ein weiteres Werk in die Schublade: den Vokalzyklus *Aus hebräischer Volkspoesie* für Sopran, Alt, Tenor und Klavier op. 79, der erst 1956 uraufgeführt wurde, und den er 1963, nach der Dreizehnten Symphonie, auch in einer Orchesterfassung vorlegte. Er hatte die Gedichtsammlung zufällig entdeckt und wählte elf Texte aus. Seine bekannte Einfühlungsfähigkeit ließ eine Musik entstehen, die den jüdischen Ton täuschend nachahmt. Die ersten acht Lieder schildern das Elend der Juden in der alten Gesellschaft. Die letzten drei Lieder beschreiben die lichte Zukunft der Integration der Juden in den Sozialismus:

> Glücklich bin ich hier im Kolchos,
> mitten in dem Blühen dort.
> Darum singe fröhlich deine Lieder,
> sing' nur, Flötchen, singe fort!

Schostakowitsch nahm den Anspruch der Ideologie wörtlich – das Kunstwerk wird zum moralischen Druckmittel. Wenn die Realität dem nicht entsprach, umso schlimmer für die Realität. In der Realität der Jahre 1947/48 musste dieser Anspruch entweder als groteske Naivität oder als Zynismus verstanden werden. An eine Veröffentlichung war deshalb nicht zu denken.

Obwohl die Folklore bei Schostakowitsch nur scheinbar populär sein will, haben doch auch diese Elemente die Verbreitung seiner Musik gefördert. So erreichte er sein Ziel, von möglichst vielen Menschen gehört zu werden. Dies war die Voraussetzung dafür, dass ihn auch viele verstanden. Für viele Menschen in der Sowjetunion war Schostakowitschs Musik eine Zuflucht, da sie ausdrücken konnte, was man mit Worten nicht sagen konnte und durfte. Ehrenburg schrieb: „Im November schickte mir Schostakowitsch einen Zettel mit einer Einladung zu seiner Achten Symphonie. Ich kam erschüttert heim. Ich hatte die Stimme des antiken Tragödienchors vernommen. Die Musik genießt das große Vorrecht, alles aussagen zu können, ohne irgend etwas zu erwähnen."[28]

VII Thema: Gewalt

Im Jahr 1937 waren die ausgeschalteten Altrevolutionäre mit der Begründung erschossen worden, sie hätten mit dem faschistischen Deutschland konspiriert. Am 24. August 1939 wurde die sowjetische Öffentlichkeit davon überrascht, dass die UdSSR am Abend davor mit Hitlerdeutschland einen Nichtangriffspakt abgeschlossen hatte. Man sah den Nazi-Außenminister Ribbentrop und Stalin mit zufriedenen Gesichtern einträchtig nebeneinander. Von Studenten der Moskauer Universität gab es höhnische Fragen an die Dozenten, die genauso überrascht, aber nicht flexibel genug waren, diese Wendung aus dem Marxismus-Leninismus zu erklären.[1] Doch nach einer umfassenden Propaganda-Kampagne stellte sich die Überzeugung ein, dass das ein ganz besonders geschickter Schachzug des „weisen und scharfsichtigen Führers des sowjetischen Volkes" war, um dem Faschismus eine Schranke zu setzen. Stalin freilich kalkulierte anders, als die Propaganda dem Volk weismachte. Hinter dem Vertrag mit Hitler stand eine langfristige Strategie.

In den Monaten zuvor hatte es fieberhafte diplomatische Aktivitäten zwischen den europäischen Mächten gegeben. Die Appeasement-Politik des britischen Regierungschefs Chamberlain schien gescheitert, nachdem Hitler am 15. März 1939 die Tschechoslowakei besetzte und damit das Münchner Abkommen brach, das ihm doch so große Zugeständnisse geboten hatte. Nun richtete Hitler seine Aggressionsbedürfnisse gegen Polen, von dem er Danzig und den Korridor forderte. Offensichtlich drohte Polen ein der Tschechoslowakei ähnliches Schicksal. England und Frankreich suchten einen Weg, die Existenz Polens zu garantieren, ohne selbst in einen Krieg verwickelt zu werden. Ein Bündnis mit der Sowjetunion, die vom Münchner Abkommen ausgeschlossen worden war, schien ihnen unangenehm: Das sozialistische Regime war ihnen nicht sympathischer als dasjenige Hitlers.

Hitler wusste, was er wollte. Seine Politik war gegen Osten gerichtet, um „Lebensraum" für das deutsche Volk zu schaffen. Die Sowjetunion musste zerschlagen werden, nicht nur um den Bolschewismus zu vernichten, sondern um die russische Staatlichkeit aufzulösen und das Land zu kolonisieren. Wenn der Westen (der den Griff der Nazis nach der Weltherrschaft natürlich nicht zulassen wollte) das nicht begreife

– so seine Schlussfolgerung – müsse eine taktische Verständigung mit den Russen gesucht werden, um den Westen in Ruhe schlagen zu können, dann aber mit geballter Kraft die UdSSR anzugreifen. Er brauchte die Ukraine, „damit man uns nicht wie im letzten Krieg aushungern kann".[2]

Stalin verachtete die westlichen Demokratien nicht weniger als sie den Sowjetstaat. Beherrschte das Großkapital sie nicht genauso wie den Nazistaat? Wenn ihm unter den europäischen Völkern aber eines sympathisch war, dann das deutsche. Schon Lenin hatte ja in der deutschen Sozialdemokratie das Vorbild für die organisierte Arbeiterschaft Russlands gesehen und in den ersten Jahren des Aufbaus die Parole „Lerne vom Deutschen!" ausgegeben.[3] Mit der Weimarer Republik hatte die Sowjetunion seit Rapallo 1922 gute Beziehungen. Als Dank für deutsche Kredite konnte die Reichswehr in der Sowjetunion die Dinge erproben, die der Versailler Vertrag auf deutschem Boden verbot; die deutsche Rüstungsindustrie errichtete Werke in Russland, und die Rote Armee hatte eine so umfangreiche Kooperation mit der Reichswehr, dass Tuchatschewski diese im November 1933 als „Lehrmeister der Roten Armee" bezeichnete.[4]

Mit dem faschistischen Italien pflegte die Sowjetunion gute Beziehungen, die die ideologischen Widersprüche einfach ausklammerten. Die durch Dimitroff bewirkte Einheitsfrontpolitik war im Grund nur eine zeitweilige Abweichung von der konstant deutschfreundlichen Linie Stalins (der Hitler nach der Schlächterei von Bad Wiessee 1934 fest am Ruder sah): ein taktisches Zugeständnis an die anderen KPs, die die antifaschistischen Kräfte in Bündnissen für den Zweck der sozialistischen Revolution sammeln wollten. Hinter den Kulissen gingen aber die Versuche der sowjetischen Außenpolitik weiter, die guten Beziehungen zu Deutschland zu erneuern.

Konnte denn Stalin moralische Empörung über die Nazi-Barbarei empfinden? Wohl kaum. Seine Mittel waren nicht besser. Seine strategischen Überlegungen hatten andere Grundlagen. Sollte es zu einem imperialistischen Krieg kommen, musste vor allem die Sowjetunion herausgehalten werden, denn das war nicht ihre Sache. Ihre Sache war es dagegen, den Krieg zu nutzen, um die sozialistischen Revolutionen durchzuführen. Diese musste schließlich auch in Deutschland siegen, wo der „Nationalsozialismus" (so bezeichnete die sowjetische Presse beim Besuch Ribbentrops in Moskau tatsächlich das, was sie zuvor nur als „Faschismus" angegriffen hatte, und am Flughafen wurde die Hakenkreuzfahne gehisst) – wo also die Nazis durch die Beseitigung der Demokratie in gewisser Weise den Weg schon bahnten.

Die Sowjetunion hatte schon in Spanien nicht eingegriffen, als Hitler den Putschisten Franco mit allen unerlaubten Mitteln unterstützte – Stalin war es wichtiger gewesen, in der Volksfront und in den Internationalen Brigaden mit „Abweichlern“ abzurechnen. Der Kristallisationspunkt des Konflikts war jetzt Polen, das von Hitler zwar täglich schärfer attackiert wurde, aber kein Bündnis eingehen wollte, das die Deutschen als Provokation hätten empfinden können. England und Frankreich fanden sich nur sehr zögernd zu Verhandlungen mit der Sowjetunion über einen Nichtangriffspakt bereit, der auch die Existenz Polens vor Hitler hätte schützen können. Im April 1939 warnte der Sowjetagent Walter Kriwitzki nach seiner Flucht in Presseartikeln vor einer drohenden Annäherung der Sowjetunion an Deutschland, weil Polen dank seiner strategischen Lage als Block zwischen Deutschland und Russland zu einer Einigung zwischen beiden geradezu herausfordere, diesen unsoliden Puffer zu beseitigen.[5] Die in der Appeasement-Politik befangenen Westmächte vermochten sich jedoch nicht umzuorientieren. Schon im Mai begannen Sondierungen zwischen der Sowjetregierung und den Nazis. Hitler und Ribbentrop waren ganz vom Fieber des kommenden Polenfeldzugs erfüllt und reagierten begierig auf die Angebote Stalins, die ihnen die erwünschte Rückendeckung verschaffen sollten.

Die Westmächte begriffen zu spät, dass nur ein Bündnis mit der Sowjetunion die Katastrophe aufhalten konnte, und verschleppten die Verhandlungen, bis Stalin und Hitler sich einig waren. Als Großbritannien am 25. 8. 1939 doch noch einen Beistandspakt mit Polen abschloss (und weil Italien nicht zur Unterstützung bereit war), verschob Hitler den geplanten Angriff vom 26. August auf den 1. September. Stalins Kalkül, Großbritannien werde jetzt zwar Hitler den Krieg erklären müssen, aber in Polen nicht eingreifen, ging auf. Die Nazitruppen überrannten Polen innerhalb von zwei Wochen. Am 17. September überschritten sowjetische Truppen die Ostgrenze Polens und besetzten ihrerseits die polnischen Gebiete Weißrusslands, der Ukraine und Ostgaliziens, also u. a. diejenigen Gebiete des zaristischen Russland, die die Sowjetunion an Pilsudskis Polen verloren hatte und in denen eine gemischtnationale Bevölkerung lebte. Diese Aktion wurde als Hilfeleistung „für die dort lebenden Brudervölker der Sowjetrepubliken“ gegen die anrückenden Heere Hitlers ausgegeben. Was niemand wusste: In einem geheimen Zusatzprotokoll des Hitler-Stalin-Pakts war die Aufteilung Polens in eine Interessensphäre Deutschlands und der Sowjetunion bereits vereinbart – nur wegen der ungünstigen öffentlichen Wirkung verzögerte Stalin den von Hitler immer dringender geforderten Gegenzug um zwei Wochen. Wegen angeblicher Abweichungen hatte Stalin die polnische KP auflösen lassen, und auch die Kommunistische Internationale hatte er vor ihrer Auflösung soweit neutralisiert, dass im eigenen Lager kein Widerstand denkbar war. Stalin hatte Hitlers Einfall in Polen erst möglich gemacht.

Frankreich und England ließen ihrer Kriegserklärung keine Taten folgen, so dass Hitler seine Kräfte voll gegen Polen konzentrieren konnte. Im nächsten Frühjahr besetzte er Dänemark und Norwegen, um nicht vom offenen Meer her der Bedrohung durch die Alliierten zu unterliegen, im Mai wurden Holland, Belgien, Luxemburg und Frankreich angegriffen. Auch Frankreich war auf den Kampf nicht wirklich vorbereitet und fiel innerhalb weniger Wochen. Nun trat Italien in den Krieg ein und es folgten 1941 die Besetzungen Bulgariens, Jugoslawiens und Griechenlands.

Dies alles vor Augen, beschränkte sich die Politik Stalins darauf, seinerseits das Vorfeld zu arrondieren. Am 28. November 1939 ließ er Finnland angreifen, das seine Forderungen auf Gebiete nördlich von Leningrad nicht erfüllen wollte. Aus dem erhofften Blitzsieg mit nachfolgender Installierung einer kommunistischen Regierung, die er in Moskau bereits bilden ließ, wurde jedoch nichts: Finnland leistete erbitterten Widerstand. Jetzt rächte sich die Schwächung der Roten Armee durch die Liquidierung ihrer fähigen Kommandeure. Russland wurde aus dem Völkerbund ausgeschlossen. Erst am 12. März 1940 konnte ein Friedensvertrag unterzeichnet werden, der Finnlands Existenz sicherte und ihm nur ein kleines Gebiet abtrotzte. Allerdings war Finnland jetzt umso sicherer ein Raub der Deutschen.

Die Sowjetbürger, von ihrer Presse nur sehr unzureichend über die Weltereignisse informiert, wunderten sich über die lange Dauer dieses kleinen Krieges der großen Roten Armee. Im Juni 1940 wurden die Baltischen Republiken der UdSSR einverleibt. Die Sowjetbürger wussten auch nichts von den Maßnahmen, die diese Vorfeldmanöver begleiteten. Die Intelligenz und die politische und militärische Elite Ostpolens (dazu kamen die Bukowina und Bessarabien, die Rumänien genommen wurden) und Litauens, Lettlands und Estlands wurden verhaftet und deportiert. In den annektierten polnischen Gebieten gab es eine starke polnische Minderheitsbevölkerung, deren Rechte ignoriert wurden; insgesamt wurden über eine Million Polen deportiert.[6] Die Rote Armee hielt 250 000 polnische Soldaten in Kriegsgefangenschaft, die erst nach der Aufnahme diplomatischer Beziehungen zur Londoner Exilregierung freigelassen wurden. Da fehlten jedoch die Offiziere, sie waren verschwunden, insgesamt waren 15 570 Polen verschwunden: Rechtsanwälte, Lehrer, Professoren, Künstler, Journalisten, Mediziner, Geistliche, die als Reservisten am Krieg teilgenommen hatten. Heute weiß man, dass sie in sowjetischen Lagern untergingen; im Wald bei Katyn wurden 4443 Leichen polnischer Kriegsgefangener entdeckt, die 1940 durch Genickschuss getötet worden waren: als die Nazis 1943 dieses Verbrechen den Sowjets anlasteten, glaubte man gern der Erklärung der UdSSR, dass die Nazis selbst 1941 das Massaker verübt hätten.[7] Die Krönung der Vertragstreue mit den Faschisten aber war der Austausch von „Spionen“: als angebliche Spione überließ Stalin auch 800 deutsche und österreichische Antifaschisten, die in der Sowjetunion Zuflucht gesucht hatten und nun auf diesem Umweg doch noch ins KZ kamen.

Wenn auch die Masse der Sowjetbürger von alledem nichts ahnte, so war unter der Intelligenz die Stimmung doch sehr angespannt. Immer noch verschwanden Bekannte, insbesondere ausländische Freunde oder solche, die Kontakte mit Ausländern hatten. Und all die verbrecherischen Maßnahmen wurden ja von Organen der Partei und des Sowjetstaates geplant und ausgeführt, deren Mitglieder gerade mit Schriftstellern usw. Umgang hatten. Man schwieg über das Wesentliche und stritt sich über Kleinigkeiten. Nach der Zerschlagung Polens hatten Stalin und Hitler auch noch einen Freundschaftspakt abgeschlossen, von dem Stalin sagte, er sei mit Blut besiegelt (!). Stalin gelobte den Nazis Bündnistreue. Die Polemik gegen die Faschisten wurde eingestellt. Die deutsche Kultur wurde gefeiert. Eisenstein erhielt den Auftrag, am Bolschoi Theater *Die Walküre* von Richard Wagner zu inszenieren, der als Hitlers Lieblingskomponist eben noch verschrieen war. Für Eisenstein war das eine begehrte Gelegenheit, sich mit Wagner auseinanderzusetzen und gängige Klischees zu überwinden.[8]

Sehr lange war *Die Walküre* nicht im Repertoire. Am 22. Juni 1941 überfiel Hitler die völlig ahnungslose Sowjetunion. Er hatte im Westen freie Hand, nun konnte das Hauptkriegsziel ins Auge gefasst werden: die Zerschlagung der UdSSR und die Kolonisation des Ostens. Das „Unternehmen Barbarossa“ war schon am 18. Dezember 1940 besiegelt worden. Doch auch die seit März 1941 immer häufigeren Warnungen der Westmächte und der eigenen Abwehr vor einem bevorstehenden deutschen Angriff schlug Stalin in den Wind. Er glaubte an die Treue seines Partners. Seit dem 18. Juni war die Staatsführung darüber informiert, dass Hitler den Angriff auf den 22. Juni, 4 Uhr früh, festgelegt habe. Noch als die Hitlertruppen schon weit im Land standen und Städte brannten, gab das Oberkommando nicht die Erlaubnis zum Abwehrkampf.[9]

Innerhalb von drei Wochen wich die Rote Armee planlos 300 bis 600 km zurück. Jetzt zeigte sich die Kehrseite von Stalins „Geniestreich“: der Puffer Polen war liquidiert und an der neu geschaffenen gemeinsamen Grenze hatte Hitler in Ruhe seine Truppen gruppieren können. Am 12. Juli schloss die Sowjetunion ein Abkommen auf gegenseitige Hilfe mit England, das sofort nach Hitlers Angriff seine Unterstützung angeboten hatte, und am 2. August folgte ein Abkommen mit den USA. Beide leisteten tatkräftige Hilfe: etwa 12% der Kriegsausrüstung der UdSSR kamen von den westlichen Alliierten. Die Sowjetführung erholte sich erst langsam von dem Schock des Angriffs. Die Armeeführung war unvorbereitet. Schostakowitsch formulierte es in seinem Gedenkartikel für Tuchatschewski so: „Es begann der Große Vaterländische Krieg. Unserem Volk wurde schweres Unglück zuteil. Wie oft musste ich in jenen Jahren an meinen Freund, den überragenden Menschen und hochbegabten Feldherrn Michail Nikolajewitsch Tuchatschewski, denken!“[10]

In kürzester Zeit hatten die Nazitruppen die Hälfte der Anbaufläche der Sowjetunion und eine Reihe von Industriezentren in ihre Gewalt gebracht. In äußersten Anstrengungen wurden wichtige Fabriken hinter den Ural verlegt. Die Deutschen, die in der Ukraine an manchen Orten noch als Befreier gefeiert worden waren, begannen sogleich mit ihrer Ausrottungspolitik. Die Russen waren als slawische Untermenschen nur wert, für den Aufbau Deutschlands zu arbeiten bis sie tot umfielen. Die Kriegsgefangenen wurden entweder gleich erschossen oder man ließ sie verhungern, es sei denn, sie waren in Deutschland als Fremdarbeiter nützlich. Hitlers Kriegszüge konnten sich auf eine gigantische Maschine der unentgeltlichen Arbeit in KZs und durch ausländische Zwangsarbeiter in deutschen Betrieben stützen, die die Rüstungsproduktion aufrechterhielten, obwohl die Männer an der Front waren. Dazu kam die Ausbeutung der besetzten Gebiete. Auch die Judenvernichtung setzte in den besetzten Gebieten sofort ein. Das Verhalten der Deutschen in der Sowjetunion war so bestialisch, dass Stalins Regime allemal als das kleinere, zumal eigene Übel erschien.

In den nicht besetzten Gebieten wurde das Leben ebenfalls zur Hölle. Der Angriff auf Moskau begann am 30. September. Am 19.10. wurde der Belagerungszustand verhängt. Die Stadt wurde von ihren Bewohnern teilweise verlassen. Der sowjetische Gegenangriff begann am 5. Dezember. Vor Moskau endlich wurde der blitzartige Einfall der Deutschen gestoppt. Leningrad hingegen, das intellektuelle Zentrum des Landes, wurde von deutschen Truppen eingeschlossen.

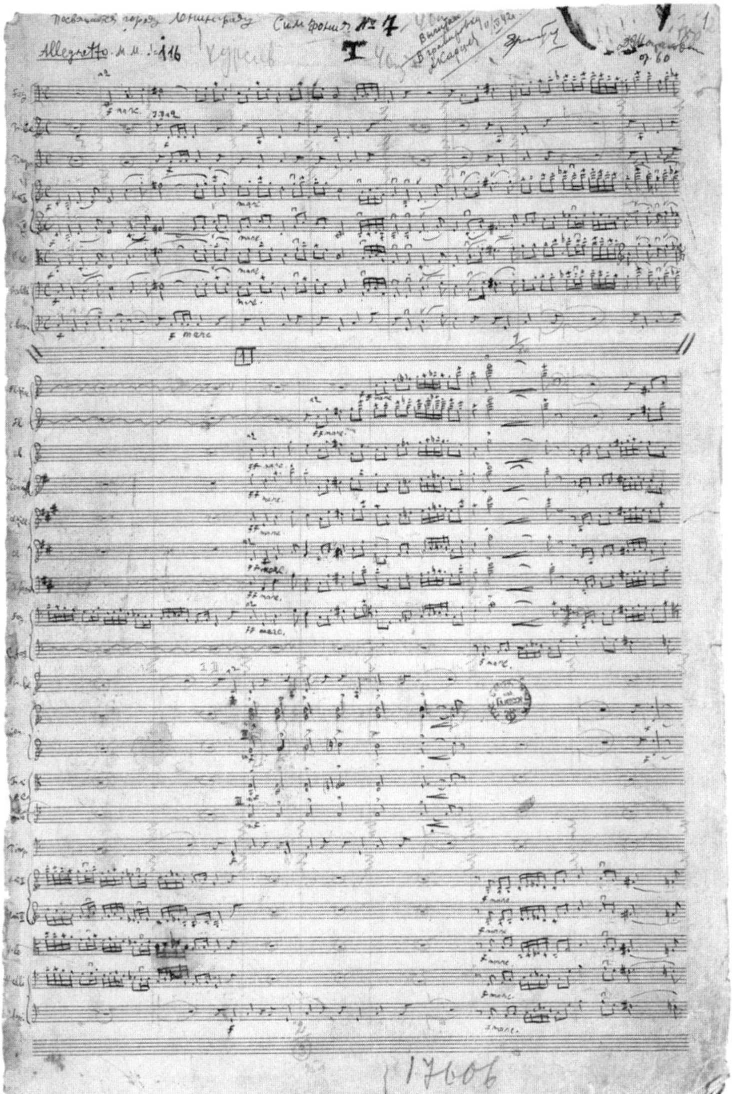

Autograph der ersten Seite der *Siebten Symphonie*

Der faschistische Überfall stellte in den Köpfen der Sowjetbürger in gewisser Weise die Maßstäbe wieder her: Der Wolf war tatsächlich ein Wolf, dem man auch in den Paktzeiten das Schafsfell nicht geglaubt hatte. Die Empörung über das, was man über die Gräuel der Nazis in Europa wusste, der tiefe Abscheu gegen diese Form der Barbarei und der Unterjochung war immer noch stark. Der Wille und die Bereitschaft, die Heimat dagegen zu verteidigen, waren sofort erwacht, schneller, als die Führung Abwehrmaßnahmen zu organisieren vermochte. Schostakowitsch meldete sich dreimal vergeblich an die Front, schließlich wurde er der Brandwache zugeteilt und nahm am Bau von Befestigungsanlagen teil. Die Partei stellte den Krieg jedoch nicht unter politische Losungen, sondern rief zum „Großen Vaterländischen Krieg" auf, stützte sich also auf den Patriotismus, um alle Schichten zu mobilisieren. (Diese Formel bezeichnet noch heute den Zweiten Weltkrieg, der für den Sowjetmenschen eben auch erst 1941 begann – mit diesem Datum ist die kritische Vorgeschichte umgangen.)

* * *

Selbst Künstler, denen vom Regime furchtbar mitgespielt worden war, unterstützten die Verteidigung. Anna Achmatowa (1889–1966), die große, auch von Schostakowitsch später sehr geschätzte Dichterin, schrieb ihren Zyklus *Kriegswind.* Achmatowa hatte mit dem Kommunismus niemals zu tun haben wollen. Da sie früher zur Gruppe der Akmeïsten gehört hatte und keine politische Lyrik, sondern Gedichte über den Alltag, über Liebe und Trennungsschmerz schrieb, war auch sie von den Kommunisten nicht gerade verehrt worden. Trotzdem war sie immer in der Sowjetunion geblieben, in ihrer Heimatstadt Leningrad, die sie liebte. Sie war ihrem Verlobten, dem Maler Boris Anrep (1883–1969) nicht gefolgt, als er 1916 nach London emigrierte. Ihr erster Mann, der Dichter Nikolai Gumiljow (1886–1921) kam wie sie aus der Akmeïstengruppe (wie auch der Dichter Ossip Mandelstam, der 1938 im Lager verhungerte) und hatte sich dann dem Proletkult angeschlossen. Von ihm hatte sie sich 1912 getrennt; die Ehe wurde 1918 geschieden. Gumiljow wurde 1921 wegen „konterrevolutionärer Verschwörung" erschossen. Gorki hatte sich vergeblich bei Lenin für ihn eingesetzt. Ihr Sohn Lew Gumiljow war 1935 für einige Zeit verhaftet gewesen und saß seit 1938 wieder im Gefängnis. Ihr dritter Mann, der Futurist Nikolai Punin (1883–1953), mit dem sie von 1923 bis 1938 verheiratet war, war zur Zwangsarbeit im Arbeitslager verurteilt worden.

Ich ließ mich nicht von meiner Heimat scheiden,
Floh in die Fremde nicht vor der Gefahr.
Ich blieb bei meinem Volk in seinem Leiden,
Blieb, wo mein Volk zu seinem Unglück war.

Dies ist das Motto ihres berühmten *Requiems*, das sie 1957 für die Opfer der Gewaltherrschaft schrieb. In die Politik wurde sie nicht zuletzt durch die vom Regime praktizierte Sippenhaft verstrickt. In dem 1922 veröffentlichten Zyklus *Anno domini steht im Abschnitt II* MCMXXI (das ist das Jahr der Erschießung Gumiljows) das Gedicht *Verleumdung*:

Verleumdung folgte mir, kam überallhin mit,
Ich hörte noch im Traum den leisen Schleicherschritt,
Und auch, wenn unterwegs, in fremden, toten Gassen,
Ich Brot und Dach mir sucht', wo selbst die Himmel hassen.
Und noch ihr Widerschein glimmt fort in jedem Blick,
Mal ist's Verräterei, mal schreckt man nur zurück.
Ich fürchtete sie nie. Mag sie auch provozieren,
Ich weiß die Antwort drauf, sie kann da nur verlieren.
Doch einmal – diesen Tag, den kann ich heut schon schaun –
Da kommt der Freundeskreis zu mir im Morgengraun
Und stört den süßen Traum mit Weinen und Klagen.
Und meine kalte Brust wird die Ikone tragen.
Von niemandem erkannt, kommt dann auch sie herein,
Sie stößt mit ihrem Maul tief in mein Blut hinein,
Zählt Kränkungen dort auf, obwohl sie nie gewesen,
Zugleich wird sie noch laut die Bittgebete lesen.
Ein jeder hört dann klar, dass sie nur faseln kann,
Und niemand sieht das Aug des andern offen an.
Mein Körper aber bleibt, wo es ihm öd und bange,
Damit zum letzten Mal die Seele Feuer fange,
Von wildem Mitgefühl zur Erde fast besiegt,
Wenn sie, noch erdenschwach, durchs Morgendunkel fliegt.

Seit 1923 waren keine Gedichtbände von Anna Achmatowa mehr veröffentlicht worden, hatte sie für ihre Freunde und für die Schublade schreiben müssen. In einem Gedicht heißt es:

Das schuldlose Wort war entweiht,
Getreten das heilige Verbum,
Blutböden fegte ich rein
Im Jahr siebenunddreißig mit Schwestern.
Mein einziger Sohn war verbannt,
Meine Freunde gefoltert in Kerkern,

Die Beschattung war unsichtbar,
Aber dicht wie ein Zaun von Staketen.
Man hat mich mit Stummheit belohnt,
Verflucht vor der ganzen Welt,
Verleumdungen waren mein Brot
Und Gift mein Alltagsgetränk.
Doch als ich am äußersten Rand stand,
Hat man mich dort einfach vergessen.
Als Stadtverrückte bekannt,
Streif' ich gern über Todesplätze.

Statt eines Vorwortes schrieb sie 1957 im *Requiem*: „In den schrecklichen Jahren des Justizterrors unter Jeschow habe ich siebzehn Monate mit Schlangestehen in den Gefängnissen von Leningrad verbracht. Auf irgend eine Weise ‚erkannte' mich einmal jemand. Da erwachte die hinter mir stehende Frau mit blauen Lippen, die meinen Namen natürlich niemals gehört hatte, aus jener Erstarrung, die uns allen eigen war, und flüsterte mir ins Ohr die Frage (dort sprachen alle im Flüsterton): ‚Und Sie können dies beschreiben?' Und ich sagte: ‚Ja'. Da glitt etwas wie ein Lächeln über das, was einmal ihr Gesicht gewesen war."

Im März 1940 schrieb sie in einem Gedicht, das sie später an den Schluss des *Requiems* stellte, diesen Teppich habe sie dem Andenken all der Frauen und Mütter gewebt, die dort mit ihr gestanden hatten; wenn aber einst ihr Mund verstumme, „der zu sagen gewagt, was hundert Millionen nur schweigend geklagt", und wenn man ihr dann ein Denkmal weihen wolle, dann dürfe dies nur an einem Ort stehen, vor dem Gefängnis:

Dass auch noch im Tod ich ihn höre und seh',
Den schwarzen Gefangenen-Transport-LKW,
Noch zuknallen höre das schreckliche Tor
Und heulend im Jammer die Frauen davor.
Und fließt von den ehernen Wimpern mir dann
Der schmelzende Schnee, sieht's wie Tränen sich an.
Vom Zuchthaus her klingt mir das „Ruckediguh",
Die Newa eilt rauschend dem Ozean zu.

Eine andere große Dichterin Russlands in diesem Jahrhundert, die für Schostakowitsch ebenso wichtig werden sollte – „jene andre, Dulderin Marina" nannte Achmatowa sie – Marina Zwetajewa (1892 geboren), beging wenige Wochen nach Kriegsbeginn am 31. August 1941 Selbstmord. 1939 hatte sie geschrieben: „O Tränen in den Augen! Wehklage aus Zorn und Liebe! O Land der Tschechen in Tränen, Spanien im

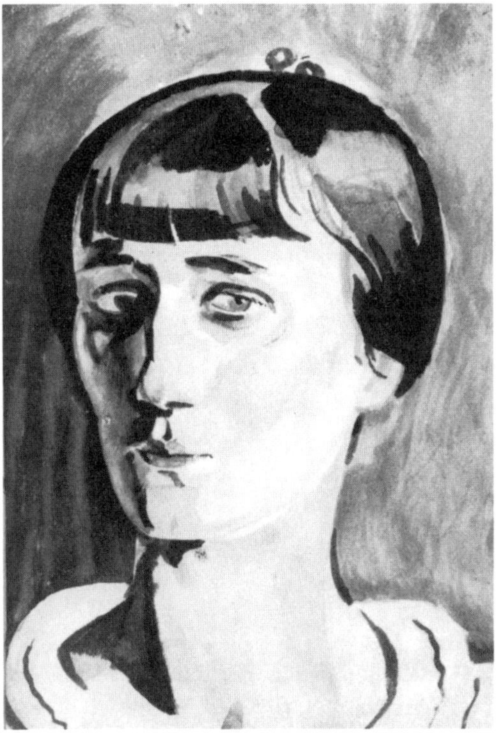

Lew Bruni: Anna Achmatowa (1922)

Blut! O schwarzer Berg, der alles Licht verdeckt. Es ist hohe Zeit, dem Schöpfer die Eintrittskarte zurückzugeben."[11]

Marina Zwetajewa hatte von 1922 bis 1939 im Ausland gelebt. Ihr Mann Sergej Efron hatte sich an der Werbung unter den Emigranten für eine Rückkehr in die Sowjetunion beteiligt. Das allem Ausländischen gegenüber misstrauische NKWD erwartete von den Heimkehrern, dass sie ihre ideologische Treue unter Beweis stellten. Efron hatte deshalb an der Liquidierung des Abtrünnigen Ignati Reis in Lausanne teilgenommen. Doch nach der Heimkehr hatten auch ihn als „Dank" Gefängnis und Tod erwartet.[12] Marina Zwetajewas Dichtung wurde von der Bürokratie nicht geschätzt, sie fand keine Resonanz auf ihre Arbeit, und mit den herrschenden Zuständen konnte sie ihren Frieden nicht machen.

Marina Zwetajewa war in die Heimat zurückgekehrt und doch fremd geblieben. Anna Achmatowa empfand das gleiche Gefühl der Entfremdung, nicht nur in der asiatischen Evakuierung: „Die bin ich nun. Ich wünsch' sie Ihnen anders und besser", schrieb sie am 24. 6. 1942 in Taschkent. Ihre Ahnung, sie werde der „Dulderin Marina“ gleich „bald trinken schon vom großen Nichts“, erfüllte sich nicht; ihr stand noch eine volle Schale Unglücks bereit. Der Krieg schien endgültig das zu zerstören, was Stalin an ihrer Heimat unversehrt gelassen hatte. Im Juli 1941 schrieb sie das Gedicht *Der Schwur.* Im Zyklus Kriegswind lautet das fünfte Gedicht vom 23. 2. 1942:

Wir wissen, was jetzt auf die Waage gelegt
Und was diese Kriegstage fassen.
Und wenn uns die Stunde des Muts heute schlägt,
So wird uns der Mut nicht verlassen.
Und raffen uns feindliche Kugeln auch fort,
Verheert auch der Krieg unsere Städte,
Dich wahren wir, herrliches russisches Wort,
Dich, heilige Sprache der Väter.
Dich retten wir furchtlos vor schmählichem Joch,
Vermachen den Enkeln dich frei, rein und hoch
Auf ewig!

* * *

Schon ab September 1941 begann Dimitri Schostakowitsch in der Presse über die Arbeit an seiner *Siebten Symphonie* op. 60 zu berichten. Die Deutschen rückten immer näher. Den ersten Satz der Symphonie hatte er am 3. September abgeschlossen, noch bevor am 8. September die Blockade begann, die die Stadt für 870 Tage vollständig abriegeln sollte. Die ständig bombardierte Stadt konnte nur noch aus der Luft versorgt werden; im Winter sorgte das Eis des Ladogasees für eine Verbindung. Am 14. September gab Schostakowitsch in der Leningrader Philharmonie ein Konzert, dessen Einnahmen in den Verteidigungsfonds flossen. In seiner „Ansprache aus Leningrad“ berichtete er: „Meine lieben Freunde! Ich spreche von Leningrad aus zu euch, während direkt vor den Toren der Stadt erbittert gegen den Feind gekämpft wird … Ich spreche von der Front. Gestern morgen habe ich die Partitur des zweiten Satzes meiner neuen, großen Symphonie abgeschlossen. Wenn es mir gelingt, dieses Werk gut zu Ende zu führen, wenn ich den dritten und vierten Satz abschließen kann, dann werden wir dieses Werk als ‚Siebente Symphonie‘ bezeichnen dürfen … Ich erzähle das, damit alle wissen: die Gefahr, in der Leningrad schwebt, hat dessen pulsierendes Leben nicht zum Schweigen gebracht.“[13]

Schostakowitschs Siebte Symphonie wurde schon eine Legende, bevor sie noch fertig komponiert war. Aus Amerika kamen Bitten um das Erstaufführungsrecht: von Toscanini, Kussewitzky, Stokowski, Ormandy. Der dritte Satz war am 29. September in Leningrad beendet worden, dann wurde auch Schostakowitsch evakuiert. Er kam nach Kuibyschew. Dort entstand im Dezember das Finale und dort wurde die Symphonie vom Orchester des Moskauer Bolschoi Theaters am 5. März 1942 uraufgeführt. Als anerkannter Künstler konnte er unter vergleichsweise günstigen Umständen leben. Im Februar 1942 schrieb er: „Wir sind gut untergekommen. Wir haben eine Wohnung mit zwei Zimmern. Viele Scherereien gibt es mit dem Haushalt. Meine Mutter, meine Schwester und mein Neffe sowie die Verwandten meiner Frau sind in Leningrad geblieben. Nur selten kommen von dort Briefe, die ungewöhnlich schwer zu lesen sind. Zum Beispiel wurde mein Hund gegessen; gegessen wurden auch einige Katzen."[14]

Der Erfolg dieser *Leningrader Symphonie* war sensationell, in der Sowjetunion wie im Ausland, wo sie am 22. Juni in London und am 19. Juli von Toscanini in New York erstmals aufgeführt wurde. Wann hatte zuletzt ein „klassisches" Musikwerk solches Aufsehen erregt? Zudem schien in dieser Symphonie alles klar: Schostakowitsch hatte durch zahlreiche Kommentare dafür gesorgt, dass der Hörer wusste, welches Programm er seinen Empfindungen zugrundezulegen hatte. Und diese Musik legte programmatische Auslegungen nicht nur durch die Umstände ihres Entstehens, sondern auch durch eine effektvolle Episode im ersten Satz nahe, die am meisten zur Berühmtheit der Symphonie beitrug. Dort steigert sich eine banale Melodie durch immer stärkere Instrumentierung zu einem brutalen Marsch von aggressiver Lautstärke. Dieser Abschnitt ging in die Musikgeschichte als die Episode der „Invasion" ein, d. h. die Schlagermelodie, die so leise beginnt und so wüst endet, soll den Einmarsch der Nazi-Truppen symbolisieren. Schostakowitsch hat diese Episode selbst so genannt und er hat diese Auslegung immer bestätigt: „Das Marschthema aus meiner Symphonie verkörpert den Einfall des aggressiven deutschen Faschismus. Ihre Erklärung dieses Themas ist richtig. So war diese Episode von mir gemeint", schrieb er am 28. April 1970 an den Genossen Pammler in Leipzig.[15]

Aber ist das wirklich so eindeutig? Ist die Siebte Symphonie wirklich nur ein effektvolles Durchhaltestück? Hat Schostakowitsch tatsächlich nicht mehr beabsichtigt als ein Stück Programm-Musik, als einen Schlachtenschinken à la Beethovens *Wellingtons Sieg* oder Tschaikowskys *Ouvertüre 1812*?

Nach dem Krieg, als die Reglementierungen wieder einsetzten, fingen sowjetische Kritiker an, an der Siebten Symphonie herumzudeuteln. Tichon Chrennikow, der 1948 Chef des Komponistenverbands wurde und in dieser allmächtigen Funktion sein Idol Stalin bis 1992 überdauerte, bemäkelte, dass in dieser vielgerühmten Symphonie eigentlich nur die Fratze des Faschismus ein prägnantes Gesicht habe, ein wirklicher Gegner in der Musik aber fehle: „Die Siebte Symphonie von Schostakowitsch hat gezeigt, dass sich sein musikalisches Denken viel tüchtiger erwies, um die unheildrohenden Gestalten des Faschismus und eine Welt subjektiver Reflexionen auszudrücken, als die heroischen Vorbilder unserer Gegenwart zu verkörpern. Die intonatorische Abstraktheit, der Kosmopolitismus der musikalischen Sprache von Schostakowitsch, der sich nicht einmal in der Zeit des Krieges die Aufgabe stellte, der nationalen musikalischen Ausdrucksweise des Volkes näherzukommen, war dann auch eine Schranke dagegen, dass die Siebte Symphonie im sowjetischen Volk populär geworden wäre."[16]

Ohne bei den denunziatorischen Feinheiten dieser Sätze zu verweilen, muss doch festgestellt werden, dass Chrennikow einen wunden Punkt berührte, in dem ein weiterer Gegner Schostakowitschs aus alten Tagen, der frühere RAPM-Kritiker Marian Kowal, in einer späteren Nummer der Sowjetskaja Musyka herumrührte: „Kräfte, die diesem faschistischen Affenmarsch entgegen gesetzt würden, gibt es in der Musik von Schostakowitsch nicht. Es gibt da nur einige abstrakthumanistische Gedanken, die in der Musik gesagt werden: wesentlich minder begeisternd, viel eher rational. Mit dem faschistischen Marsch kollidiert nur die Verzweiflung am Widerstand, was dann zu einer tragischen Kulmination führt. Die Kraft, die dem faschistischen Thema entgegengestellt wird, müsste sich in dieser Symphonie aus Melodien des russischen Volkes und anderer Völkerschaften der UdSSR zusammensetzen, um so die Kraft und das Vermögen des sowjetischen Volkes auszudrücken."[17]

Diese Überlegungen haben viel für sich … wenn Schostakowitsch wirklich nur ein Programmwerk über den Widerstand der Sowjetvölker gegen den deutschen Aggressor hätte schreiben wollen. Glücklicherweise waren Schostakowitschs Kritiker nicht einmal zu einer gründlichen Analyse fähig. Sonst hätte ihnen unbedingt auffallen müssen, dass in der Exposition des ersten Themas das Kernmotiv bereits enthalten ist, aus dem die Hauptzelle des „Invasions"-Themas entwickelt ist.[18] Dieser Kopfsatz ist in Sonatenhauptsatzform gehalten, nur die Durchführung wird durch die variierten Wiederholungen jenes Themas ersetzt. Die Reprise bricht in eine hochpathetische Klage aus, ein „Requiem" für die Opfer, wie Schostakowitsch sagte. Auch in dieser Klagemusik treten das Kernmotiv und seine Variante hervor.[19]

Wenn das Schlachtengemälde die faschistische Invasion zeigen soll, erhebt sich weiter die Frage, warum die „Variationen“ so leise beginnen und erst allmählich ihren Ausdruck wandeln. Sind die Faschisten auf leisen Sohlen ins Land gekommen? Hat man anfangs nicht gewusst, dass sie Faschisten sind? Oder hat man den Faschismus nicht ernstgenommen? Nach der seit Hitlers Überfall geltenden Sprachregelung war der Faschismus von Anfang an aggressiver Natur – nur Stalins Weisheit habe ihn zwei Jahre lang auf Distanz gehalten.

Alle diese Fragen beantwortet die Musik nicht. Was sie formuliert, ist eine sich stetig steigernde Bedrohung. Die kleine (Militär-)Trommel beginnt zu rasseln. Das Thema wird zunächst *pizzicato* von den Geigen und Bratschen vorgetragen, dann in der ersten Variation von der Flöte. In der dritten Variation spielt die Oboe das Thema Stück um Stück vor, und das Fagott „plappert nach“. Das Thema selbst ist simpel. Es klingt entfernt nach dem Schlager „Heut’ gehn wir ins Maxim“, musikalisch nicht besonders erwähnenswert. Indem es aber unentwegt wiederholt und immer martialischer instrumentiert wird, tritt seine Banalität zutage. Es ist eigentlich zu beschränkt, und deshalb schlägt die Musik allmählich um. In der gleichen Funktion, als Symbol der Dummheit, hat Bartók es in seinem Konzert für Orchester von 1943 aufgegriffen.

Für Schostakowitschs Verfahren gibt es zwei historische Vorbilder: Ravels *Boléro* und Tschaikowskys Marsch aus der Sechsten Symphonie. Der französische Komponist Maurice Ravel (1875–1937) hat über sein berühmtestes Stück selbst einmal gespottet: „Ich habe nur ein Meisterwerk geschaffen: den ‚Boléro‘; nur schade, dass keine Musik drinnen ist“.[20] Auch dieser Boléro ist die rein mechanische Steigerung eines einfachen Rhythmus und einer einfachen Melodik und, wenn man so will, eines Prinzips, bis zum rauschhaften Höhepunkt und Zusammenbruch. Nur durch instrumentatorische Steigerung holt Ravel alle Gewalt heraus, die in diesem spanischen Tanz steckt, bis an die Grenze des Möglichen, wo alles zusammenstürzen muss. Eine andere Variante ist seine Komposition *La Valse*, die den Wiener Walzer katastrophisch steigert.

Allerdings hat dieses banale Thema etwas sehr Militärisches und Aggressives. Anfangs marschiert es noch federnd, kommt dann aber immer stärker gepanzert und starrer daher. Seine Primitivität wirkt dann noch aggressiver, und das erzeugt in uns Angst. Dass diese Gemeinheit des Soldatischen nationalen Charakter hätte, lässt sich aus der Musik nicht ableiten. Zugleich hat diese Demonstration der Gewalt aber auch ihre Faszination. Nicht wenige Hörer erliegen beim ersten Mal dieser Faszination: Aus wessen Erziehung sind soldatische Tugenden ausgespart gewesen? Wer könnte von sich sagen, dass er völlig frei wäre von der Gefährdung, aus Verblendung an Gewaltaktionen teilzunehmen? So lässt sich auch über Schostakowitschs „Variationen“-Thema nicht mehr sagen, als dass es die Dummheit verkörpert, die sich selber feiert. Diese Dummheit ist nicht national, sondern allgemein menschlich – international unmenschlich.

Das Anfangsthema der Siebten Symphonie wird im allgemeinen als der kraftvolle Ausdruck des unversehrten Leningrad interpretiert. Die Musik selbst rechtfertigt dies nicht. Das Thema ist pathetisch, aber nicht durchgängig edel und schön. Es hat auch schon eine gewisse Beschränktheit. Dieser Allegretto-Anfang ist verdächtig verwandt mit dem Allegretto-Anfang der Vierten Symphonie; er hat sowohl das Maschinenhafte als auch das unbekümmerte Drauflosstürmen bis hinein in ähnliche Figuren. Wie bereits erwähnt, taucht das Kernmotiv, aus dem das Thema der „Variationen“ entwickelt ist, hier schon auf und wird besonders hervorgehoben. Danach scheint die Musik mit dem zweiten Thema in einen Dämmerschlaf zu sinken, als ob ihre Aufmerksamkeit selbstgenügsam erlahme (Die Konstellation von erstem und zweitem Thema erinnert ebenfalls an die Charaktere von Exposition I und Exposition II in der Vierten). Da setzt das Trommelrasseln ein, und die verhängnisvolle Entwicklung nimmt ihren Lauf. Das Thema der „Variationen“ ist im ersten Satz kein Fremdkörper.

Das „Requiem“ prangert das Kernmotiv nachdrücklich an und setzt es in Beziehung zu seiner Variante aus dem „Variationen“-Thema. Nach einem langen Fagott-Monolog blüht plötzlich die Erinnerung an das Hauptthema in den Violinen strahlend auf – aber sofort wird es durch das Kernmotiv wieder ausgelöscht. Die Coda setzt *pianissimo* mit dem Trommelrasseln ein, und die Variante des Kernmotivs aus den „Variationen“ schließt den Satz dazu ab. Diese unterschwellig bedrohliche Stimmung erinnert sehr an den Schluss des ersten Satzes der Vierten Symphonie. Diese Symphonie war ja nicht veröffentlicht, eine Veröffentlichung auch nicht geplant – Schostakowitsch mochte Grund haben, auf Gedanken zurückzukommen, die dort formuliert waren und die er für wichtig hielt. Auch hier wird also nur die unheilvolle Existenz dieses Themas bestätigt.

Den entscheidenden Hinweis aber finden wir bei Schostakowitsch selbst. Er hat jenes Kernmotiv nämlich bei sich selbst entlehnt. Es ist das Gewaltmotiv aus der *Lady Macbeth*. Hier soll es keinen anderen Gedanken ausdrücken als damals in der Oper. Und diese Gewalt kommt nicht von außen, sondern ist schon im unbekümmerten Hauptthema angelegt.

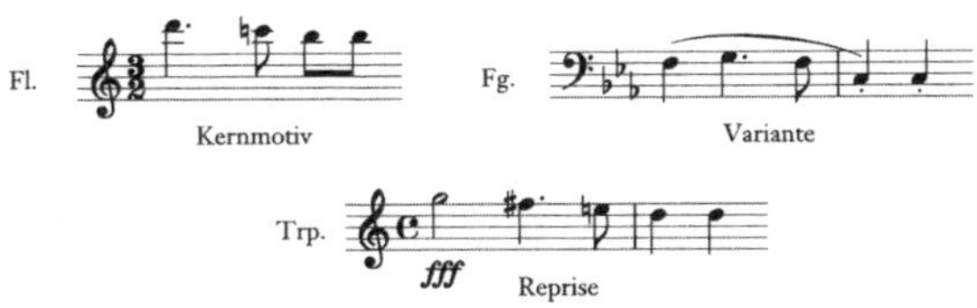

Im zweiten Thema ist die abwärts steigende Achtelfolge des Variationenthemas angelegt, so dass dieses mit der Exposition aufs engste verknüpft erscheint. Beim Verlöschen des zweiten Themas am Ende der Exposition mischen sich zudem sehr falsche Töne in die einlullende Wiegenlied-Stimmung. Schostakowitsch blieb sich offenbar auch in den Tagen des Krieges treu und schrieb eine böse Anklage gegen die nachlassende Wachsamkeit gegen die Gewalt – ob das nun die Terrormaßnahmen Stalins oder die in den Zeiten der „Freundschaft" geleugnete Aggressivität des Faschismus meint. Schostakowitschs Requiem galt allen Opfern der Gewalt ungeteilt.

Der zweite Satz, *Moderato (poco allegretto)*, stellt die im Scherzo übliche Reihenfolge um: die lyrischen Außenteile umrahmen ein heftiges Trio. Schostakowitsch schrieb zur Uraufführung: „Der zweite Satz ist ein lyrisches Intermezzo, ein sehr zärtliches. Er hat kein Programm und weniger „konkrete Fakten" als der erste Satz. Dort ist etwas Humor (ich kann es nicht ohne ihn!), Shakespeare wusste um den Wert des Humors in einer Tragödie – man kann die Hörer nicht die ganze Zeit in Spannung halten." Die zärtliche Stimmung des Scherzo ist melancholisch verhangen wie der langsame Satz in Tschaikowskys Vierter. Die Erregtheit des Trio knüpft an die Sechste Symphonie an. Es ist Humor von Schostakowitschs sarkastischer Sorte: die mechanische Bewegung wird zunehmend böser und marionettenhafter.

Der dritte Satz läßt im Wechsel eines Chorals (*Adagio*) mit einem leidenschaftlichen Rezitativ (*Largo*) historisierend sehr russische Assoziationen wach werden, was die erwähnten Angriffe teilweise unverständlich macht. Die Adagio-Abschnitte wirken etwas zu demütig, auch geistert hier stellenweise das Gewaltmotiv durch die Bassstimme.[21] Im Mittelteil *Moderato risoluto* wird die Musik stürmisch, ja martialisch bewegt.

Das Finale der Siebten Symphonie lässt vollends unverständlich werden, warum gerade diesem Werk das Fehlen russischer Intonationen vorgeworfen werden konnte. Aber auch Tschaikowsky war von seinen Zeitgenossen dieser Vorwurf gemacht worden, den heute niemand mehr nachvollziehen kann. Der Siebten Symphonie merkt man an, dass Schostakowitsch sich kurz davor mit der Neuinstrumentierung des

„Boris“ beschäftigt hatte. Das wirkte sich nicht nur auf ihre Tonsprache aus, sondern auch auf ihren philosophischen Gehalt. (Die thematischen Gestalten der vier Sätze stehen überdies in enger Beziehung.) Dieses Finale gleicht in seinem dramaturgischen Aufbau verblüffend dem Finale der Fünften Symphonie: einem grandiosen Anlauf folgt der tiefste Sturz, um dann zu einem schweren Ende zu gelangen.

Ohne Pause erfolgt die *pianissimo*-Überleitung vom Adagio zum *Allegro*-Finale. Militärische Signale aus weitester Ferne. Langsam, aber stetig wächst die Musik zu einem ungeheuren, feurigen Galopp an. Doch das wilde, kämpferische Stampfen geht unter und führt in einen schweren Trauermarsch, in pathetische Totenklage. Schostakowitsch schrieb sie im gemessenen Schritt der barocken Sarabande, ihr Thema ist das Thema der Gewalt. Aus dieser Klage über das vergossene Blut, begleitet von den fernen Militärsignalen, entwickelt sich der Schluss.

Das Wiederaufrichten hat einen drohenden Ausdruck. Diese Musik fleht um Erlösung, schreit nach Rache (jetzt mit sehr russischen Klängen), wächst an zu brüllendem Tosen, bis sie umschlägt, und die Vision des unverschandelten Hauptthemas der Symphonie einen Hoffnungsstrahl in die düstre Szene fallen läßt.

So zynisch es klingt: die Leiden des Krieges machten es möglich, ohne ständige Gängelung aufrichtige Musik zu schreiben. Seine Musik diente Schostakowitsch dazu, sich mit seiner eigenen Situation und mit seiner Umwelt auseinanderzusetzen. Er war von der Revolutionsbegeisterung mitgerissen worden und hatte frühe Bestätigung für seine Arbeit bekommen. Die Erfahrung war entsetzlich, wie sich die große Idee in eine Lüge verwandelte, wie ein Terrorregime entstand, das ihn und seine Freunde in der Existenz bedrohte oder sogar vernichtete. Der Umschlag einer großen Idee in den Terror ist angelegt, sobald andere Ideen nach dem Gut/Böse-Schema untergeordnet werden. Dann wird sie aggressiv und intolerant.

Das war Schostakowitschs Thema. Deshalb konnten seine Gegner immer wieder die „Fratze des Bösen“ in seinen Werken finden. In der Fünften Symphonie den Umschlag in die Brutalität im ersten und in die Desillusionierung im letzten Satz. Im Scherzo der Fünften und in der *Lady Macbeth* die Erbärmlichkeit der Spießer. Seiner Zeit ist es zu „danken“, dass sie ihn besonders für die Gestaltung des Negativen mit vielen Einfällen segnete. Das Gewaltthema hat seine Musik noch lange Zeit begleitet. Im Scherzo der Zehnten Symphonie, das nach Stalins Tod die zerstörerische Gewalt anklagt, wird es zitiert.[22] Auch im Zusammenhang langsamer Sätze wird es wieder auftauchen.

* * *

Während der Evakuierung begann Schostakowitsch mit der Arbeit an einer neuen Oper. Er wollte Gogols *Die Spieler* vollständig vertonen. Als er sah, dass die Oper zu lang werden würde, ließ er die Arbeit liegen, für die schon die Opus-Zahl 63 reserviert war. Nach dem Tod seines Klavierlehrers Leonid Nikolajew im Oktober 1942 in Taschkent schrieb Schostakowitsch zu dessen Gedenken eine Klaviersonate. Als Kammermusikwerk, das nicht so viel Aufmerksamkeit auf sich zog, ist auch diese *Zweite Klaviersonate* op. 61 eine reiche Komposition tiefer Reflexion.

Die Schlacht um Stalingrad hatte begonnen. Noch hielten die Deutschen ein Gebiet, in dem 85 Millionen Menschen lebten, das waren 40 % der Bevölkerung der UdSSR. In den ersten eineinhalb Jahren des Krieges hatte die unerfahrene Führung ungezählte Soldaten in sinnlosen Schlachten planlos geopfert, jetzt konnte sie aus den Fehlern Erfahrungen ziehen, und das Blatt begann sich zu wenden. Im Januar 1943 wurde Leningrad erreicht, aber befreit werden konnte es noch nicht. Die Schlacht um Stalingrad endete am 2. Februar 1943 mit dem russischen Sieg. Die deutsche Offensive im Sommer 1943 konnte gestoppt werden, am 3. August begann die sowjetische Gegenoffensive. Endlich gab es eine Entlastung im Rücken der Deutschen: im Juli 1943 waren die USA und Großbritannien in Italien gelandet und im September stürzte Mussolinis Regime. Auf der Teheraner Konferenz im November wurde die Eröffnung der Front in Frankreich bis spätestens Mai 1944 zugesagt. Die Alliierten landeten im Juni in der Normandie. Zu diesem Zeitpunkt war die Sowjetunion bereits weitgehend von deutschen Truppen befreit.

Schlecht erging es sowjetischen Soldaten, die in Kriegsgefangenschaft geraten waren und jetzt befreit wurden oder sich selbständig zu den eigenen Truppen durchschlugen: sie wurden als Spione verhaftet und ins Straflager geschickt. Stalin und seine Kumpane planten voraus. Leute, die unkontrollierbares Wissen in die Heimat mitbrachten, waren gefährlich. Auch die Machtübernahme im neuen Einflussgebiet vor der eigenen Haustüre wurde vorbereitet. Als in Warschau der Aufstand ausgerufen wurde, eilte die Rote Armee nicht zu Hilfe, weil seine Führung nicht von Stalins Leuten kontrolliert wurde. Der Aufstand wurde von den Deutschen blutigst niedergemacht. Stalin konnte das nur recht sein, weil die polnische Intelligenz auf diese Weise wirksam dezimiert worden war.

Schostakowitsch lebte seit März 1943 in Moskau. Ab Herbst unterrichtete er am Moskauer Konservatorium, das sein Freund Wissarion Schebalin leitete. Nach der Klaviersonate hatte er die *Sechs Lieder nach englischen Texten* op. 62 komponiert:

1. *The Wood, the Weed, the Wag* – An seinen Sohn
   von Walter Raleigh
   Der Sohn wird vor drei Dingen gewarnt: vor dem Holz, dem Strick und dem Halunken – vor allem wenn die drei zusammenkämen und er der Halunke sei, der am Galgen hängt.
2. *O säh' ich auf der Heide dort*
   von Robert Burns
   Ein Liebeslied für seine Frau Nina
3. *MacPherson's Farewell*
   von Robert Burns
   Furchtlos und frohgelaunt zieht MacPherson, der nie einen Kampf gescheut hatte, zum Galgen – nur dass kein Rächer erscheint, schmerzt ihn.
4. *Jenny*
   von Robert Burns
   Ein Liebeslied
5. *Sonett Nr. 66*
   von William Shakespeare
   Iwan Sollertinski gewidmet
6. *The King of France* – Nursery Rhyme
   Abzählvers:
   „The King of France went up the hill, with twenty thousand men;
   the King of France came down the hill,
   and never went up again."

Der bittere Humor des letzten Liedes passt in die Zeit... Das erste Lied enthält eine Parodie des Trauermarschs im Finale der Siebten Symphonie, die überhaupt mehrfach in diesen Liedern nachklingt. Dem Lied des MacPherson werden wir in überraschender Umgebung wiederbegegnen. Das gewichtigste Lied dieses Zyklus ist aber Shakespeares 66. Sonett. Schostakowitsch hat sich 1971 noch einmal mit diesen Liedern beschäftigt, als er sie in einer Fassung mit Kammerorchester als op. 140 veröffentlichte. Sie waren ihm also wichtig. Warum, zeigt der Shakespeare-Text:

Tir'd with all these, for restfull death I cry –
As, to behold desert a beggar born,
And needy nothing trimm'd in jollity,
And purest faith unhappily forsworn,

All dessen müd', schrei ich nach gnäd'gem Tod:

Dass Große ich als Bettler seh gebor'n,
Und hohles Nichts zum Prunke aufgeputzt,
Und treusten Glauben in der Lüge Zaum,

And gilded honour shamefully displaced,
And maiden virtue rudely strumpeted,
And right perfection wrongfully disgraced,
And strength by limping sway disabled,
Und wertvoll' Ehren kränkend falsch verteilt,
Und Mädchenreinheit gnadenlos verkauft,
Und hohen Anstand schändlich angeschwärzt,
Und Stärke kraftlos durch ein schlaff' Regime.

And art made tongue-tied by authority,
And folly (doctor-like) controlling skill,
And simple truth miscall'd simplicity,
And captive good attending captain ill:
Und Kunst geknebelt von der groben Macht,
Und Geist von Dummheit mit Doktrin regiert,
Und schlichte Wahrheit Einfalt dreist gezieh'n,
Und Böses als des Guten Kerkerwart –

Tir'd with all these would I be gone,
Save that, to die, I leave my love alone.
All dessen müde, wär ich längst davon,
Ließ' ich im Tod den Liebsten nicht allein.[23]

Konnte ein Wort treffender sein als Shakespeares Klage über den Zustand der Welt – in Pasternaks Übersetzung aus der englischen Renaissance ins Zeitalter Schostakowitschs treffend? Versteckt hinter der Autorität des großen Elisabethaners und hinter der Anklage gegen die „Feudalgesellschaft" hat Schostakowitsch hier wohl seine Sicht der eigenen Zeit formuliert. Auch die Widmung an seinen nächsten Freund Sollertinski unterstreicht die Bedeutung dieses ganz ruhig schreitenden Gesangs.

Innerhalb weniger Wochen entstand im Sommer 1943 die *Achte Symphonie* op. 65. Am 4. November wurde sie uraufgeführt. Vor der Erstaufführung in Nowosibirsk am 5./6. Februar 1944 sprach Iwan Sollertinski Einleitungsworte. Er hielt die Achte für Schostakowitschs größtes Werk. Hier seine Redenotizen:

„Das Recht auf die Tragödie und die tragische Kunst. Aus dem Pessimismus (Byron, Maeterlinck, L. Andrejew) wird die Tragödie nicht geboren. Die Tragödie als Frucht der Reife, der Kraft, der Tapferkeit, der sittlichen Freiheit und des Konflikts von Willenskräften (die Hellenen, Shakespeare, die Klassiker der spanischen Dramatik, Corneille).

Das Tragische ist nicht das Pessimistische (Tschaikowsky, ‚Carmen' von Bizet). Volkstümlichkeit und Festlichkeit. Über den Begriff ‚optimistische Tragödie'. Über die Furcht vor dem Tragischen. Das Erwachsen der Tragödie aus dem Epos. Marx zur sozialen Tragödie.

Schostakowitsch als tragischer Poet in der Musik.

Die Überwindung der Tragödie. Der Triumph der mannhaften Kraft. Transparente Trauer. Das Pastoral-Heroische (vergleiche die Züge des heroisch Pastoralen in Beethovens Dritter Symphonie).

Idylle…

Die Beziehung zu den Traditionen Tschaikowskys und Mussorgskis: Schmerz, Zorn, ‚Versammlung böser Kräfte', Kampf um das Glück…"[24]

Die Achte verhält sich zur Siebten ungefähr so wie die Fünfte zur Vierten Symphonie: erst das ausladende Laufenlassen der Gefühle mit programmatischem Untergrund, dann die strenge Konzentration mit der Formulierung absoluter musikalischer Bilder. In der Achten Symphonie wird man in dem Motiv der kleinen Sekund auf- und wieder abwärts die Keimzelle der ganzen Thematik der Symphonie erkennen. Sie steckt im Anfang und kehrt in allen Sätzen wieder. Sie wandelt sich, um die Trauer, die Panik, die Brutalität im ersten Satz auszudrücken, das primitive Auftrumpfen im zweiten Satz, dem ersten Scherzo, zu schildern, dann die Schmerzensschreie des dritten Satzes, das Requiem des vierten und endlich die aufkeimende, pastose Hoffnung im fünften Satz. Es ist völlig offensichtlich, dass da keine Feinde und Freunde namhaft gemacht und keine Schlachten geschlagen werden. Im ersten und im letzten Satz münden exzessive Ausbrüche unüberhörbar in das Weltschmerzthema aus Tschaikowskys Symphonie nach Byrons *Manfred*, das aus dem Material der Symphonie zusammengesetzt, also kein Fremdkörper ist. In grauenvoller Zeit denkt der Mensch über sich nach. Daraus entstand ein Requiem für alle Opfer der Gewalt, die Menschen anderen Menschen angetan haben.

Schostakowitsch schrieb, er habe hier das Bild vom seelischen Leben eines Menschen schaffen wollen, den der gigantische Hammer des Krieges betäubt habe, und dessen Schicksal mit dem der Volksmassen verbunden: „Dieser Mensch geht durch qualvolle Prüfungen und Katastrophen bis zum Sieg. Vielmals stürzt er, immer wieder steht er auf… Sein Weg ist nicht mit Rosen besät, und ihn begleiten keine fröhlichen Trommler".[25] Am Ende steht kein Sieg, denn den gab es bis heute nicht, sondern nur ein Streifen Hoffnung. Schostakowitsch malte die Trauer und den Schrecken so deutlich, damit sie nie vergessen, sondern bei jeder Aufführung zum Anstoß würden. Das Publikum reagierte entsprechend betroffen und begeistert. Die Bürokratie prangerte die

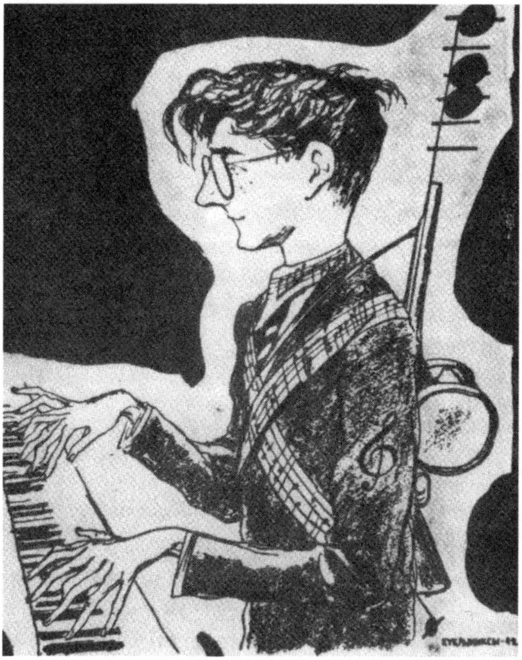

Schostakowitsch-Karikatur von Kukrinitzi (1943)

Achte Symphonie als defätistisch und formalistisch an. Sie wurde kaum mehr aufgeführt, worüber Schostakowitsch sich sein Leben lang immer wieder vergeblich beschwerte.

W. Gussew hat den Eindruck notiert, den Schostakowitsch – jetzt 37 Jahre alt – bei der Generalprobe zur Achten Symphonie auf ihn machte: „Er begrüßt viele Bekannte im Foyer. Rasch kommt er zu mir und drückt mir energisch die Hand – energisch, doch auch ziemlich abwesend. Man versteht es nicht: Ist er nun immer aufgeregt oder immer ruhig? Äußerlich ist er allerdings immer derselbe Junge, der strenge, etwas finster und verwirrt dreinschauende Junge. Er ist ganz reizend. Es ist etwas von einem Marsbewohner an ihm, wie ich mir einen solchen als Kind vorstellte."[26]

Im langsamen Satz der Achten Symphonie bediente sich Schostakowitsch der Form einer Passacaglia. Diese Tanzform des 17. Jahrhunderts war in die barocke Suite eingegangen, im 18. Jahrhundert verschwunden und hatte im 19. Jahrhundert ein Schattendasein geführt, bis sie im 20. Jahrhundert wiedererweckt wurde. In der *Lady Macbeth* hatte Schostakowitsch eine tragische Passacaglia als Zwischenspiel nach dem Mord komponiert. Das Charakteristische an einer Passacaglia oder Chaconne ist, dass ein Bassthema vorgestellt und dann ostinat unverändert wiederholt wird; über diesem Ostinato kann in der Oberstimme frei komponiert werden. Dabei kann das Ostinato auch einmal in die Oberstimme wechseln. Durch die immerwährende Wiederholung des Bassthemas hat die Passacaglia einen statuarischen Charakter, einen Ausdruck der Unabänderlichkeit bis zum Schicksalhaften.

Im *2. Klaviertrio* op. 67, das Anfang 1944 entstand und den Tod spiegelt, ist statt eines Themas eine Akkord-Fortschreitung die Ostinato-Grundlage des langsamen Passacaglia-Satzes. Das Ostinato der Passacaglia erscheint im 2. Klaviertrio auch gegen Ende des Finales: Dies symbolisiert das Fortwirken des Verhängnisses. Völlige Auflösung der jüdischen Themen, Versinken in Hoffnungslosigkeit steht in den letzten Takten.

Das Klaviertrio hat Schostakowitsch dem Andenken seines Freundes und Mitkämpfers Iwan Sollertinski gewidmet, der in Nowosibirsk 41jährig an einem Herzschlag starb. An seinen Freund Isaak Glikman schrieb er: „Lieber Isaak Dawydowitsch. Nimm meine herzlichsten Beileidsbezeugungen zum Hinscheiden unseres Freundes Iwan Iwanowitsch Sollertinski, der uns beiden so nahestand. Iwan Iwanowitsch starb am 11. Februar des Jahres 1944. Wir werden ihn nie wiedersehen. Es fehlen die Worte, um den großen Schmerz auszudrücken, der mein ganzes Wesen quält. Mögen unsere Liebe zu ihm und der Glaube an seine geniale Begabung und phänomenale Liebe zu jener Kunst, der er sein schönes Leben weihte – zur Musik – helfen, sein Gedächtnis vor dem Vergessen zu bewahren. Es gibt Iwan Iwanowitsch nicht mehr. Das ist sehr schwer zu ertragen... D. Schostakowitsch“.[27]

Auch im Violinkonzert op. 77 ist der langsame Satz in Passacaglienform geschrieben. Das Ostinatothema wird in der Kritik gern als „nobel“ beschrieben. Diese Bezeichnung ist nur der Ausdruck der Hilflosigkeit gegenüber der sehr schlichten Themengestaltung: „...Und hohle Dürftigkeit im Prunkgewand“. Es ist einfach primitiv: Es entpuppt sich als eine Variante des Gewaltthemas. So wird klar, warum die für das Tragische geeignete Form gewählt wurde. Auf dem Höhepunkt des Satzes singt die Geige, die Seele des Konzerts, das Ostinato – hat sie es verinnerlicht? An die Passacaglia schließt sich die meditative Kadenz an. Im Finale erscheint wie im Klaviertrio am Ende das Ostinato – das Thema der Gewalt und der Unterdrückung bildet den fortwirkenden Rahmen für die hirn- und gefühllose Geschäftigkeit der „Burleske“. Im Dritten, Sechsten und Zehnten Streichquartett hat Schostakowitsch diese Verbindung zwischen einem langsamen Passacagliensatz und dem Finale durch das Wiedererscheinen des Ostinato auf dessen Höhepunkt wiederholt. Eine Passacaglia ist auch das Finale der Violinsonate op. 134 aus dem Jahr 1968.

Die letzte Passacaglia schrieb Schostakowitsch 1971 in seiner Fünfzehnten Symphonie. Diese Symphonie reflektiert das Thema des Todes. Nachdem im Finale die Todesverkündung aus Wagners *Walküre* zum zweiten Mal zitiert worden ist, setzt angesichts der Unabänderlichkeit des Todes eine Passacaglia ein. Das Ostinatothema ist nicht unbekannt: es sind die Bruchstücke des Themas der Gewalt. Machtvoll bringt es sich auf dem Höhepunkt des Satzes in alter Gestalt in Erinnerung, und selbst den Schluss der Symphonie beherrscht es noch: es wird auch das Thema des Todes.

VIII Der Kampf um die eigene Identität

Im Krieg hatte Schostakowitsch auch Agitationsmusik geschrieben: den *Schwur dem Volkskommissariat für Chor und Klavier* (1942), einen Bläsermarsch, sowie die Revue-Programme *Vaterland* (mit der Suite *Leningrad* für Chor und Orchester op. 63) und *Der russische Strom* op. 66 für das Gesangs- und Tanzensemble des NKWD. Nach dem Krieg erwartete die Partei von den Komponisten die großen Siegesfeiern. Prokofjew schrieb eine *Ode auf die Beendigung des Krieges* für ein Orchester von 8 Harfen, 4 Klavieren, Bläsern, Schlagzeug und Kontrabässen. Wano Muradeli komponierte eine Symphonie, die er „Dem Sieg des Sowjetvolkes über den Faschismus" widmete, Reinhold Glière seine Ouvertüre *Sieg* op. 85. Bei der Siegesfeier auf dem Roten Platz war Schostakowitsch dabei und auch er hatte große Pläne: wieder war eine große Chorsymphonie nach Klassikertexten angekündigt...

Der Nummerierung nach würde es die *Neunte Symphonie* werden – das ist eine musikhistorisch sehr belastete Zahl. Jedermann erwartete von Schostakowitsch „Die sowjetische Neunte", würdig dem Anlass des Sieges wie des großen Komponisten. Man wusste auch, dass Stalin sich um die Kunstproduktion persönlich sorgte (auch darum, ob sie seinen Ruhm mehrte).

Schostakowitschs Neunte war am 30. August 1945 fertig. Bei der Uraufführung im November erwartete das Publikum ein Schock: kein Chor und kein Solist auf dem Podium, und auch nur ein kleines Orchester. Und dann rauschte ein spritziges Stückchen von 26 Minuten Dauer vorüber. Die Presse reagierte ausgesprochen ungnädig darauf, dass sie unvorbereitet war. Es gab die üblichen Vorwürfe. Warum konnten die Kritiker und Bürokraten sich nicht einfach über das schöne Stück freuen? Wohl nicht nur, weil sie pompöser hatten feiern wollen, sondern weil die Neunte nicht nur schön ist, sondern witzig, und dieser Witz nicht zu ergründen war. Tyrannen haben Witze nicht so gern, die sie nicht verstehen, sie fühlen sich immer getroffen. Ein desto reicheres Leben hat der Witz bei den Unterdrückten.

Die Neunte gibt sich neoklassizistisch, durchbricht dann aber doch das Schema, indem sie vor das Finale einen vierten Satz einschiebt. Dieser Satz irritiert den Hörer mit drohenden Posaunenklängen: als stünde er unter Anklage. Das Fagott antwortet darauf mit einem Rezitativ. (Dieses Instrument, dessen Klang in gewissen Lagen der menschlichen Stimme ähnlich ist, hatte sich in den letzten Jahren eine besondere Position in Schostakowitschs Tonsprache erobert.) Der Vorgang wiederholt sich: noch einmal die einschüchternden Blechakkorde, noch einmal ein antwortendes Rezitativ. Das Fagott leitet ohne Unterbrechung ins Finale über, wo es ein zunächst langsames Freudenlied anstimmt, das voll unterdrücktem Übermut steckt. Und dieses Lied ist nichts anderes als eine Variante von MacPhersons Lied beim Gang zu seiner Hinrichtung...

Galgenhumor! Leise singt die Musik vor sich hin, als könne sie kaum an sich halten. Noch einmal duckt sie sich unter den drohenden Hörnerakkorden, doch schließlich ist sie nicht mehr zu halten und wird schneller, bis das Thema dann *ff* herausplatzt. Eine Stretta schließt das Stück effektvoll ab.

MacPhersons Thema ist auch das Thema des Finales von Bartóks Sonate für zwei Klaviere und Schlagzeug aus dem Jahr 1937. Die westliche Musik wurde in der Sowjetunion zwar nicht mehr oft aufgeführt (Schostakowitsch regte mehrfach vorsichtig an, man solle doch zumindest im Komponistenverband ausländische Musik vorstellen, weil auch hier einiges zu lernen sei), aber es blieb doch der Findigkeit des Einzelnen überlassen, welche Stücke ihm dann bekannt wurden. Ob Schostakowitsch diese Komposition Bartóks kannte (den er sehr schätzte) oder nicht: auch bei Bartók drückt das Thema nach der Hetzjagd des ersten und der nächtlichen Naturstimmung des zweiten Satzes die befreiende Lösung aus. Bartók war von den Nazis aus Europa vertrieben worden und hatte zuletzt in materieller Not in New York gelebt. Er starb dort am 17. September 1945.

Schostakowitschs Neunte ist also nicht so leichtgewichtig, wie sie auf den ersten Blick wirkt. Die Neoklassizität des schnellen ersten Satzes, der an den Kopfsatz seiner Ersten Symphonie anknüpft, sehr witzig mit musikalischen Klischees spielt und doch am Ende der Durchführung ganz ernst ist, wird schon vom langsamen zweiten Satz in Frage gestellt. Sein von der Klarinette vorgetragenes Thema bricht immer wieder ab und wirkt dadurch erschöpft und müde. Die Siebte und Achte sind hier nicht fern. Die beiden Trios zeichnen eine Stimmung der Ängste – verscheuchen sie den Schlaf? Der Schluss des *Moderato*-Satzes läßt die Musik dann jedoch einschlummern. Die Galoppiade des *Presto*-Satzes führt schließlich in die Anklage-Szene des vierten Satzes.

So eröffnet die Tiefgründigkeit dieser Symphonie der persönlichen Assoziation des Hörers viele Möglichkeiten. Sie war nicht die erwünschte platte Siegesfeier, sondern der sehr subtile und private musikalische Ausdruck der Gefühle ihres Autors nach Kriegsende. Sie setzt bei ihrem Hörer allerdings eine Freiheit der Gedanken und Gefühle voraus, wie sie von der Doktrin des Sozialistischen Realismus gerade abgelehnt wurde. „Als ein gegen das Spießbürgertum gerichtetes Werk empfinde ich die 9. Symphonie“, schrieb Mrawinski[1].

Im *Zweiten Streichquartett* op. 68 mit dem großen Variationenfinale war Schostakowitsch im Jahr davor schon auf manches von den Eigenarten der Neunten Symphonie zugegangen. Das Rezitativ des zweiten Satzes weist nicht nur auf die Neunte, sondern auch bereits auf die Kadenz des Violinkonzerts voraus. Die ruhelose „Valse“, durchgehend mit Dämpfern gespielt, verbreitet eine gespenstische Stimmung. Nichts in dieser Musik ließe sich nach den Regeln des Sozialistischen Realismus bestimmen – außer vielleicht den jüdischen Folklore-Elementen in der „Ouvertüre“, aber selbst die wären dann fehlinterpretiert. Schostakowitsch begann in seinen Kammermusikwerken die Gedanken zu vertiefen, die er in der offiziösen Symphonik nur andeuten konnte. Die Kammermusik wurde nur von relativ wenigen Kennern beachtet und war daher eine bessere Tribüne für private Gedanken als die politisierten Konzertsäle und Opernhäuser.

Wie das Zweite, übertrifft auch das *Dritte Streichquartett* op. 73, das in der ersten Hälfte des Jahres 1946 entstand, die Neunte Symphonie erheblich an Umfang. Es gehört zu der Serie schwergewichtiger Kammermusikwerke, die Schostakowitsch in diesen Jahren schrieb. Die Reaktion der Bürokratie ließ nicht lange auf sich warten.

Diesmal wurde der erste Schlag jedoch nicht gegen die Musiker geführt. Am 14. August 1946 fasste das ZK der KPdSU den Beschluss „Über die Zeitschriften Swesda und Leningrad“. Beiden Literaturzeitschriften wurde vorgeworfen, ihre Spalten „solchen Schmierfinken“ wie dem populären Satiriker Soschtschenko (mit dem Schostakowitsch befreundet war) und der „dekadenten Schriftstellerin“ Anna Achmatowa zur Verfügung gestellt zu haben. Das Schlagwort der Kritik war diesmal die „Katzbuckelei vor allem Ausländischen“ bzw. die „Katzbuckelei vor der modernen bürgerlichen Kultur des Westens“. Dem Schriftstellerverband wurde mangelnde Aufmerksamkeit vorgeworfen. Am 26. August folgte der ZK-Beschluss „Über das Repertoire der Schauspielhäuser und Maßnahmen zu seiner Verbesserung“, am 4. September „Über den Film *Das große Leben*“. Eine neue Kulturkampagne hatte begonnen.

Das Ende des Krieges war in Europa nur der Ausgangspunkt für einen Kampf um Einfluss-Sphären mit anderen Mitteln geworden. In denjenigen Staaten, die von der Roten Armee befreit worden waren,

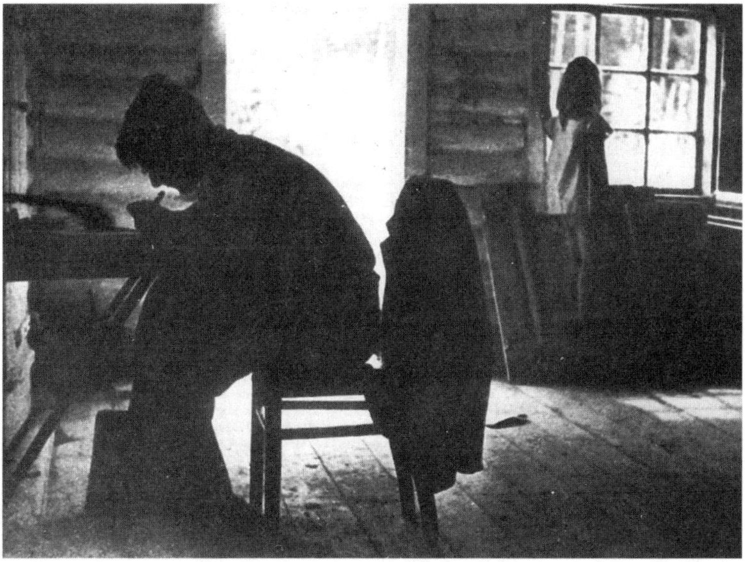

Schostakowitsch komponierend auf dem Lande, 1943

strebten die Kommunisten nach der ungeteilten Macht. Um dieses Ziel ungestört ansteuern zu können, wurden diese Länder immer stärker gegen den Westen abgeschottet. Der Einfluss nicht nur der bürgerlichen Ideologie, sondern auch westliche Beeinflussung mit handfesteren Mitteln musste ausgeschaltet werden. Am 5. März 1946 prägte Churchill das Wort vom Eisernen Vorhang, der vom Baltikum bis zur Adria niedergegangen sei. Allerdings tat der Senator McCarthy in Amerika mit seiner inquisitorischen Verfolgung von Kommunisten und Liberalen (zu den vom Komitee gegen antiamerikanische Umtriebe Verfolgten gehörten neben Brecht auch Einstein und Charly Chaplin) das Seine dazu bei, das nötige Feindbild zu liefern.

Die „Katzbuckelei gegen alles Ausländische“ war also das ideologische Mäntelchen für die Abschottung gegen unkontrollierbare Ideen, die durch die neuen Auslandskontakte mit alliierten Freunden ins Land zu strömen begannen. Selbst Ilja Ehrenburg, der sich stets als Propagandist zur Verfügung gestellt hatte, wurde als „Kosmopolit“ für einige Zeit kaltgestellt – außerdem war er in die Schusslinie der antisemitischen Kampagne geraten. Der Hass gegen die Juden war ebenso ein Machtmittel wie der Patriotismus, der gegen die drohende Aggression geweckt wurde. Als inneres Feindbild wurde der unpatriotische

Intellektuelle aufgebaut, dem die Anstrengungen des einfachen Volkes nichts bedeuten, weil er ewig heimatlos ist. Schon sein nichtrussischer Name verrät ihn: Die Pseudonyme der Schriftsteller wurden publiziert – wie viele jüdische Namen waren darunter! Das ging natürlich zu weit. Stalin, der eben noch kräftig die antijüdischen Ausschreitungen gefördert hatte, griff höchstpersönlich ein. Nein, die Pseudonyme hätten nicht offengelegt werden dürfen! Mit generöser Geste konnte er sich als Beschützer der Verfolgten darstellen.

Die Kampagne gegen die Katzbuckelei (nicht vor der Obrigkeit, sondern vor dem Ausland) brachte jene Blüten des Chauvinismus hervor, die mit den Witzen „Russland ist die Heimat der Elefanten" oder „russische Uhren sind die schnellsten der Welt" treffend gekennzeichnet wurden.[2] Fast alle bedeutenden Erfindungen wurden Russen zugeschrieben. Die russische Wissenschaft wurde in die Provinzialität getrieben. Die Bürokratie hatte in den 1930er Jahren Pokrowskis marxistische Schule der Geschichtswissenschaft liquidiert und die Geisteswissenschaften diszipliniert. Jetzt wurde die sowjetische Genetik, Biologie und Agrarwissenschaft ausradiert. Stalin hatte dem Scharlatan Lyssenko, der schon 1935 seinen Beifall gefunden hatte, weil er den Kampf gegen die „Kulaken der Wissenschaft" propagierte, geglaubt, er könne durch Neuzüchtungen ein landwirtschaftliches Wunder produzieren. Lyssenko rottete die Experten aus, die die moderne Gentheorie vertraten. Sein Wunder lieferte er nicht.[3] Ähnliche Katastrophen betrafen die Medizin, wo K.M. Bykow zum ideologischen Oberwächter gemacht wurde, und weitere Disziplinen.[4]

Stalin, der sich als Koryphäe der Wissenschaft und als das größte Genie aller Zeiten und Völker feiern ließ, warf die sowjetischen Wissenschaftler weit zurück. Er ließ es sich nicht nehmen, zum wissenschaftlichen Fortschritt auch selbst beizutragen. Am 20. Juni 1950 veröffentlichte die Prawda seine Abhandlung „Über den Marxismus in der Sprachwissenschaft" und im November 1951 leistete er seinen Beitrag zur Diskussion über das Lehrbuch der politischen Ökonomie, aus dem die Schrift „Ökonomische Probleme des Sozialismus in der UdSSR" entstand.[5] In letzterer Arbeit lieferte er Beispiele für seine „schöpferische Weiterentwicklung des Marxismus": so widerlegte er die These von Friedrich Engels, dass im Sozialismus der Gegensatz zwischen Stadt und Land auch ganz praktisch durch den Untergang der großen Städte besiegelt werde.[6] Stalin verschob die Aufhebung dieses Gegensatzes auf die ideologische Ebene: weil in der UdSSR durch die sozialistische Ordnung dem Gegensatz zwischen Stadt und Land bereits der Boden entzogen und keinerlei Hass des Dorfes gegen die Stadt geblieben sei, würden nicht nur die großen Städte nicht untergehen, sondern sogar neue große Städte als Wachstumszentren von Wirtschaft und Kultur entstehen.[7] Das war Scholastik statt inhaltlicher Auseinandersetzung.

Die Kulturkampagne der Jahre 1946–48 wurde von Andrej Schdanow geführt. Als er in Leningrad in Sitzungen des Parteiaktivs und der Schriftsteller den ZK-Beschluss erläuterte, bezeichnete er Soschtschenko nicht nur als Spießbürger und trivialen Menschen, sondern auch als „Gauner", „Hohlkopf" und „Abschaum". Anna Achmatowa nannte er nicht nur eine „Salonpoetin", sondern auch „Hure und Nonne zugleich".[8] Damit ist die Qualität seiner Kritik hinreichend gekennzeichnet. Zum neuen Vorsitzenden des Schriftstellerverbandes wurde Alexander Fadejew gemacht, der Autor der *Jungen Garde*, die 1947 verfilmt wurde. Schostakowitsch schrieb die Musik dazu. Als Stalin, der das Buch nicht gelesen hatte, den Film sah, bekam er einen Wutanfall. Fadejew wurde gezwungen, das Buch zu überarbeiten, was diesem nach Ehrenburgs Ansicht gar nicht bekam.

Im Januar 1948 wandte sich die Fürsorge des ZK der Musik zu. Den Anlass gab die nichtöffentliche Voraufführung der Oper *Die große Freundschaft* von Wano Muradeli. Solche Prüfungen der Werke im Komponistenverband oder an anderen Spielstätten vor der öffentlichen Premiere waren üblich. Als Kritikpunkte wurden die falsche Beurteilung der Rolle der kaukasischen Völker der Georgier, Osseten, Lesghier, Inguschen und Tschetschenen bei der Errichtung der Sowjetmacht 1918–1920 (das waren offene Rechnungen des Georgiers Stalin u. a. mit seinem früheren Mitkämpfer und Rivalen Ordschonikidse, den er in den Selbstmord getrieben hatte) und das Wiederaufleben des Formalismus genannt. Muradeli habe sich blind der Diktatur der herrschenden Komponisten Schostakowitsch, Prokofjew, Chatschaturjan, Schebalin, Popow, Mjaskowski u. a. gebeugt, statt die kaukasische Folklore zu würdigen: „Diese Musik riecht stark nach der heutigen modernistischen bürgerlichen Musik Europas und Amerikas, die den Marasmus der bürgerlichen Kultur, die völlige Verneinung der Musikkunst, ihre Ausweglosigkeit widerspiegelt", hieß es im ZK-Beschluss.[9] Das ZK beschloss: „Die formalistische Richtung in der Sowjetmusik wird als volksfeindlich und in der Praxis zur Liquidierung der Musik führend verurteilt". Schostakowitsch war zum zweiten Mal zum Volksfeind erklärt. Was aber verstand die Partei unter „zur Liquidierung der Musik führend"? Schdanow erläuterte, die formalistische Richtung, die 1936 im Beschluss über Schostakowitschs *Lady Macbeth* verurteilt wurde, sei in der sowjetischen Musik immer noch tonangebend.

Er wiederholte mit der Verurteilung der *Lady Macbeth* auch die Verurteilung aller „linken Abweichungen" der Revolutionäre. Die „führenden Komponisten" hätten die Herrschaft im Komponistenverband „um dieser Richtung willen" ausgeübt. Dagegen setzte Schdanow das „klassische Erbe": „Was für einen Schritt rückwärts auf dem Entwicklungswege der Musik tun unsere Formalisten, wenn sie, die Pfeiler echter Musik untergrabend, eine unschöne, unechte Musik komponieren, die von idealistischen Empfindungen erfüllt ist, die den breiten Massen des Volkes unverständlich und nicht für die Millionen der sowjetischen Menschen, sondern nur für einige Dutzend Auserwählter, für die ‚Elite' bestimmt ist!"[10]

„Es gilt, in vollem Umfange die Bedeutung des klassischen Erbes wiederherzustellen, es gilt, die normale menschliche Musik wiederherzustellen. Man muss die Gefahr der Liquidierung der Musik unterstreichen, die durch die formalistische Richtung droht, und diese Richtung verurteilen als einen herostratischen Versuch, den Tempel der Kunst zu zerstören, den die großen Meister der Musikkultur errichtet haben. [...] Es darf nicht vergessen werden, dass die UdSSR jetzt die wahre Beschützerin der Musikkultur der ganzen Menschheit ist, ebenso wie sie auch auf allen anderen Gebieten das Bollwerk der menschlichen Zivilisation und Kultur gegen den bürgerlichen Zerfall und Niedergang der Kultur ist. Man muss damit rechnen, dass die fremden bürgerlichen Einflüsse aus dem Ausland einen günstigen Boden für sich finden werden in den Überresten des Kapitalismus im Bewusstsein einiger Vertreter der Sowjetintelligenz, die in den nicht ernst zu nehmenden und absurden Bestrebungen zum Ausdruck kommen, die Schatzkammer der sowjetischen Musikkultur gegen den jämmerlichen Ausschuss der bürgerlichen Kunst einzutauschen. Darum muss nicht nur das musikalische, sondern auch das politische Ohr der sowjetischen Komponisten sehr fein sein. [...] Wenn Sie das geniale klassische Musikerbe bis aufs letzte ausnutzen und es dabei im Geiste der neuen Anforderungen unserer großen Epoche weiterentwickeln, dann werden Sie das sowjetische ‚mächtige Häuflein' werden. Wir haben den Wunsch, dass Sie Ihr jetziges Zurückbleiben möglichst schnell überwinden, dass Sie sich möglichst rasch umstellen und zu einer ruhmvollen Schar sowjetischer Komponisten werden, die der Stolz des gesamten Sowjetvolkes ist" (stürmischer, anhaltender Beifall).[11]

Den kritisierten Komponisten wurde auch ein verderblicher Einfluss auf die Konservatorien und damit auf den Nachwuchs vorgeworfen. Bei der „Beratung" im Komponistenverband zogen die Anwesenden die Köpfe ein und akklamierten der Verurteilung. Das ZK konnte danach seinen Beschluss in der Sicherheit fassen, dass zumindest organisatorisch die Konsequenzen garantiert waren. Schostakowitsch, der seit einem Jahr Mitglied des Obersten Sowjet der Russischen Sowjetrepublik war, verlor seine Professuren in Moskau und Leningrad. Schebalin wurde als Direktor des Moskauer Konservatoriums abgesetzt und auch der Leningrader Direktor verlor seinen Posten. Im Komponistenverband wurden die Kritisierten aus den Führungspositionen verdrängt. Im Allunionsverband setzte sich der 34jährige Tichon Chrennikow an die Spitze der Kritikbewegung. Boris Assafjew – er war krank und starb ein Jahr später – musste erneut eine demütige Erklärung abgeben, die der Musikwissenschaft neue Bahnen wies, und den Vorsitz im Komponistenverband übernehmen.[12] Chrennikow wurde Generalsekretär des Verbandes und blieb dies bis 1992. 1948 fiel er mit Lust über die verhassten Konkurrenten her:

„In der Musik der Sowjetkomponisten bemerkt man ein Übergewicht der rein abstrakten Instrumentalformen, die nicht für die klassische russische Bewegung in der Musik typisch sind, und einen Mangel an Interesse für die konkreten Stoffe des Sowjetlebens. Übertriebene Aufmerksamkeit wird der für eine Handvoll Kenner geschriebenen Kammermusik geschenkt, während man solche Massengebrauchsformen wie die Oper ignoriert. Die Komponisten werden ganz in Anspruch genommen durch das formalistische Experimentieren mit künstlich aufgeblasenen und unpraktischen Orchesterkombinationen [...] wie die unglaubliche Besetzung mit sechzehn Kontrabässen, 8 Harfen, 4 Klavieren bei Ausschluss der anderen Saiteninstrumente in Prokofjews *Ode auf das Ende des Krieges*. Solche Musik könnte von keinem Provinzorchester aufgeführt werden; und die Galaaufführungen in der Moskauer Philharmonie riefen durch den irrationalen Gebrauch der Orchesterklangfarben bei den Hörern nichts als Erschrecken und zuweilen tatsächlich physisches Leiden hervor.“[13]

Auch die bürgerliche westliche Musik wurde vernichtend kritisiert. Chrennikow wies ihre Dekadenz in jederlei Hinsicht nach: Sie neige zu „einer Ansammlung wilder Harmonien, einem Rückfall in primitive, barbarische Kulturen [...] zu Erotik, sexueller Perversion, Unmoral und der Schamlosigkeit, die die zeitgenössischen bürgerlichen Helden des 20. Jahrhunderts auszeichnet“.[14]

Diesmal war es Prokofjew, der an der Debatte des 1. Allunionskongresses des Komponistenverbandes im April 1948 nicht teilnahm. Er schickte eine schriftliche Stellungnahme ab, in der er Selbstkritik übte: „Eine Melodie zu finden, die auch einem nicht sachkundigen Hörer sofort verständlich und dabei originell ist, ist die schwierigste Aufgabe für den Komponisten; er kann ins Banale oder Triviale abgleiten, oder er läuft Gefahr, schon Geschaffenes zu wiederholen. In dieser Hinsicht ist das Komponieren komplizierter Melodien wesentlich leichter [...]. Ich habe mich unzweifelhaft der Atonalität schuldig gemacht [...]. In einigen meiner Werke der letzten Jahre sind einzelne atonale Momente zu finden. Ohne besondere Sympathie hierfür zu haben, bediente ich mich trotzdem dieser Methode, in der Hauptsache der Kontrastwirkung wegen und um die tonalen Stellen stärker hervorzuheben [...]. Ich werde nach einer klaren musikalischen Sprache suchen, die meinem Volke verständlich und lieb ist."[15]

Die Komponisten reagierten mit einer Mischung von ernsthafter Selbstkritik und technizistischem Nebel, der die unfachmännische Kritik neutralisieren sollte. Schostakowitsch hatte sich oft für die kollegiale Kritik eingesetzt – wie sollte er sich jetzt entziehen können? 1944 hatte er einige Kompositionen Mjaskowskis kritisiert und dann hinzugefügt: „Warum habe ich mich bei diesen Werken aufgehalten? Weil ich finde, dass unsere Meister bei uns sehr wenig kritisiert werden, aber die Meister brauchen unsere Kritik, man muss sie unbedingt kritisieren".[16] Er ging von einem solidarischen Selbstkritikprozess aus, weil er offenbar nicht an die Möglichkeit einer Wiederholung der Ereignisse von 1936 dachte. Jetzt aber gab es keine Alternative zu einem bedingungslosen Widerruf. Er habe geglaubt, nach dem schöpferischen Misserfolg der *Lady Macbeth* seinen Stil von verderblichen Elementen gereinigt zu haben, aber „einige negative Züge in meinem musikalischen Denken hinderten mich, den Umbruch zu realisieren [...]. Ich neigte wieder in die Richtung des Formalismus und begann, eine Sprache zu benutzen, die dem Volk unverständlich war [...]. Ich weiß, dass die Partei recht hat [...]. Ich bin tief dankbar für all die Kritik, die in der Resolution enthalten ist".[17]

Die versammelten Komponisten verabschiedeten einstimmig einen Brief an die Partei, in dem sie sich für die Kritik bedankten: „Die schöpferische Isolierung der Komponisten muss ein für allemal beendet werden. Es gibt keinen Platz für Individualismus in der musikalischen Kunst eines Landes, wo der Künstler jede Möglichkeit zur vollen Entwicklung seiner schöpferischen Individualität erhält, wo er von Sorge und Pflege umgeben wird, wie sie die Künstler der bürgerlichen Länder nicht einmal zu erträumen wagen. In keinem Land hat der Komponist ein solches Publikum wie in unserem Land. Der Sowjetkünstler ist der Diener des Volkes. Das ist der erste Schluss, den alle sowjetischen Komponisten und Musikwissenschaftler ziehen müssen, und die schöpferische Kunst eines jeden Sowjetmusikers muss diesem hohen demokratischen Prinzip gänzlich untergeordnet werden. Nicht für Snobs sollte unsere Musik erklingen, sondern für unser ganzes Volk."[18]

In drei Folgen der Sowjetskaja Musyka kritisierte Marian Kowal Schostakowitschs Schaffen in Grund und Boden. Nur die Fünfte und Siebte Symphonie durften weiterhin aufgeführt werden, obwohl ja auch die Siebte scharf kritisiert worden war. Schostakowitsch hatte seine Einnahmequellen verloren. Seine Frau Nina nahm wieder ihre wissenschaftliche Tätigkeit auf – in einem Forschungsinstitut in Armenien. Er selbst gab wie im Krieg wieder verstärkt Konzerte als Pianist. Doch wie sollte sein kompositorischer Weg verlaufen? Die nächsten fünf Jahre wurden schwierig.

* * *

Zunächst komponierte er noch 1948 den Zyklus der *jüdischen Lieder* op. 79, den er zwar im Komponistenverband vorstellte[19], dessen Aufführung jedoch vorerst unmöglich war. Dann schrieb er die Musik zu dem Film *Begegnung an der Elbe*, die das populär gewordene *Weltfriedenslied* enthält. Der Text dieses Liedes stammte von J. Dolmatowski; bis 1954 verwendete er immer wieder Texte dieses Autors für Werke, die sozusagen für ein „Massenpublikum" zugeschnitten waren: *Das Lied von den Wäldern* Oratorium op. 81 (1949), *Vier Lieder* op. 86 (1951), *Über unserer Heimat scheint die Sonne* Kantate op. 90 (1952) und *Fünf Lieder* op. 98 (1954). Außerdem stellte er populäre Ballettsuiten zusammen, die gefällige Stücke aus seinen jetzt verfemten Balletten, den Jazzsuiten und den *Puppentänzen* enthielten, beziehungsweise ließ er sie in den Jahren 1949 bis 1953 von Lew Atowmian zusammenstellen, der ihm auch das Arrangement von Suiten aus den Filmmusiken besorgte. Für das *Lied von den Wäldern*, dessen Qualität Mrawinski rühmt[20], und die Musik zu dem Film *Der Fall von Berlin* (M. Tschiaureli) op. 82 wurde Schostakowitsch 1950 mit Stalinpreisen II. bzw. I. Klasse ausgezeichnet. Einen Stalinpreis II. Klasse gewann er auch mit den *Zehn Poemen nach revolutionären Gedichten* für gemischten Chor a capella op. 88, die die Kunst des Chorsatzes mit wirksamer Ausdruckswucht verbinden – manchen Chorsätzen Hanns Eislers nicht unähnlich.

Prokofjews Bemühungen um eine den breiteren Massen verständliche Kunst wurden gleichfalls mit einem Stalinpreis belohnt: er erhielt ihn für sein Oratorium op. 124 *Auf Friedenswacht* (1950) nach einem Text von Samuil Marschak, bei dessen Redaktion auch Fadejew mitgewirkt hatte. Prokofjews Sechste Symphonie, die er 1944 zu skizzieren begonnen hatte, während er noch an seiner großen Fünften Symphonie op. 100 schrieb, wurde aus der Repertoireliste gestrichen. Seine Oper *Erzählung von einem wahren Menschen* wurde negativ beurteilt. Den Erfolg seiner letzten, der Siebten Symphonie in C-Dur, die er der sowjetischen Jugend widmete, erlebte er nicht mehr, wohl aber die Auseinandersetzungen um seine große Tolstoi-Oper *Krieg und Frieden* (1941/43), die er für die Leningrader Bühnenaufführung 1946 und dann wieder 1952/53 überarbeitete, ohne einer Aufführung der letzten Fassung im Bolschoi Theater näherzukommen. Sein letztes Ballett *Die steinerne Blume* machte nicht geringere Schwierigkeiten. Ohne im Niveau nachzulassen, erreichte Prokofjew gerade in seinen letzten Werken eine Klarheit und Frische der Ausdruckskraft, die jede Forderung nach „Verständlichkeit" ad absurdum führte.

Schostakowitsch nahm verstärkt an politischer Arbeit teil. Im März 1949 reiste er mit einer sowjetischen Delegation nach New York, um an einer „Konferenz für Kultur und Wissenschaft" mitzuwirken. Unter dieser Bezeichnung fand ein Kongress liberaler und prokommunistischer Kräfte statt, die etwas gegen den kalten Krieg unternehmen wollten. Führende amerikanische Musiker – darunter Bruno Walter, Mitropoulos, Kussewitzky, Horowitz, Barber, Copland und Bernstein – hatten ihm schon vorher ein Willkommenstelegramm nach Moskau entgegengeschickt. Der Schriftsteller Norman Mailer und der Komponist Aaron Copland begrüßten die Delegation am Flughafen. Auf dem Kongress hielt Schostakowitsch eine überaus scharfe Rede gegen die Kriegshetzer, in der er auch nochmals seinen ästhetischen Abweichungen abschwor und Strawinsky und Prokofjew kritisierte.[21] Das Publikum überschüttete ihn mit Beifall. Bei der Schlusskundgebung in Madison Square Gardens spielte er vor 18000 Menschen auf dem Klavier eine eigene Komposition: das Scherzo aus der Fünften Symphonie…

Wenn das kein Kommentar war! Die Rede hatte man kaum ihn selbst schreiben lassen, dafür gab es Fachleute. Der Schachzug, ausgerechnet Schostakowitsch zum Kongress zu senden, war überaus klug: Er war im Westen berühmt, und dort hatte sich ein Sturm der Entrüstung über seine Maßregelung erhoben; jetzt konnte jeder selbst mit ansehen, wie er sich die Kritik zueigen machte und sich zum Sowjetsystem bekannte.

Der Kongress verlief nicht ohne Gegenkundgebungen. Es gab Gruppen, die gegen diese stalinistische Show angehen wollten, aber ebenso die Hexenjagd McCarthys verabscheuten, weil unter beiden Deckmänteln der Frieden gerade nicht gefördert wurde. Ein Komitee „American Intellectuals for Freedom" versicherte sich der Unter-

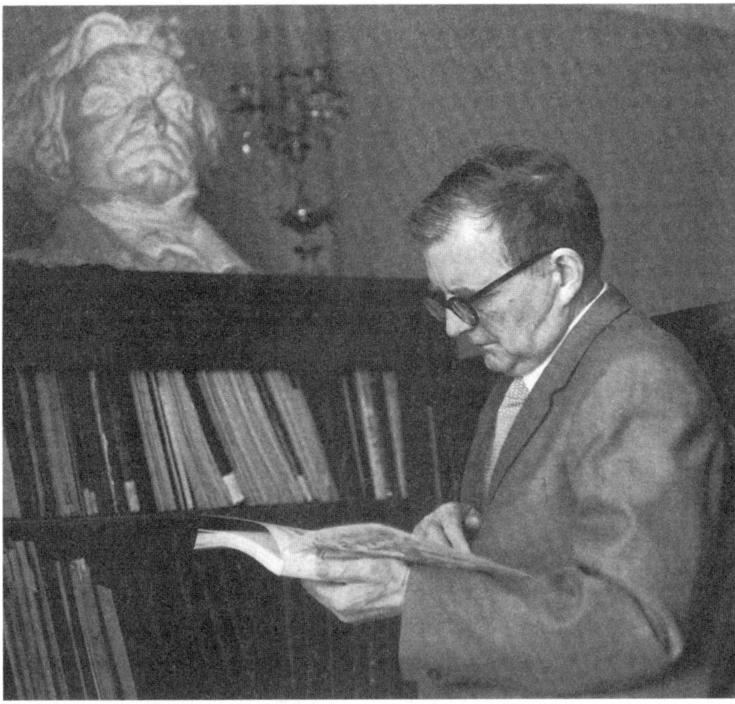

Dimitri Schostakowitsch in seinem Arbeitszimmer, 1960er Jahre

stützung Igor Strawinskys, Benedetto Croces, Karl Jaspers', T.S. Eliots, André Malraux' und anderer mehr. Ein Mitglied dieses Komitees, der exilrussische Komponist Nikolai Nabokov, ging am 25. März zu der Veranstaltung, auf der auch Schostakowitsch sprach, weil er eine Frage stellen wollte, die Schostakowitschs Unfreiheit enthüllen sollte:

„Unter den Musikern auf dem Podium der Sowjet-Freunde waren auch alte Bekannte. Ich winkte ihnen zu, und sie winkten zurück, mit einem Schafslächeln. Die Russen marschierten ein, kurz bevor der Vorsitzende, der Musikkritiker der New York Times, Olin Downes, die Sitzung eröffnete. Vier oder fünf umringten die zerbrechliche Gestalt des kurzsichtig blinzelnden Schostakowitsch. Zuschauer und Ausschuss erhoben sich und begrüßten die Russen herzlich. Schostakowitsch und seine KGB-Betreuer nahmen links neben Downes Platz.

Die Sitzung dauerte lang und war unendlich wortreich. Als Schostakowitsch als letzter der Redner gesprochen hatte, konnte ich meine Frage stellen: ‚An dem und dem Datum und der und der Nummer der

‚Prawda' erschien ein nicht gekennzeichneter Aufsatz, der wie ein Leitartikel aufgemacht war. Er betraf die Musik der Komponisten Paul Hindemith, Arnold Schönberg und Igor Strawinsky. In diesem Artikel wurden alle drei als Obskurantisten, dekadente bourgeoise Formalisten und Lakaien des imperialistischen Kapitalismus gebrandmarkt. Aus diesem Grund solle die Aufführung ihrer Musik in der Sowjetunion verboten werden. Stimmt Schostakowitsch persönlich dieser offiziellen in der ‚Prawda' gedruckten Ansicht zu?'

In die Gesichter der Russen trat sichtbar Verwirrung. Der neben Downes Sitzende murmelte hörbar: ‚Provokatsia'. Der KGB-Übersetzer flüsterte Schostakowitsch etwas ins Ohr. Dieser stand auf, man gab ihm ein Mikrophon, und zu Boden starrend sagte er auf russisch: ‚Ich stimme der in der ‚Prawda' gemachten Äußerung voll zu.'"[22]

Schostakowitsch tat, was man von ihm verlangte. Eine andere Wahl hatte er nicht, wenn er zu Hause weiterarbeiten wollte. Andererseits: Hätte er in Berichten für sowjetische Zeitungen so bissige Kommentare über Amerika schreiben müssen? Konnte ihn dazu jemand zwingen? Einen positiven Eindruck von den USA zu haben, wäre keinem Sowjetmenschen gut bekommen, aber man konnte sich bei der Polemik auf die geläufigen Floskeln beschränken. Amerika gefiel ihm nicht. Das ganze Kongress-Spektakel muss für ihn, zumal er kein Englisch sprach, ziemlich undurchschaubar gewesen sein. Wessen Beteuerungen sollte er glauben? Er war nur ein Werkzeug, spielte nur eine Rolle in einem Spiel, dessen Fäden in ganz anderer Hand lagen. Alle spielten „Friedenskongress" und kamen dabei dem Frieden und der Verständigung keinen Zollbreit näher. Passt auf diese Situation das Scherzo der Fünften Symphonie?

In der Friedenspolitik engagierte er sich aber weiterhin. Er nahm am Weltfriedenskongress 1950 in Warschau, 1952 in Wien und 1954 in Berlin (DDR) teil und wurde aktives Mitglied im Weltfriedensrat, der ihm 1954 den Internationalen Friedenspreis verlieh. An der Ernsthaftigkeit dieses Engagements für den Frieden zu zweifeln, besteht nicht der geringste Grund: Nach dem entsetzlichen Erlebnis des kaum vergangenen Krieges war es unfasslich, dass die Völker schon wieder aufeinandergehetzt werden sollten. Die Partei funktionalisierte diese aufrichtigen Gefühle, indem sie den Künstlern den Friedenskampf als ideologische Aufgabe ans Herz legte. Die Kampagne gegen den Kosmopolitismus sorgte dafür, dass die freundschaftlichen Gefühle gegenüber anderen Völkern nicht zu herzlich wurden.

Am 18. Februar 1951 wurde Schostakowitsch erneut zum Deputierten des Obersten Sowjet der RSFSR gewählt. Wie konnte diese Tätigkeit für ein Regime, das ihn nun schon zum zweiten Mal in seinem Innersten zu zerbrechen drohte, für den Komponisten der Achten Symphonie, des Klaviertrios, des Violinkonzerts möglich sein?

Die Antwort – wenn es eine gibt – ist in seiner Musik zu suchen. Er schrieb jetzt zwar die erwähnten Werke in einem vereinfachten Idiom, aber daneben entstanden tief empfundene, kunstvoll gearbeitete Stücke, die sein Niveau hielten. 1949 komponierte er das Vierte Streichquartett op. 83 – bewusst für die Schublade. 1950/51 schrieb er, angeregt durch den Besuch in Leipzig zum 200. Todestag Bachs, 24 Präludien und Fugen op. 87 und 1952 das Fünfte Streichquartett op. 92.

Im *Vierten Streichquartett* tritt ein Motiv immer wieder auf, das schon in früheren Werken zu finden ist und in späteren eine vielleicht noch wichtigere Rolle spielen wird, hier aber nicht übergangen werden kann, weil es alle vier Sätze des Werks prägt. Es fällt zunächst nicht auf, weil es in den Melodieverlauf integriert ist und nur wie eine Floskel wirkt. Erst die Häufung macht stutzig. Es ist ein fallendes Intervall, das zweimal gespielt wird, sei es nun eine Sekund, eine Terz oder auch eine Quint: der erste Ton ist doppelt so lang wie der zweite, und es wiederholt sich, wie gesagt. Seine Hauptform sieht so aus:

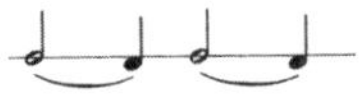

War es in früheren Werken vielleicht tatsächlich nur eine Floskel in Schostakowitschs Musiksprache? Dieses fallende Intervall war als fallende Sekund das traditionelle Seufzermotiv. So kennt man es bei Bach, so war es Wagners *Wehemotiv*, so erklang es in Tschaikowskys Vierter als Bindeglied zwischen dem Motto und der Exposition, mit ihm gestaltete Mahler in seiner Zweiten die Dialektik zwischen Klage und Glaube, so endet der *Boris Godunow*. Bei Schostakowitsch wurde es anfangs manchmal drei- oder vierfach gebracht, oder mit gleichen Notenwerten (nur Achtel) oder mit einer dreifach längeren ersten Note (punktiertes Viertel + Achtel, punktierte Halbe + Viertel). Bisher tauchte es auf in der Cellosonate op. 40, der Fünften Symphonie op. 47, der Siebten Symphonie op. 60, MacPhersons Lied aus op. 62, der Achten Symphonie op. 65, dem Zweiten Klaviertrio op. 67, dem Zweiten Streichquartett op. 68, der Neunten Symphonie op. 70, dem Dritten Streichquartett op. 73.[23]

Von Zufall kann man da bei einem so starken Meister der Form nicht sprechen. Hier einige Varianten:

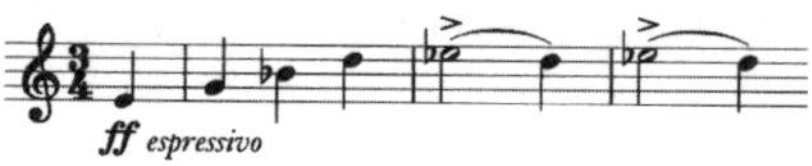

5. Streichquartett

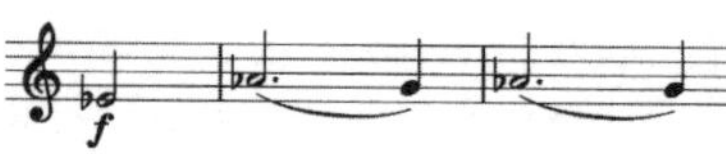

2. Cellokonzert

1. Vl.

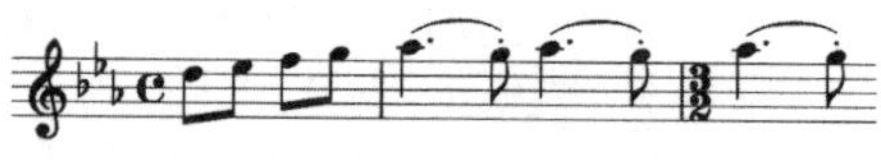

7. Symphonie

Es-Klar.

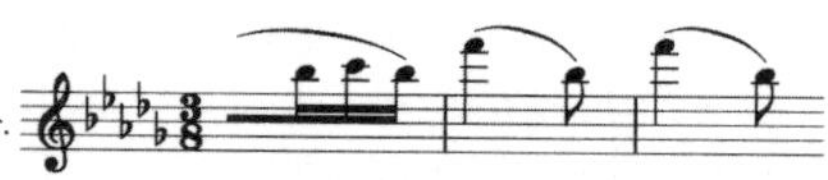

7. Symphonie

Horn F

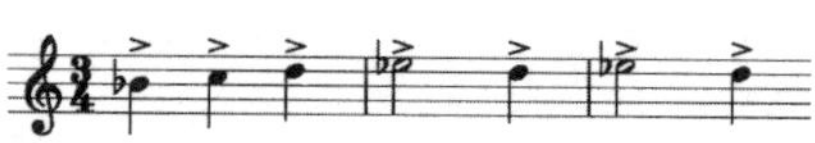

5. Symphonie

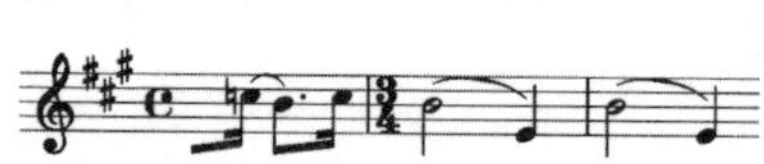

2. Streichquartett

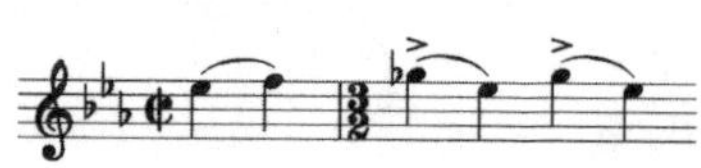

1. Cellokonzert

Horn F

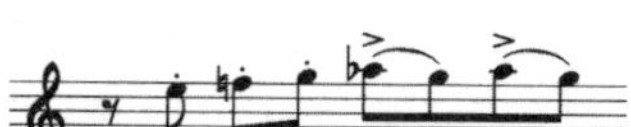

2. Cellokonzert

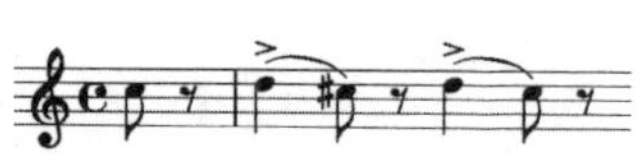

4. Streichquartett

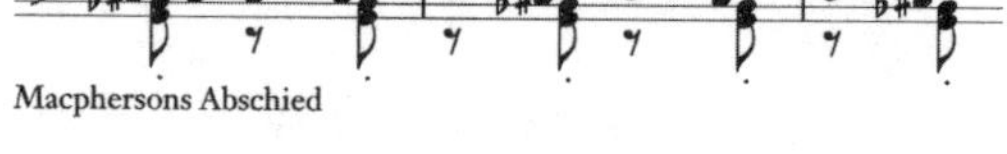

Macphersons Abschied

Drückt es immer das Gleiche aus? Manchmal ist es in langsamen Sätzen zu hören, manchmal in schnelleren. Im ersten Fall überwiegt der klagende Charakter, im zweiten das starre Wiederholen. In jedem Fall bedeutet es eine – wenn auch kurze – Zäsur, ein Stocken im musikalischen Fluss, ein Verharren ohne Sinn, eine Geste der Ohnmacht. Da es im Klaviertrio im Zusammenhang nicht nur des sarkastischen Scherzos, sondern auch der jüdischen Thematik erscheint, hat es Eigenarten von deren Ausdrucksform angenommen, so auch im Vierten Streichquartett. Die klagende Form war im dritten Satz der Siebten Symphonie wichtig (konstruktiv verbunden mit dem Galopp in den Tod im Finale), im langsamen Satz der Cellosonate, im ersten Satz der Achten und im langsamen Satz der Neunten, während das repetitive Moment im Scherzo der Siebten, in *MacPhersons Abschied* und im Finale der Neunten überwog („sinnlose" Repetition melodischer Formeln spielt in Schostakowitschs Musik häufiger eine Rolle, oft als Erbe des motorischen Konstruktivismus). Kann das Motiv also einen einheitlichen Sinn haben? Das Gemeinsame in allen seinen Varianten scheint die ohnmächtige Klage zu sein. Wie in der jüdischen Musik kann sie in Schostakowitschs Musiksprache auch zu einem Ausdruck der Aufhebung des Leidens in der Musik werden. Das Motiv kann die Sinnlosigkeit des Leidens ausdrücken, die Wut darüber, den Hohn, und es kann dies alles auch maskieren durch den Anschein der Bedeutungslosigkeit. Im Sinne der Siebten Symphonie kann aus der Klage auch die Anklage werden.

Die Vorherrschaft dieses Motivs in vielerlei Gestalt gibt dem an der Oberfläche so schlichten Vierten Streichquartett einige Irritation: dem ersten Satz zusammen mit den ständigen Orgelpunkten seine Ausweglosigkeit, dem Andantino seine Melancholie, dem marionettenhaften, stets mit Dämpfer gespielten Allegretto einen Teil seiner gespenstischen Umtriebigkeit. Im großen, erschütternden Finale im jüdischen Ton wird es sogar mit dem Gewalt-Motiv verbunden. Wie alle Quartette von Nr. 3 bis Nr. 8 verklingt auch das Vierte *morendo*, leise ersterbend. Im *Fünften Streichquartett* op. 92 erklingt es im zweiten und dritten Satz. Diese herbe Komposition aus dem Jahr 1952 verweigert jede positive Lösung. In gewisser Weise war auch die Komposition der 24 Präludien und Fugen kompromisslos. Schostakowitsch hielt an der Bedeutung dieser anspruchsvollen Form fest, die nur scheinbar für den Massengebrauch nutzlos ist: für die Masse der Musiker und Musikfreunde eine Fundgrube der Musizierfreude wie schon das Vorbild, Bachs *Wohltemperiertes Klavier*, geschrieben als ein Mittel musikalischer Bildung.

Auch sowjetischen Kritikern blieb nicht verborgen, dass Schostakowitschs Hinwendung zu populäreren Genres mit einer Zweiteilung seiner musikalischen Sprache verbunden war. Als Erklärung zog man die Vermutung heran, Schostakowitsch habe sich dem Einfluss des Modernismus entziehen und gleichzeitig dem Volk immer näher kommen wollen, in diesem „komplizierten Prozess“ aber zunächst mit den verschiedenen Werkgruppen ein verschiedenes Publikum ansprechen wollen.[24]

Warum ist dann in den „verschiedenen Werkgruppen“ die Aussage so konträr? Muss man dem Volk Märchen erzählen, während die Intelligenz eher das Tragische liebt? Die Dinge liegen wohl einfacher. Schostakowitsch war gezwungen, mit gespaltener Zunge zu reden. Seine gespaltene Musiksprache, die folglich eine Musiksprache der Lüge ist, entspricht dabei nur dem Zwang zur Lüge, der nach dem Krieg längst wieder zum obersten Lebensprinzip geworden war. Die Übermacht der Bürokratie verhinderte den wirtschaftlichen Wiederaufbau in erheblichem Maß. Initiativen fähiger örtlicher Instanzen und Einzelpersonen wurden durch den übertriebenen Zentralismus abgewürgt. Da sich das Lebenshaltungsniveau der Massen nur unmerklich besserte, blühten der Schwarzhandel und die Bestechung. Das System redete nach wie vor abstrakt von der Befreiung des Menschen, zum konkreten Menschen hatte es jedoch keinerlei Vertrauen. Die konkreten Menschen merkten das natürlich und verhielten sich entsprechend. Jede Ebene log der anderen etwas von Planerfüllung vor, während jeder wusste, was in Wahrheit vor sich ging. In der Presse las man nur noch zwischen den Zeilen, ohne den wortreichen Verlautbarungen Glauben zu schenken. Man lebte im Zustand der Entmündigung, und die Lüge war der Lebensstil – wie sollte es in der gegängelten Kunst anders sein?

Kein sowjetischer Schriftsteller hätte Bücher schreiben können wie Dostojewskis *Aus einem Totenhaus*, in dem dieser seine Zeit in der sibirischen Verbannung verarbeitete, oder Tschechows *Sachalin*, seinen aufsehenerregenden Bericht von der Inspektionsreise auf die Gefangeneninsel im Osten Sibiriens. Obwohl Tschechows Reise privat war und für das zaristische Regime keine schmeichelhaften Ergebnisse versprach, fand er sogar Unterstützung durch verschiedene Beamte und Institutionen. Der Archipel Gulag war nach dem Krieg von mindestens 8 Millionen Bewohnern bevölkert – dieses riesige Imperium der Straflager war dank der unentgeltlichen Sklavenarbeit auch ein Wirtschaftsfaktor erster Ordnung.[25] Doch über seine Existenz auch nur zu sprechen war Staatsverrat.

Im Jahr 1951 schrieb Schostakowitsch wenig: „Der Sommer verlief bei mir stumpfsinnig. Ich habe nichts komponiert. Das ist sehr betrüblich".[26] Im nächsten Jahr entstanden die *Vier Monologe von Alexander Puschkin* op. 91. Puschkin hatte er schon einmal in ähnlicher Zeit vertont... Das Fragment malt die elende Situation in einer Judenhütte, in der um Mitternacht ein fremder Pilger anklopft. Bei der Erwähnung der Mutter, die weinend an der leeren Wiege steht, erklingt das „Klage-Motiv". (Dies ist wohl der schlüssigste Anlass dafür, das Motiv mit diesem Namen zu belegen.) Es folgt „Was liegt dir wohl am Namen mein?": „ein Mensch gedenket mein, ein Herz verstehet meine Tränen...", dann das „Sendschreiben nach Sibirien", das die Dekabristen-Freunde auffordert, das schwere Schicksal stolz zu tragen:

> Tief in Sibiriens Schächten sollt
> das schwere Schicksal stolz ihr tragen,
> denn nicht vergeht, was ihr gewollt,
> nicht eures Geistes hohes Wagen.
>
> Des Unglücks milde Schwester, trägt
> die Hoffnung in die nächt'gen Räume
> des Kerkers lichte Zukunftsträume,
> bis die ersehnte Stunde schlägt.
>
> Durch alle festen Schlösser dringt
> die Lieb und Freundschaft treuer Seelen
> so wie in eure Marterhöhlen
> jetzt meine freie Stimme klingt.
>
> Die Fesseln fallen Stück für Stück,
> die Mauern brechen. Neues Leben
> begrüßt euch freudig, und es geben
> die Brüder euch das Schwert zurück.

Von den *Puschkin-Liedern* op. 46 bis zu den *Zwetajewa-Liedern* op. 143 spannt sich diese Identifikation mit Russlands großem Dichter. Dessen Widerstand gegen den Zarismus war in die Tradition des Sowjetregimes aufgenommen und stellte somit einen Schutzschild gegen „Missverständnisse" dar: eine auch in anderen Kunstsparten beliebte Form, im Vergangenen verdeckt die Gegenwart zu meinen. „Abschied" heißt das letzte Lied. Kann ein Mensch sich von solchen Texten zur Vertonung angeregt fühlen, der im vollen Einklang mit seinem Schicksal steht?

Schostakowitsch sprach mit gespaltener Zunge – aber die eine Hälfte sagte die Wahrheit, seine Wahrheit, die er aussprechen musste, wenn sich nicht auch seine Persönlichkeit spalten sollte. Sie sagte die Wahrheit, aber diese Wahrheit blieb in der Schublade. Wie viele anständige Menschen glaubte auch er an das Ziel des Kommunismus und hielt die Übergriffe der Machthaber für eine Abweichung, die mit der Zeit überwunden würde. Damit wollte er nichts zu tun haben. Er wollte dort, wo es ihm möglich war, für eine richtige Politik kämpfen, im Weltfriedensrat, als Parlamentsabgeordneter – innerhalb des Systems, das er prinzipiell bejahte.

Stücke wie das Fünfte Streichquartett zeigen, dass er dabei seine künstlerische Integrität nicht einbüßte, sondern seiner wirklichen Empfindung authentischen Ausdruck verlieh. Das hinderte ihn nicht, 1950 in Leipzig bei der Festveranstaltung „Die Welt ehrt Bach" folgenden Ausfall in seine Bach-Würdigung einzuflechten:

„Leute mit rohem Gewissen, seelenlose Händler, die Anspruch auf die Rolle von Weltbeherrschern erheben, wollen der Menschheit an Stelle der herrlichen Musik Bachs, Glinkas, Beethovens, Mussorgskis, Mozarts und anderer den verrückten Swing und Boogie-Woogie-Rhythmus aufdrängen. Doch die Menschheit lässt sich nicht von diesem Wahnsinn benebeln, erlaubt den ungebildeten und verblendeten Menschen nicht, die großen Schätze der Weltkultur in den Schmutz zu ziehen. Für uns ist das Erbe Bachs ein Ausdruck der tiefen Idee des Menschlichen, das nie besiegt werden wird durch die Mächte des Dunkels und des Wahnsinns. Für uns ist das Erbe Bachs ein Ausdruck des leuchtenden Gefühls der Begeisterung, der Menschlichkeit, des wahren Humanismus, der der dunklen Welt des Bösen und der Menschenverachtung gegenübersteht."[27]

Er gab sich dazu her, in der Öffentlichkeit mit der gleichen Sprache zu reden, mit der er von der Partei verurteilt worden war. Andererseits setzte er sich mit Zivilcourage für Kollegen ein, die verhaftet worden waren. Er schrieb 1951 an Stalin, um die Freilassung von A. W. Weprik zu erreichen, und das gleiche tat er erfolgreich für J. G. Admoni und für seinen Freund Moissej Weinberg, der als Schwiegersohn des ermordeten Solomon Michoëls inhaftiert worden war.[28]

Im Oktober 1952 versammelte Stalin nach 13jähriger Pause wieder die Delegierten zu einem Parteitag der KPdSU. Die Partei hatte nun 6,9 Millionen Mitglieder, drei Millionen mehr als 1945 (dazu kamen noch die Kandidaten, die nach einem Bewährungsjahr aufgenommen werden konnten). Die soziale Zusammensetzung der Delegierten war alles andere als proletarisch; die Arbeiter erscheinen in der Statistik nur deshalb so zahlreich, weil auch die hauptamtlichen Parteifunktionäre als Arbeiter gezählt sind. Vermutlich waren beim 19. Parteitag 1952 nur 7,6 Prozent der Delegierten Arbeiter aus der Produktion und 7,8 Prozent Bauern.

Stalins Herrschaft war stärker denn je zuvor. Seine nächsten Mitarbeiter waren gegenseitig so sehr in Machtkämpfe verwickelt, dass er alle unter Kontrolle hatte. Schdanow war Ende 1948 ganz überraschend gestorben, was die Gerüchte blühen ließ. Die Gremien der Partei hatte Stalin zahlenmäßig so aufgebläht, dass offene, scharfe Auseinandersetzungen kaum mehr möglich waren: das Polit- und das Org-Büro waren zum Präsidium des ZK zusammengelegt worden, und darin saßen jetzt 25 Mitglieder plus 11 Kandidaten. In das neue ZK wurden 236 Mitglieder gewählt. Damit verkam es zu einem ebensolchen Akklamationsorgan, wie es die Obersten Sowjets bereits waren.

* * *

Am 5. März 1953 starb Sergej Prokofjew. Dieses Datum ist jedoch nicht unter seinem Namen in die Geschichte eingegangen. An diesem Tag starb auch Stalin. Als der Gott gestorben war, an dessen Sterblichkeit keiner mehr gedacht hatte, fühlten sich viele nackt. Wer würde jetzt für sie denken, wo der geliebte Führer, der Bergadler, das größte Genie aller Völker und Zeiten nicht mehr war? Man hatte diesen Gott nicht geliebt – wie Jehova war er ein strafender Gott – aber an seine Unfehlbarkeit geglaubt. Musste man am Ende jetzt selbst wichtige Entscheidungen treffen und tragen? Niemand hatte sich den Luxus einer eigenen Meinung erlauben können – was kam nun, nach Stalin?

Am 9. März veröffentlichte die Iswestija einen Gedenkartikel Schostakowitschs zum Tod Stalins: „Wir sind stark und einig!". In der Aprilnummer der Sowjetskaja Musyka erschien sein Artikel „Dem weisen Rat der Partei Lenins und Stalins folgen". Vor allen Dingen aber begann er nach achtjähriger Pause mit der Arbeit an einer neuen Symphonie. Am 27. Juni schrieb er aus seiner Datscha in Komarowo bei Leningrad an seinen Freund und früheren Schüler Kara Karajew:[29] „Ich versuche eine Symphonie zu schreiben. Aber obgleich mich niemand bei der Arbeit stört, geht sie doch nur mäßig voran. Wenn die ‚schöpferische Potenz' einen hohen Stand hat, stört einen nichts beim Komponieren. Wenn sie aber mittelmäßig oder niedrig ist, dann kann weder ein Haus des Schaffens noch sonstiger Komfort helfen. [...] Bis jetzt ziehe ich mit Mühe und Not den 1. Satz hin, und wie es weitergehen soll, weiß ich nicht."

Die *Zehnte Symphonie* op. 93 wurde am 25. Oktober 1953 vollendet. Die Uraufführung in der Leningrader Philharmonie am 17. und in Moskau am 28. Dezember unter der Leitung von Jewgenij Mrawinski löste heftigste Reaktionen aus. Die Uraufführungen des 5. und des 4.

Streichquartetts am 13. November und 3. Dezember wurden dagegen totgeschwiegen. Über die Zehnte Symphonie wurde im Komponistenverband drei Tage lang debattiert. Die Stalinisten sahen die Hydra des Formalismus sich wieder erheben: so wenig entsprach dieses Werk der herrschenden Ästhetik, so sehr fühlten sie sich vom Komponisten des *Liedes von den Wäldern* mit seinem *Preislied an Stalin* getäuscht.

Es ist sehr schwer, sich in die Menschen zu versetzen, die die Uraufführung erlebten. Sie spürten, dass in dieser Symphonie etwas Ungeheuerliches vorging, ohne genau zu verstehen, was es war. Schostakowitsch half nur mit unverbindlichen Erläuterungen: die Symphonie sei allen Menschen gewidmet, die den Frieden liebten. Zerstörerische Kräfte prägten vor allem die ersten beiden Sätze, aber was bedeuteten die rätselhaften beiden letzten Sätze, das zweite Scherzo und das Finale? Bald fand man heraus, dass in diesen beiden Sätzen Schostakowitschs Initialen *d-es-c-h* (= D. Sch.) verwendet waren. Was hatte das zu bedeuten? Nur das bescheidene Künstlersignum, wie es seit *B-a-c-h* mehrfach bei deutschen Komponisten verwendet worden war, ein Glasperlenspiel für Kenner?

Nach acht Jahren eine neue Symphonie von Schostakowitsch, das war in jedem Fall ein Ereignis. In einem Land, das seinen Bürgern so wenig freie Informationen zugesteht, sind Bücher, Bilder, Symphonien Opfer eines ungeheuren Hungers nach einem Wort der Wahrheit. Ein neues Wort von Schostakowitsch wog schwer. Die Klänge der neuen Symphonie waren aufwühlend und gaben zu denken. Vom Schicksal dieser Symphonie konnte die zukünftige kulturpolitische Entwicklung abhängen.

Der erste Satz zeigt ein Bild des Wahnsinns. Die Themen sind vergrübelt, verbohrt, einander im Grunde nicht unähnlich. Das Klage-Motiv hat bei der Themenbildung einen wesentlichen Anteil. Das Tempo ist langsam, *Moderato* (aber nicht so langsam, dass der Satz langweilig werden müsste, wie die Aufnahme der Symphonie zeigt, die Schostakowitsch 1954 zusammen mit Moissej Weinberg vierhändig auf dem Klavier einspielte: dort dauert er 20'50 Minuten). Er beginnt leise. Die Themen werden miteinander verknüpft, ohne zu einer Entwicklung zu führen. Das *d-es-c-h*-Thema erklingt nicht, ist aber in Verzerrungen bereits zu hören: Es wird umkreist, aber nicht gefunden. Der Mittelteil wächst zu einer immer wahnwitzigeren, lärmenderen Steigerung an. Sie gipfelt in brüllenden Akkorden wie denen der Achten Symphonie, woraus sich das Weltschmerzthema gebildet hatte. Hier erscheinen sie noch einmal grell ins Übermaß gesteigert. Die Musik schreit sich aus bis zur Erschöpfung, ohne zu einer Lösung zu finden.

Die Reprise bringt nichts Neues. Wieder folgen die Themen aufeinander, ohne aus ihren versponnenen, sturen und in Wiederholungen immergleicher Floskeln verbohrten Formulierungen entrinnen zu können. Zum Schluss ist die Musik in den gleichen Zustand ausweglosen Grübelns versunken, in dem sie begonnen hatte.

Dass er nicht wusste, wie es weitergehen sollte, ist bei Schostakowitsch ein ganz ungewöhnlicher Zustand, ging er doch sonst immer erst an die Niederschrift eines Werkes, wenn er die Gesamtkonzeption im Kopf hatte (was nicht ausschloss, dass ein Werk sich im Kompositionsprozess veränderte). Die Atmosphäre des Irrsinns, die er im ersten Satz gerade beschrieb, schien ihn zu ersticken. Ähnlich äußerte sich Tschaikowsky, als er an seiner Fünften Symphonie saß, die mit Schostakowitschs Zehnter auch die Tonart e-moll gemeinsam hat. Als Tschaikowsky im ersten Satz seine Verzweiflung ausgedrückt hatte, wusste er auch nicht, wie er die Symphonie zum Guten wenden sollte. Wie Tschaikowsky glaubte Schostakowitsch dann, den Weg gefunden zu haben.

Auf den Teufelskreis von Unterdrückung, Verblendung und Entfremdung läßt Schostakowitsch das wütendste seiner Scherzi folgen. Seine Themen sind mit denen des ersten Satzes – die Symphonie ist durchkonstruiert, wie stets – verwandt, allerdings in eine rasende Bewegungsenergie versetzt. Diese Bewegung ist in sich monoton, die repetitive Version des Klage-Motivs fehlt nicht. Mehrfach wird das Gewaltmotiv einbezogen. Die Gewalt dieses entfesselten Irrsinns trampelt alles nieder, was in den Weg kommt. In der beispiellosen Hetze kommt „D. Sch.“ ebenfalls nicht zu Bewusstsein, wie die verzerrten Formen des *d-es-c-h* im Mittelteil zeigen. Das Hauptthema des Satzes ist eine bösartig verzerrte Variante des Themas, das das Vorspiel des *Boris Godunow* einleitet und in Mussorgskis Oper das Volk versinnbildlicht.[30] Da der Komponist den *Boris* als intelligente Auseinandersetzung mit dem Thema Volk und Macht, der Blutschuld des Herrschers und seinen vergeblichen Versuchen, sich unter Berufung auf das Wohl des Volkes reinzuwaschen, sehr schätzte, sind weiterreichende Spekulationen nicht unangebracht.

Nachdem die Situation beschrieben und der Gegner angeprangert ist, scheint der Bann gebrochen. Wenn man weiß, was den Bann ausmacht, kann man ihn auch bekämpfen. Aber wie soll man aus dem Trott heraus, in dem alles verfangen ist? Im Scherzo der Vierten Symphonie hat er diesen Trott der Gleichgültigkeit karikiert, der Marionettentrott im Dritten Streichquartett zeigte wohl ein ähnliches Bild. Marx hatte mit Kant von der selbstverschuldeten Unmündigkeit der Menschen gesprochen – diese zu überwinden war derjenige Anspruch des Sozialismus, der am meisten mit Füßen getreten wurde. Ein unmenschliches Regime hatte jede Form öffentlichen Muts erstickt – aber war es umgekehrt nicht auch die Gleichgültigkeit aller, die dieses Regime möglich machte? Jedes persönliche Verantwortungsgefühl war ausgelöscht, weil jede Individualität ausgelöscht war, weil jeder sich duckte und zusah, dass er irgendwie durchkam.

Das gleichmütige Thema des dritten Satzes beginnt mit der Tonfolge *c-d-es-h*, also einem entstellten *d-es-c-h*. Dann aber beginnt ein etwas unbeholfener, plumper Tanz, der das „D. Sch."-Thema als Kernmotiv benutzt, und mit dem Scherzo des Violinkonzerts verschwistert ist. Und es erklingt ein geheimnisvoller Hornruf. Bedrängt von Gestalten aus dem ersten Satz gerät die Musik in immer größere Erregung. Immer heftiger wird das d-es-c-h herausgeschleudert. Auf dem Höhepunkt vereinigt es sich mit dem Hornruf. Eine öffentliche Demonstration: Die Musik sagt, ich tanze euch hier etwas vor, und ihr alle könnt zusehen, dass ich es bin und dass ich zu dem Aufruf stehe. Zu welchem Aufruf? Der Hornruf ist die Schlusswendung der Melodie, die im *Boris Godunow* erklingt, wenn der Mönch Pimen, der die Chronik Russlands schrieb, vor den Zaren Boris tritt, um ihn mit der Wahrheit zu konfrontieren.[31] Bei Mussorgski wird die Melodie des Zeitzeugen von den Streichern gespielt, in Schostakowitschs Instrumentierung des *Boris* spielt sie das Horn (Aufrufe gibt es häufig in seiner Musik).

Schostakowitsch ist aus der Reihe getanzt. Er hat sich in seinem Tanz gefunden, als nur der Wahrheit verpflichtete Persönlichkeit. Er hat seine Identität gefunden und den Bann des Irrsinns durchbrochen. Er ist nicht mehr bereit, im Haufen mitzutrotten, in vorgegebenen Gleisen zu spuren. Noch ist er skeptisch. Sein Tanz ist verhallt. Die Solovioline spielt wieder das Thema in der entstellten Form – der Satz bleibt offen. Der Hornruf und das Monogramm Schostakowitschs stehen am Schluss wie ein Fragezeichen.

Das Finale beginnt mit einer langen, nachdenklichen *Andante*-Einleitung. Aus ihr entsteht ein *Allegro* im „frischen" Stil, wie die keimende Hoffnung, nicht unähnlich dem Charakter des Finales der Achten Symphonie. Wie dort verdüstert sich das Bild. Die Musik betont ihre mechanischen Elemente. Schließlich wird sie immer mehr von Motiven aus dem zweiten Satz überlagert, und die Gewalt scheint die gewonnene Freiheit umzustoßen. Da wird mit gigantischem Getöse das Thema *d-es-c-h* dagegen geworfen. Nun kann die Musik mit Leichtigkeit einen neuen Anlauf starten. War das eine Warnung davor, nun an Rache zu denken? Die Symphonie endet mit der immer aufs neue wiederholten, jubelnden Bestätigung der gewonnenen Identität: *d-es-c-h* im ganzen Orchester.

Wenn die Symphonie mit dem Tonsymbol für die wiedergewonnene Identität des Komponisten Dimitri Schostakowitsch endet, ist das seine Forderung an sich selbst, nicht mehr Schräubchen und Rädchen im Getriebe zu sein, sondern eine sich und dem Volk verantwortliche Persönlichkeit: Nur wenn jeder bei sich selbst anfängt und ein unverwechselbarer Mensch ist, der seine Identität nicht preisgibt, bleiben wir auch vor kollektivem Wahn bewahrt. Diesen Gedanken hat er mit musikalischen Zitaten verrätselt. Die ersten Hörer konnten davon nichts ahnen. Hören konnten sie den emotionalen Weg, den die Musik dieser Symphonie durchschreitet, und emotional läßt sich ihr Grundgedanke auch erfassen, wenn man die Anspielungen nicht kennt.

Gewagt war diese Symphonie in erster Linie, weil hier im Jahr von Stalins Tod einer nicht der Partei als Leitstern huldigte, sondern seine individuelle Identität in den Mittelpunkt einer großen Komposition und zum Maß aller Dinge machte. Er war da eigentlich nicht mutiger als Albrecht Dürer, als der sein Selbstbildnis im Jahr 1500 malte…

Im Russland des Jahres 1953 jedoch, als man auch hier spürte, dass ein Zeitalter zuende ging, wurde das Publikum eines Konzertsaals durch diese Musik zutiefst aufgewühlt. Die Musik Schostakowitschs unterschied sich radikal von jeder anderen, wie sie zu Dutzenden geschrieben wurde. Sie führte zu kollektiver Erschütterung – das ist vielleicht die wichtigste Parallele zu Mahler, dessen Symphonien den Hörer auch in seinem Innersten packen und eine „Gemeinde“ bilden wollen. Wie jeder Hörer der Zehnten Symphonie empfand, dass hier eine Abrechnung stattfand, so empfand jeder Stalinist dies als eine Bedrohung seines Machtmonopols. Deshalb die erbitterten Debatten über Schostakowitschs Symphonie und das „Prinzip des Symphonischen“. Den Musikwissenschaftlern oblag die Entschärfung des Konflikts durch „Analyse“; die vielleicht schönste Formulierung zum Scherzo der Zehnten fand der DDR-Musikwissenschaftler H. A. Brockhaus im Jahr 1962 in seiner Schostakowitsch-Biographie: „Entgegen dem zeitweiligen Vorherrschen von Freude und Lebenslust setzt sich das Bedenken von Sinn und Aufgabe des Menschen in den Vordergrund, ihm wird der Vorrang zugewiesen“.[32] Glücklicherweise hat die Musik damit nichts zu tun. Freude und Lebenslust als Sinn des Menschen – wie muss ein Stalinist da erschrocken sein!

Es gibt von Schostakowitsch einen sehr merkwürdigen Beitrag zur Debatte. Darin wird das Problem des Finales der Zehnten Symphonie auf eine technische Frage reduziert. Tiefer ließ er sich nicht in

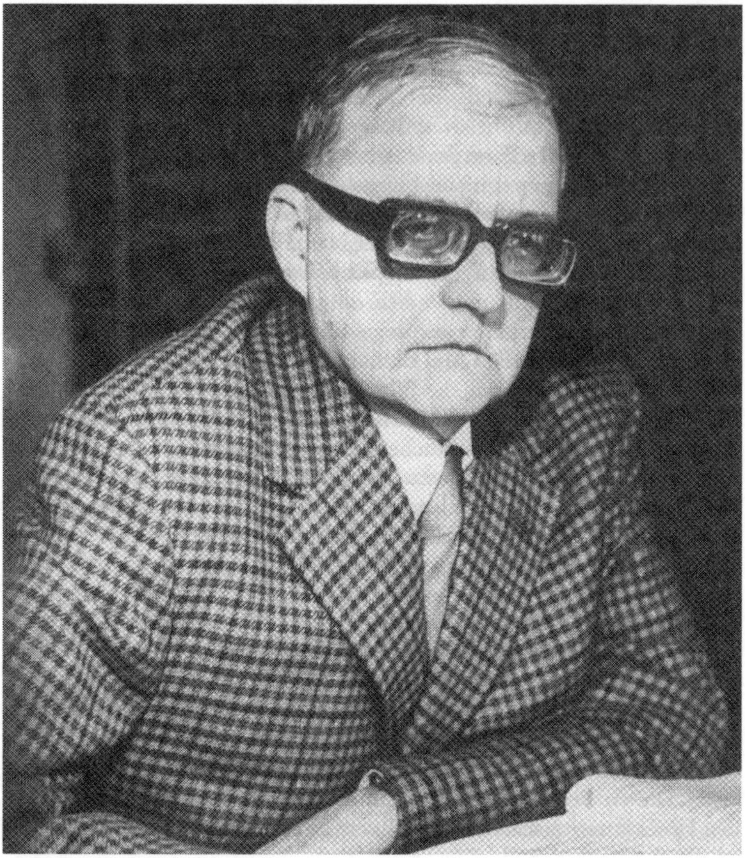

Dimitri Schostakowitsch in den 1970er Jahren

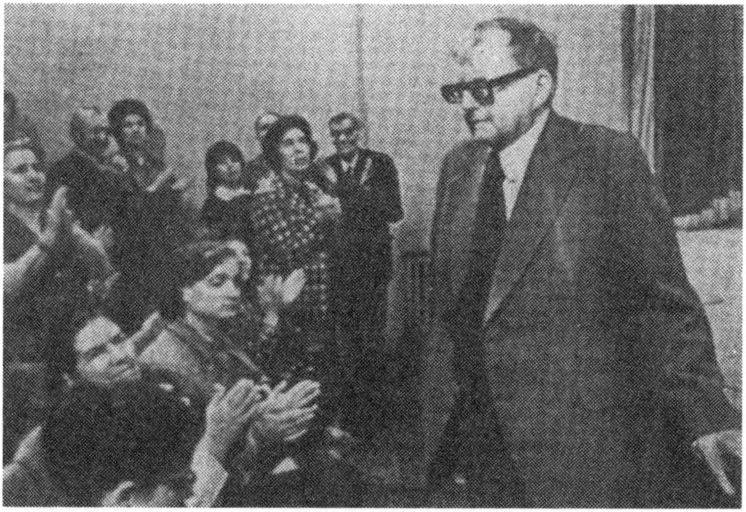

Nach der Aufführung der *Michelangelo-Suite* (1975)

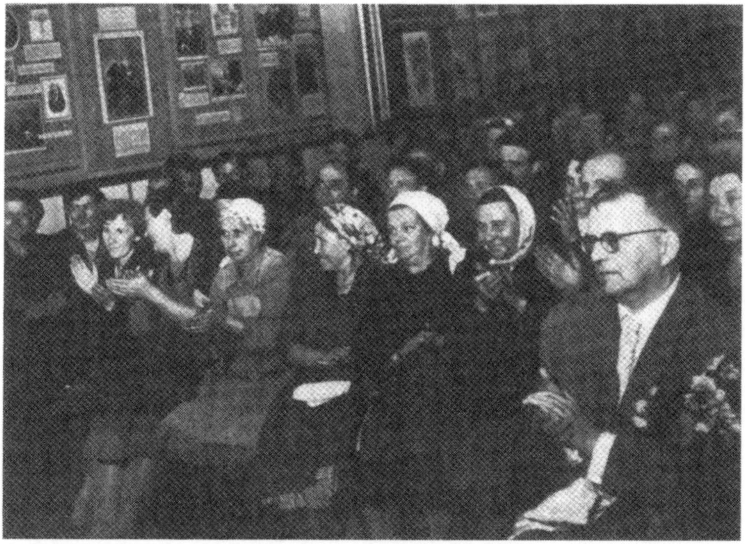

Dimitri Schostakowitsch in der Fabrik, Leningrad 1961

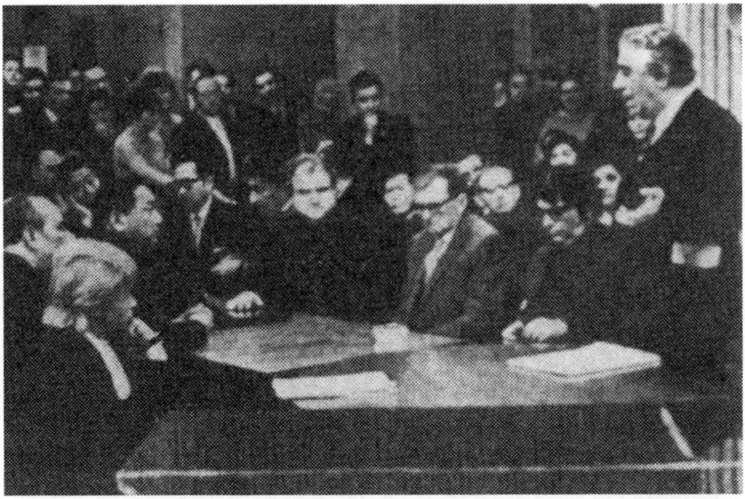

Erörterung der Fünfzehnten Symphonie im Komponistenverband (1971)

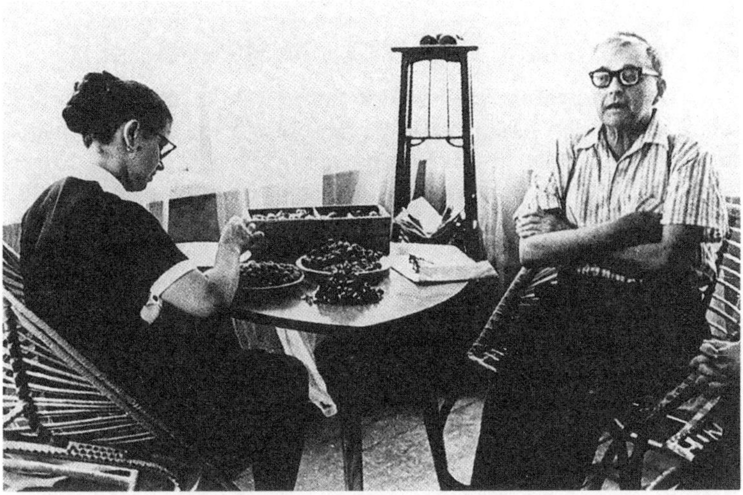

Dimitri Schostakowitsch mit seiner Frau Irina in Repino (1972)

die Karten schauen: „Ich glaube, man muss die einzelnen Sätze von Symphonien nicht nur als Glieder eines einheitlichen Ganzen auffassen, sondern auch als selbständige Werke der großen Form. Jeder einzelne Satz – sei es nun ein Allegro in Sonatenform oder ein Scherzo, ein Adagio oder ein Finale – muss seine eigene musikalisch-dramaturgische Entwicklung haben. Diese Entwicklung muss sich nicht nur aus den inneren Eigenschaften des verwendeten thematischen Materials ergeben, sondern muss auch mit einer Bestätigung der Grundidee des ganzen Werkes einhergehen. Musik kann nicht längere Zeit eine Stimmung beibehalten: heroische, heitere, besinnliche, traurige und so weiter. Immer ist ein Kontrast notwendig, ein Aufzeigen immer neuer Zustände, ein Auftragen neuer Farben. [...] Einige kritische Stimmen erwähnten eine gewisse dramaturgische Nichtabgerundetheit des Finales meiner 10. Symphonie. Diese Bemerkungen finde ich absolut berechtigt. Obwohl die Musik im Finale der Symphonie im Großen und Ganzen abgerundet ist, empfinde ich trotzdem, dass mir etwas daran nicht gelungen ist. Es fehlt hier anscheinend ein kontrastierendes Thema von weitem melodischem Atem. Im Finale der 10. Symphonie herrschen schnelle, lebhafte Themen vor, aber daneben war ein breites, gesangliches Thema irgendwo in der Mitte oder vielleicht mehr zum Schluss oder sogar ganz am Schluss nötig. Das hätte wahrscheinlich das Finale und die ganze Symphonie klangvoller gemacht. Soll ich den letzten Satz der Symphonie ändern oder ganz neu schreiben? Es ist möglich, dass ich das irgendwann einmal tue, aber nicht jetzt. Das Werk war von mir im ganzen durchdacht, erlebt, und wieder darauf zurückzukommen würde mir gegenwärtig sehr schwer fallen.“[33]

* * *

Schostakowitsch hielt sich nicht an seine guten Ratschläge, sondern beließ weiterhin seine einmal vollendeten Werke unverändert, auch falls er Mängel empfand. In der Januar-Nummer 1954 der Sowjetskaja Musyka griff er unter dem Thema „Die Freude am künstlerischen Suchen“ eine Stelle aus der Prawda auf, in der die Künstler zum Wagemut aufgefordert wurden, und wandte sie geschickt gegen den eigenen Verband: „Diese klugen Worte können natürlich auch im Verband Sowjetischer Komponisten nicht unbemerkt bleiben“.[34] Nachdem die erwähnten dreitägigen Debatten über die Zehnte Symphonie im März/April 1954 unter dem Strich mit einem positiven Ergebnis geendet hatten, wuchs die Hoffnung auf eine Liberalisierung des Sowjetsystems und seiner Kulturpolitik. In diesem Jahr wurde ihm der Titel „Volkskünstler der UdSSR“ verliehen, er wurde Ehrenmitglied der Schwedischen Königlichen Musikakademie und erhielt den Internationalen Friedenspreis; im folgenden Jahr wurde er korrespondierendes Mitglied der Akademie der Künste der DDR. Der große Erfolg der Zehnten Symphonie auch im Ausland hatte seine Position gefestigt. Am 15. Januar 1955 konnte er seinen jüdischen Liederzyklus uraufführen und am 29. Oktober spielte David Oistrach zum ersten Mal das Violinkonzert – offiziell ohne Resonanz. Zum 50. Geburtstag im Jahr 1956 wurde er erneut mit dem Leninorden ausgezeichnet und mit vielen Konzerten geehrt, bei denen auch die Achte Symphonie zum ersten Mal wieder gespielt werden durfte. Und 1956 beschäftigte man sich mit Plänen, die Oper *Lady Macbeth* in überarbeiteter Form wiederaufzuführen.[35]

Schostakowitsch wurde von privaten Schicksalsschlägen getroffen. Im Dezember 1954 starb nach kurzer Krankheit seine Frau in Jerewan an Krebs. Seine Mutter war krank. Sie starb im folgenden Jahr. Seinen Freunden klagte er über eine schöpferische Krise. An Kara Karajew schrieb er am 4. Oktober 1955: „Ich komponiere schon lange nichts. Das macht mir großen Kummer. Faktisch habe ich nach der 10. Symphonie nichts mehr komponiert.“ Am 11. März 1956 wiederholte er: „Das traurigste ist, dass ich nach der 10. Symphonie fast nichts mehr komponiert habe. Ich fange schon bald an, mich als Rossini zu fühlen. Bekanntlich hat dieser mit vierzig Jahren sein letztes Werk geschrieben. Worauf er noch bis siebzig lebte, ohne eine einzige Note zu schreiben. Ein schwacher Trost für mich.“ Im Brief an Edison Denissow vom 12. Februar 1957 klagte er: „Mein Leben verläuft in großer Geschäftigkeit. Alles mögliche gibt es zu tun. Ich komponiere schlecht. Habe ein Klavierkonzert fertig, das keinerlei künstlerisch-ideellen Wert besitzt. Habe vor, mit der Arbeit an der 11. Symphonie zu beginnen“.[36]

Das 2. Klavierkonzert hatte er für die Abschlussprüfung seines Sohnes Maxim geschrieben. Neben Filmmusik entstanden in jenen Jahren leichtgewichtige Werke wie die *Festliche Ouvertüre* op. 96, die *Dolmatowski-Lieder* op. 98, die *Spanischen Lieder* op. 100, die Mimikry in spanischem Tonfall übten, sowie das *Sechste Streichquartett* op. 101. Das Klage-Motiv macht hier gleich zu Beginn auf sich aufmerksam. Die Widersprüche in dieser Komposition werden versöhnt, indem jeder Satz mit der gleichen kadenzierenden Floskel harmonisch abgeschlossen wird – die resignierende Ironie ist nicht zu übersehen. Das Gewaltmotiv deutet tiefergründige Schichten dieser Musik an, die aus einem Höhenflug schwindelnd abstürzt und im bekannten Marionettentrott endet. Eine zweite Ehe, die er 1956 schloss, wurde drei Jahre später wieder geschieden. Am 11. November 1959 erhielt er die Diagnose für beunruhigende Lähmungserscheinungen in der rechten Hand, die ihn zwangen, auf die Tätigkeit als Pianist künftig zu verzichten: er litt an einer chronischen Entzündung des Rückenmarks, die ihn immer stärker behindern sollte.

Es war ihm gelungen, in der Musik den Ausweg zu finden. Die Proklamation hatte jedoch nur für die Musik Geltung, nicht für das Leben. Der triumphale Schluss der Zehnten Symphonie Schostakowitschs erwies sich als ein ebenso tragischer Trugschluss wie der triumphale Schluss von Tschaikowskys Fünfter. Davon berichten das *Cellokonzert* op. 107 von 1959 und das *Achte Streichquartett* op. 110 aus dem folgenden Jahr. Was kann das eher „leichte" Konzert mit dem berühmten Streichquartett gemein haben? Zunächst einmal wird es im Streichquartett zitiert, und so etwas geschieht bei Schostakowitsch niemals ohne Grund. Zwischen beiden Werken stehen das beunruhigte *Siebte Streichquartett* op. 108 und die Musik zu dem deutsch-russischen Film *Fünf Tage – fünf Nächte* op. 109. Im August 1960 reiste Schostakowitsch zu den Dreharbeiten nach Dresden. Noch immer lag die Stadt in Trümmern. Unter diesem Eindruck schrieb er in kürzester Zeit das Achte Streichquartett und widmete es dem Gedächtnis der Opfer von Faschismus und Krieg. Daraus wurde der Schluss gezogen, das Quartett sei eine Programm-Musik auf die Zerstörung Dresdens: Im zweiten Satz beispielsweise könne man die Bomben fallen hören. Warum beginnt und endet das Stück dann mit Schostakowitschs Monogramm *d-es-c-h*? Warum zitiert es zahlreiche seiner Werke?

Nachdem im einleitenden Largo das Cello mit dem klagenden *d-es-c-h* begonnen hat und die übrigen Instrumente ihm fugiert gefolgt sind, wird in vergrößerter Form der Anfang der Ersten Symphonie zitiert: die Noten sind so sehr verlängert, die Musik wirkt im *pp* so schleppend, dass es gleichsam nur wie aus weiter Ferne zu erkennen ist. Wie wichtig Schostakowitsch seine Erste war, zeigt sich daran, dass er stets den Jahrestag ihrer Uraufführung zu feiern pflegte. Nach einer klagenden Passage mit chromatisch fallendem Themenbeginn wird das zweite Thema der Fünften Symphonie (bzw. das Trio des zweiten Satzes der Vierten) zitiert. Mit dem Nachdenken über D. Sch. endet der Satz auch. Das *Allegro molto* (alle Sätze folgen attacca aufeinander) platzt hier wie ein Wutausbruch hinein. Mit Verbissenheit schreit die erste Violine immer wieder „D. Sch.". Im *fff* erscheint das zweite (jüdische) Thema des Klaviertrio-Finales als Ausdruck höchster Verzweiflung. Das Ganze wiederholt sich – Schostakowitsch identifiziert sich mit dieser Klage.

Der dritte Satz beginnt mit einem scharfen Anpfiff. Es folgt eines der typischen Marionetten-Scherzi. Brav hüpft die Musik im Dreiertakt. Das zweite Thema hat beinahe etwas widerwärtig Unterwürfiges. Im Trio wird an das *d-es-c-h* noch ein *g* angehängt – jetzt klingt es nicht mehr traurig, sondern positiv-geschäftig, die personifizierte Anpassung in gleichmütigem Ton. Hier wird aufbauend gearbeitet! Diese Verwandlung des Motivs wird noch einmal transformiert: Nun erklingt das Hauptthema des Cellokonzerts, fröhlich, federnd, adrett. Die anschließende Cellopassage mit den winselnden Begleitstimmen klingt allerdings so „geschmiert", dass sie schon wieder unglaubwürdig ist. – Wieder der Anpfiff. Noch einmal der Marionettentanz, die Verwandlung ins „Konstruktive" und ins Cellokonzert-Thema.

Daraus ergibt sich die Entschlüsselung des Cellokonzerts op. 107. Der erste und der vierte Satz hasten motorisch bewegt vor sich hin: der Cellist – man muss das sehen – zappelt sich ab wie der Hamster im Tretrad, der auch niemals irgendwohin gelangt. Das Orchester übernimmt seine Motive und gibt außerdem – in merkwürdiger Instrumentierung – äußerst bizarre Geräusche von sich, die eher an ein Maschinen-Ungetüm als an Musik erinnern. Jüdische Fidelmotive sind im ersten und zweiten Thema enthalten: der gehetzte Musikant stellt sich dar. Und so sieht man ihn eben, das wurde seine Maske:

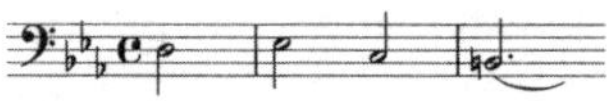
d-es-c-h: original

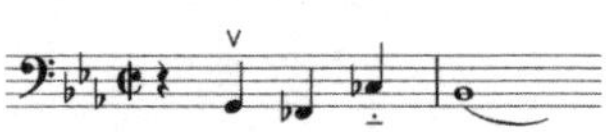
im Konzert

Das Klagemotiv, das im ersten Satz dominierte, ist auch im zweiten, einem „Moderato" enthalten, dessen Idylle dadurch doppelbödig wird. Erst recht wird sie es, wenn die Celesta das eine Thema versilbert und das Cello dazu das andere in der höchsten Flageolett-Lage fiept. Doch erinnert die Cello-Stimme auch an den Beginn des Klaviertrios – die Musik scheint plötzlich real traurig zu werden. Die Musik fällt gleichsam aus dem Rahmen. Die Kadenz, die das Cello nun alleine spielen muss, weitet sich zu einem eigenen Satz aus, der jeden Schein fallen läßt. Einsame pizzicato-Akkorde reißen Abgründe auf. Aber dabei darf es ja nicht bleiben: das Cello beschleunigt das Tempo mehr und mehr und flüchtet zurück in die besinnungslose Hetze. Das entstellte „D. Sch."-Thema krönt dann auch den Abschluss des Konzerts. Das Horn spielt es als Apotheose des fortlastenden Verhängnisses, so wie es früher mit den Passacaglia-Themen geschah. Aber das Ganze wirbelt natürlich als brillante Vorstellung vorbei!

Als 1959 der westdeutsche Korrespondent Gerd Ruge Schostakowitsch auf den Unterschied zwischen dessen frühen und späteren Werken aufmerksam machen wollte, entgegnete der Komponist: „Seit den dreißiger Jahren ist viel Zeit vergangen. Manche Kunstschaffende wachsen, verändern sich. Ich sehe keine stilistische Veränderung in meiner schöpferischen Biographie. Ich bin nicht der gleiche wie vor dreißig Jahren. Aber der Mensch bleibt sich doch gleich, ob er dreißig oder hundert Jahre auf der Erde lebt. Er wird nur älter, er bekommt mehr Erfahrungen".[37] Das 1. Cellokonzert kann diese Meinung nur stützen. Schostakowitsch knüpfte immer wieder an sein Frühwerk an. – Zurück zum Achten Quartett!

Der Largo-Satz des Quartetts reagiert auf dieses Thema der Anpassung mit so heftigen Fortissimo-Schlägen (vgl. 5. Quartett), als wolle er es um jeden Preis „niederknüppeln": das Zerrbild des sinnlos produktiven Musikanten muss Schostakowitsch panische Angst eingejagt haben. Krampfhaft versucht er nun ein Jahr später, dieses Spottbild seiner Persönlichkeit abzuschütteln. Ein pathetischer Trauergesang schließt sich an, das bekannte russische Revolutionslied *Gequält von schwerer Sklavenfron* (in anderer Übersetzung: *Im Kerker zu Tode gemartert*). Nach dem zweiten heftigen Reagieren auf das entstellte „D. Sch." erscheint das originale *d-es-c-h*, fahl und ausdruckslos. Leise zeichnet die erste Violine die Umrisse des berühmten Liedes *Unsterbliche Opfer, ihr sanket dahin* nach, matt und ganz unheroisch. *Dolce* – „süß" singt das Cello den Sehnsuchtsruf der gebrochenen Katerina aus dem 4. Akt: „Serjoscha! Geliebter du! Endlich! Wir sahen uns den ganzen Tag gar nicht! Serjoscha! Serjoscha!" Zum dritten Mal die heftige Reaktion auf das Cellokonzert-Thema und dann *pp d-es-c-h.*

Dies leitet in das abschließende Largo über. Kraftlos, matt und düster schließt das Werk, nachdem ein letztes Mal seufzend „D. Sch." intoniert wurde. – All dies zeigt, dass dieses Streichquartett ein Rückblick auf den eigenen zurückgelegten Weg, eine Reflexion über seine Identität ist. Anna Achmatowa hatte in ihren *Nordischen Elegien* einen verwandten Gedanken verfolgt. Die dritte Elegie lautet:

> …Mich hat, wie einen Fluss,
> Die eherne Epoche abgeleitet.
> Man hat das Leben mir vertauscht. Hineingeströmt
> Ist's in ein fremdes Flussbett, und vorbei
> An fremden Ufern fließt es – nicht den meinen.
> Wie manches Schauspiel habe ich versäumt,
> Wie mancher Vorhang hat sich ohne mich
> Gehoben und ist ohne mich gefallen.
> Wie viele Freunde hab' ich nie getroffen,
> Wie viele Silhouetten alter Städte

Hätten zu Tränen mich erschüttern können;
Doch eine Stadt nur kenn' ich auf der Welt
Und finde tastend sie im Schlafe noch.
Und wieviel Verse hab' ich nicht geschrieben,
Und ihr geheimer Chor schweift um mich her

Und wird vielleicht mich eines Tages noch
Ersticken...
Anfänge sind mir wohl bekannt und Enden,
Das Leben nach dem Ende und noch etwas,
Woran ich mich jetzt lieber nicht erinnre.
Und eine Frau hat den Platz eingenommen,
Den einzigen, der mir, nur mir gebührte,
Und trägt jetzt meinen legitimsten Namen.
Mir ließ sie jenen Namen, unter dem
Die Welt mich kennt, aus dem ich dann vielleicht
Gemacht hab', was man daraus machen konnte;
Und nicht in mein Grab werd' ich, ach!, mich legen.

Doch wenn ich irgendwoher schauen würde
Auf dies mein Leben, das ich heute lebe,
Dann wüsst' ich endlich, was das heißt: zu neiden.

2. September 1945 – Leningrad

Schostakowitsch hatte bei seinem Besuch in Dresden die Schrecken des Krieges wieder vor Augen bekommen. Die Trümmerstadt erinnerte ihn an Leningrad. Aber waren die Lehren gezogen, damit ein so grausamer und sinnloser Krieg sich nie mehr wiederholen konnte? Schostakowitsch traf in der DDR Freunde, sein Land war mit diesem Teil Deutschlands verbündet. Aber nur ein paar hundert Kilometer weiter westlich begann eine andere Welt, trennte eine neue Grenze Menschen gleicher Sprache voneinander, denen täglich ein verzerrtes Bild, ein Feindbild von den Menschen des jeweils anderen Machtblocks eingehämmert wurde. Und es schien, sie ließen es sich einhämmern!

Die Ruinen Dresdens lösten in Schostakowitsch den Gedanken des Achten Streichquartetts aus, weil er spürte, dass die Menschen durch Unterdrückung und Krieg zu ebensolchen Ruinen ausgebrannt wurden. Die Gefühle der Lethargie, Verzweiflung, des Gehetztseins, Anpassungszwangs, Identitätsverlusts, der Totenklage, Sehnsucht und Resignation, die stets in Verbindung zu seinen Initialen vermittelt werden, beziehen sich auf sein Empfinden, selbst zur Ruine ausgebrannt zu sein. Die Widmung will sagen: Was euch das Leben gekostet hat, hat auch diese meine Musik entscheidend geprägt.

Im Monat der Fertigstellung des Achten Streichquartetts, am 14. September 1960, wurde Dimitri Schostakowitsch unter dem Gewitter der Blitzlichter und dem Surren der Fernsehkameras bei einer offenen Parteiversammlung der Moskauer Komponisten als Kandidat in die Kommunistische Partei der Sowjetunion aufgenommen.

IX Sozialistischer Idealismus

Die Feiern zu seinem 50. Geburtstag am 25. September 1956 hatten Schostakowitsch gezeigt, wie unangefochten seine Rolle als der führende Komponist der Sowjetunion geworden war. Außerdem konnte ihm niemand mehr den Ruf des größten lebenden Symphonikers streitig machen. Prokofjew und Mjaskowski waren tot – letzteren übertraf er durch Qualität, und Prokofjews Symphonien waren nicht die wichtigste Sparte seines Schaffens. Im Westen schrieben im 20. Jahrhundert nach Mahler auch Britten, Vaughan Williams, Honegger, Roussel, Messiaen, Strawinsky, K. A. Hartmann, Henze und andere Komponisten Symphonien, aber als der Symphoniker dieses Jahrhunderts wurde Schostakowitsch berühmt. Seine Elfte und Zwölfte Symphonie allerdings könnten das bisher gewonnene Bild sowohl seiner Symphonik als auch seiner Persönlichkeit umstürzen.

Beide Symphonien sind den revolutionären Traditionen der Sowjetunion gewidmet: die Elfte der Februarrevolution von 1905, die Zwölfte der Oktoberrevolution von 1917. In der *Elften Symphonie* op. 103 aus dem Jahr 1957 – dem 40. seit der Oktoberrevolution – verwendete Schostakowitsch revolutionäre Massenlieder als Themen. Der Symphonie gab er den Titel *Das Jahr 1905*, und die einzelnen Sätze heißen *Der Schlossplatz*, *Der 9. Januar*, *Ewiges Gedenken* und *Sturmläuten*. Eine reine Programm-Symphonie mit eindeutigem Inhalt?

Das Adagio des ersten Satzes gibt ein Bild des still daliegenden Platzes vor dem Zarenpalast: die Ruhe vor dem Sturm, die im zweiten Satz von der Illustration der Bittdemonstration abgelöst wird, in die der Zar schießen läßt – auch das wird drastisch vorgeführt. Der dritte Satz ist das Requiem für die Opfer und der vierte der Alarmruf zur Weiterführung der Revolution[1].

Die angewandten Mittel sind streckenweise ermüdend: immer und immer wieder die brüllenden Akkordsäulen, die durch deklamatorische Phrasen verbunden werden – bekannt aus der Achten und der Zehnten Symphonie –, immer und immer wieder der rasche Wechsel zwischen Geigen- und Holzbläserfiguren – bekannt aus Tschaikowskys Orchesterwerken –, lärmend das Schlagzeug, aber hier nicht nur als Ausdruck der herrschenden Gewalt, sondern genauso beim revolutionären Sturm – warum schließlich auch nicht. Der vorwärtstreibende

Impetus der Musik wird durch punktierte Rhythmen erzielt – und in diesem Zusammenhang könnte man das mehrfach auftauchende Klage-Motiv auch für eine rein routinemäßige Formulierung halten.

Mitreißend wirkte die Elfte Symphonie auf das Publikum der Feiern zum 40. Jahrestag der Revolution, dem die revolutionären Lieder vertraut und teuer waren. Es ist Musik für Gläubige, al fresco gemalt. Diesen Weg geht die *Zwölfte Symphonie* op. 112 aus dem Jahr 1961 noch einige Schritte weiter. Sie trägt den Titel *Das Jahr 1917* und ist ausdrücklich „Dem Gedenken an Wladimir Iljitsch Lenin" gewidmet. Der Reiz der Revolutionslieder fehlt ihr, ebenso der programmatisch spannende Verlauf, was die Elfte noch recht farbig werden ließ. Gemeinsam hat sie mit der Elften den Lärm.

Die Zwölfte ist thematisch präzise durchgestaltet. Den Steigerungen des ersten Themas fehlen weder Anklänge an das Gewalt- noch an das Klage-Motiv[2]. Die Symphonie entfaltet aber nur Revolutionsmystik, deren hymnischer Schluss in byzantinischen Klangrausch gebettet ist. Haben wir Schostakowitsch bisher als den Autor vielschichtiger Werke kennengelernt, die beim Hörer weniger auf begeisterte Zustimmung zielten, sondern Irritation und Nachdenklichkeit provozierten, so erscheinen die Elfte und Zwölfte Symphonie als eindimensionale Stücke, denen jedes Geheimnis und damit auch jeder Zauber fehlt.

Über Mahler hat Adorno gesagt, er sei ein schlechter Jasager gewesen. Schostakowitsch war auch ein schlechter Jasager. Was könnte die sozialistische Revolution mehr diskreditieren, als eine solch hohle Lobeshymne? Erfährt man über die Revolution irgend etwas? Man könnte allenfalls heraushören, dass es um den Machtwechsel ging. Bestand die Revolution wirklich in nichts anderem?

Einen doppelten Boden hinter diesem Musterstück des Sozialistischen Idealismus zu suchen, dürfte erfolglos sein. Denn beim Finale der Fünften Symphonie war ja die Tragik so deutlich spürbar geworden wie beim Finale der Vierten Symphonie Tschaikowskys. Bei der Zwölften ist nichts zu fühlen; von Parodie keine Spur. Und um die Revolution als nackte Machtfrage zu denunzieren ist dieser 40-Minuten-lange Aufwand viel zu groß. Die Zwölfte Symphonie ist eine Revolutionsfeier, ein sakrales Musikwerk, das nur für denjenigen Wert besitzt, dem der Glaube nicht fehlt. Und dieses Werk hat Schostakowitsch in die Reihe seiner Symphonien gestellt, die bis zur Zehnten doch eine ganz andere Funktion hatten. Bleibt die Frage: warum wollte Schostakowitsch jetzt unbedingt ein Jasager sein?

* * *

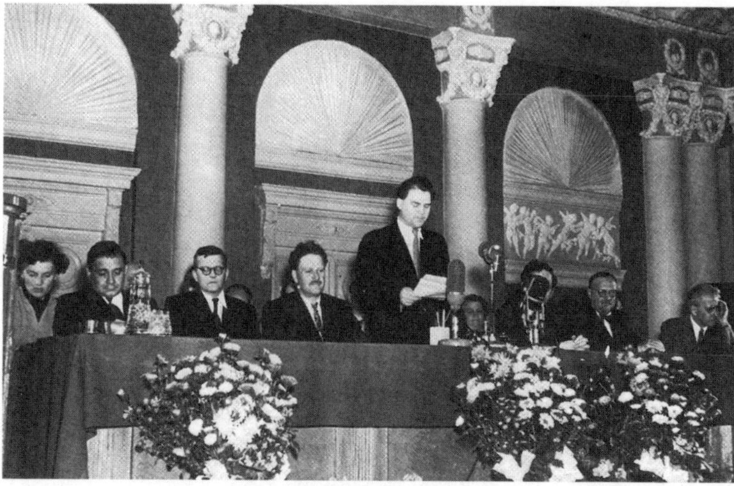

Überreichung des Internationalen Friedenspreises an Schostakowitsch im Oktober-Saal des Gewerkschaftshauses, Moskau, 1954

Nach Stalins Tod im Jahr 1953 hatten seine Erben tastend nach Bündnissen gesucht, die ihnen die Macht sichern könnten. Derjenige, der sich die größten Chancen ausgerechnet hatte, wurde handstreichartig ausmanövriert, verhaftet und hingerichtet: Stalins verhasster Henker Berija. In dem geheimen Prozess gegen Berija konnten alle Parteiführer Einblicke in die Abgründe der Verbrechen werfen, die dieser Mensch begangen hatte – und von denen Stalin, aber oft auch sie selber gewusst hatten. Einer aus dieser Riege, dem noch genügend Illusionen über seine edlen politischen Motive zur Verfügung standen, der frühere ukrainische Parteichef Nikita Chruschtschow, wurde im September 1953 zum Ersten Sekretär des ZK gewählt und begann von diesem zentralen Posten aus die Konkurrenten um die Macht zu überrunden. Der Zwanzigste Parteitag wurde einberufen. Chruschtschow setzte durch, dass eine Kommission zur Untersuchung der Verbrechen der Stalinzeit eingerichtet wurde. Sein Eindruck war: „Verbrecherische Handlungen waren von Stalin begangen worden, die in jedem Staat der Welt, außer in faschistischen Staaten wie denen Hitlers und Mussolinis, strafbar gewesen wären“[3]. Und er handelte nach dieser Erkenntnis.

Im Februar 1956 wurden die Ergebnisse der Untersuchungskommission dem XX. Parteitag von Chruschtschow in geheimer Sitzung mitgeteilt[4]. In dieser Geheimrede, die die Delegierten zu Hause ihren Einheiten verlasen, die aber in der Sowjetunion nicht gedruckt wurde, enthüllte er die Methoden des Stalinschen Terrors. Die Stalinisten, die als Mitschuldige zu recht befürchteten, die Selbstkritik könnte zu weit gehen, konnten dann die Eindämmung der Stalinkritik unter der Sprachregelung vom „Personenkult" erzwingen – so wurden Stalins Fehler jetzt gekennzeichnet. Chruschtschow, der sich für volksverbunden genug hielt, um sowohl zu seiner eigenen Beteiligung stehen, als auch die Bewegung im Zaum halten zu können, hatte jedoch die Türen für ein Rechtsbewusstsein geöffnet, das sich so leicht nicht wieder verdrängen ließ.

Viele Opfer wurden rehabilitiert – auch Toten gab man ihren guten Namen wieder. Gefangene kehrten aus den Lagern zurück. Mit ihnen verbreitete sich die Kenntnis über den Umfang und die Barbarei des Gulag. Die deportierten Völker wurden teilweise aus dem lagerähnlichen Reglement entlassen – vor der Erlaubnis zur Rücksiedlung scheute Chruschtschow aber doch zurück.

Mit großer Geste wurde die moralische Erneuerung mit wirtschaftlichen Reformen untermauert. Schon bald stellte Chruschtschow wieder die Losung auf: „Amerika einholen und überholen". Als Landwirtschaftsspezialist, für den er sich hielt, propagierte er die Erschließung von Neuland, um das Problem der Nahrungsmittelversorgung zu lösen, die immer noch nicht gesichert war. Nach einer Missernte wurde von den USA in großem Maßstab Getreide gekauft, um eine Hungersnot abzuwenden, wie Stalin sie noch ungerührt über das Volk hatte hereinbrechen lassen. Auch die scharfen Arbeitsgesetze Stalins wurden gemildert. Die Schwerindustrie sollte zugunsten der Konsumgüterindustrie etwas zurückgedrängt werden. Das Wohnungsbauprogramm wurde angekurbelt, die Sozialfürsorge verbessert. Und im Jahr der Elften Symphonie feierte die sowjetische Technologie ihren Triumph: 1957 flog der Sputnik als erster künstlicher Trabant um die Erde.

Ihren Namen bezog diese Epoche von Ehrenburgs kleinem Roman *Tauwetter*, der 1954 erschienen war. 1956 druckte die von Alexander Twardowski geleiteten Zeitschrift *Nowy mir* (*Neue Welt*) Michail Dudinzews *Der Mensch lebt nicht vom Brot allein*. Mit Twardowski (1910–1971), dessen Dichtung er sehr schätzte, war Schostakowitsch freundschaftlich verbunden. Boris Pasternak schrieb 1955 seinen Roman *Doktor Schiwago*. Die Künstler und die Intellektuellen gerieten in Aufbruchstimmung. Endlich schienen die Fesseln zu fallen.

Doch während Schostakowitsch Stück um Stück aus seiner Schublade nehmen und aufführen konnte, wurde Pasternak der Druck des *Doktor Schiwago* verboten. Der Roman brach radikal mit allen Forderungen des Sozialistischen Realismus. Die Titelfigur, der Arzt und

Dichter Juri Schiwago, steht dem Umschwung zwar anfangs nicht ablehnend gegenüber, aber seine Erfahrungen lassen ihn eine scharfe Trennungslinie zwischen sich und den Revolutionären ziehen. Eine „positive" revolutionäre Person gibt es nicht. Zur Belehrung des Publikums über die Revolution als den Sinn der Geschichte ist der Roman völlig ungeeignet. „Das lebendige Menschenantlitz war zu einer Personifikation, zu einem Prinzip, zu einer Idee geworden." Dieser Kernsatz des Romans gegen Gewalt und für Menschlichkeit musste wie das rote Tuch des „Individualismus" wirken. Das Buch erschien im Verlag des italienischen Kommunisten Feltrinelli und wurde ein Welterfolg. 1958 erhielt Pasternak dafür den Nobelpreis. Die Antwort der Sowjetregierung war eine Vernichtungskampagne gegen Pasternak – der Fortschritt bestand darin, dass er nicht physisch vernichtet werden sollte, sondern sein Ruf. In großen Versammlungen von Leuten, die seinen Roman ja nicht kennen konnten, wurde seine Ausbürgerung verlangt. Chruschtschow selbst nahm an einer Hetzveranstaltung gegen Pasternak in einem Stadion teil. Eine Versammlung des Schriftstellerverbandes beschloss seinen Ausschluss. Pasternak musste den Preis ablehnen, um nicht aus seiner Heimat vertrieben zu werden, ohne die er als Dichter nicht leben konnte.

Vermutlich hielten auch aufrichtige Schriftsteller den Wagemut Pasternaks für irrwitzig: Mit seinem naiven Glauben an die Wahrheit provozierte er doch erst recht die harten Maßnahmen des Staates! Sie standen zwischen Wahrheit und Taktik – aber sie hatten nur Taktik und Zynismus gelernt. Ihr altes Ideal war gestürzt, es musste ersetzt werden, wenn ihre des Halts bedürftigen Persönlichkeiten nicht auch stürzen sollten. Die Identifikation mit Stalin wurde auf Lenin rückprojiziert; dessen Ideal strahlte heller denn je (und Schostakowitsch wollte es mit seiner Zwölften als leuchtenden Anspruch hinstellen). Sie alle hatten gewusst, was vor sich ging, es aber für sich behalten und an der allgemeinen Doppelmoral mitgewirkt. Ein offenes Vorgehen war für sie unvorstellbar. Gegenüber dem Ausland musste unbedingt die Fassade gewahrt bleiben. Und: auch gegenüber dem Volk musste die Fassade gewahrt bleiben. Darin lag ja die stärkste Verhöhnung des Ideals: „Das Volk" herrschte zwar, aber man nahm es als unmündig – auch Schostakowitschs Sakralwerke taten da mit, indem sie die Götterbilder verherrlichten.

Schostakowitsch gehörte offenbar zu denen, die nun die Stunde der Wahrheit gekommen glaubten und es für ihre moralische Verpflichtung hielten, an der geistigen Erneuerung mitzuarbeiten. Deshalb ließ er sich 1957 ins Sekretariat des Komponistenverbandes der UdSSR wählen (dessen Herr immer noch Chrennikow war, gegen dessen Administration er aber anscheinend seine Haltung geltend machen wollte), deshalb beantragte er 1959 die Aufnahme in die Partei, und deshalb ließ er sich 1962 in den Obersten Sowjet wählen (dafür gab er 1963 seinen Sitz im Obersten Sowjet der RSFSR ab, den er seit 1947 innegehabt hatte).

In den *Gedanken über den zurückgelegten Weg*, die er zu seinem 50. Geburtstag 1956 niederschrieb, formulierte er das so: „Mit gesellschaftlicher Tätigkeit befasse ich mich mein ganzes bewusstes Leben lang. Und ich werde damit wohl nie aufhören. So ist mein gesellschaftliches Temperament beschaffen, wenn ich mich so ausdrücken darf. Das ist wahrscheinlich auch für mein Schaffen sehr wichtig. Ich bin Deputierter des Obersten Sowjets der RSFSR, Mitglied des Sowjetischen Friedenskomitees und nehme am gesellschaftlichen und künstlerischen Leben des Komponistenverbandes teil. Besonders hervorheben möchte ich die Bedeutung der Erweiterung unserer kulturellen und freundschaftlichen Beziehungen zu ausländischen Künstlern. Ich freue mich über Erfolge in dieser Sache und bin überzeugt, dass die Freundschaft der Musiker aller Länder der Sache des Friedens in der ganzen Welt dienen wird.“[5]

Nach dem XX. Parteitag hatte Schostakowitsch sich auch programmatisch *Über einige Fragen des musikalischen Schaffens* geäußert[6]. In der Prawda vom 17. 6. 1956 schrieb er u. a.: „Es wäre jedoch Leichtsinn und Sorglosigkeit zu behaupten, es gäbe in unserer musikalischen Wirklichkeit keine dunklen Stellen, die sowjetische Musik hätte keine Schwierigkeiten zu bestehen, auf ihrem Entwicklungsweg gäbe es keinerlei Gefahren. So ist zum Beispiel nicht zu übersehen, dass im Verlauf der letzten Jahre neben großen Errungenschaften der sowjetischen Musik unverhältnismäßig viele nicht lebensfähige musikalische Werke entstanden. Eine große Anzahl von ihnen wurde bei Leistungsvergleichen auf Unions- und Republikebene, die in Zusammenhang mit Plenartagungen der Leitung des Verbandes Sowjetischer Komponisten veranstaltet wurden, aufgeführt, wobei viele dieser Werke höchste Belobigungen und Auszeichnungen erhielten, dann aber sogleich vergessen wurden. In derartigen Werken war weder für die normalen Hörer noch für die Musikfachleute etwas Erfreuliches. Waren sie von äußerem Pathos erfüllt, so wurden diese Werke als lebensbejahend bezeichnet; ein anderes Mal wurde eine spießbürgerliche Idylle als zu Herzen gehende Lyrik gepriesen. Noch häufiger wurde das Pathos hochtrabender Dithyramben und üppiger Lobpreisungen kultiviert – das nannte sich Heldenepos oder epische Heroik. Die Anmaßung und das Hochtrabende dieser Werke waren ihrer inneren Kälte direkt proportional.

Natürlich gab es neben all diesem viele einfach langweilige, graue, alltägliche Werke, in denen die handwerklichen Fähigkeiten ihrer Autoren nicht das Fehlen einer bedeutenden künstlerischen Begabung kompensieren konnten. Warum vergrößerte sich von Jahr zu Jahr die Zahl der nicht lebensfähigen Werke? Mir scheint, dass schuld hieran zu einem großen Teil unsere musikalische Arbeitsatmosphäre und besonders das führende Organ unseres musikalisch-gesellschaftlichen Wirkens – das Sekretariat des Komponistenverbandes der UdSSR – ist. Hier, in der Praxis der täglichen Arbeit, wurden die Prinzipien und Kriterien der realistischen Kunst, der Volkstümlichkeit und der Programmatik, die Prinzipien der Klassikernachfolge stark vereinfacht, wodurch im Resultat Wahllosigkeit und Anspruchslosigkeit in bezug auf die geistig-künstlerischen Qualitäten der Werke entstanden; einige äußere Kennzeichen, wie zum Beispiel das Vorhandensein aktueller programmatischer Überschriften, einer „aktuellen Thematik“, wurden gleichsam zum Schild, der diese Werke gegenüber einer anspruchsvollen Kritik deckte. [...] Für die Kritiker wie für die Komponisten war es äußerst betrüblich, dass unter denjenigen, denen die Leitung der Sache der Musik anvertraut war, mancher trockene Dogmatiker war, der im Grunde die Musik wenig liebte. Solche Leute störten und stören unser Anliegen, die Entwicklung des lebendigen Schöpfertums, sehr. [...] Oft genug wird dasjenige Formalismus genannt, was irgend jemandem nicht ganz verständlich oder nicht ganz nach dem Geschmack ist. Überhaupt ist der Gebrauch dieses Begriffs ein bisschen willkürlich geworden. Dabei kann man formalistisch nur eine leere, ideenlose, kalte, leblose Kunst nennen. In einer solchen Kunst wird das vom Komponisten gewählte Mittel zum Selbstzweck, verwandelt sich in Eitelkeit, in Kunstkniffe, in Ästhetizismus.“

Schostakowitsch wollte nicht nur eine Philippika gegen Dogmatismus, Verlogenheit und Anspruchslosigkeit halten, sondern für diese Kritik mit seiner eigenen Arbeit im Komponistenverband einstehen. Die Musik sollte „tiefe Prozesse unseres geistigen Lebens darstellen“. So verstand er den Auftrag des XX. Parteitags an die sowjetischen Künstler.

Die Elfte Symphonie von 1957 mit ihrem Alarmruf zur permanenten Revolution zeigt diese Einstellung recht eindeutig. Schostakowitsch hat sich immer für die Idee des Sozialismus engagiert; für ihn war die Stalinzeit der Albtraum einer Verfälschung seines Ideals gewesen, für dessen Reinhaltung er jetzt kämpfen wollte. Deshalb war es ihm jetzt auch erlaubt, „positive“ Werke zu schreiben, zu denen er innerlich stand und die auch keinen doppelten Boden mehr haben mussten.

Nebenbei: ob es ganz verfehlt ist, Parallelen zwischen den taktischen Formulierungen des *Prawda*-Artikels und der Versöhnungskadenz im *Sechsten Streichquartett* op. 101 von 1956 zu ziehen, die jeden Satz schließt? Sie löst Widersprüche auf, die vor allem im ersten Satz recht militante Züge annehmen. Der melancholische Tanz des zweiten Satzes ist zwar jedermann zugänglich, aber eben nicht „volkstümlich". Der liedhafte dritte Satz wirkt wie ein Vorgriff auf die Paraphrase über *Unsterbliche Opfer, ihr sanket dahin* in der Elften Symphonie von 1957. Ein Requiem, das indessen ebenfalls mit der Versöhnungskadenz aufgehoben wird. Das Finale karikiert erst den geistlosen Trott, nimmt den Kampf auf und erlebt dabei eine sehr herbe Niederlage. Doch der Schluss ist wieder jenem versöhnlichen Seufzer überlassen. Zumindest läßt sich sagen, das Quartett gibt einen Eindruck von Gesinnungen dieser Zeit.

Dabei hatte Chruschtschow erst im Herbst zuvor sowohl in Polen als auch in Ungarn gezeigt, dass er keinen Augenblick an der Vormachtstellung der UdSSR in Osteuropa rütteln lassen werde. In Polen hatten Einschüchterungen genügt, in Ungarn waren aber die Panzer gerollt – unterstützt auch von dem früheren „Renegaten" Tito, mit dem Chruschtschow sich 1955 ausgesöhnt hatte. Während in Ägypten die Suezkrise mit der Invasion Englands, Frankreichs und Israels ihren Höhepunkt fand, wurde der Ungarnaufstand dem Sowjetvolk als die Machenschaft des CIA verkauft. Noch hatte man zu wenig Orientierung gewonnen, um in der Beschießung Budapests anderes als die Rettung des Sozialismus sehen zu können. Unruhen schienen wenig sinnvoll, wenn man an die Reformierung des Systems glaubte. Andernfalls drohte die Einmischung der Militärs, und damit Krieg. Chruschtschow hatte ja die besondere Kritik Mao Tse-tungs durch seine These hervorgerufen, jetzt sei auch ein friedlicher Übergang zum Sozialismus möglich, ohne bewaffnete Revolution, ohne Krieg als Zwischenstufe. Nach dem Elend des Zweiten Weltkrieges erschien dies als ein enormer Fortschritt des Marxismus-Leninismus. Das Gleiche wandte man natürlich nach innen an: keine Revolution, sondern Evolution, keine Verschiebung der Machtbereiche, sondern friedliche Koexistenz. Dann würde man die Reformen in Ruhe verwirklichen können: weil das Feindbild nicht mehr nötig ist. In Schostakowitschs Elfte Symphonie versteckte Kritik an der Niederschlagung des Ungarischen Aufstandes hineinzuinterpretieren, scheint mir daher nicht begründbar[7]. Einige Jahre später jubelten sogar viele kritische Jugendliche Chruschtschow bei seinem Ungarnbesuch als dem Hoffnungsträger des „Gulasch-Kommunismus" zu.

Schostakowitschs zähe Hoffnung auf ein Zurückdrängen der stalinistischen Fesseln fand in bissigen Bemerkungen Ausdruck, wie beispielsweise in einem Brief an den Komponisten Edison Denissow (geb. 1921), mit dem er seit 1949 in Briefwechsel stand. Hier zieht er Dolmatowski eins über: „Am 14. spielt N. P. Anossow meine 1. Symphonie und das *Lied von den Wäldern*. Der Dichter – ein Sklave der Ehre – hat den Text im Geist der Zeit verbessert. Im Gegensatz zu seinem Kollegen Puschkin (auch ein Sklave der Ehre) ist er nicht ums Leben gekommen und hat auch nicht die Absicht.“[8]

Dolmatowski hatte das *Preislied auf Stalin* ersetzt. In einem späteren Brief an Denissow steht unter Anspielung auf Dostojewskis Satire: „Aus dem Dorf Stepantschikowo ist Foma Fomitsch Opiskin nach Moskau gezogen. Unter dem Pseudonym P. Apostolow schreibt er in der Presse. Besonders gelungen war sein letzter Artikel in der Zeitung Sowjetskaja kultura. Darin kämpft er dafür, dass die Musik melodiös und schön ist.“[9] Im gleichen Brief vom 22. Juli 1957 geißelte er die Sowjetskaja kultura, weil sie Skrjabin einen Modernisten und Formalisten gescholten hatte.

Am 28. Mai 1958 fasste das ZK der KPdSU einen Beschluss, der den ZK-Beschluss von 1948 korrigierte. Allerdings wurde nur die Zuordnung der dort erwähnten „talentierten Komponisten“ zur antivolkstümlich-formalistischen Musik widerrufen. Die Kritik des Beschlusses an der „Neuerungssucht“ und den „formalistischen Tendenzen“ wurde jedoch bestätigt, ja als rechtzeitiger und wichtiger Wegweiser gewürdigt, dessen bedeutende Rolle durch die weitere Entwicklung bewiesen sei. Wenigstens verzichtete der Beschluss ebenso wie der dazugehörige Leitartikel der Prawda[10] diesmal auf inhaltliche Begründungen. Dieser Beschluss muss Schostakowitsch enttäuscht haben. Das ZK war in keiner Weise auf seine Vorschläge der Sprachregelung eingegangen, die er in dem erwähnten Prawda-Artikel gemacht hatte, um „kühnes Neuerertum“ möglich zu machen. Er hatte von der Rolle der Musik als Erzieher des sowjetischen Menschen, des Erbauers der kommunistischen Gesellschaft gesprochen, und davon, dass die Kunst und Literatur des Landes nicht nur dem Inhalt nach, sondern auch nach künstlerischer Kraft und Meisterschaft den ersten Platz in der Welt einnehmen müsse. Das waren nicht nur Floskeln, sondern taktische Formulierungen, die er durchaus ernst nahm. Denn nur der Inhalt galt bisher als Maßstab; an die kritische Beurteilung der Form waren weder die Kritik noch das Publikum gewöhnt. Das Publikum, weil es stets bevormundet wurde, die Kritik, weil in der Kunst – wie sollte es auch anders sein als in der

Politik – die mittlere Generation der Opportunisten die Macht hatte und die skeptischen Alten wie die kritischen Jungen unterdrückte.

* * *

Chruschtschow verstand nichts von der Kunst. Er war ein Machtmensch, der Kunst und Literatur nur nach jener Nützlichkeit beurteilte, die er kannte: macht sie Laune zur Aufbauarbeit? Zwar gab er im großen und ganzen Ruhe, weil er die Unterstützung wichtiger Schriftsteller bei der Zurückdrängung der Stalinisten gerne annahm, aber dann häuften sich polternde Auftritte, bei denen er seinem Spießergeschmack freien Lauf ließ und jede neue Erscheinung als kapitalistischen Infiltrationsversuch anprangerte.

Ende der 1950er Jahre entbrannte eine neue Debatte darüber, ob abstrakte Malerei zulässig sei: ob sie dekadent und schädlich oder ob sie zwar dekadent aber unschädlich sei. Doch Chruschtschow war spontan und pragmatisch. Eine neue Dogmatik war deshalb nicht in Sicht. Aufsehen erregte eine Ausstellung aus den sozialistischen Staaten, bei der die Polen ungewohnt kühne, bis zur Abstraktion tastende Bilder zeigten.

In Polen, Ungarn und der Tschechoslowakei gab es ganz generell freiere Tendenzen. Dort waren die Kontakte mit dem Westen nicht gänzlich abgeschnitten und die kulturelle Gleichschaltung war noch nicht perfektioniert. Der originellste der ungarischen Komponisten, György Ligeti (geb. 1923), ging 1956 in den Westen. In Polen jedoch wuchs eine Generation neugieriger und origineller Komponisten heran, die sich in der Heimat entfalten konnte. 1954 erschien mit dem Konzert für Orchester von Witold Lutosławski (geb. 1913) das erste große Werk dieser auch im Westen sehr erfolgreichen Serie, deren berühmtester Produzent Krzysztof Penderecki (geb. 1933) werden sollte (z.B. *Anaklasis*, 1960, *Lukas-Passion*, 1966).

Im Westen hatte sich der Zustand der Musik nach dem Krieg sehr radikalisiert. Die Massen wurden von der Kulturindustrie mit billigem Schund zugeschüttet und die kulturell gebildeten Schichten waren mit dem Wiederaufbau beschäftigt und wollten in Ruhe gelassen werden. Der Wiederaufbau bedeutete keine Neuorientierung, weder eine Bewältigung der Vergangenheit noch den Entwurf einer Utopie. In den Opernhäusern und Konzertsälen herrschte der Konservativismus. Man wollte sich gepflegt unterhalten oder sein Bildungsbürgertum pflegen. Ein Mittel der geistigen Auseinandersetzung war die Musik nicht mehr, wie sie es in der Zwischenkriegszeit zumindest in den Zentren noch gewesen war. Die Pflege der klassischen Tradition erstickte im Pathos der Restauration, der Rebell Beethoven blieb der Titan der Nazis. Neue Musik – außer einer „gepflegten“ Moderne, wie sie etwa Hindemith vertrat – wollte man nicht hören. Junge Komponisten sahen sich nun ganz aus dem Musikleben gedrängt. Sie wurden in die Opposition getrieben. Mit Begeisterung entdeckten sie die Musik der zweiten Wiener Schule von Arnold Schönberg, Alban Berg und Anton Webern, die unter Hitler als entartet verboten gewesen war. Bei den Darmstädter Ferienkursen für Neue Musik entstand eine neue Avantgarde, die nun ihrerseits eine Schule bildete und in der Nachfolge Anton Weberns die einzig wahre Position des Fortschritts für sich reklamierte. Das System der Zwölftonmusik Schönbergs, d. h. das Komponieren mittels Reihen, die sämtliche 12 Halbtöne der Oktave enthalten, wurde weitergeführt bis zur Arbeit mit ganz frei variierbaren Strukturen. Außerdem wurde mit elektronischen Klängen experimentiert, und wurden Klangflächen ohne melodische und rhythmische Strukturen erzeugt. Aus diesen Experimenten hoben sich einige außerordentlich starke Werke hervor. Von zielloser Experimentierwut konnte also nicht die Rede sein. Pierre Boulez und Karlheinz Stockhausen waren Exponenten dieser Musik. Theodor W. Adorno wurde zum einflussreichsten Theoretiker der Neuen Musik, die ihr Nichteinverstandensein mit den herrschenden Zuständen auf die Fahnen geschrieben hatte[11]. Man setzte sich vom bürgerlichen Kulturbetrieb ebenso entschieden ab wie von der gegängelten Musik des Ostens. Daneben gab es selbstverständlich noch zahlreiche andere Versuche, Wege zu finden, aber gemeinsam war das Gefühl, die Gesellschaft beachte die lebenden Komponisten nicht mehr[12].

1959 reiste Schostakowitsch zum Festival Warschauer Herbst, das zum dritten Mal veranstaltet wurde. Dort fand die Begegnung zwischen der Musik des Ostens und der Musik des Westens statt. Beim Eröffnungskonzert wurde sein 1. Klavierkonzert aufgeführt. Er war ein bisschen enttäuscht darüber (er könne es nicht zu seinen besten Werken zählen), freute sich aber doch, „dass man ein frühes Werk von mir in das Festivalprogramm aufgenommen hat. Das Konzert wurde gewissenhaft gespielt, aber ich fand, etwas zu schwerfällig. Ich habe es als ein Werk des leichten Genres geschrieben“[13].

Man war begierig, in Interviews seine Meinung zu den neuesten Strömungen zu hören. Natürlich begrüßte er es, dass sich auf dem Festival die Musik verschiedener Länder und verschiedener Richtungen begegneten, was dem Meinungsstreit und der Diskussion förderlich sei. „Aber trotzdem tut es mir leid, dass auf diesem Festival nicht die

Werke von zum Beispiel amerikanischen Komponisten, außer einem, von Komponisten Skandinaviens, Komponisten aus Bulgarien und einer Reihe anderer Länder erklungen sind. So war Frankreich vor allem mit Werken von Pierre Boulez vertreten, die meines Erachtens sehr viel Raum auf dem Festival einnahmen. Es hätte, sagen wir, ein Werk genügt, um einen Eindruck von seiner Musik zu bekommen. [...] Sehr schade ist es, dass es da auf dem Festival keine Musik von einem so bedeutenden polnischen Komponisten wie Lutosławski gab."

Diese höflich formulierte Kritik in einem Interview des polnischen Rundfunks[14] klang in einem Interview, das die russischen Musikfreunde in der Sowjetskaja musyka lesen konnten, entschiedener. Auf die Frage, ob es auch in der UdSSR Versuche gäbe, das Dur-Moll-System zu verlassen, antwortete er: „Für das russische Volkslied, dessen Lebenssäfte die russische Kunstmusik speisen, ist das Dur-Moll-System im großen und ganzen wenig charakteristisch [...]. Für die sowjetischen Komponisten gibt es keine Notwendigkeit, auf dem Gebiet der atonalen Musik zu experimentieren, denn vor ihnen liegen nicht nur alle Reichtümer der russischen Musik offen, sondern auch der fast unberührte Boden der Volksmusik einer Anzahl von Bruderrepubliken. [...] Allerdings am Anfang der zwanziger Jahre, das heißt vor etwa vierzig Jahren, begeisterten sich unsere Komponisten auch für verschiedene spekulative Experimente; zum Glück überzeugten sie sich ziemlich bald von deren Fruchtlosigkeit, von ihrer Losgelöstheit vom realen Lebensboden, und fanden den meiner Meinung nach einzig richtigen Weg zu Werken, die ihrem Gehalt nach tief, ihrem Stil nach unterschiedlich und für breite Hörermassen zugänglich sind."

Nach der Zukunft der Zwölftonmusik gefragt, antwortete er: „Ich bin fest davon überzeugt, dass es in der Musik, wie auf jedem anderen Gebiet menschlicher Tätigkeit, immer notwendig ist, neue Wege zu suchen [...]. Der engstirnige Dogmatismus dieses künstlich geschaffenen Systems fesselt die schöpferische Phantasie der Komponisten aufs stärkste und beraubt sie ihrer Individualität [...]. Ich möchte betonen, dass die Ausdrucksmöglichkeiten der Zwölftonmusik äußerst gering sind. Bestenfalls ist sie in der Lage, Zustände der Niedergeschlagenheit, der völligen Erschöpfung oder der Todesangst auszudrücken, das heißt Stimmungen, die der Gemütsverfassung des normalen Menschen, und umso mehr derjenigen des Menschen der neuen, sozialistischen Gesellschaft, entgegengesetzt sind. Die Verfechter der Dodekaphonie sind sich selbst der Schädlichkeit ihrer Musik deutlich bewusst. Einer der treuesten Anhänger Schönbergs, Theodor Adorno, bekannte: ‚Die Angst des Einsamen wird zum Kanon der neuen Ästhetik der Kunst.'[15]

Diese ‚neue' Ästhetik ist eine Ausgeburt der alten Welt, die für immer der Vergangenheit angehört. Sie wurde von Menschen geschaffen, die die Gegenwart fürchten und an die Zukunft nicht glauben, die keine großen und lichten Perspektiven vor sich sehen." Das sah Schostakowitsch ganz richtig. Diese Äußerung zeigt, dass er „den Glauben hatte". Befremdlich, dass er seine eigenen Werke der Niedergeschlagenheit vergessen zu haben schien.

Anschließend warnte er die polnischen Komponisten davor, diese „Moden" nachzuahmen: „[...] Der Mensch unterscheidet sich doch auch dadurch vom Tier, dass er fähig ist, logisch zu denken und dadurch logisch zu erinnern. Das, was auf dem Festival unter dem Aushängeschild der westlichen „Avantgarde" demonstriert wurde, ist der menschlichen Natur und der hohen menschlichen musikalischen Kunst entgegengesetzt."

Schostakowitsch bemerkte offenbar nicht, dass er mit der nicht gerade liberalen Formulierung seines Standpunktes sich des gleichen Vokabulars bediente, mit dem man vor nur 11 Jahren ihn abgeurteilt hatte. Nach einigen Hieben gegen die „Elektroniker" und die „Konkreten", denen es nie gelingen werde, einen gesellschaftlich relevanten Teil des Publikums zu gewinnen, formulierte er sein Bedauern darüber, dass „viele Werke von Pierre Boulez, Edgar Varèse und anderen ‚Experimentatoren' auf dem Gebiet der Zerstörung der ästhetischen Grundlagen der Musik aufgeführt" worden seien: „Mit Schmerzen habe ich festgestellt, dass dieser ‚Mode' auch einzelne Meister der polnischen Musik, wie zum Beispiel Bolesław Szabelski, zu folgen bemüht sind."[16]

Seit dieser Zeit galt Schostakowitsch selbst als konservativer Komponist. Das hinderte die jungen sowjetischen Komponisten nicht, ihn als ihr Idol zu verehren, gerade auch wegen der Unbeirrbarkeit, mit der er seinen Weg verfolgt hatte. Aber sie selbst gingen doch andere Wege: Alfred Schnittke und Edison Denissow beispielsweise. Zu seinen bevorzugten zeitgenössischen Komponisten zählte Schostakowitsch 1956: Béla Bartók, Zoltán Kodály, Benjamin Britten, George Gershwin, Arthur Bliss, Igor Strawinsky, Arthur Honegger, Pantscho Wladigeroff (Bulgarien) und Paul Hindemith[17]. 1975 zählte er zu Bartók, Strawinsky, Hindemith, Honegger und Britten noch Hanns Eisler, Witold Lutosławski und den Bulgaren Ljubomir Pipkoff hinzu[18]. (Andererseits schrieb er 1966, es falle ihm schwer, etwas über Hindemith zu sagen: „Die Sache ist die, dass ich seine Musik nicht sehr liebe, obwohl ich ihre großen Qualitäten anerkenne. Mir scheint, dass in seiner Musik wenig Gefühl und, was die Hauptsache ist, Menschenliebe und einfache Menschlichkeit vorhanden ist. Er ist trocken, rationalistisch.")[19]

* * *

Gustav Mahler, über den er 1964 einen kurzen Beitrag zu einem Sammelband veröffentlichte[20], stand ihm immer noch sehr nahe. Zu Edison Denissow sagte er in den 1950er Jahren, während einer Krankheit habe er sechs- bis siebenmal *Das Lied von der* Erde angehört und nun kenne er es auswendig. „Mir fiel ein, dass er zuvor, als wir im Aragwi zusammen waren, gesagt hatte, dass der letzte Satz des *Liedes von der Erde* das Genialste sei, was in der Musik je geschaffen wurde: Dies steht höher als Bach und Offenbach. Er machte sich ein bisschen darüber lustig, dass bei Mahler die Ewigkeit mit der Celesta dargestellt werde [...]“[21]. Wer diese Musik des Abschieds so sehr verehrt, kann freilich kein so ungebrochen optimistisches Weltbild haben, wie Schostakowitsch es in dem gerade zitierten Interview behauptet hatte.

Dass Schostakowitsch eine differenzierte Persönlichkeit geblieben ist, zeigt das Cellokonzert von 1959 ebenso wie das persönlich gefärbte Siebte Streichquartett. Zur amerikanischen Erstaufführung des Cellokonzerts flog Schostakowitsch im Herbst 1959 zum zweiten Mal in die USA. Rostropowitsch, dem das Konzert gewidmet ist, nahm in Philadelphia das Konzert mit dem Dirigenten Eugene Ormandy für die Schallplatte auf (Schostakowitsch kümmerte sich auch später sehr oft selbst um die Einspielung seiner Werke). In den USA wurde er als Mitglied in die Akademie der Wissenschaften aufgenommen – eine der zahlreichen internationalen Ehrungen, die er jetzt erhielt.

Der gehetzte Musikant, das war das Thema des Ersten Cellokonzerts op. 107. Gerd Ruges Interview im Jahr 1959 ergab ein ähnliches Bild des Komponisten. Ruge hatte sich den berühmten Schostakowitsch nicht als einen übernervösen, scheuen, fast verschüchterten Mann vorgestellt: „Dimitri Schostakowitsch ist ein kleiner, grauhaariger Mann mit schmalem Gesicht und nervös umherirrenden Augen. Während ich ihm Fragen stelle, blickt er mich starr, wie hypnotisiert an. Während er antwortet, blickt er überall hin, fährt er sich mit ständig zitternden Händen durch die Haare, nestelt er am Schnürsenkel eines Schuhes, reibt er sich die Brille. Er spricht schnell und doch wieder stockend – so als kontrolliere er sich immer selbst, um ja keinen falschen Satz zu sagen.“[22]

Finanziell ging es ihm glänzend. Ruge erfuhr, dass er durch den Verkauf seiner Werke an den Staatsverlag und durch Aufführungstantiemen ein Monatseinkommen von 10 000 bis 15 000 Rubeln erreichte. Das war bis 20 mal mehr als ein Arbeiterlohn. Mehrere Werke habe er auf Bestellung geschrieben, so 1958 seine einzige Operette *Moskau-*

Tscherjomuschki über spezifisch sozialistische Wohnungsprobleme in der gleichnamigen Trabantenstadt, außerdem habe er Operetten sehr gern und seine Kraft erproben wollen. Ein großer Erfolg wurde die Operette nicht. „An der Tür des hohen düsteren Zimmers klopft es schon wieder. Draußen sitzen die Bittsteller: die Witwe eines Musikers, die mit ihrer Rente nicht auskommt, ein paar jüngere Leute, eine bäuerlich aussehende Frau. Sie wollen Dimitri Schostakowitsch in seiner Eigenschaft als Vorstandsmitglied des Komponistenverbandes sprechen. Er tut regelmäßig seine Vorstandsarbeit: ‚Mal kostet es mehr Zeit, mal weniger', sagt er. Er reist außerdem für die Sowjetregierung durch die Welt, um Reden zu halten und auf Friedenskongressen der sowjetischen Delegation Glanz zu verleihen. Und er ist außerdem schließlich ein Komponist. Dimitri Schostakowitsch ist ein gehetzter Mann, und vielleicht erklärt sich daraus die fast krankhafte Nervosität, die wie Unsicherheit und Verschüchterung aussieht."[23]

Zur ersten Aufführung des Cellokonzerts in England reiste er im September 1960 mit Mstislaw Rostropowitsch nach London. Zu dieser Aufführung war auch der englische Komponist Benjamin Britten gekommen. Schostakowitsch lud ihn in seine Loge ein und stellte ihm Rostropowitsch vor. Zwischen beiden entstand eine tiefe Künstlerfreundschaft. Auch Schostakowitsch freundete sich mit Britten an – er sollte der einzige ausländische Komponist sein, mit dem ihn freundschaftliche Beziehungen verbanden. Britten kam mehrfach in die Sowjetunion. So zum Festival of British Music im März 1963 (1962 war das Edinburgh-Festival Schostakowitsch gewidmet gewesen) und im Oktober 1964 mit der English Opera Group auf einer Tournee nach Riga, Leningrad und Moskau. Am 14. 10. gab Schostakowitsch Britten eine Photographie, auf die er schrieb „dem lieben Benjamin Britten, einem meiner liebsten Komponisten". Im Dezember 1966 reiste Britten zusammen mit seinem Lebensgefährten, dem Tenor Peter Pears, wieder nach Moskau, um Schostakowitsch und Rostropowitsch zu besuchen. Am 2. 12. hörten sie eine Aufführung der Dreizehnten Symphonie Schostakowitschs. Seine Vierzehnte widmete Schostakowitsch dem englischen Kollegen. Dieser widmete ihm 1968 seinen *Verlorenen Sohn* op. 81. Schostakowitsch nannte Brittens *War Requiem* das größte Musikwerk des 20. Jahrhunderts[24]. Neben den musikalischen Qualitäten berührten Schostakowitsch wohl die moralische Lauterkeit und die Klage über den Verlust der kindlichen Unschuld, die Brittens Werk prägen. In einem Interview der Zeitschrift Junost im Jahr 1968 meinte er: „Mir wäre es lieb, wenn wir noch ein paar Britten hätten – russische, englische und deutsche. Was Britten für mich so anziehend macht, ist die

Kraft und Ehrlichkeit seiner Begabung, seine äußere Einfachheit und die Tiefe seiner emotionalen Wirkung. [...] In seinem ganzen schöpferischen Werk hat Britten einen außerordentlich starken Einfluss auf mich ausgeübt. [...] Jeder ernstzunehmende Musikliebhaber sollte sich etwas intensiver mit Brittens Kompositionen auseinandersetzen."[25]

Im Jahr 1960 übernahm Schostakowitsch auch noch das Amt des Ersten Sekretärs des neugegründeten Komponistenverbandes der RSFSR, also der Russischen Sowjetrepublik, das er aber 1968 wieder abgab. In diesem Jahr schrieb er neben dem Siebten und Achten Streichquartett auch den Liederzyklus *Satiren – Bilder aus der Vergangenheit* nach Texten von Sascha Tschorny op. 109. Sascha Tschorny war das Pseudonym von A. M. Glückburg (1890–1932), der mit scharfen *Satiren* vor allem die vorrevolutionären Spießer gegeißelt hatte, und Schostakowitsch mochte seine Dichtungen sehr gern. Die Texte der „Satiren" wurden 1911 geschrieben (Sascha Tschorny emigrierte 1920). Zwei Gedichte lassen Schostakowitsch auch in eigener Sache zu Wort kommen: *An den Kritiker* und *Tragisches Missverständnis.* Das erste Lied lautet:

> An den Kritiker.
> Ein Dichter, beim Beschreiben einer Dame, begann: „Ich ging die Straße lang. Da kniff mich das Korsett". Dies „Ich" darfst du nicht falsch verstehen, etwa: dass hinterm Dichter eine Dame sich verbirgt. Ich werde dir die Wahrheit als guter Freund verraten: Dies schrieb ein Mannsbild, und noch dazu mit Vollbart.

Zum *Tragischen Missverständnis* kommt es, als ein argloser Jüngling die Liebesgedichte einer Poetin wörtlich nimmt... Mit diesen beiden Liedern wollte Schostakowitsch klarstellen, dass er in seinen Kompositionen nicht subjektiv zum Publikum spreche. Dazu gab es Anlass: wie viele Dichter, die negative Charaktere gezeichnet hatten, wurden damals angeprangert, sie sähen nur solche negativen Seiten der Wirklichkeit und dienten damit dem Feind, während sie dem Sowjetvolk schadeten. Es gab aber noch einen Anlass, nämlich das mittlere Lied des Zyklus, die böseste der *Satiren:*

> Die Nachkommen
>
> Unsre Ahnen plagten sich,
> denn nur so konnten sie bestehn:
> „Aber Brüder... unsern Kindern
> wird es einmal besser gehn."
> Und die Kinder wurden größer,

quälten sich und litten Not,
Doch sie hofften: „Unsern Kindern
winkt ein neues Morgenrot."

Heute ist es so wie immer,
Trost und Hoffnung Jahr für Jahr:
Unsre Kinder solln genießen,
was uns nicht beschieden war.
Leider wirds noch etwas dauern:
zwei Jahrhundert' oder mehr,
Und bis dahin nichts als Sorgen,
nichts als Elend um dich her.
Schön wie nie soll dann die Welt sein...
Doch ihr seid ja wohl plemplem...
In zweihundert Jahren? Hört mal!
Bin ich denn Methusalem?

Auf gestürzten Götterbildern
sitz ich einsam, wie mir scheint.
Bei den Menschen, die mir folgen,
hab ich weder Freund noch Feind.
Ich will nur ein wenig Sonne
hier für mich, so lang es geht;
Und vom Schneider bis zum Dichter
jeder meinen Wunsch versteht...

Doch was soll es... ich leb heute,
und erbärmlich ist mein Stand:
Solln, die nach uns kommen, rennen
mit dem Schädel an die Wand!

Schostakowitsch vertonte das Gedicht als Satire: mit einem seiner typischen Marionettenwalzer. Er läßt einen beschränkten Menschen seine bornierte Haltung hinausplärren und prangert ihn als Asozialen an – ein typisches Werk des „Gläubigen" Schostakowitsch. Die letzten Worte werden zweimal wiederholt, und dann schließt das Lied mit einem jener auftrumpfenden Schreie, mit denen viele russische Volkslieder schließen, wenn sie mit einer Kraftpose enden wollen. (Diesen hochgezogenen „Uach!"-Brüller, der auch das abschließende Lied *Kreutzer-Sonate* ziert, verwendete Schostakowitsch in seiner Instrumentalmusik gern, wenn er dumpfe Kraftmeierei karikieren wollte.)

Obwohl dieses Lied doppelt und dreifach gegen „Missverständnisse" abgesichert ist, sah die Bürokratie darin ein Sprengstoffpaket: Das könnte jemand nicht als „Bild der Vergangenheit", sondern als Bild der Gegenwart auffassen und „ein wenig Sonne für sich" verlangen! Solange immer noch Menschen für so bürgerlich-individualistische Gedanken anfällig seien, durfte man sie um keinen Preis aufs Konzertpodium bringen. Als Rostropowitsch 1970 in einem offenen Brief an die Herausgeber der wichtigsten Zeitungen gegen Einschränkungen der künstlerischen Freiheit protestierte, erwähnte er auch die Schwierigkeiten, die seiner Frau, der Sopranistin Galina Wischnewskaja, gemacht wurden, der man die Aufführung der *Tschorny-Lieder* nicht gestattete[26].

Nur ein Mensch mit der naiven Ahnungslosigkeit Schostakowitschs konnte andererseits von dieser Reaktion überrascht sein. Die Situation ähnelt der mit den jüdischen Gesängen. Solche Worte fordern das Schmunzeln heraus, und Machthaber fürchten nichts mehr, als die hehren, uneingelösten Ansprüche dem Witz preisgegeben zu sehen. Schostakowitsch dagegen hatte geglaubt, die Zeit sei gekommen, in der eine gelöste, souveräne Haltung möglich wäre. Sein *Tschorny*-Zyklus von 1960 ist nicht antisowjetisch, sondern ganz verteufelt gläubig.

Im Herbst dieses Jahres vollendete Schostakowitsch sein Achtes Streichquartett. Diese bittere Selbstbetrachtung, das Nachdenken über die Ruine, zu der er ausgebrannt war, ließ ihn als Gegenbild die Zwölfte Symphonie konzipieren, jenen Hymnus auf Lenin, dessen Partei er soeben als Kandidat beigetreten war. Alle Opfer schienen einen Sinn zu bekommen. Jetzt stand er nicht mehr außerhalb, sondern gehörte zur Bewegung (und er war nicht mehr ohne Schutz gegen die dreistesten Angriffe). Doch in dem Augenblick, wo er endlich die Fesseln abstreift, scheint er vom Talent verlassen und produziert den matten Abklatsch einer Symphonie. Die Zwölfte Symphonie op. 112 wurde am 1. Oktober 1961 anlässlich des XXII. Parteitags uraufgeführt: Dies war das öffentliche Bekenntnis zum System. Er opferte seinem Glauben – aber die enge Nachbarschaft des Achten Streichquartetts zur Zwölften Symphonie zeigt, dass er neben dem Glaubensbekenntnis auch die geheimen Zweifel bewahrte. – Die Uraufführung der Vierten Symphonie, also eines lange verfemten Werks, am 30. Dezember 1961 durch Kyrill Kondraschin wurde zu einem enthusiastisch gefeierten Erfolg für Schostakowitsch – und für die „neue“ Politik.

* * *

Am 18. März 1962 wurde Dimitri Schostakowitsch in den Obersten Sowjet gewählt. Beim 3. Unionskongress des Komponistenverbandes Ende März legte er sich mit Chrennikow an. Und in diesem März begann er auch mit der Arbeit an seiner *Dreizehnten Symphonie* op. 113. Jedem der fünf Sätze dieser Symphonie für Bass, Männerchor und Orchester liegt ein Gedicht von Jewgenij Jewtuschenko (geb. 1932) zugrunde. Jewtuschenko hatte vor allem bei der Jugend mit mutigen Gedichten gegen den Stalinismus große Begeisterung erregt. In einem Brief an seinen Komponisten-Freund Wissarion Schebalin schrieb Schostakowitsch: „Ich habe für dieses Werk Worte des Dichters Jewgenij Jewtuschenko verwendet. Bei näherer Bekanntschaft mit diesem Dichter wurde mir klar, dass er ein großer und – was die Hauptsache ist – denkender Künstler ist."[27]

Der XXII. Parteitag hatte Folgen in zwei Richtungen gehabt. Chruschtschow hatte eine neue Anstrengung unternommen, um die Entstalinisierung zu zementieren. Der Parteitag beschloss, Stalins Leichnam aus Lenins Mausoleum zu entfernen und an der Kremlmauer zu bestatten. Die Parteibürokraten waren verunsichert und fürchteten Aufweichung. Im Volk, vor allem bei der Jugend, den Künstlern und den Intellektuellen, regte sich Hoffnung auf Demokratisierung und Aufrichtigkeit. Twardowskis Nowy mir druckte 1962 mit Chruschtschows ausdrücklicher Billigung die Erzählung *Ein Tag im Leben des Iwan Denissowitsch*, in der Alexander Solschenizyn seine Lagererfahrungen verarbeitete. Die öffentliche Anerkennung für dieses Mitglied des Schriftstellerverbandes, der ein Häftling gewesen war, bedeutete eine kleine Revolution. Gleichzeitig – es war eben nur eine kleine Revolution – machte der KGB bei Wassilij Grossman (Ehrenburgs Schwarzbuch-Koautor) eine Hausdurchsuchung, um dessen Roman *Leben und Schicksal*[28] zu beschlagnahmen. Es war der zweite Teil des Romans *Für die rechte Sache*, der 1952 in der Nowy mir erschienen und vernichtend kritisiert worden war, weil Grossman sich in diesem Stalingrad-Roman nicht mit Schablonen-Antworten auf die Fragen nach dem Sinn von Gewalt und Unterdrückung begnügt hatte, und der deshalb umgeschrieben werden musste[29]. Wie Pasternak in seinem *Doktor Schiwago* warf Grossman, dem eine Gegnerschaft zum Sozialismus fern lag, die Probleme der Sowjetunion, die Frage der Ursachen des Stalinismus auf. Grossman hatte als Kriegsberichterstatter die deutschen Gräueltaten an den Juden erlebt und erlaubte sich, auch über das Schicksal der sowjetischen Juden nachzudenken. Sein Roman schien den Machthabern so gefährlich, dass sie eine Polizeiaktion auslösten, als sei die Stalinzeit zurückgekommen. Der Staat hielt sich nach wie vor für berechtigt, ein Kunstwerk zu vernichten: Wurde doch der Autor am Leben gelassen!

Das nationalistische Minderwertigkeitsgefühl beherrschte nach wie vor die Kulturdebatten. Der Jazz beispielsweise brodelte immer noch in den Köpfen seiner Anhänger. In der kurzen Zeit vor dem Krieg hatte er mit Zfasmans Staatlicher Jazzkapelle eine russisch eingefärbte Überlebensform gefunden, die aber vielen Jazzfans zu verwässert war. Jetzt entstanden neue Jazzkapellen, die unverfälschten Jazz boten, aber ständig mit bürokratischen Schwierigkeiten zu kämpfen hatten. Benny Goodman hatte Russland mit seiner Kapelle besucht und damit der Jazz-Diskussion neuen Auftrieb gegeben. Auch der Komponistenverband sah ein, dass mit Verboten wenig auszurichten war – es drohte einfach eine unrühmliche Niederlage, weil der Geschmack der Massen sich nicht so einfach lenken ließ. Dann wollte man die Sache zumindest kanalisieren. Also wurden wieder Konferenzen einberufen. Chrennikow ließ verlauten: „Wir haben nichts gegen Jazz einzuwenden, wir sind nur gegen den ‚amerikanischen Jazz'. Mit der Zeit werden wir einen sowjetischen Jazzstil entwickeln. Nehmen Sie zum Beispiel den Walzer: er wurde in Wien geboren, aber schauen Sie doch, wie unsere Komponisten den Walzer umgestaltet, ihm ein eigenes russisches Flair gegeben haben. Das Gleiche wird auch mit dem Jazz geschehen."[30]

Doch sollte der Jazz zunächst eine Niederlage erleiden. Im November 1962 fand unter dem Vorsitz Schostakowitschs eine Konferenz über Unterhaltungsmusik statt. Er ging aufs Ganze und lud Chruschtschow, den Jazzfeind, zu einem Konzert der besten russischen Jazzkapellen in die große Kremlhalle ein. Der Überzeugungsversuch misslang. Chruschtschow äußerte sich sehr unfein über diese Art Musik. Unglücklicherweise wurden seine Worte von den Schergen der Macht wie zu Stalins Zeiten umgehend zur Norm erklärt. In einer auch international weit verbreiteten Grundsatzrede fiel Chruschtschow nochmals über das Jazzkonzert her: „Man kann die Begeisterung für Jazzmusik und Jazzorchester nicht als normal betrachten. [...] Man darf nicht denken, wir wären Gegner jeder Musik für Jazzorchester. Aber es gibt auch solche Musik, von der einem schlecht wird, die Magenkrämpfe verursacht. [...] Zuerst trat aus irgendwelchen Gründen ein Jazzorchester auf, dann ein zweites, ein drittes, und schließlich alle drei zusammen [...]. Eine derartige Salve von Jazzmusik ging über meine Kräfte. Ich hätte mich gern davon gemacht, aber ich wusste nicht wie. [...] In der Tat gibt es eine Jazzmusik, die man nicht verstehen kann und die anzuhören widerwärtig ist."[31] Was hatte sich grundsätzlich geändert, wenn der erste Mann im Staate immer noch glaubte, sein Geschmack sei als der einzig korrekte wissenschaftlich aus der marxistisch-leninistischen Theorie abzuleiten und jedermann vorzuschreiben?

Nowy mir veröffentlichte 1962 die Memoiren Ehrenburgs. Diese Memoiren erschienen dann auch als vielhundertseitige Buchfassung. Ehrenburgs Memoiren schilderten für viele zum ersten Mal, wie der Autor als ruheloser „Kosmopolit" durch die Länder Europas gereist war (zumeist lebte er dabei als Korrespondent der Parteizeitungen). Er schilderte seine Begegnungen mit unzähligen prominenten Freunden und er deutete seine Vorbehalte gegen manche offizielle Position an. Seine „Beichte“ bricht am entscheidenden Punkt jedoch immer ab: Er verstand nicht, was da geschehen ist, und er fand auch nicht die Klarsicht, seine eigene Rolle zu analysieren – und gerade deshalb sind die Ehrenburg-Memoiren, die Erinnerungen eines weltläufigen, parteilosen Taktikers, ein authentisches Zeitdokument. Twardowskis Poem *Tjorkin im Jenseits* – eine Satire auf bestimmte Erscheinungen der Sowjetgesellschaft – konnte 1963 sogar in der Iswestija erscheinen. Es wurde dramatisiert und im Theater aufgeführt, wie überhaupt die Repertoires der Theater etwas unkonformistischer wurden, und auch neue Theater ihr Publikum fanden.

In dieser zweiten kurzen „Blüte“ der Künste und des Geistes seit Stalins Tod suchte sich Schostakowitsch die Gedichte von Jewtuschenko für seine neue *Dreizehnte Symphonie* aus. Die Themen sind: Antisemitismus, politischer Witz, Ausbeutung der Frau, Unterdrückung und Karrierismus – eine ausgeprägt politische Symphonie also. So wenig Schostakowitsch sich im Ausland auf Kritik an seiner Heimat einließ, so kompromisslos nahm er hier das Recht auf die Teilnahme am „Selbstkritik“-Prozess in Anspruch.

Babij Jar heißt das erste Gedicht, nach der Schlucht bei Kiew, in der ein SS-Kommando am 29. September 1941 34 000 Kiewer Juden erschoss. Das Grauen dieses Massakers läßt den Dichter die Judenverfolgungen in Ägypten, Palästina, Frankreich, Polen und Deutschland nachempfinden. Das maßlose Entsetzen findet in Babij Jar sein Sinnbild:

Über Babij Jar rauscht leis das wilde Gras.
Die Bäume blicken streng, wie Richter schauen.
Das Schweigen hier ist Aufschrei ohne Maß.
Mein Haar erbleicht vor namenlosem Grauen.

Und schweigend bin ich Widerhall des Schreis
Von allen, deren Blut man hier vergossen.
Bin selbst der sinnlos hingemähte Greis.
Bin selbst der Kinder eins, die hier erschossen.

Dieses Mitfühlen mit den Opfern wird verknüpft mit der Anklage gegen russische Antisemiten, gegen deren Treiben niemand einschritt:

O Russland, du mein Volk! Getreulich denkst
Du international in deinem Handeln.

Doch ehrfurchtslose Frevler suchten längst
Die Reinheit deines Namens zu verschandeln.

Schostakowitsch läßt bei diesem Aufruf zum leninistischen Anspruch die „Internationale“ anklingen. Zum Schluss ruft Jewtuschenko aus:

Der Juden Blut fließt nicht in meinem Blut.
Doch tiefer Hass verfolgt mich bis zum Schlusse:
Für Judenfeinde bin ich wie ein Jud‘.
Und darum steh ich hier als wahrer Russe.

Die Musik dieses *Adagio*-Satzes ist düster. Schostakowitsch setzt nur an wenigen Stellen auf massive Wirkungen, und erzielt durch Zurückhaltung eindringlichere Formulierungen. Schwer lastend erklingen in der Einleitung drei Töne, die das Gewaltmotiv andeuten. Auch das Klage-Motiv ist präsent. Später steigern sich die Ausbrüche der Gewalt auch musikalisch zu immer heftigerer Drastik. Der Nationalismus der russischen Antisemiten wird durch die Persiflage folkloristischer Motive denunziert – auch damit knüpft Schostakowitsch an früher geschätzte (wie angegriffene) Methoden an. Die *Allegretto*-Episode der Anne Frank wird durch die Celesta und Anklänge an das seiner Frau Nina gewidmete Lied *O säh ich auf der Heide dort* aus den *Englischen Liedern* op. 62 zart und doch fiebernd-sehnsüchtig erhellt. Der Schluss des Satzes ist Triumph und Drohung zugleich. Eine besondere Aura erhält der Satz durch das häufige Erklingen einer mahnenden Glocke.

„Humor“ heißt das folgende *Allegretto*, das den Weg des politischen Witzes durch die Geschichte verfolgt. Wen auch immer die Herrscher der Welt kommandiert haben mögen, beim Humor gelang ihnen das nicht:

Der Kampf mit dem Witz fällt äußerst schwer.
Einst köpften ihn die Strelitzen
Und zeigten den blutigen Schädel her
Auf ihren Lanzenspitzen.

Da zogen mit Pauken und Trara
Die Gaukler zum Mummenschanz,
Gleich rief unser Witz: „Bin wieder da!“
Und schmiss seine Beine im Tanz.

Die musikalische Raffinesse erhält das typisch sarkastische Scherzo durch die Verwendung des MacPherson-Themas. So reiht sich der Komponist des Finales der Neunten Symphonie unter die Gaukler ein:

Im schäbigen Rock, von allen mit Spott
Geplagt und ganz verzagt,
Ward er als politischer Feind verklagt
Und ging nun den Weg zum Schafott.

Diese Strophe wird vom MacPherson-Thema präludiert, die folgende auf seine Melodie gesungen:

Voll Demut und Reue der Ärmste schritt
Als Sünder dem Jenseits zu.
Doch plötzlich er seinen Lumpen entglitt –
Da war er weg – im Nu!

Berstend vor Übermut schließt das MacPherson-Thema endlich den Satz auch ab.

Der *Adagio*-Satz „Im Laden" feiert das „Heldentum" der Frauen, die im Beruf ihre ganze Kraft dem Land gegeben haben und dazu noch die Last des Haushalts tragen. Leise wird Kritik daran angemeldet, dass es doch schändlich sei, wenn man sie beim Einkauf grob behandelt, wenn man sie beim Wiegen betrügt, wenn man sie endlos Schlange stehen läßt.

Nach dem pathetischen, emotionalen Schluss des Adagio folgt nahtlos das *Largo* „Ängste", das vom Klage-Motiv geprägt ist. Die beklemmende Angst vor der Denunziation, vor dem Besuch des Geheimdienstes und vor dem geschwundenen Vertrauen selbst zum besten Freund steigt herauf. Doch Russland habe seine Ängste bezwungen: Nun habe man höchstens Angst, dem Land nicht ehrlich zu dienen oder der Idee untreu zu werden. Und den Dichter wie den Komponisten plage die Angst, ob ihm „hier auch das Beste gelang..."

„Karrieren" heißt das helle, leichte Schluss-*Allegretto*, das auch wieder nahtlos folgt. Seine Musik knüpft an die Schluss-Sätze der Achten und der Zehnten Symphonie, des Klavierquintetts usw. an. Galileo Galilei wird dafür gerühmt, dass er das freie Denken wagte, während ein schlauer Zeitgenosse – „er hatte Familie!" – die Wissenschaft verriet. Aber seine Karriere hat er damit doch zerstört. Galilei dagegen wurde unsterblich. So stellt der Dichter sich in die Tradition von Shakespeare, Louis Pasteur, Newton, Molière und Tolstoi – „Leo?" fragt der Solist, damit kein Missverständnis entsteht, „Leo!" ruft der Chor, damit niemand an Alexej denkt, den mancher inzwischen für solch einen Opportunisten und Karrieristen hielt. Vergessen sind die Ankläger – die Angeklagten unsterblich. Doch bitter muss es schon gewesen sein für Schostakowitsch, die helle Musik des Schlusses zu schreiben:

Eroberer der Stratosphäre,
Ihr Ärzte, an der Pest krepiert,
Ihr seid Helden der Karriere,
Ihr habt mir meinen Weg markiert.

Ich glaube eurem wahren Glauben,
Und euer Vorbild bricht mir Bahn.
Ich kann Karriere mir erlauben,
Grad weil ich nichts dafür getan.

Mit den Klängen der Celesta und schließlich dem Schlag der mahnenden Glocke endet die Symphonie in versöhnter Ruhe. Das stimmte die Bürokraten allerdings keineswegs versöhnlich. Die Dreizehnte Symphonie hatte es schwer. Jewtuschenko hatte sich am Tag vor der Uraufführung auf einen Wortwechsel mit Chruschtschow eingelassen, als dieser gegen „modernistische Abweichungen" wetterte. Am 1. Dezember 1962 hatte Chruschtschow in einer Kunstausstellung das abgetrennte Kabinett mit abstrakten Werken besucht und dort einen Wutanfall bekommen. Er stauchte seine Kulturministerin Furzewa zusammen und drohte, man würde keine ideologische Koexistenz dulden. Versammlungen wurden abgehalten, in denen die Bürokratie davor warnte, „unter dem Deckmantel der Kritik an Auswüchsen des Personenkultes die Parteilinie zu unterminieren". Auch einige junge Komponisten wurden scharf verwarnt[32]. In dieser aufgeladenen Atmosphäre fand die Uraufführung der Dreizehnten Symphonie statt. Der Augenzeuge Boris Schwarz schrieb darüber:

„Bei der Premiere blieb die Regierungsloge leer und die geplante Fernsehübertragung fand nicht statt. Ein Zuhörer, der sich am 18. Dezember der Konservatoriumshalle näherte, fand den ganzen Platz von der Polizei gesperrt. Im Inneren war die Halle zum Bersten gefüllt. Die erste Hälfte des Programms, Mozarts *Jupitersymphonie*, wurde kaum beachtet, niemand kümmerte sich darum... Die Pause schien endlos, endlich betrat der Chor die Bühne, gefolgt vom Orchester, dem Solisten und dem Dirigenten Kyrill Kondraschin. Die Spannung steigerte sich unerträglich. Nach dem ersten Satz, *Babij Jar*, gab es spontanen Beifall; als das einstündige Werk zu Ende war, brachen Begeisterungsstürme aus, wie man sie nur selten erlebt. Auf der Bühne stand Schostakowitsch, scheu und linkisch, und verbeugte sich steif, neben ihm Jewtuschenko, der sich mit der Leichtigkeit des geborenen Schauspielers bewegte. Zwei große Künstler – zwei Generationen, geeint im Kampf für die Freiheit des menschlichen Geistes. Beim Anblick der beiden geriet das Publikum vollends außer Rand und Band, das rhythmische Klatschen, so typisch für russische Begeisterungsausbrüche, erklang mit doppelter Intensität, skandierte Rufe von „Bra-vo Schos-ta-ko-witsch“ und „Bra-vo Jew-tu-schen-ko“ erfüllten den Raum. Das Publikum schien von Musik und Text gleichermaßen hingerissen, obwohl letzterer, im Gegensatz zu den üblichen Gepflogenheiten, nicht im Programmheft abgedruckt war. Am folgenden Tag wurde das Ereignis in der ‚Prawda‘ mit einem Satz abgetan –“[33].

Die Kulturbürokratie war über die beiden triumphalen ersten Aufführungen am 18. und 20. Dezember offenbar tief beunruhigt. Es wurden Änderungen am Text verlangt, aber auch danach wurden kaum Aufführungen gestattet. Kondraschin konnte jedoch 1967 die geänderte Version für die Schallplatte aufzeichnen. 1970 fand in Philadelphia die erste ausländische Aufführung statt, die ebenfalls auf Schallplatte dokumentiert wurde – mit dem ursprünglichen Text.

War die Dreizehnte Symphonie vielleicht doch ein antisowjetisches Werk? Das war sie auf keinen Fall. Die Zwölfte und die Dreizehnte Symphonie sind kein Gegensatzpaar, sondern sie ergänzen sich. Weil Schostakowitsch mit der Zwölften seine Voraussetzungen geklärt hatte, konnte er die Dreizehnte schreiben. Er war für das sozialistische System, sah aber dessen Reformbedürftigkeit. Zu deren Kronzeugen rief er Lenin an. Die Zwölfte hat eine ähnliche Funktion wie viele seiner Reden und Artikel: Sie handeln Sprachregelungen aus, nach denen die weitere Entwicklung im ideologischen System dogmatisch abgesichert werden könnte. Zeitweise verhedderte er sich in diesen taktischen Übungen, etwa wenn er begann, seine endlich sanktionierte Position jüngeren Komponisten vorzuschreiben, wobei er zu vergessen schien, wie „nützlich“ ihm seinerzeit Gängelungen gewesen waren, und wie sehr er darauf bestanden hatte, seinen eigenen Standpunkt zu behaupten.

Der 20. Dezember 1962 war für Schostakowitsch ein doppelt bedeutsamer Tag. Im Stanislawski-Nemirowitsch-Dantschenko-Theater stand Rossinis *Barbier von Sevilla* auf dem Programm. Aber informierte Kreise wussten, dass diese Vorstellung ohne Ankündigung durch die erste Aufführung der überarbeiteten *Lady Macbeth von Mzensk*, die jetzt *Katerina Ismailowa* op. 114 hieß, ersetzt würde (die offizielle Premiere fand am 8. Januar 1963 statt). Hier erlebte Schostakowitsch, der im November seine dritte Frau Irina geheiratet hatte, innerhalb von drei Tagen einen zweiten überwältigenden Erfolg. Er hatte einige anzügliche Texte ersetzt und die Beischlafmusik überflüssig gemacht, indem er das Schäferstündchen durch Boris stören ließ, sowie Zwischenspiele ersetzt, aber sonst nur mäßig geändert. Die Kernsubstanz des Werkes blieb erhalten, sein expressionistischer Realismus wie seine Satire.

Dem vokalsymphonischen Poem *Die Hinrichtung des Stepan Rasin* op. 119 von 1964 liegt wieder ein Text Jewtuschenkos zugrunde. Satirisch wird die zusammengelaufene Meute geschildert, die den Rebellenführer Stepan Rasin begafft, als er zur Hinrichtung geführt wird. Schostakowitsch steuerte eine harte und laute Musik bei, deren Folkloreanklänge das barbarische Russland hörbar machen. Dennoch ist das Werk vom kommenden Aufstand gegen die Unterdrücker überzeugt.

* * *

Als *Die Hinrichtung des Stepan Rasin* am 28. Dezember 1964 uraufgeführt wurde, hatte sich die politische Landschaft der Sowjetunion verändert: am 14. Oktober war Chruschtschow gestürzt worden. Das Ende der Chruschtschowzeit war für die Künstler frostig gewesen. Kritische Bücher konnten nur noch im Samisdat, im vervielfältigten Selbstverlag, erscheinen, so Jewgenija Ginsburgs *Marschroute eines Lebens*, das ihren Weg durch die Lagerwelt beschrieb und später durch die *Gratwanderung* ergänzt wurde. Die Machthaber duldeten solche offenen Bekenntnisse nicht mehr. Damit trieben sie Leute in die Opposition, die sich durchaus nicht als Gegner des Sozialismus fühlten, sondern nur die freie Debatte wünschten. Der Begriff „Dissident" wurde geboren. Hartnäckige Dissidenten – das war nur eine Handvoll Menschen, die der Regierung dennoch sehr gefährlich schien – wurden in die Psychiatrie verbracht, um sie von ihren ungesunden Ideen zu kurieren. Der Kernphysiker Andrej Sacharow, der sich gegen Atomversuche in der Atmosphäre gewandt hatte, wurde von Chruschtschow zynisch abgewiesen; so wurde er ebenfalls in die Opposition gedrängt, wenn er seinem Gewissen folgen wollte.

Am 18. Februar 1964 machte man in Leningrad dem Dichter Josif Brodskij den Prozess, einem jungen Lyriker, der sich immerhin der Anerkennung durch Anna Achmatowa erfreute. Seit Dezember 1963 wurden Versuche einflussreicher Künstler unternommen, um ihm zu helfen, nachdem er „als Parasit" verhaftet worden war. Auch Schostakowitsch hatte sich für ihn eingesetzt[34]. Vergeblich: Brodskij wurde wegen Sozialschädlichkeit verurteilt – aufgrund eines Gesetzes, das Chruschtschow 1957 gegen „Tagediebe" erlassen hatte, worunter man zunächst Spekulanten, Alkoholiker und Rowdys verstand, die nicht arbeiten wollten. Und privates Dichten galt nicht als Arbeit.

Es war nicht die Kulturpolitik, die Chruschtschows Position ins Wanken brachte[35]. Der Parteibürokratie waren seine Schwankungen zu unbequem geworden. Die Kubakrise hatte 1962 seine außenpolitische Autorität beschädigt. Auch gingen den Altstalinisten seine moralischen Ansprüche bei der Entstalinisierung gegen den Strich. Man schickte ihn „aus Gesundheitsgründen" in Pension. Die Hoffnungen des „Tauwetters" hatten sich nicht erfüllt. Dass die Extreme des Terrors eingestellt wurden, dass das Regime sein Volk nicht länger schrankenlos vernichtete, war sehr viel und doch sehr wenig. Denn an der Grundstruktur änderte sich nichts. Auch Chruschtschow hielt sich für einen Wundermann, und so glaubte er die Probleme mit Wundermitteln heilen zu können. Der außerordentliche Bürokratismus, die überzogene Zentralisierung und der Zwang, das Volk unmündig zu halten, erstickten alle Initiativen mehr oder weniger schnell.

Die Entstalinisierung blieb auf halbem Weg stecken, weil weiterhin Denkverbote aufgerichtet wurden. In der kurzen Zeit der zehn Chruschtschow-Jahre war diese Arbeit auch gar nicht zu leisten. In der Bundesrepublik war die Verarbeitung der Hitlerzeit nach 20 Jahren noch nicht abgeschlossen, obwohl die äußeren Umstände hier anders waren. Die kritische Verarbeitung der Vergangenheit, die „Fähigkeit zu trauern", will mühsam erworben sein. Bei kollektiven Trauerprozessen, bei denen das einzelne Individuum starken Ängsten ausgesetzt ist, fällt dies viel schwerer als bei persönlichen Abrechnungen mit alten Fehlern. Von den nicht lernwilligen, bösartigen Feinden der Toleranz ganz abgesehen, gegen die der „Stepan Rasin" gerichtet ist.

Die wesentlichen Grundlagen des Systems durften nicht hinterfragt werden. Die Mehrzahl der Menschen wollte das sozialistische System nicht abschaffen – das wache Misstrauen der Führung unterstellte das jedoch. Die Menschenverachtung ist geblieben. Der Mensch zählt nichts, nur „die Sache" ist wichtig. Sie wird religiös tabuisiert und ist für normale Sterbliche völlig undurchschaubar. Ob die Herrschenden sie allerdings besser durchschauen, oder nicht vielmehr planlos vor sich hinarbeiten, sei dahingestellt. Chruschtschow hatte bloß den gestürzten Stalin wieder durch den Heiligen Lenin ersetzt. Die Werke der Heiligen Dreifaltigkeit Marx, Engels und Lenin waren aber längst nur noch tote Literatur, die ihre einstige Sprengkraft nicht mehr entfalten konnte. Ihre Merksprüche mussten auswendig gelernt werden, aber ihr sozialer Gehalt war so gründlich entfernt wie der soziale Gehalt des Christentums aus den politischen Maximen herrschender Christen. Die Auseinandersetzung mit den politischen und wirtschaftlichen Grundlagen wurde der Bevölkerung ebenso unmöglich gemacht wie die Beschäftigung mit der Geschichte. Unter Chruschtschow wurden die Verfälschungen der Geschichte durch Stalin durch Verfälschungen neuer Tendenz ersetzt (und nach seinem Sturz verschwand er selbst ohne jede Spur aus dem politischen Gedächtnis). Enzyklopädien der verschiedenen Wissensgebiete täuschten ein systematisches, fundiertes Weltbild vor. Es ist das Wahn- und Spottbild der Aufklärung: Keine Fragen sind offen, keine Probleme unlösbar. Dieser Marxismus diente weiterhin nur der wissenschaftlichen Untermauerung des Feindbildes und der Erhaltung der Macht.

Die KP Chinas erhob gegen Chruschtschow den Vorwurf des „Revisionismus", einer entstellenden Revision des Marxismus, und Mao Tse-tung erklärte sich zum einzigen Hüter der wahren Lehre. Er wandte sich gegen die Lehren von der Möglichkeit der unbewaffneten Revolution und der Überflüssigkeit des Klassenkampfs im Sozialismus. Auch die Fehler Stalins wurden dort milder beurteilt. Mao übernahm die europäische Theorie des Marxismus in reduzierter Form. China, einem Land der dritten Welt, das unter ganz anderen Bedingungen nach einem langwierigen Bürgerkrieg mit dem Aufbau des Sozialismus begann, fehlten fast vollständig die bürgerlichen Traditionen des Individualismus und des Liberalismus, die die sowjetische Entwicklung trotz allem beeinflusst hatten.

Obwohl der ideologische Krieg zwischen China und der UdSSR mit einigem publizistischen Aufwand geführt wurde, war die Anfälligkeit der Sowjetmenschen für Maos Weg gering. Er bot sich zudem am ehesten für alte Stalinisten an, die aber wiederum von Maos radikaler Basisdiktatur nichts wissen wollten. Als „wahre Leninisten" bezeichneten sich eher Verfechter der Entstalinisierung wie der Historiker Roy Medwedew, dessen buchhalterisch-präzise Stalin-Abrechnung in der Sowjetunion nicht erscheinen konnte.

In Chruschtschows letzten Monaten entstand das Streichquartett-Paar Nr. 9 und 10. Beide sind kaum als Werke der hellen Zuversicht zu verstehen. Das *Neunte Streichquartett* op. 117 besteht aus fünf Sätzen, die ineinander übergehen. Ein bizarres, abgründiges und sehr eindrucksvolles Werk, dem schon im ersten Satz bei aller scheinbaren Leichtfüßigkeit die ständige Grundierung durch eine gleichförmige Achtelbewegung im Halbtonschritt und ein marionettenhafter Marsch den Anschein des Leidens am gleichmütigen Trott geben. Das mittlere *Allegretto* wird von zwei *Adagios* umrahmt. Im Finale, auf das beinahe die Hälfte der Takte entfallen, ballen sich die aufgestauten Widersprüche. Ein Kernthema beherrscht alle Sätze und wird auf vielerlei Weise variiert; mit ihm beginnt das Quartett und mit ihm schließt es auch. Es ist in seiner schnellen Form dem „Anpfiff" aus dem 3. Satz des Achten Streichquartetts, jener Karikatur der eilfertigen Beflissenheit, ähnlich. Der erste und der vierte Satz bekommen durch die stetige Wiederholung eines Halbtonschritts einen monotonen Ausdruck. Das erinnert (wie im ersten Satz der Zehnten Symphonie) an das Klage-Motiv, das hier im ersten Satz einmal auftritt, sonst aber durch ein Dreitonmotiv würdig vertreten ist, das – jedes Mal wiederholt – durch das ganze Werk geistert und aus dem zweiten Takt des Kernthemas entwickelt ist.

Im Mittelsatz, einem ebenso witzigen wie schließlich gespenstischen Galopp (einer wilden Jagd – nach dem Erfolg?), kommen russische Intonationen in einem märchenhaft-gebrochenen Ton hinzu, die mit jenem kräftigen „Uach!" enden. Der vierte Satz reißt den Fluss der Musik auf. Zuerst mit jener bohrenden Wiederholung des Halbtonschritts, lähmend langsam, ganz wie im ersten Satz der Zehnten Symphonie, dann mit *ff-pizzicato*-Akkorden ähnlich wie in der Kadenz des 1. Cellokonzerts. Solche Aufhebung der motorischen Bewegung schafft den Eindruck der völligen Einsamkeit. Drei aufeinanderfolgende fahle Quint- bzw. Quartakkorde erzeugen eine schauerliche Stimmung: In der Fünfzehnten Symphonie wird sich so der Tod melden. Dazu ertönt eine deklamatorische Wendung – ein Aufruf, eine Mahnung? – die jenes wiederholte Dreitonmotiv enthält, das auch in der Mitte des *Allegretto* die Antwort auf den „Anpfiff" war.

Das Finale beginnt in größter Hast und völlig verstört. Die Formulierungen ähneln der „Flucht" am Beginn des *Allegro*-Finales der Vierten Symphonie. Die bisherigen Gestalten werden dabei verarbeitet. Es dominiert zunächst das wiederholte Dreitonmotiv, das in einem Zwischenteil vorübergehend von einem harten, schweren, russischen Lied verdrängt wird. Schließlich tritt die deklamatorische Stelle aus dem zweiten *Adagio* auf, gefolgt von den *Pizzicato*-Akkorden und schließlich den monotonen Halbtonschritten. In die Lähmung hinein wird das schlichte Galoppthema aus dem Mittelsatz eingeführt, das nach weiteren heftigen, zeitweise scharf dissonierenden Entwicklungen zusammen mit dem Kernthema und dem russischen „Uach!"-Juchzer das Streichquartett unvermutet zu einem *fff*-Schluss von hysterischer Ausgelassenheit führt.

Das Werk bietet keine simple Pauschallösung der Formfrage und ist auch in kein programmatisches Schema einzuzwängen. Es öffnet sich dem Hörer bei der ersten Bekanntschaft noch lange nicht, sondern zwingt ihn zum Nachdenken; es gehorcht also nicht der herrschenden Ästhetik. Stücke wie dieses zeigten den Komponisten wieder auf der

Höhe seiner Kraft und erklären seine Anziehungskraft auf die junge Generation, die von seiner kunstvollen Satztechnik fasziniert war.

Das unmittelbar danach begonnene und am 24. Juli 1964 beendete *Zehnte Streichquartett* op. 118 setzt an vergleichbar marionettenhaften Formulierungen an. In schärfstem Kontrast zu dem einleitenden gleichmütigen *Andante* steht der grobe zweite Satz, ein aggressives *Allegretto furioso* vom Typus des sarkastischen Scherzo. Dem dritten Satz, einer ernsten Passacaglia mit elf Durchgängen, folgt das Finale erneut mit einem mechanisch bewegten Thema. Als die Musik schließlich in abstoßend aggressive Töne übergeht, wird von Cello und Bratsche das Passacaglia-Thema dagegengesetzt. In den nach diesem Höhepunkt mechanisch weitertrottenden Marsch dringt eine Erinnerung an den ersten Satz. Schließlich verliert sich die Musik im irgendwo.

Das Marionettenhafte hatte sich in Schostakowitschs Musik einen immer größeren Stellenwert erobert. Folglich sah er darin die größte Bedrohung: dass sich wieder die Anpassung, das Kuschen, die Doppelmoral, der Opportunismus breit machen. In seiner Musik findet sich jedoch kein Hinweis für ein Bewusstsein dafür, dass er mit seiner öffentlichen Rolle zu dieser Doppelmoral beitrug und sie erhalten half. In den Mittelpunkt rückte jetzt immer mehr der Tod, über den auch das *Elfte Streichquartett* op. 122 (1966) reflektiert, offenbar nach dem Motto *carpe diem* – „Nutze den Tag!“, was im Systemzusammenhang aber doch nur wieder die moralisierende Erpressung zur Mitarbeit ist.

Mit jener affektierten Schlussbetonung enden auch die ersten vier Zeilen der nächsten Komposition Schostakowitschs. Ihr karikaturistischer Sinn ist diesmal einem Selbstportrait des Autors gewidmet (die erste Strophe frei nach Puschkin):

> *Vorwort zur vollständigen Sammlung meiner Werke und kurze Betrachtungen hinsichtlich dieses Vorworts*
>
> für Bass und Klavier op. 123
>
> Mit Einheitsgeist beschmiere ich das Notenblatt.
> Ich lausche einem Pfiff mit fachlichem Genuss.
> Dann plage ich das Ohr der Welt, bis dass sie's satt.
> Dann lass ich's drucken – ab in den Lethefluß!
>
> Ein solcher Werkeinführungstext würde selbstverständlich nicht ausschließlich zur Gesamtausgabe grade meiner Werke passen, sondern zu Gesamtausgaben von Werken vieler, äußerst, äußerst vieler Komponisten, nicht nur sowjetischer, sondern auch des Auslands.
>
> Und hier die Unterschrift:

Dimitri Schostakowitsch.
Volkskünstler der UdSSR.
Sehr zahlreich sind auch seine anderen Ehrentitel.
Erster Sekretär vom Verband der Komponisten der RSFSR,
einfach Sekretär vom Verband der Komponisten der UdSSR.
Und sehr zahlreich sind auch die anderen höchst verantwortungsvollen Verpflichtungen und Funktionen.

„Dimitri Schostakowitsch" wird natürlich auf die Tonfolge *d-es-c-h* gesungen. – Anlässlich seines bevorstehenden 60. Geburtstages wurde der Komponist mit Ehrungen überhäuft. Eine Gesamtausgabe seiner Werke war allerdings nicht darunter. Er durfte als Delegierter am XXIII. Parteitag teilnehmen. Er erhielt seinen dritten Lenin-Orden und den Titel „Held der sozialistischen Arbeit". In Leningrad wurde das Festival „Weiße Nächte" seiner Musik gewidmet.

Doch was meinte der Vielgeehrte selbst? Er schrieb sich zum Geburtstag mit dem *Zweiten Cellokonzert* op. 126 eine großartige Satire. Den ersten Satz, ein Largo, leitet das Cello *piano* mit dem Klage-Motiv ein, das hier seine Bedeutung des Überdrusses und der Langeweile demonstriert. Düster blöken es die tiefen Holzbläser nach – der Klang des Konzerts ist noch stärker als bei seinem Vorgänger durch Holzbläser, Schlagzeug, zwei Hörner und sehr diskret behandelte Streicher geprägt; es wirkt streckenweise geradezu schrill.

Bunte Tupfer beleben die Öde, die Musik wird plötzlich bewegter und beginnt geradezu zu hüpfen. Sie strebt einem Höhepunkt zu, doch die jubelnden Klänge (Pingpong zwischen Holzbläser- und Geigen- bzw. hier Celloläufen, wie Tschaikowsky sie so gern einsetzte) wirken floskelhaft und mechanisch. Ein Schlag auf die große Trommel beendet den Höhenflug und begleitet die kurze Kadenz: in Mahlers Zehnter Symphonie schockierte so die Unausweichlichkeit des Todes. Wehmütig schmachtende Doppelgriffe in Terzen und matte Wiederholungen der „glänzenden" Floskel lassen den Satz wiederum in der Öde enden. Der Satz ist ein Bild erloschener Kraft. Das Klage-Motiv bleibt im gesamten Werk aktiv. Der zweite Satz, ein *Allegretto*, thematisiert einen Widerspruch. Das Cello stimmt eine Schlagermelodie im Stil des Shimmy an, eines der erotischen amerikanischen Tänze, die in der Zeit der NEP die Jugend faszinierten und die Schostakowitsch in seiner frühen Musik gern verwendet hatte. Das hier zitierte Lied wurde von Kindern gesungen, die auf der Straße „Hublitschki" (Schmalzgebackenes) anboten[36]. Dieser Melodie tritt das Klage-Motiv entgegen, das in immer heftigerem Ton zuerst vom Fagott, dann vom Horn, schließlich vom Xylophon und vom Holz gespielt wird. In verkürzten Notenwerten verwandelt sich sein Charakter zum Bellen. Immer wütender kläfft das stupide Motiv gegen den Shimmy an, unter Trommelgerassel steigert sich seine Aggressivität. Da ertönen Hörnerfanfaren; mit ihnen beginnt zugleich der dritte Satz, wieder ein Allegretto.

Der einschüchternde Fanfarenklang, zirkushaft und pompös, ist sprichwörtlich bekannt. Er heißt: „Jetzt kommt der große Zampano!" und stammt aus Fellinis Film *La Strada*. Er kündigt dort den Auftritt des starken Mannes an, der seine Kräfte demonstriert, indem er die Eisenkette sprengt. Seine Kraftprotzerei wirkt aber immer beschämender, je weniger er fähig ist, sein Leben zu meistern. Zum Rasseln des Tambourins wiederholt das Cello das angeberische Geschmetter als eine Art zweite Kadenz – also die traditionelle Zurschaustellung der Kunstfertigkeit – und dann sinken seine Intervallfolgen ermattet nieder. Nach der pompösen Ankündigung ist also gar nichts passiert. Mit einer altertümlich kadenzierenden Formel mit Triller kehrt zufriedene Ruhe ein (man erinnert sich an das Sechste Streichquartett). Es folgt belangloses Tändeln. Entstehende Unruhe wird immer wieder mit jener zopfigen Floskel beschwichtigt.[37] Nicht beruhigen läßt sich jedoch die Erregung, die sich nach dem Wiedererscheinen der Holzbläser-Farbtupfen aus dem ersten Satz einstellt, obwohl das neckische Gedudel des Cellos das zunächst erwarten läßt: ein scharfer Schlag beendet die leere Figurenspielerei. Zu peitschenartigen Schlägen der kleinen Trommel absolviert das Cello seine dritte kleine Kadenz. Dann leitet es einen erneuten Ausbruch der Fanfare des „großen Zampano" ein. Nach gigantischem Ausholen wird jetzt mit großem Effekt – instrumentiert im Stil gehobener Unterhaltungsmusik – das Shimmy-Thema aus dem zweiten Satz dargeboten: die Harfe rauscht, das Orchester gibt einen blendenden Hintergrund, wie in -zig Stücken schlechter Musik, wo die Staffage mehr zählt als der Gehalt. Andererseits schreit sich da aber einer seine Sehnsucht aus dem Leib: Schostakowitsch erzählt wieder eine Musikantengeschichte.

Dieser Ausbruch wirkt wie das letzte Auspressen aller vorhandenen Kraft. Nachdem das Cello dann zum Rasseln des Tambourins die Alarmfanfare gespielt hat, scheint es sich ganz verausgabt zu haben: Glissandi zeigen die Ermattung überdeutlich an. Zeitweise klappern nur noch die Trommeln. Schließlich gelangt das Cello zur besänftigenden Floskel und ergeht sich wieder in dem belanglosen Tändeln. Das Klage-Motiv tritt immer häufiger auf. Die terzenseligen Doppelgriffe schmachten wie im ersten Satz. Das Konzert klingt mit dem Klappern des Schlagzeugs aus, zu dem das Cello nach marionettenhaftem Tänzeln nur noch einen liegenden Ton beizusteuern hat, während das Xylophon, dieser Karikaturist, eine Variante des Klage-Motivs klimpert.

Dieses Zweite Cellokonzert hat das Format der großen Erzählungen Tschechows. Hinter seiner äußeren Realistik verbirgt sich großer Gedankenreichtum. Benjamin Britten nannte es eines der bedeutendsten Konzerte dieses Jahrhunderts. Seine skurrile Welt spricht den Hörer musikalisch direkt an, verhüllt ihm aber zunächst ihren Sinn. Von einem Versiegen der schöpferischen Kraft kann nicht die Rede sein. Freilich ist es wieder die sarkastische Polemik, die ihn diese Kraft entfalten läßt. In der Elften und Zwölften Symphonie hatte er glauben wollen – so wie er im *Lied von den Wäldern* oder der Kantate op. 90 Ergebenheit gespielt hatte. Die kompositorische Schwäche dieser Werke zeigt ihre Unaufrichtigkeit. Meisterwerke wie das Neunte Streichquartett oder das Zweite Cellokonzert gelangen ihm nur, wenn er nicht um jeden Preis die positive Lösung erzwingen wollte.

X Der Tod

Am 12. Mai 1966 überreichte Schostakowitsch das fertige Zweite Cellokonzert seinem Freund Mstislaw Rostropowitsch, dem er es ebenso widmete wie schon das erste. Dieser spielte unter den kritischen Augen des Komponisten gleich daraus vor und begann dann mit der Einstudierung.

Am 18. Mai erlitt Schostakowitsch einen Herzinfarkt. Bis August lag er im Krankenhaus und im Sanatorium auf der Krim. Im August erholte er sich im Haus der Komponisten in Repino bei Leningrad. Seine Kinder besuchten öfter Anna Achmatowa, die nicht weit entfernt wohnte, und kamen auf die Idee, die beiden zusammenzubringen. Es war ja kein Geheimnis, dass sie sich sehr schätzten. Aber persönlich hatten sie sich noch nie getroffen. Man beschloss, Anna Achmatowa zu Schostakowitsch einzuladen. Man saß im Familienkreis beieinander – aber zwischen den beiden, deren Werke so verwandte Empfindungen ausdrückten, sprang kein Funke über, kam es zu keinem Gespräch.

Zu Schostakowitschs 60. Geburtstag, am 25. September 1966, wurde das Zweite Cellokonzert op. 126 von Rostropowitsch und der Moskauer Philharmonie unter Jewgeni Swetlanow uraufgeführt. Der Sechzigjährige war nicht bei guter Gesundheit. Im Dezember musste er wieder ins Krankenhaus. Die Arme und Beine wurden durch die Rückenmarksentzündung in Mitleidenschaft gezogen.

Am 3. Februar 1967 hatte Schostakowitsch dennoch ein neues Werk vollendet: die *Liederfolge nach Texten von Alexander Blok* op. 127 für Sopran, Violine, Violoncello und Klavier. Die sieben ausgewählten Lieder sind düster und von wehmütiger Erinnerung geprägt. Das *Lied der Ophelia*, vom Cello begleitet, trauert dem entschwundenen Geliebten nach. Grausig ist das zweite Lied, dessen Mittelstrophe vom Klavier mit Figuren wie aus dem dritten Satz der Zehnten Symphonie begleitet wird:

Gamajun, der Prophetenvogel

Am Abend, wenn die Sonne sinkt
Und Purpurfackeln rings entzündet,
Hockt er am Meeresstrand und singt sein Lied,
Das uns vom Schicksal kündet.

Von der Tataren Sklaverei,
Von Leid und Schmach und blutgen Strafen,
Von Hunger, Aufruhr, Tyrannei,
Vom Sieg des Bösen, Tod des Braven.
Vor Ahnung hat ihn Angst gepackt,
Sein Antlitz scheint in Lieb' zu brennen
So hat die Wahrheit wohl gesagt
Der Mund, auf welchem Blut geronnen.

Die Zehnte Symphonie hatte die Tyrannei angeprangert: Pimen war ihr Ahne so gut wie Gamajun. Keine Frage – Schostakowitsch sah sich oft in die Rolle des Propheten gezwungen, den die Angst gepackt hatte. An vergangene Liebe denkt das dritte Lied *Wir waren zusammen*, begleitet von der Violine, die im Text zwischen den beiden Herzen verbindet. *Die Stadt schläft* erwartet bang den anbrechenden, trüben Tag. Das heftige Lied *Sturm* schildert eine schreckliche Nacht:

In solcher Nacht bedaur' ich den, der ohne Bleibe;
Mich treibts hinaus zu ihm mit Macht,
Zu schützen ihn mit meinem Leibe;
Mit ihm bestehn das Element,
Mit ihm des Dulders Los erleiden!

Geheimnisvolle Zeichen erscheinen als böser, surrealer Spuk und verwirren die Sinne. Das Lied endet mit den Worten:

Ach, ich sehe mein Ende schon winken,
Und Vernichtung und Krieg werden sein.

Nachdem die Instrumente die letzten drei Lieder paarweise begleitet hatten, treten für das letzte Lied alle drei zusammen:

Musik

Zur Nacht, wenn alle Stimmen schweigen,
Wenn sich die Nacht in Dunkel hüllt,
Führst Du, Musik, den Sternenreigen,
Von Dir ist dann die Welt erfüllt!
Ja, schweigen muss der Sturm des Lebens,
Wo Du gleich einer Ros' erblühst!
War manche Träne nicht vergebens,
Wenn Du im Abendrot erglühst!
Musik, Beherrscherin der Erde!
Trotz Tod und Qualen, trotz Leid:
Der letzte Becher, den ich leere,
Sei noch in Demut Dir geweiht!

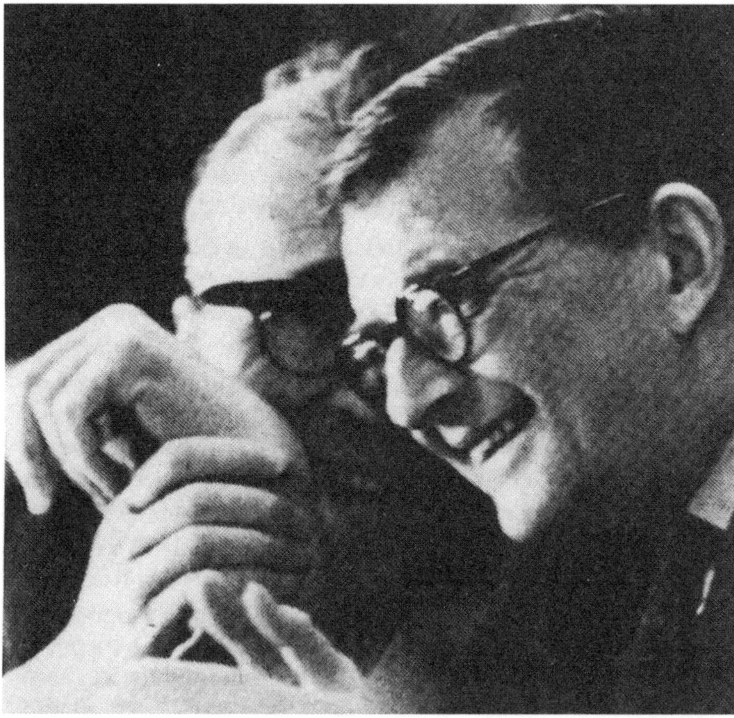

Schostakowitsch mit Dimitri Kabalewski, 1960er Jahre

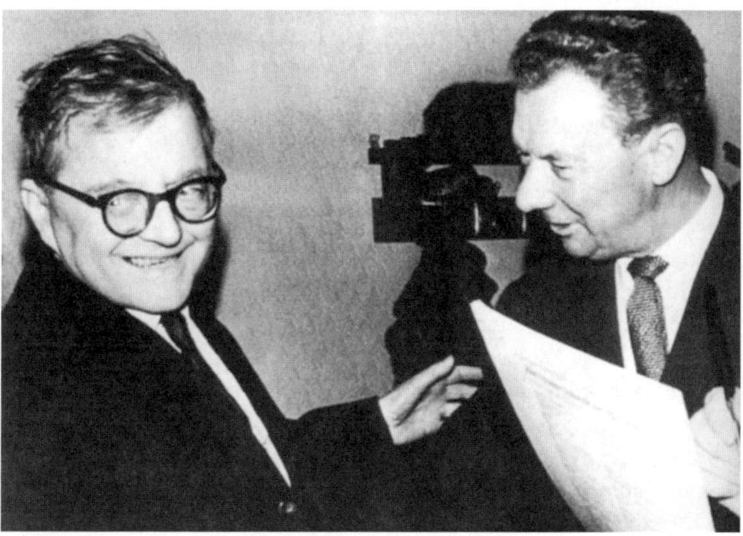

Schostakowitsch mit Benjamin Britten, 1960er Jahre

Dem Bild einer Tag-Welt des Grauens, der Vergänglichkeit und des Abschieds, stellte Schostakowitsch die Nacht-Welt der Musik als das einzig Schöne und Bleibende entgegen. So erschien dem Dichter die Welt, und Schostakowitsch unterließ jeden Versuch einer ideologischen Drapierung.

Dass die Stimmung der *Blok-Lieder* nicht allein vom Dichter zu verantworten ist, zeigt Schostakowitschs nächstes großes Werk, das herbe *Zweite Violinkonzert* op. 129, das er seinem Freund David Oistrach am 20. Mai ankündigte: „Ich habe ein neues Violinkonzert fertiggestellt. Ich schrieb es mit Gedanken an Sie. [...] Sehr gern würde ich Ihnen das Konzert zeigen, obwohl es mir furchtbar schwerfällt, es zu spielen. Wenn das Konzert bei Ihnen keinen Protest hervorriefe, wäre mein Glück groß. Und wenn Sie es spielen würden, wäre das Glück so groß, dass es weder im Märchen zu erzählen noch mit der Feder zu beschreiben wäre. Wenn Sie nichts dagegen haben, dann möchte ich Ihnen das Konzert sehr gern widmen.“[1]

Schon am 28. Juli konnte er wieder an Oistrach schreiben: „Ich danke Ihnen für Ihre Postkarte mit der für mich so erfreulichen Nachricht. Mit Ungeduld erwarte ich das Treffen mit Ihnen. [...] Für mich ist es ein sehr großes Glück, dass Sie das Konzert schon einstudiert haben. [...] Ich küsse Sie kräftig.“[2]

Zur Uraufführung am 26. September in Leningrad konnte Schostakowitsch indessen nicht kommen, da er einen komplizierten Beinbruch erlitten hatte und beinahe den gesamten Rest des Jahres im Krankenhaus verbringen musste. In Moskau wurde das Violinkonzert im Rahmen einer Woche zur Feier des 50. Jahrestages der Oktoberevolution aufgeführt – auf dem Programm stand an diesem 26. Oktober auch die Uraufführung des Symphonischen Poems *Oktober* op. 131. In der gleichen Woche führte Galina Wischnewskaja die ihr gewidmeten *Blok-Lieder* zum ersten Mal auf, begleitet von David Oistrach, Mstislaw Rostropowitsch und Moissej Weinberg, der für den erkrankten Swjatoslaw Richter eingesprungen war. Da die Moskauer Konzerte im Radio gesendet wurden, konnte Schostakowitsch sie aufzeichnen. An Oistrach schrieb er: „Am 19. November wurde das ganze Konzert über unseren Rundfunk übertragen. Der Klang war sehr gut. Ich hörte das ganze Konzert an. Mein Konzert klang in Ihrer Darbietung wunderbar. Ich hatte sehr viel Freude daran. Ihnen meinen herzlichsten Dank! Bis jetzt bin ich noch im Krankenhaus. Ich denke, dass ich schon am 15. bis 20. Dezember nach Hause zurückkehren kann. Oft spiele ich die Aufnahme meiner *Blok-Lieder* und das 2. Konzert ab. Und ich denke viel daran, welch großes Glück es für mich ist, solche Interpreten wie Sie zu haben. Ich würde Sie sehr gern recht bald sehen und im lebendigen Klang hören, nicht über Radio oder Tonband.“[3]

Die *Blok-Lieder* und das Zweite Violinkonzert, diese Werke der Todesahnung, bedeuteten Schostakowitsch also viel. Sie sind von sehr persönlichen Empfindungen geprägt. So hatte sich mit ihnen die großartige Ankündigung erledigt, die der Komponist in der Prawda vom 19.2.1964 gemacht hatte: „Meine neuen Werke widme ich dem 50. Jahrestag des Großen Oktober. Ich werde eine Oper *Der stille Don* und die Musik zu einem Film über Karl Marx schreiben“[4]. Auch in der Iswestija vom 23.1.1966 sprach er über diese Vorhaben (und über seine Hobbys Fußball und Schach) – ausgeführt wurde nur die Filmmusik zu *Ein Jahr wie ein Leben* über das Jahr 1848. Die Oper nach dem 3. und 4. Teil des Romans, die „die ganze trügerische ‚Stille' des furchtgebietenden Scholochowschen Dons“[5] ausdrücken sollte, wurde trotz eines am 11.11.1966 geschlossenen Vertrages nicht geschrieben. Sein offizieller Beitrag zum Jubiläum waren dann zwei Ouvertüren: das *Oktober-*Poem und das kurze *Trauer- und Triumphpräludium zum Gedenken an die Helden der Stalingrader Schlacht.*

Zum letzten Mal schrieb Schostakowitsch im Jahr 1970 ein „offizielles“ Werk, den *Marsch der sowjetischen Miliz* op. 139, also einen Polizeimarsch. Danach folgten nur noch ernste Werke: 1971 die Fünfzehnte Symphonie und 1973–75 drei Liederzyklen, die letzten beiden Streichquartette und die Bratschensonate, das letzte Werk, das er vor seinem Tod beenden konnte.

* * *

Die letzten acht Jahre von Schostakowitschs Leben waren von einer ständigen Verschlechterung seines gesundheitlichen Zustandes überschattet. 1968 trat er deshalb vom Vorsitz des Komponistenverbandes der RSFSR zurück. Die Vierzehnte Symphonie entstand Anfang 1969 vor allem im Krankenhaus. Dort lag er auch von Ende Februar bis zum 9. Juni 1970 und wieder im Herbst. Nachdem er im Frühjahr 1971 als Delegierter am Parteitag teilgenommen hatte, musste er im Juni wegen der Behandlung seiner Arme und Beine wieder ins Krankenhaus. Am 17. September 1971 erlitt er einen zweiten Herzinfarkt, in dessen Folge er bis zum Ende des Jahres in der Klinik lag. Auch das Vierzehnte Streichquartett entstand im Winter 1972/73 im Krankenhaus. 1973 stellte man Lungenkrebs fest. Es sollten noch einige Aufenthalte in der Klinik erforderlich werden, bis Schostakowitsch am 9. August 1975 nach einem weiteren Herzinfarkt starb.

Politisch verschärften sich in diesen Jahren die Konflikte weltweit. Die westliche Ideologie der „Freien Welt“ erlitt in Vietnam ihre große Schlappe. Das Massaker der Amerikaner in dem Dorf My Lai kostete die NATO-Staaten 1968 den moralischen Kredit, der durch ihre Unterstützung für die Militärdiktaturen in Griechenland, Spanien und Portugal schon überzogen war. Die USA wurden von Rassenunruhen erschüttert. Die Polizei erschoss 1969 in Kent vier weiße Studenten und anderenorts acht Schwarze. Nicht nur im Westen, sondern auch in Osteuropa brodelte es unter den Studenten. 1968 brodelte sogar ein ganzes Land: in der Tschechoslowakei war der „Prager Frühling“ ausgebrochen, der stalinistische Parteichef Novotny war gestürzt worden, und unter der Führung des Staatspräsidenten Swoboda und des Parteichefs Dubcek hatte das Experiment einer Reform des Sozialismus begonnen. Am 21. August wurde es von den Panzern des Warschauer Pakts niedergewalzt. Anders als zwölf Jahre vorher beim Ungarn-Aufstand entrüsteten sich viele Intellektuelle und manche formulierten Protestschreiben. Doch Dubcek verschwand, und mit ihm das Gedächtnis an das Experiment; er wurde sogar aus Fotografien herausretouchiert. Von jetzt an war in Breschnews Sowjetunion jede Reformdiskussion unmöglich.

Das Anziehen der Fröste zeigte sich auf dem Gebiet der Musik in erneuten Roll-back-Versuchen gegen die jüngeren Musiker. In den 1960er Jahren hatte sich eine ganze Reihe von ihnen mit westlichen Strömungen auseinandergesetzt und „experimentelle“ Werke geschrieben, die auf äußerste Ungnade stießen: Silwestrow, Pärt, Denissow, Schnittke, Wolkonski usw. Denissow verlor seine Stelle am Moskauer Konservatorium. Blaschkow, der 1965 Schostakowitschs Dritte zum ersten Mal wiederaufgeführt hatte und deshalb mit der Uraufführung der Fünf Fragmente für Orchester op. 42 betraut worden war, verlor seinen Posten bei der Leningrader Philharmonie, weil er nicht die Regeln der Programmgestaltung beachtete.

1966 waren die Schriftsteller Juri Daniel und Andrej Sinjawski verhaftet und für ihre künstlerische (!) Arbeit mit sehr hohen Haftstrafen belegt worden, was viele Intellektuelle beunruhigt und empört hatte. 1969 wurde Solschenizyn aus dem Schriftstellerverband ausgeschlossen. Als ihm 1970 der Nobelpreis verliehen wurde, verfiel die Bürokratie in eine ähnliche Panik wie im Fall Pasternak. Ein neuer Kulturkampf war entbrannt, dem auch eine Russland-Tournee des Englischen

Kammerorchesters zum Opfer fiel, da man die Texte von Schostakowitschs Vierzehnter nicht genehmigte.

In den Fall Solschenizyn fand Schostakowitsch sich durch seinen Freund Rostropowitsch mittelbar verwickelt. Dieser ließ Solschenizyn auch während der Kampagne weiterhin im Pavillon seiner Datscha wohnen. Rostropowitsch, der zusammen mit seiner Frau, der Bolschoi-Primadonna Galina Wischnewskaja eine unbestrittene Autorität der sowjetischen Musik war, ließ sich keine Pressionen mehr gefallen. Er schrieb am 31. Oktober 1970 einen „Offenen Brief" an die Herausgeber von Prawda, Iswestija, Literaturnaja Gazeta und Sowjetskaja Kultura[6], in dem er gegen die Kampagne protestierte. Er wehrte sich vor allem gegen die Art, in der die „Meinungen des Volkes" gegen Solschenizyn mobilisiert wurden. Er erinnerte an die Kampagne gegen Pasternak, bei der er selbst aufgefordert worden war, an einer Verurteilungsveranstaltung teilzunehmen und den *Doktor Schiwago* herunterzumachen, den er gar nicht kannte. Er zog Parallelen zu den Listen verbotener Bücher und Musikstücke, zu den Schwierigkeiten, die Tarkowski gemacht wurden, zu den Versuchen, die Aufführung bestimmter Stücke von Schostakowitsch zu verhindern, wobei er besonders auf das Verbot der *Tschorny-Lieder* hinwies, mit dem seine Frau Galina zu kämpfen hatte. Der Brief mündete in die Frage, warum denn immer die absolut unverständigen Leute entscheiden müssten, und am Schluss erhob Rostropowitsch die Forderung nach Meinungsfreiheit. Dieser Brief bekam ihm schlecht. Er und seine Frau waren ab sofort „Unpersonen", die niemand mehr erwähnte.

„Mein großer Freund Schostakowitsch, der Stücke eigens für mich geschrieben hat, mein enger Freund Chatschaturjan, ein Komponist vom Range Kabalewskis, wussten sie etwa nicht, dass ich unter den Verfolgungen litt? Sie wussten es sehr wohl! Schostakowitsch und Chatschaturjan haben mich mehr als einmal weinen sehen. Hätten sie nicht alle miteinander die Mitglieder der Regierung aufsuchen können [...]? Kein einziger hat diesen Vorstoß gewagt, denn beim geringsten Aufmucken hätte Breschnew die Brauen gerunzelt, ein Auge zugekniffen und gemurmelt: ‚Mag sein, dass er kein schlechter Musiker ist, aber er steht nicht auf unserer Seite! Wie können Sie sich dafür hergeben, für ihn einzutreten? Wie können Sie einen solchen Fehltritt begehen?'"[7]

Rostropowitsch ist 1974 in den Westen gegangen, das gleiche tat der Primgeiger des Borodin-Quartetts, Rostislaw Dubinski. Die bedeutenden Schostakowitsch-Dirigenten Kyrill Kondraschin und Rudolf Barschai emigrierten nach Schostakowitschs Tod. In der Sowjetunion den Kampf weiterzuführen, erschien ihnen nicht aussichtsreich. Ihre künstlerischen Pläne konnten sie im Ausland besser verfolgen. Eine Solidarität der Künstler und Intellektuellen in der Sowjetunion gab es nicht.

Solange sie in ihren Branchenverbänden folgsam produzierten, ging es ihnen nicht schlecht. Der Komponistenverband half seinen Mitgliedern über viele zermürbende Probleme des täglichen Lebens hinweg. Auch im Vergleich mit ihren Kollegen im Westen hatten die sowjetischen Komponisten viel zu verlieren – solange sie parierten. Was passiert, wenn einer gegen die Regeln verstieß, hatte Schostakowitsch zweimal erlebt: Man führte seine Werke nicht mehr auf (dadurch verlor er seine Tantiemen) und gab ihm keine Kompositionsaufträge mehr (das schnitt ihn von Vorschüssen ab). Er konnte dann zwar noch konzertieren, aber dazu war beispielsweise Schostakowitsch nicht mehr imstande. Rostropowitsch und Wischnewskaja schienen als Publikumslieblinge viel „sicherer" als ein vergleichsweise weniger populärer Komponist wie Schostakowitsch. Ihr Fall zeigte jedoch, dass das Regime entschlossen war, jedermanns Existenz zu vernichten, der aus der Konformität ausscherte. Und es gab offenbar unerschöpfliche Druckmittel:

„Nie werde ich den Tag vergessen, als man Schostakowitsch zwang, regelrecht zwang, einen Brief gegen Sacharow zu unterschreiben. Schostakowitsch mühte sich, zu erklären, warum er dazu nicht in der Lage sei: ‚Ich fühle mich zu schwach', sagte er. Und er war auch schon ernstlich krank. Er sagte noch: ‚Ich kann keine großen Spaziergänge mehr machen, meine Kräfte reichen nur für eine Runde um mein Landhaus. Aber genau dort geht auch Sacharow häufig spazieren. Wie könnte ich ihm denn noch in die Augen blicken, wenn ich jetzt diesen Brief unterschriebe?' Doch hat man ihn gezwungen zu unterschreiben. Er hat sehr darunter gelitten und ist nie mehr spazierengegangen. [...] Ich mache ihm keinen Vorwurf. Er war schwer krank, der Krebs hatte seine Gesundheit schon stark ausgehöhlt."[8]

Dies sagte Rostropowitsch, der auch der Meinung war, Schostakowitschs Leben wäre anders verlaufen, hätte er nicht zwei Kinder gehabt, die er grenzenlos liebte[9]. Jede Abweichung ging in irgendwelche Akten ein, die bei Bedarf herausgezogen wurden, etwa wenn es um die Ausbildung der Kinder ging: Hatten die Eltern sich etwas zuschulden kommen lassen, dann war die Bewerbung zwecklos. Im engsten Freundeskreis aber konnte Schostakowitsch so sehr ins Schimpfen kommen, dass sogar Rostropowitsch sich die Haare sträubten: „Ob er mich provozieren will...?" – um sich schnell zu besinnen, dass dazu nicht einmal der Verdacht zulässig war[10].

In diesem System gibt jeder die Erklärungen ab, die von ihm gefordert werden, und jeder weiß, dass sie mit der wirklichen Einstellung nichts zu tun haben. Jeder hat Angst vor dem Spitzel. Die allgemeine Heuchelei unterminiert die gesellschaftliche Moral und die sozialen Beziehungen, die Freundschaft, die Urteilsfähigkeit. Aber Individuen, die zu autonomem Handeln fähig wären, sind ja unerwünscht. Wie soll man da Schostakowitschs zahllose Reden und Artikel bewerten? Er hat viele einfach so abgelesen, wie sie ihm vom Komponistenverband geliefert wurden. Doch andere tragen unverkennbar seine Handschrift. Er hat persönlich gefärbten Artikeln wie denen über Hanns Eisler und Gustav Mahler 1964, im Jahr des Neunten Streichquartetts, Schlussjauchzer über die lichte Zukunft des Kommunismus angefügt, die in ihrem Schematismus schon wieder sarkastisch wirken[11]. Jewtuschenko sagte ihm einmal, dass er einige dieser Artikel und Reden nicht möge, weil er sich dort in einem formalistischen Ton und völlig leidenschaftslos äußere. Schostakowitsch gab ihm recht: „Aber dafür habe ich", antwortete er, „niemals eine Note niedergeschrieben, die falsch klingt. Vielleicht rechtfertigt mich wenigstens dies..."[12]

Kann man nun seine schriftlichen Äußerungen als bloße Maske verwerfen? Das darf man schon der politischen Rolle wegen nicht tun, die er spielte. Kein anderer sowjetischer Komponist seines Ranges (denn Chrennikow ist sehr viel minderen Ranges) hat so viel publiziert und sich so häufig in der Öffentlichkeit präsentiert wie Schostakowitsch. Seine politischen Aktivitäten als Repräsentant des Systems, der durch seinen künstlerischen Ruhm eine besondere Gewichtigkeit hatte, waren gesellschaftlich sicherlich sehr viel wirksamer als seine künstlerische Arbeit. Noch 1974 ließ der todkranke Komponist sich in den Obersten Nationalitäten-Sowjet wählen, als Delegierter des Wahlkreises Jadrino der Autonomen Republik der Tschuwaschen (am Kuibyschewer Wolga-Stausee). Welche Farce: Der Russe Schostakowitsch als Ober-Tschuwasche! Doch er wollte auf jeden Fall „lebendig oder tot" noch zu diesen Menschen reisen, die ihn gewählt hatten. Ganz unfreiwillig kann er alle diese Tätigkeiten nicht übernommen haben. Sein Glaube an die Zukunft des Sozialismus war nicht tot. Er war verbittert über die Realität.

1974 hatten revolutionäre Gefühle noch einmal eine große Zeit. Die internationale politische Landschaft wurde heftig erschüttert. In Griechenland und Portugal stürzten die Diktaturen. Der Unabhängigkeitskampf der portugiesischen Kolonien führte endlich zum Erfolg. Das spanische Franco-Regime stand kurz vor dem Bankrott. In den USA erlebte Richard Nixon sein Watergate. All dies konnte die Sowjetunion unberechtigterweise auf ihr Erfolgskonto buchen. Schostakowitsch erlebte am 1. Mai 1975 auch noch den größten Triumph, den Sieg des

Vietcong. Reihenweise stürzten die rechten Gewaltherrscher. Der Sieg der Freiheit schien ins sozialistische Lager zu führen. Der Militärputsch gegen die chilenische Volksfront-Regierung mit der Ermordung des Präsidenten Allende hatte zwar diese Tendenz konterkariert, aber auch die internationale Solidarität gegen die westliche Machtpolitik gestärkt.

* * *

In Schostakowitschs letzten Jahren gab es in der Sowjetunion selbst jedoch keinerlei positive Entwicklungen mehr. Er ging dem Tod entgegen und sah keinen Grund für Hoffnung. Der Tod wurde zum Generalthema des Spätwerks (dem übrigens erst tiefere Untersuchungen gerecht werden können, als sie hier möglich waren). Die *Vierzehnte Symphonie* op. 135 (1969) ist ein Zyklus von elf Gesängen, die sämtlich den Tod zum Inhalt haben. Das Klage-Motiv durchzieht das Werk in allen seinen Spielarten. Die für Sopran- und Bassstimme und kleines Streichorchester mit Schlagzeug geschriebene Symphonie beginnt mit einem Thema, das aus dem *dies irae* abgeleitet ist. Dieses Thema leitet auch den zehnten Satz wieder ein und schließt so den Kreis. Das achte Lied hatte einen Gewaltherrscher verhöhnt (*Antwort der Saporoger Kosaken an den Sultan von Konstantinopel*), das neunte läßt dann den Dichter Wilhelm Karlowitsch Küchelbecker (1797–1846, aus dem Dekabristenkreis) aus der sibirischen Verbannung seinem Freund klagen:

> O Delwig, Delwig! Was ist der Lohn
> Für meine Taten, für mein Dichten?
> Wo bleibt der Trost für die Begabung,
> Zwischen Verbrecherpack und Wichten?
> Doch wenn die Geißel des Gerechten
> Die Schurken weist in ihre Schranken,
> Erbleichen sie, und die Gewalt
> Der Tyrannei beginnt zu wanken.
>
> O Delwig, Delwig! Was zählt Verfolgung?
> Unsterblichkeit ist doch der Lohn
> Erhabener und kühner Taten,
> Der Preis für des Gesanges süßen Ton.
> Denn unvergänglich ist der Geist,
> Das freie, freudig-stolze Wesen,
> Das Bündnis, das die Menschen eint,
> Die von den Musen auserlesen.

Wo war die Geißel des Gerechten? Es gab sie nur in der Dichtung – und in Schostakowitschs Musik. Er machte sich diese Worte ganz zueigen. Knüpfen sie nicht direkt an den Schluss der Dreizehnten Symphonie an, der sich für die Karriere damit entschuldigte, dass er „nichts dafür getan" habe, und der außerdem die eigene „wahre Karriere" gegen die Karrieristen wandte? Nur in den eigenen Werken, nur in der Unsterblichkeit, die die eigene Leistung bringen wird, sah Schostakowitsch seinen Trost.

Im siebten Satz, dem Lied *Im Kerker der Santé* (der Geheimpolizei) unterstreicht das Klage-Motiv die Verse:

> Warum, o mein Gott, brachtest du dieses Elend?
> Erbarmen, Allmächtiger Gott,
> Erbarmen, o Erbarmen!
> Keine Tränen sind mehr in meinen Augen,
> Mein Gesicht erstarrte zur Maske.

Die letzten beiden Gedichte sind von Rainer Maria Rilke (1875–1926). Auch sie werden nicht zur „abschließenden" Beruhigung, wie das *Schluss-Stück* zeigt, in dem die Musik sich vor Todesangst aufbäumt.

> Der Tod ist groß.
> Wir sind die Seinen
> lachenden Munds.
> Wenn wir uns mitten im Leben meinen,
> wagt er zu weinen
> mitten in uns.

Für eine Gesellschaft, die ameisenhaft betriebsam mit ihrer Fortspinnung beschäftigt ist (und das sind alle Industriegesellschaften) und die dem Individuum keinen eigenen Wert zumisst, darf auch der Tod kein Thema sein. Schostakowitschs Vierzehnte Symphonie stürzte die Bürokratie aber in ein noch heilloseres Entsetzen, weil sie dem Tod keinen heroischen Sinn gab, sondern gerade den sinnlosen Tod und seine Allmacht beklagte.

Von der Vierzehnten Symphonie führen viele Verbindungen zur *Michelangelo-Suite* op. 145 (1974). Auch hier sind elf Gesänge zu einem symphonischen Zyklus verbunden, auch hier wird das Eröffnungsmotiv vor dem zehnten Lied wieder aufgenommen. Dieses Eröffnungsmotiv ist die kühne Fanfare der *Wahrheit*, wie das erste Lied überschrieben ist. Und diese Fanfare verliert ihren Glanz in jenem zehnten Lied *Tod*.

Mit den Gedichten von Michelangelo Buonarotti (1475–1564), des großen Renaissance-Bildhauers und Malers, dessen 500. Geburtstag

1975 gefeiert wurde, konnte Schostakowitsch sich leicht anfreunden. Michelangelo war ein humanistisch gebildeter Mann, der sein langes Leben hindurch immer wieder mit Hartnäckigkeit seine Künstlerpersönlichkeit gegen die Auftraggeber durchsetzen musste. „Ich habe für drei Päpste gearbeitet, aber das war ein Muss", sagte er zu seiner „Verteidigung". Am schärfsten war Michelangelo wohl mit Papst Julius II. aneinandergeraten, der sein Grabmal bei ihm bestellte und ihn zwang, die Decke der Sixtinischen Kapelle auszumalen. An Julius II. ist Shakespeares Sonett Nr. 66 gerichtet, das dem ersten Lied zugrunde liegt. Michelangelo klagt darin den Papst an, immer nur den Schwätzern zu folgen, aber seinen treuen Dienst gering zu schätzen:

Zu deinen Höhen hofft' ich aufzusteigen,
Gerecht wie mächtig würdest du verschmähen,
So dacht' ich, je dein Ohr dem Hass zu neigen.

Doch nein, der Himmel läßt es ja geschehen,
Dass echter Wert missachtet sei auf Erden:
Vom dürren Baum nur soll geerntet werden.

Shakespeares Sonett LXVI zeigte ein Jahrhundert danach ähnliche Verbitterung. Im Jahr 1970 fertigte Schostakowitsch eine Orchesterfassung der *Englischen Lieder* op. 62 an und gab sie als op. 140 heraus: er maß ihnen damals also wieder besonderen Wert zu. – An Julius II. ist auch das fünfte Lied *Zorn* gerichtet: gegen den kriegerischen Papst, der „aus Kelchen Helme und Lanzen schmieden läßt", der „selbst Christi Haut verkaufen" würde. Auch Schostakowitschs Vertonung ist von lutherischem Zorn erfüllt:

Arm steh ich da! Sieh: Armut soll ja dienen
Zum ewgen Heil; doch wie dies Heil erbeuten,
Da Christi Banner sinkt, in dem wir streiten?

Die Lieder *Dante* und *Dem Verbannten* rühmen den großen Dichter, den die Heimatstadt Florenz verbannte, weil sie seinen Wert nicht schätzen konnte. Da Florenz auch Michelangelos Stadt war, schmerzte ihn ihre Dummheit und ihr Undank besonders. – Seine eigenen Schöpfungen (das achte Lied bittet um göttliche Inspiration) wurden in Florenz zwar bewundert, aber wurden sie auch verstanden? Der Patrizier Strozzi hatte an die Skulptur der *Nacht* auf den Mediceer-Gräbern ein Epigramm geheftet (das war damals eine gängige Form der Auseinandersetzung mit der Kunst), in dem er ihre Lebensähnlichkeit pries: man brauche sie nur zu wecken, dann werde sie sicherlich zu sprechen beginnen. Welche Beschränktheit! Naturalismus, täuschende Abbildung der Natur ist doch bloß Kunstgewerbe. Scharf war Michelangelos Antwort:

Schlaf ist mein Glück, solange Schmach und Kummer
Auf Erden dauern, besser Stein zu bleiben,
Nicht sehn, nicht hören bei so schnödem Treiben;
Sprich leise drum, und stör nicht meinen Schlummer.

Vor dem Lied *Tod* ertönt dann also die kühne Fanfare der Wahrheit, die bei den bitteren Fragen der dritten Strophe nur noch als matter Abglanz aus weiter Ferne erscheint:

Der Tod ist sicher, fraglich nur die Stunde,
Das Leben kurz, gering ist sein Ertrag,
Dem Leib genügt's, jedoch die Seele mag
Sich finden nie und löst sich gern vom Bunde.

Die Welt ist blind, des Niederträchtigen Kunde
Besiegt, was höh'ren Flug nimmt, Tag um Tag.
Das Licht erlischt, der Hoffnung Glanz wird zag,
Das Falsche herrscht, das Wahre stirbt im Munde.

Ach Herr, wann kommt das Heil, das Du verhießen
Den Gläubigen? Da dieses leere Warten
Die Hoffnung und mit ihr die Seele tötet?

Was nützt der Glanz, der einst uns soll umfließen,
Wenn vorher wir im Todeskampf erstarrten
Und ohne Obdach das Gefühl verödet?

Den einzigen Trost gibt wie in der Vierzehnten Symphonie die *Unsterblichkeit.* Für dies letzte Lied wählte Schostakowitsch zwei der Epitaphien aus, die der alte Michelangelo in der Erschütterung über den Tod des 17jährig verstorbenen, von ihm geliebten Cecchino Bracci geschrieben hatte: er werde weiterleben in den Herzen derer, die mit ihm in Liebe vereint waren. Das Lied beginnt mit der Einkleidung eines Beethoven-Zitats in den leichtfüßigen Schostakowitsch-Ton der raschen *Allegretti*, ähnlich der Fünfzehnten Symphonie, mit deren Schluss dieses Schlusslied sich verbindet. Die Frische des Beethoventhemas und die Spieluhr-Mechanik der Celesta schaffen gemeinsam eine heitere Abgründigkeit. Die Celesta-Spieluhr hat das letzte Wort. Schostakowitsch hat nicht ohne Grund darüber gewitzelt, dass Mahler im *Lied von der Erde* die Ewigkeit mit der Celesta dargestellt habe: er hat das ja nachgemacht – ironisch gebrochen, aber liebevoll – in der Dreizehnten und Fünfzehnten Symphonie, in der *Michelangelo-Suite.*

Welchen Eindruck hatte noch der Schostakowitsch der Chruschtschow-Ära auf die Öffentlichkeit gemacht? Im Mai 1966 hat Jewgenij Mrawinski, der Chef der Leningrader Philharmonie und Dirigent zahlreicher Uraufführungen Schostakowitschs seit der Fünften Symphonie, dies folgendermaßen charakterisiert (und damit wohl auch Schostakowitschs Selbsteinschätzung getroffen): „Schostakowitschs Größe wird für mich vor allem durch die Bedeutsamkeit jener gesellschaftlichen und ethischen Idee bestimmt, die sein gesamtes Schaffen durchzieht. [...] ‚Ich möchte nicht, dass es jemandem schlecht geht' – davon spricht er in seiner Musik. Darin hört man die Stimme des staatsbürgerlichen Gewissens, die gegen alles gerichtet ist, was dieses Gewissen beleidigt oder grob verletzt. (Übrigens auch im Leben konnte Dimitri Dimitrijewitsch nicht vertragen, wenn das Recht verletzt wurde, wenn irgend jemand unverdient litt, oder wenn Menschen von Gleichgültigkeit und Grausamkeit betroffen waren.)

Seinem Gewissen folgen, ein verstärktes Empfinden für das Übel und für menschliches Leiden, der Wunsch, so zu handeln, dass es allen gut geht – das waren wertvolle Eigenschaften des besten Teils der russischen Intelligenz, deren Erbschaft Dimitri Dimitrijewitsch angetreten hat. Man denkt hier sogleich an Dostojewski und Leo Tolstoi mit seinem ‚Ich kann nicht schweigen!'. Meiner Ansicht nach steht Schostakowitsch besonders der Tradition nahe, die von den Dekabristen über Belinski und die Denker der sechziger Jahre des vorigen Jahrhunderts bis zu uns überliefert ist. Er erinnert an die anständigsten, kühnsten, wenn auch manchmal naiven ‚Ritter mit der edlen Seele', die vom allgemeinen Glück träumten, die Gewalt hassten und bereit waren, alles zu opfern, um das soziale Übel auszurotten."[13]

Der „naive Ritter" – für ein bisschen Donquichotterie hielt man sein staatsgewissenhaftes Verhalten also schon. Nach 1966 scheint ihm die Zwiespältigkeit seiner Existenz in immer größerem Maß schmerzhaft bewusst, und für sein Werk bestimmend geworden zu sein. Das Spätwerk hat im strengen Sinn keinen doppelten Boden mehr, weil es keine blendenden Fassaden mehr errichtet. Es ist offen negativ. Die *Blok-Lieder* konnten nur noch die nächtliche Herrschaft der Musik verherrlichen. Das Zweite Violinkonzert registrierte den Schock des Todes. Die Vierzehnte Symphonie und die *Michelangelo-Suite* verlangen selbstbewusst den Lohn für die persönliche Leistung und klagen die Gewaltherrschaft an. In einer tieferen Schicht wird aber noch etwas anderes hörbar: Schostakowitsch fühlt sich offensichtlich durch den Frondienst beschmutzt. Wie unter einem Waschzwang versucht er den Schlamm des „Dienstes" loszuwerden, der Gegenwart zu entrinnen, und in der

Ewigkeit Genugtuung zu finden. In einer Art, die trotzig selbstgerecht wirkt, reiht er sich unter die Großen ein, die man ebenso verfolgt und zum Dienst gezwungen hat: Michelangelo, Dante, Galilei. (Hier erinnert man sich an die Zeile, in der Galileis minderer Gegenspieler verhöhnt wird, weil er Familie hatte – Schostakowitschs Kapitulation hatte ja wohl auch mit der Familie zu tun…) Schostakowitsch widerruft nicht, er steht zu seiner künstlerischen wie zu seiner politischen Laufbahn. Der verbitterten Sehnsucht, die Unsterblichkeit mit denen zu teilen, mit denen er sich verwandt fühlt, steht der grenzenlose Hass auf „Verbrecherpack und Wichte" in nichts nach.

In den *Sechs Gedichten von Marina Zwetajewa* op. 143 (1973) fand Schostakowitsch drei Identifikations-Objekte: Marina Zwetajewa selbst, dann Anna Achmatowa, der Marina Zwetajewa im letzten Lied hymnisch ihre Verehrung darbringt, und schließlich Puschkin – drei Dichter also, die von den Mächtigen verfolgt und gepeinigt worden sind. Der „Mörder der Sänger", Puschkins Feind Zar Nikolaus I. wird der Lächerlichkeit preisgegeben. In dem ersten Gedicht jedoch betrauert die unglückliche Dichterin das Schicksal ihrer Werke, die niemand zu schätzen wisse. Aber: „für meine Verse wie für alte Weine kommt noch die Zeit herauf!" Jede Aufführung dieses Zyklus erinnert daran, dass die Werke beider Dichterinnen in der Sowjetunion noch lange nicht vollständig veröffentlicht und nur verstümmelt zugelassen sind. Beide, Achmatowa und Zwetajewa, sind als „Musen der Klage" ein Schatten auf dem offiziell optimistischen, kraftstrotzenden Bild der russischen Lyrik und gerade deshalb vielen Russen teuer.

In den *Liedern des Hauptmanns Lebjadkin* op. 146 aus Dostojewskis Roman *Die Dämonen* entwarf Schostakowitsch 1974 dagegen ein finsteres Gegenbild zum *Michelangelo*-Zyklus. Dostojewski hat in seinen *Dämonen* die Revolutionäre – zu denen er einige Jahre zuvor selbst gehört hatte – als einen Haufen irregeleiteter bis wahnsinniger Auswürfe des Menschengeschlechts denunziert, was dem Roman bei der sowjetischen Kulturbürokratie wenig Liebhaber bescherte. Man druckte ihn nur in gekürzter Form. Der Hauptmann Ignat Lebjadkin ist der Vertreter eines Typus von Menschen, die sich nicht in die Gesellschaft eingliedern können, aber bei anderen eine Schuld dafür suchen und nur deshalb auf Weltverbesserung aus sind. Dabei sind sie unfähig, einen klaren Gedanken zu fassen, der über ihre Nasenspitze hinausreicht; die revolutionären Forderungen verwandeln sich in ihrem Mund in Phrasen. Hauptmann Ignat Lebjadkin, „ein Riese von Gestalt, dick, muskulös, kraushaarig, rot im Gesicht" und meist betrunken, fällt über den Ich-Erzähler sogleich her, als dieser zu einem konspirativen Treffen mitgekommen ist: „Er wollte schon die Faust erheben, ließ sie aber gleich wieder sinken. ‚Ich verzeihe dir wegen deiner Gelehrtheit! Ignat ist ein hö-öchstgebildeter Mensch…'". Leider hat Ignat die Angewohnheit, seine Umgebung mit Gedichten zu traktieren.

Mit diesen Gedichten übernahm Schostakowitsch aus Dostojewskis Roman auch die Absicht, einen bestimmten Typ zu denunzieren: den primitiven „Revolutionär", den groben Menschen, der von seiner eigenen Grobheit nichts ahnt, weil er von alle dem nichts ahnen kann, was seinen beschränkten Horizont überschreitet.

Die Gedichte des Hauptmanns sind in den Roman eingestreut. Schostakowitsch hat sie teilweise zusammen mit dem sie umgebenden Romantext vertont. Die Liebesgedichte des ersten Liedes wurden bei drei verschiedenen Gelegenheiten verzapft; ihre Qualität ist umwerfend:

> Der Liebesglut Granate
> Platze in der Brust des Ignate
> Und wieder weint, dass Gott erbarm,
> Der bei Sewastopol verlor den Arm.
>
> Ich bin zwar nicht in Sewastopol gewesen und habe auch keinen Arm verloren, aber was für Reime!

Die musikalische Denunziation geschieht mit den bekannten Mitteln: mit trivialen Walzer- und Polkarhythmen. Der „höchstgebildete" Hauptmann hat auch eine „Krylowsche Fabel" geschrieben, über eine Schabe nämlich, die nicht murrt, als sie im Glas zusammen mit den Fliegen in den Mülleimer geschüttet wird[14]. Die Schabe hatte sich in das Fliegenglas nur verirrt; sie, die sich ihres niederen Standes nicht zu schämen weiß, wird von dem alten Mann in einem Aufwasch mit den Fliegen beseitigt – der alte Mann symbolisiert dabei die ewige Natur, das ewige Russland oder was auch immer. Die Bilder wollen tief sein und auf die politische Lage anspielen, aber natürlich wirken sie nur peinlich. – Den Gouvernantenball läßt Lebjadkin durch ein Gedicht im Skandal enden, das zwar sein Freund Liputin vorträgt, dessen Stil aber den Anwesenden gleich den wahren Autor verrät. Der Wohltätigkeitszweck des Balls wird nämlich einfach auf den schnöden Mammon reduziert, was die adligen Veranstalter wie die armen Gouvernanten überaus kränken muss.

Das letzte Lied ist auf den Text eines illegalen Pamphlets geschrieben, dessen Autor im dunklen bleibt. Aber der Leser darf vermuten, dass in der *Lichten Persönlichkeit* vielleicht Lebjadkin sich selbst feiert. Das Gedicht ist so einfältig, dass der Wirbel nicht ganz verständlich wird, den Dostojewski damit veranstaltet: Soll das ein gefährliches revolutionäres Flugblatt sein?

Die lichte Persönlichkeit

Es wusste niemand, wer er war,
So wuchs er aus des Volkes Schar,
Verfolgt vom Rachedurst des Zaren,
Vom bösen Hasse der Bojaren.
Geduldig trug er alles Leid,
Trug Strafe, Folter, Ungerechtigkeit
Und predigte im ganzen Reich:
Ihr Brüder, werdet frei und gleich!

Jeder Strophe fügte Schostakowitsch am Schluss ein „Uach!“ hinzu. Der Einfalt des Textes entspricht die Einfalt der kindischen Musik.

Um den Aufstand einzuleiten,
Begab er sich in ferne Weiten,
Floh stolz die Feste unsres Zaren,
Wo Knut' und Zange Mode waren.
Indes das Volk, zum Kampf bereit,
In tiefer Not und dumpfem Leid,
Rief von Smolensk bis nach Taschkent:
Komm, mach uns frei, hilf uns, Student!

Und Kopf an Kopf sah man sie stehn,
Um ohn' Erbarmen vorzugehn:
Hinweg mit Adel und Bojaren!
Fort mit dem ganzen Reich des Zaren!
Auf ewig nehmen wir jetzt Rache.
Das Geld ist allgemeine Sache!
Die Kirche und die Ehe fällt
Und so die ganze alte Welt!

Von dem „Revolutionär“ Lebjadkin trennte Schostakowitsch alles. Dagegen fühlte er sich mit dem Christen Michelangelo verbunden, der den widerwärtigen Erscheinungen seiner Zeit das Menschenbild der Humanisten und das Ideal des Christentums entgegenhielt. Die Zeit schien auch nach einem halben Jahrtausend nichts an Finsternis eingebüßt zu haben. Ob er gespürt hat, dass es die religiöse Sehnsucht war, die ihn mit dem Christen Michelangelo verband? Christentum oder Kommunismus – hier entsprach die Wirklichkeit der Herrschaft der hehren Lehre so wenig wie dort. Leute wie der grobe Lebjadkin spielten sich als die großen Revolutionäre auf und zogen die Ideale in den Dreck. Sie boxten sich durch bis an die Schalthebel der Macht, und sie missbrauchten diese Macht mit Genuss. In Lebjadkin hatte Schostakowitsch einen Prototyp des spießigen Revolutionärs gefunden, wie er ihn sein Leben lang mit seinem Sarkasmus verfolgt hatte.

Schostakowitsch wurde nicht müde, all diesen Lebjadkins die Moralität entgegenzuhalten. Nicht die Partei erschien ihm böse, sondern böse Menschen missbrauchten sie. Niemand sollte sich auf die Institution herausreden. Die westlichen Institutionen hielt er kaum für besser. Emigration kam für ihn nicht in Frage; weder konnte er sich dort ein besseres Leben erhoffen wie der Interpret Rostropowitsch, noch hätte er, der aus Schüchternheit und Krankheit Unbeholfene, sich dort zurechtfinden können. Und er fand sicherlich die Emigration eine moralisch verwerfliche Flucht: „Ich blieb bei meinem Volk in seinem Leiden, ich blieb, wo mein Volk zu seinem Unglück war". So weit er seine Musik für seine geheimsten Empfindungen öffnete, so individuell seine Kompositionen sind, so hart nahm er sich in die politische Pflicht, er, der ein Moralist, aber kein politischer Mensch war. Sein sozialistischer Glaube war die Form, die die Moral angenommen hatte, so wie Michelangelos Moralität die Form des humanistisch aufgeklärten Christentums angenommen hatte.

* * *

Die Musik der *Lebjadkin-Lieder* ist streckenweise hässlich. Auch in der späten Kammermusik nehmen Charaktere des Hässlichen Stellen ein, die früher den Sarkasmen überlassen waren. Sätze vom Typus des sarkastischen Scherzo sind bestenfalls noch das Finale des Zweiten Violinkonzerts und – schrill bis an die Schmerzgrenze – der Mittelsatz der Violinsonate von 1968. Daneben spielen sich weiterhin die hüpfenden Marionettengestalten in den Vordergrund.

Hässliche Motive im *Zwölften Streichquartett* op. 133 (1968) erinnern an jene „schmierigen" Passagen früherer Werke wie im Scherzo der Vierten Symphonie u. a. Interessant ist hier, mit welchen Einführungsworten Schostakowitsch selbst das zweisätzige Werk vorstellte: „Der erste Satz portraitiert die Welt hoher Ideale. Der zweite Satz steht in scharfem Kontrast dazu. Sein erster (wie dritter) Teil stellt ein beunruhigendes Scherzo dar, eine Agonie, die unfähig ist, die Widersprüchlichkeiten des Lebens zu lösen."[15]

Zur Ausgestaltung der beklemmenden Episoden im zweiten Satz dieses Quartetts setzte Schostakowitsch bisher ungewohnt „moderne" Formulierungen ein, die die Musik sozusagen „grölen" lassen und auch den lauten Schluss sehr ungemütlich machen. Seit diesem Werk verwendete Schostakowitsch übrigens auch Zwölftonthemen, allerdings ohne strenge Reihentechnik anzuwenden; offiziell beteiligte er sich gleichzeitig an der Verteufelung der Zwölftonmusik. Seine aus sämtlichen 11 bzw. 12 Halbtönen der Tonleiter zusammengesetzten Themen bedeuten jedoch nur ein partielles Verlassen der Tonalität, der er – mit altrussischen Modifikationen – treu blieb. Zwölftonthemen im Zwölften Streichquartett und im ersten und letzten Satz der Violinsonate bleiben umso stärker Fremdkörper, als sie an den Finalsatz von Schönbergs Zweitem Streichquartett anklingen, an das George-Lied *Entrückung* („Ich fühle Luft von anderem Planeten"): als gleite die Musik ins Irreale.

Die Primitivismen in diesem Werk sind jedoch nichts im Vergleich zu denen des B-Teils des *Dreizehnten Streichquartetts* op. 138 (1970). Das einsätzige Werk ist nach dem Schema A-B-C-B'-A' strukturiert. Die *Adagio*-Außenteile werden vom Klage-Motiv dominiert. Der B-Teil entwickelt sich zur Horror-Vision, mit einem *Crescendo*-Aufschrei vom *fp* zum *sffff*, der nicht nur am Schluss wiederkehren wird, sondern auch in der „Serenade" des Fünfzehnten Streichquartetts, zusammen mit den Schreckensfiguren, die ihn hier umgeben. Der Mittelteil ist ein marschähnliches Gehopse, ziellos, ohne jede Entwicklung, dessen gespenstischer Ausdruck durch Schläge mit dem Bogen auf den Corpus der Instrumente verstärkt wird, und über das sich ein schauderhaftes Grölen legt. Klagend und völlig desolat versickert die Musik dann schließlich, und am Ende steht ein pfeifendes *Crescendo* des b^3 vom *pp* zum *sffff.*

Solche Klänge standen umso mehr im Gegensatz zur Ästhetik des Komponistenverbandes, als Schostakowitsch selbst beim Rücktritt vom Vorsitz des KV der RSFSR am 18. Mai 1968 den schweren Säbel gegen „modernistische" Tendenzen unter den jungen Komponisten geschwungen hatte: „Die Beschlüsse des April-Plenums des Zentralkomitees der Partei haben uns die Pflicht auferlegt, allen Versuchen aktiven Widerstand entgegenzusetzen, die darauf abzielen, in Werke der Literatur und der Kunst Ideen einzuschmuggeln, die der sowjetischen Gesellschaftsideologie fremd sind. In diesem Zusammenhang möchte ich kurz auf das Problem des sogenannten ‚Avantgardismus' in der Musik eingehen (ein Begriff […] den eine kleine Musikergruppe, die in der westlichen Kunst eine bestimmte Position vertritt, für sich beansprucht). Dieser militanten Richtung liegt – so weit sie die Musik betrifft – ein destruktives Prinzip zugrunde. Avantgardismus ist der bewusste Versuch, ein neues Musikkonzept zu schaffen, indem man lediglich die historisch gewachsenen Normen und Regeln verwirft.

Dies ist ein grober theoretischer Fehler [...] Wir sowjetischen Künstler verwerfen den Avantgardismus mit Entschiedenheit."[16]

Weiter sprach er von der Dürftigkeit und der Inhaltsleere der avantgardistischen Werke und appellierte an die Komponisten, „eine Musik zu schaffen, wie sie unser großes, den Kommunismus aufbauendes Volk verdient". Der offizielle Ton legt nahe, Schostakowitsch habe keine eigene, sondern nur die Ausrichtungsrede der Linienrichter vorgetragen. Im Verband wurde die junge Komponistengeneration von Schostakowitsch praktisch gefördert. Ihr Recht, aufgeführt zu werden, unterstützte er ohne Vorbehalt. Der amerikanische Kritiker Schonberg stellte 1967 fest, die jungen Komponisten ließen die älteren einfach links liegen – alle außer Schostakowitsch[17]. Vielleicht hatte das auch damit zu tun, dass Schostakowitsch seine Schüler lehrte, den Sinn einer Komposition und die Umstände, die zu ihrem Stil geführt haben, zu verstehen[18]. Das Kunstwerk setzt die Maßstäbe, die Maßstäbe dürfen nicht das Kunstwerk regieren – dieser Begriff des autonomen Kunstwerks, den Schostakowitsch hier anwandte, widersprach der Doktrin. In einem weniger offiziellen Interview mit der Komsomol-Zeitschrift Junost im Mai 1968 äußerte er sich auch auffallend zurückhaltend über die „avantgardistischen" Tendenzen, die er doch soeben als Funktionär scharf verurteilt hatte: „Was ausschließlich technische Ausdrucksmittel betrifft, wie sie bei Musiksystemen wie dem dodekaphonen oder dem aleatorischen üblich sind [...] so ist gegen einen maßvollen Gebrauch nichts einzuwenden [...] Die Verwendung von Elementen dieser komplexen Systeme ist durchaus gerechtfertigt, wenn die kompositorische Idee das erfordert [...] Was ich damit sagen will ist, dass der Grundsatz ‚der Zweck heiligt die Mittel' mir in der Musik zu einem gewissen Grade berechtigt erscheint. Ob jedes Mittel? Jedes – so lange es seinen Zweck erfüllt."[19]

Die jungen Komponisten sahen in ihm einen Verbündeten. Boris Tischtschenko schrieb: „Unsere Generation wuchs mit seiner Musik, mit seinem Namen auf den Lippen auf [...]. Deshalb hüpfte uns das Herz, als er unser Lehrer wurde, als wir ihn von nahem sehen konnten, wenn er die Brille abnahm, sie zu säubern, und wir ihn wie einen Ritter ohne Harnisch vor uns hatten: nahe und schutzlos. Der Einfluss dieser Persönlichkeit war so groß, dass man sich selbst zu ändern, sich seiner Nichtigkeit, seines Unvermögens, seiner Begriffsstutzigkeit zu schämen begann. Die Welt wurde bei weitem schöner, seitdem es ihn gab. Alle sollten von ihm lernen."[20]

In seinen wenigen Sätzen über Mahler hob Schostakowitsch besonders dessen tiefe Menschlichkeit und die hohe ethische Bedeutung seiner Musik hervor[21]. Tischtschenko berichtet: „Einmal arbeiteten wir bei Dimitri Dimitrijewitsch in Repino. Er war einen Moment aus dem Zimmer gegangen, und ich begann aus Langeweile das A-Dur-Thema aus dem 1. Satz des *Liedes von der Erde* vor mich hinzuspielen. Er kehrte sofort zurück und fragte: ‚Wozu spielen Sie das?' Ich antwortete: ‚Einfach so'. – ‚Ach, einfach so!' Mir wurde unbehaglich."[22] Mahlers ethischer Anspruch war genauso der seine. Das zeigt auch Tisch tschenkos Charakterisierung seines Lehrers:

„Die sensible, verletzbare, kindlich empfängliche Seele des Komponisten reagierte scharf auf alles. Dreistigkeit, Falschheit, Lüge, Gemeinheit, Hochmut und Eitelkeit widerten ihn an. Er konnte schonungslos sein – sein Humor vernichtend. Grausamkeit, Gewalt und Ungerechtigkeit verzieh er nicht. Beißend ironisch verhielt er sich zu Schlamperei, Unverbindlichkeit, Kulturlosigkeit, Bürokratismus und Hochmut. Einen Menschen schätzte er nur nach seinen Taten, niemals nach seinen Worten oder seinen Ämtern ein. Er verlangte viel von den Menschen, aber noch mehr von sich selbst. Mit sich selbst pflegte er noch strenger zu sein als mit einem gewöhnlichen Menschen – auch darin war er ungewöhnlich. [...] Bewundernswert gut und unversöhnlich, lachend, lächelnd, stichelnd, leidend, sogar stöhnend, wie mit einer Wunde im Herzen, dabei zart und fürsorglich – so war dieser Mann, und so ist auch seine Musik."[23]

Warum setzte sich dieser so beschriebene Mensch all der zermürbenden politischen Arbeit aus? Warum zog er sich nicht vom politischen Feld zurück und beschränkte sich aufs Komponieren? Der Musikwissenschaftler M. Jakubow zitiert ein Wort Schostakowitschs aus dem Jahr 1968: „Im Jahre 1948 hat man mich beschuldigt, ein Werk ungerechtfertigt kompliziert zu gestalten. Man hat mich scharf kritisiert. Im Ausland fragte man mich häufig, nicht ohne Neugier, wie ich mich zu dieser Kritik verhielte, ob sie mich störe. Ich antwortete: ‚Nein, sie stört mich nicht', obwohl ich mich darüber ärgere und darunter leide. Wer ist in solchen Fällen nicht betroffen? Mir halfen einige der Eigenschaften, die ich in meiner Jugend entwickelt hatte. Immer arbeiten, unabhängig davon, ob man Dich dafür beschimpft oder lobt. Die Arbeit nicht vom Erfolg abhängig machen. Die Arbeit muss unüberwindliches Bedürfnis eines echten Komponisten sein. Je mehr man mich kritisierte, desto mehr und ernsthafter begann ich zu arbeiten und desto wütender wurde ich in der Arbeit. Das ist so. Die Erfahrung und die Jahre haben mich gelehrt, Meinungen zu berücksichtigen, nicht aber mich selbst zu verraten."[24]

Das Spätwerk ist kompromisslos. Es entzieht sich dem unmittelbaren Verständnis und ist, gemessen an der Doktrin, nutzlos. In allen späten Werken tritt das Klage-Motiv auf; in den differenzierten Kammermusikwerken ebenso wie in den primitiven Lebjadkin-Produkten, wo es einfach zur Walzerfloskel wird, als Verkehrung in Schund. Den jungen Komponisten wurde für derartige Arbeiten ohne Umschweife die materielle Grundlage entzogen. Wollte Schostakowitsch in seiner kompositorischen Arbeit sich treu bleiben – und nichts anderes hatte für ihn letzte Gültigkeit – musste er sich den Rücken freihalten. Niemand weiß mit Sicherheit, was er wirklich dachte. Zu vermuten steht allerdings, dass seine politische Tätigkeit der Preis war, den er seiner künstlerischen Integrität brachte. Dennoch waren seine Artikel und Reden nicht nur Papier. Mir scheint aus ihrem Ernst hervorzugehen, dass er mit ihnen, wie mit seiner gesellschaftlichen Aktivität, auch künstlerische wie moralische Maßstäbe setzen wollte.

Der Widerspruch der Linken zwischen dem Ideal des Sozialismus und der Realität der sozialistischen Staaten ließ das Spätwerk Schostakowitschs zum Ausdruck eines permanenten Scheiterns werden, mit dem die fortschreitende Zerstörung seiner – durch die Krankheit geschwächten – Persönlichkeit einherging.

In Moskau war 1971 das Buch *Eine würdige Nachfolge* über junge Leningrader Komponisten erschienen. Herausgegeben wurde es von dem jungen Musikwissenschaftler Solomon Volkow, Schostakowitsch hatte ein Vorwort beigesteuert, das dem Band ein größeres Gewicht gab. In den Jahren 1972 bis 1974 traf Schostakowitsch Volkow öfters, weil dieser als Redakteur der Sowjetskaja musyka jetzt im gleichen Haus arbeitete, in dem Schostakowitsch wohnte. Schon in seinem Tuchatschewski-Artikel hatte er 1965 geschrieben: „[…] manchmal kommt mir der Gedanke, dass ich mir meine Erinnerungen vornehmen und von den Menschen erzählen muss, die eine bestimmte Rolle in meinem persönlichen und meinem musikalischen Leben gespielt haben"[25]. Volkow scheint dieses Bedürfnis getroffen zu haben. Und der kranke, alternde Komponist, der so oft den Regimetreuen spielte, muss zugleich ein diebisches Vergnügen dabei empfunden haben, frei von der Leber weg reden zu können.

Offenbar hat Volkow aus einem Berg von Notizen über diese Gespräche dann zusammenhängende Abschnitte formuliert[26]. Da Volkow seinerseits immer mehr Widerstände gegen das herrschende System entwickelte und seine Ausreise vorzubereiten begann, kann man sich nicht vorstellen, dass er Schostakowitschs Äußerungen etwa entschärft hätte. Dieser soll laut Volkow die einzelnen Abschnitte signiert und einer Veröffentlichung nach seinem Tod zugestimmt haben. Niemand bestreitet, dass diese Gespräche stattgefunden haben. Andererseits kann niemand die Authentizität der Volkowschen Formulierungen verbürgen. Aber: wenn man Schostakowitschs Musik dieser bitteren Jahre kennt, dann glaubt man diesen Tonfall auch in Volkows Buch zu hören. Nicht nur der Sarkasmus, der bis zum offenen Zynismus geht, ist „typischer Schostakowitsch"; auch die besessene Selbstreinigung fanden wir in der Musik.

* * *

Gibt es in den letzten Jahren nicht auch heitere Werke? Im Juni 1971 wurde Schostakowitsch im Krankenhaus wegen seiner Arme und Beine behandelt. Dort begann er mit der Niederschrift der *Fünfzehnten Symphonie* op. 141, die als Werk einer „altersweisen Heiterkeit" gilt. Am 16. September 1971 (einen Tag vor seinem zweiten Herzinfarkt) teilte er seinem polnischen Komponistenfreund Krzysztof Meyer mit: „In der letzten Zeit bin ich oft kränklich. Ich bin es auch jetzt. Aber ich hoffe, dass ich wieder gesund werde und zu Kräften komme. Im Moment bin ich sehr schwach.

Im Sommer dieses Jahres habe ich noch eine Symphonie abgeschlossen, die 15. Vielleicht sollte ich nicht mehr komponieren. Doch ohne das kann ich nicht leben.

Die Symphonie ist viersätzig. Sie enthält genaue Zitate aus Rossini, Wagner und Beethoven. Manches steht unter dem direkten Einfluss von Mahler. Ich möchte Ihnen sehr gern die Symphonie vorstellen."[27]

Vieles an dieser Symphonie erscheint rätselhaft, am wenigsten noch die eingestreuten Zitate aus Werken anderer Komponisten. Denn wieder ist es handgreiflich, dass diese Musik eine Idee verfolgt, eine (gedankliche) Geschichte erzählt. Doch welche? Das Zitat der *Todesverkündung* aus Wagners *Walküre* legt nahe, dass es eine Geschichte vom Tod ist, die hier im „heiteren" Gewand vorbeizieht.

Der witzige und ironisch gebrochene Ton des flotten Allegretto schlägt über die Neunte Symphonie einen Bogen zur Ersten. Das musikalische Material scheint kaleidoskopartig durcheinandergewürfelt: vom leichten Schostakowitschton des Hauptthemas über splitterhafte Polka- und Blasmusikepisoden und das schmetternde Eingangsmotiv von Rossinis *Wilhelm-Tell*-Ouvertüre zum zwölftönigen Nebenthema, sowie heftigen Trompetensignalen. Diese kommandobewussten Trompetensignale fahren dem Zwölftonthema über den Mund und lösen dann das Rossini-Geschmetter aus. In der Durchführung kommt es zum Konflikt (im Gefolge des Zwölftonthemas stellt sich ein polyrhythmisches Feld gleichzeitiger Achtel, Triolen und Quintolen ein!), der aber immer die Ironie der Distanz behält, selbst wenn gar das Gewaltmotiv zitiert wird[28].

Das *Adagio* kombiniert schwere Blechbläserakkorde mit einem Zwölftonsolo des Solocellos; beides enthält das Klage-Motiv. Als zweimal stechend-fahle Doppelakkorde der Holzbläser ertönen (die in ihrer Umfärbung an das Doppelakkord-Motto von Mahlers Sechster erinnern), setzt der Mittelteil mit einem Trauermarsch ein. Nachdem auch hier einem Geigensolo ein solcher Akkord folgt, bricht eine hochpathetische Klage aus. Danach signalisiert das mehrfach erklingende Klage-Motiv Resignation und das Gefühl der Nichtigkeit. Drei Quintakkorde der Fagotte, die an ähnliche Einwürfe im Neunten und Dreizehnten Streichquartett und im Zweiten Violinkonzert anknüpfen, setzten den gespenstischen Akzent, der in das folgende *Allegretto* überleitet: Der Tod lockt fiedelnd wie im Scherzo von Mahlers Vierter (an die ja auch schon die ordnungsbewusste Trompete im ersten Satz erinnerte).

Die *Adagio*-Einleitung des Schluss-Satzes zitiert das Motiv der *Todesverkündung* aus Wagners *Walküre.* Brünnhilde tritt vor Siegmund hin und erklärt ihm, dass er die Ehre habe, sterben zu dürfen: „Nur Todgeweihten taugt mein Anblick; wer mich erschaut, der scheidet vom Lebenslicht. Auf der Walstatt allein erschein' ich Edlen: wer mich gewahrt, zur Wal kor ich ihn mir!"

Brünnhilde hat in der russischen Literatur einen Verwandten, Tschechows *Schwarzen Mönch*, den Schostakowitsch sehr schätzte. Er meinte beispielsweise, diese Erzählung sei in Sonatenform verfasst, und er plante auch, eine Oper danach zu schreiben[29]. Der sagenumwobene Schwarze Mönch erscheint Kowrin, der Hauptfigur der seltsamen Erzählung, und lockt ihn, der die penible, streng geregelte Gärtnerarbeit seines Schwiegervaters verachtet, mit dem Dienst für die ewige Wahrheit: Der Preis des Außergewöhnlichen sei allerdings der Wahnsinn und schließlich der Tod. Aber welch ein großartiger Tod! Schostakowitsch hat dieses literarische Motiv also in musikalische Motive „übersetzt". (Kowrins wissenschaftliche Karriere nimmt nach steilem Aufschwung eine jähe Wende: er wird beim Gespräch mit dem Schwarzen Mönch, den außer ihm natürlich niemand sieht, von seiner Frau belauscht, zum Arzt geschickt und für nervenkrank erklärt. Nach Jahren der Erholung muss er feststellen, dass er in der Mittelmäßigkeit verkommen ist. Er findet sich damit ab, doch nur ein Durchschnittsmensch zu sein, und stirbt, als ihm der Schwarze Mönch noch einmal erscheint.)

Dreimal ertönt die *Todesverkündung*, dann geht aus der *Tristan*-Klage ein ruhig-fließendes Allegretto hervor. (Auch der *Tristan* verheißt ja Einlösung der Sehnsucht im Tod.) Wieder erklingt die *Todesverkündung*. Nun setzt eine Passacaglia mit fünf Durchgängen ein, deren 14-taktiges Bassthema als Kern unschwer das Gewaltthema erkennen läßt. Doch so stoisch, wie es zunächst schien, wird das Verhängnis nicht angenommen. Eine längere, zum Schluss heftige Steigerung läßt mit größter tragischer Wucht einen weiteren Passacagliendurchgang ausbrechen, diesmal im *Adagio*-Tempo. Im abschließenden *Allegretto*-Abschnitt ertönt erneut die *Todesverkündung*. Vier stechende Akkorde brechen den musikalischen Fluss. Die letzte Phase wird von der Pauke mit Fragmenten des Passacaglienthemas grundiert. Die Celesta macht einen frischen Anlauf. Sie klingt wie eine Spieluhr. Doch sobald wir das klare Thema des ersten Satzes erkannt haben, erschrecken wir: die Spieluhr springt und repetiert ohne Sinn die letzte Figur. Nur das Pochen der Pauke und das Klappern des Schlagwerks ist zu hören. Die Piccoloflöte versucht den gleichen Einsatz, aber das Spielwerk ist entzwei und fällt an der gleichen Stelle ins Repetieren. Eine Weile klappert der Mechanismus noch, dann setzt ein silberner Klang der ersterbenden Musik den Schlussakzent.

Hinter der heiteren Fassade der Fünfzehnten Symphonie hat Schostakowitsch tiefgründige, vielschichtige Gedanken ausgebreitet, die um den Tod und um das auf der Welt kreisen, was ihn verlockend erscheinen läßt: Gewalt, Macht, Ungerechtigkeit, verlorene Illusionen, Leiden. Und doch glaubte dieser Schostakowitsch noch in seinem letzten Lebensjahr, er müsse in zwei Artikeln aus Anlass des 30. Jahrestages des Kriegsendes und zum Weltmusiktag 1975 Gift und Galle über die westliche „Avantgarde" sprühen und die „unsterblichen Traditionen" dagegenhalten[30]. Diese Artikel waren keine Pflichtübungen, sondern persönlich formulierte Tiraden, die an die Verantwortung gegenüber dem Massenpublikum appellieren, das durch die Oktoberrevolution „Zutritt zu den höchsten geistigen Werten" erhalten habe und das man nicht dem Ansturm der platten Unterhaltungsmusik ausliefern dürfe. Manche der volltönenden Phrasen klingt nach sarkastischer Übertreibung, gewiss, doch wir sehen hier auch noch einmal seine Verstrickung in den Verblendungszusammenhang der staatstragenden Ideologie.

Seinen Worten entspricht in der Musik der letzten Jahre der liebevolle Umgang mit den musikalischen Ahnen, die nicht als Ornament zitiert, sondern als Idee eingebracht werden. Sein letztes Werk, das Schostakowitsch am 5. Juli 1975 vollendete, ist die *Sonate für Bratsche und Klavier* op. 147. An Krzysztof Meyer hatte er im Juli geschrieben: „Danke, dass Du an mich denkst, danke für Deinen Brief. [...] Ich befinde mich jetzt im Krankenhaus. Ich habe Ärger mit meinem Herzen und mit den Lungen. Meine rechte Hand schreibt nur mit großer Mühe. [...] Obwohl es sehr schwierig war, habe ich die Sonate für Bratsche und Klavier doch zu Ende geschrieben.“[31]

Um den Mittelsatz, ein relativ mildes Scherzo aus dem Material des *Spieler*-Vorspiels, gruppieren sich zwei langsamere, meditative Sätze. Das Werk beginnt mit dem Streifen der leeren Saiten wie in Bergs Violinkonzert. Im Schluss-Satz spielt das Klavier gewissermaßen als Hintergrund die Arpeggien aus Beethovens Klaviersonate *Quasi una fantasia* cis-moll op. 27,2. Da Beethovens Sonate schon zu seinen Lebzeiten von den Spießern, die sie nicht verstanden, zur *Mondscheinsonate* verkitscht wurde, werden auch Schostakowitschs Hörer bisweilen in die Irre geführt. Dieser Satz ist alles andere als ein Idyll. Beethoven paraphrasierte im Kopfsatz seiner Sonate den Trauergesang der Donna Anna über ihren von Don Giovanni erstochenen Vater, und dachte, als er seine Fantasie entwarf, gleichfalls an den Trauergesang einer Tochter. Der Tod also auch der Hintergrund von Schostakowitschs letztem Werk.

Dennoch ist dieses letzte Stück nicht fatalistisch. Es ist eine weitere Auseinandersetzung Schostakowitschs mit dem Tod, und die wäre ja nichtig, wenn er kapituliert hätte. Im gleichen Sinne, wie er immer wieder zur Auseinandersetzung mit der Moral des Kommunismus auffordert, will er die Menschen zur Auseinandersetzung mit dem Tod führen. Mir scheint, dass dies aus ein und demselben moralischen Antrieb heraus geschah. In dem Sinn etwa, den Max Horkheimer zu ungefähr der gleichen Zeit formuliert hat: „Hier kann eine Solidarität zwischen allen Menschen entstehen: dass sie von sich wissen, wie vergänglich sie sind, wie grauenhaft die Welt gewesen ist, dass sie sterben müssen, und dass sie die Sehnsucht haben, dass das nicht das letzte Wort sei.“[32]

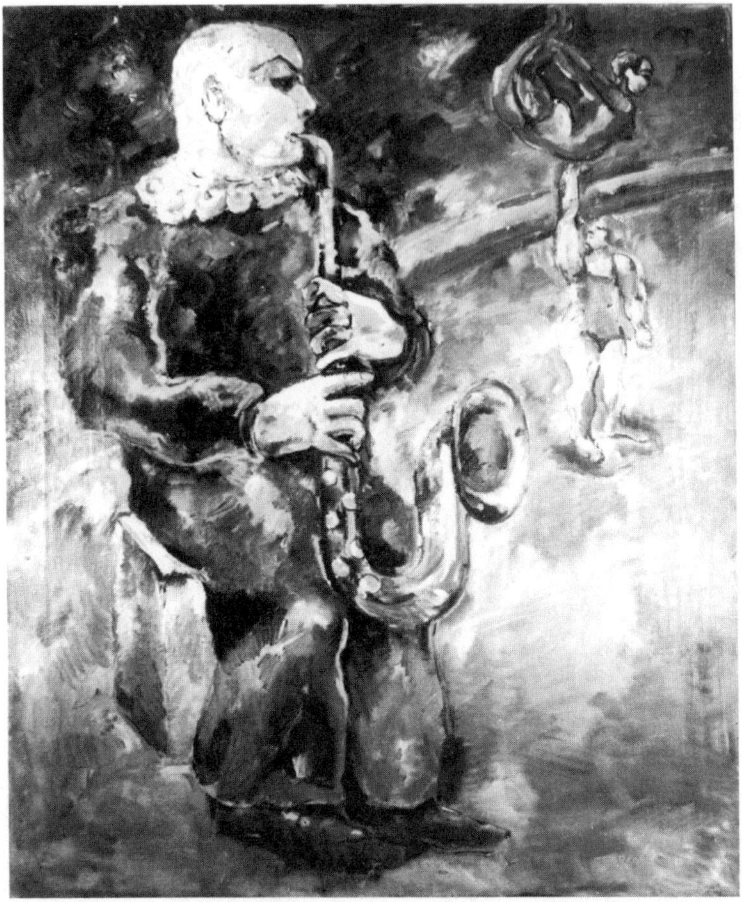

Alexander Rodtschenko, *Clown mit Saxophon*, Selbstdarstellung, 1938

Anmerkungen

Vorwort

1 Solomon Volkow (Hrsg.), Die Memoiren des Dmitri Schostakowitsch. Hamburg 1979
2 Richard Taruskin, Public Lies and Unspeakable Truth. In: David Fanning (Hrsg.), Shostakovich Studies. Cambridge 1995, S. 31
3 Eine Zusammenfassung ihrer Position in: Laurel E. Fay, Shostakovich – A Life. Oxford University Press 1999
4 Allan B. Ho and Dmitry Feofanov, Shostakovich Reconsidered. With an Ouverture by Vladimir Ashkenazy. Toccata Press 1998
5 Dmitri Schostakowitsch: Chaos statt Musik? Briefe an einen Freund. Herausgegeben und kommentiert von Isaak Dawydowitsch Glikman. Berlin 1995
6 Jörg Steiner, Wer tanzt schon zu Musik von Schostakowitsch. Suhrkamp Frankfurt 2000
7 Sarah Quigley, The Conductor. Random House New Zealand 2011, deutsch: Der Dirigent, Aufbau Berlin 2012
8 William T. Vollmann, Europe Central. Viking Penguin 2005, deutsch: Suhrkamp Berlin 2012
9 Julian Barnes, The Noise of Time, Jonathan Cape London 2016

Kapitel I

1 Bei Kriegsausbruch 1914 verlor Sankt Peterburg seinen deutschen Namen und wurde in Petrograd russifiziert. Nach Lenins Tod wurde 1924 Leningrad daraus.
2 Vertov, S. 8
3 Prokofjew
4 Majakowski, Werke 1, S. 73ff
5 Majakowski, 150 Millionen. Nachdichtung J. R. Becher. Berlin 1924, S. 14. Zwei weitere Passagen: „Tretet heraus aus der Jahrtausende Dunkel! Gleichschritt! Marsch!“ (S. 7) „… Heute noch das Paradies Ihr werdet erschauen, Ihr Völker Russlands!“ (S. 11)
6 George Grosz und Wieland Herzfelde, Die Kunst ist in Gefahr. Berlin 1925
7 Majakowski, 150 Millionen, S. 55
8 In seinem Nachruf auf Lenin schilderte Maxim Gorki eine Tatsache, die ihm besonders ekelhaft im Gedächtnis geblieben sei: „1919 fand in Petrograd ein Kongress der ‚Dorfarmut‘ statt. Aus den nördlichen Gouvernements Russlands kamen einige tausend Bauern, und Hunderte von ihnen wurden im Winterpalais der Romanows untergebracht. Als der Kongress zuende war und diese Leute wegfuhren, stellte sich heraus, dass sie nicht nur sämtliche Badewannen des Schlosses, sondern auch eine große Menge wertvollster sächsischer, orienta-

lischer und Sèvresvasen besudelt hatten, indem sie sie als Nachttöpfe benutzten. Das war nicht unter dem Zwang der Notwendigkeit geschehen, die Toiletten des Schlosses waren in Ordnung, die Wasserleitung funktionierte. Nein, dieser Unfug entsprang dem Wunsch, die schönen Sachen zu verderben, zu beschmutzen. Während zweier Revolutionen und während des Krieges habe ich Hunderte von Malen dieses dunkle, rachsüchtige Bestreben der Menschen beobachtet, das Schöne zu zerstören, zu entstellen, zu verhöhnen, in den Schmutz zu ziehen." Lenin und Gorki, S. 55f

9 Gregor/Fülöp-Miller, S. 116

10 Slonimsky, S. 208

11 Lenin, Werke 29, S. 324

12 Lenin, Werke 31, S. 276: „Das müssen wir im Auge behalten, wenn wir zum Beispiel über proletarische Kultur reden. Ohne die klare Einsicht, dass nur durch eine genaue Kenntnis der durch die gesamte Entwicklung der Menschheit geschaffenen Kultur, nur durch ihre Umarbeitung eine proletarische Kultur aufgebaut werden kann – ohne eine solche Einsicht werden wir diese Aufgabe nicht lösen. Die proletarische Kultur fällt nicht vom Himmel, sie ist nicht eine Erfindung von Leuten, die sich als Fachleute für proletarische Kultur bezeichnen. Das ist alles kompletter Unsinn. Die proletarische Kultur muss die gesetzmäßige Weiterentwicklung jener Summe von Kenntnissen sein, die sich die Menschheit unter dem Joch der kapitalistischen Gesellschaft, der Gutsbesitzergesellschaft, der Beamtengesellschaft erarbeitet hat. Alle diese Wege und Pfade führten und führen zur proletarischen Kultur und werden zu ihr führen, genauso wie die von Marx umgearbeitete politische Ökonomie uns gezeigt hat, wohin die Entwicklung der menschlichen Gesellschaft führen muss, wie sie uns den Übergang zum Klassenkampf, zum Beginn der proletarischen Revolution gewiesen hat."

13 Nadeschda Krupskaja, Pädagogin im NarKomPros und Ehefrau Lenins, schrieb am 6.2.1919 unter der Überschrift „Unbegründete Befürchtungen" in der Prawda: „Das Kommissariat wird nahezu der Verbreitung des Zarismus bezichtigt. Sehen Sie, in der vollständigen Werkausgabe Schukowskis gibt es eine Hymne ‚Gott schütze den Zaren'. Was geschieht, wenn die Werke Schukowskis einem Arbeiter in die Hände kommen? Liest er ‚Gott schütze den Zaren', wird er dann im Nu zu einem Feind der Sowjetmacht? Ist das so? Wenn man Angst hat, dass einem Arbeiter die Hymne ‚Gott schütze den Zaren' in die Hände kommt, so hält man ihn doch für einen Dummkopf. [...] Was glaubt man denn, ist er ein Kind, das man bevormunden muss: lies nur Agitationsliteratur, über den Popen und den Kulaken, wie man auf kommunistische Weise leben muss und so fort. – Genau dies wurde Realität."

14 zitiert nach Schwarz, S. 52

15 Pollock, S. 127

16 Lenin, Werke 33, S. 40ff

17 Lenin, Werke 33, S. 447

18 Lenin, Werke 33, S. 474

19 Eimermacher, S. 192

20 Heyworth, S. 94f. Siehe auch S. 87

21 Walter, S. 333

22 Die Musik IV/12 1905, S. 437

23 „Widmung an den Oktober
[Alexander Besymenskij, Übersetzung: Jörg Morgener]

Wir sind hingegangen, haben um Arbeit und Brot gebeten,
unsere Herzen haben getragen Schwermut und Last.
Die Fabrikschornsteine reckten sich zum Himmel –
wie Hände, kraftlos zur Faust geschlossen.

Furchtbare Schatten lagen über unseren Namen:
Schweigen, Leiden, Unterdrückung.

Aber starke Geschütze verwandelten durch Stille
die Worte unser Betrübnis, die Worte unserer Qual.
O Lenin! Du hast unseren Willen zum Leiden geschürt.
Du hast den Willen der schwieligen Hände geweckt.

Wir haben es verstanden; Lenin – unser Schicksal
trägt den Namen Kampf.

Kampf! Du hast uns zur letzten Schlacht geführt.
Kampf! Du hast uns den Sieg der Arbeit gegeben.
Diese Siege über das Joch und die Finsternis
wird uns keiner jemals wieder nehmen.

Und jeder soll im Kampf jung und tapfer sein:
Denn der Namen des Siegers heißt: Oktober!

Oktober! – das ist die Sonne, der erhoffte Bote.
Oktober! – das ist der Wille des erwachenden Jahrhunderts.
Oktober! – das ist Freude, Arbeit und Lied.
Oktober! – das ist Glück für alle.

Er ist Fahne und Name für lebende Generationen:
Oktober, Kommune und Lenin."

24 Majakowski, 150 Millionen, S. 41

25 „Zum 1. Mai [von S. Kirssanow]

Heute, am leuchtenden Maifest,
hell unser Lied erschallt.
Morgen, du Bote der Freiheit,
röte mit Flammen den Wald

Früher, in düsteren Jahren,
schritten wir scheu und bang,
schwach unsere Stimmen waren
und der Mailieder Klang.

Kühn war der Schritt getan,
weiter führt unsere Bahn.
Mai zieht mit uns im Sonnenschein,
Fahnen gehn stolz voran.

Mächtig und immer stärker
wird der große Plan zur Tat,
riesige neue Werke
über der neuen Saat.

Kohle, Getreide, Stahl,
das ist ein neuer Strahl.
Jugend, du siehst,
die kommenden Tage zeigt uns der Mai.

Raunen ging durch das Land,
Morgenrot hell entflammt.
Jugend, du siehst die kommen
den Tage gewaltig nahn.

Als der Winter noch graute,
als man im Feld noch schoss,
Arbeiterheer und Bauern
stürmten des Zaren Schloss.

Arbeitend sich verteidigen
ist unser Land bereit.
Erde gehört den Arbeitern,
ihnen gehört die Zeit.

Höret uns, Proletarier!
Werk und Maschine spricht:
Setzt nun in Brand die alte Zeit,
Flamme gibt neues Licht.

Fahnen des Mai-Festes hissend,
singet, Genossen, mit:
Völker, zum Sozialismus
ist jeder Mai ein Schritt.

Zechen, marschiert einher,
immer bereit zur Wehr!
Feierlich durch die Städte hin
wogt ein Millionenheer!"

26 Erfahrungen, S. 41

27 Erfahrungen, S. 259; Alexander Poznansky, Tschaikowskys Tod. Geschichte und Revision einer Legende. Atlantis Schott, Mainz 1998

28 Kosinzew, Die tiefe Leinwand. Zit. n. Lukjanowa, S. 76

29 „Arbeiter und Theater" Nr. 31/1931. Zit. n. Lukjanowa, S. 88

30 Erfahrungen, S. 24

31 Sollertinski, S. 231f

32 Erfahrungen, S. 42f

33 Erfahrungen, S. 43

34 Rose Lee, D. Shostakovitch. New York Times 20.12.31. Zit. nach Schwarz, S. 217

35 ebenda. Schostakowitsch glaubte, Alban Berg habe sein reiches Talent verschwendet, indem er sich in modernistische Ideen verstrickt habe (Erfahrungen, S. 25). Schostakowitsch nutzte das Interview auch zu einem schneidigen Hieb gegen denjenigen Vertreter der russischen Tradition, der ihm als völlig reaktionär erschien: „Deshalb besteht zwischen Skrjabin und uns eine bittere musikalische Feindschaft. Warum? Weil Skrjabins Musik zu einer ungesunden Erotik neigt, auch zu Mystizismus, zu Passivität und zur Flucht vor der Realität des Lebens." Unter umgekehrten Vorzeichen sagt diese Äußerung, wie Schostakowitsch seine eigene Musik wünschte.

36 Erfahrungen, S. 143

Kapitel II

1 J. W. Stalin, Die Oktoberrevolution und die Taktik der russischen Kommunisten. In: Stalin Werke 6, S. 320ff, insbes. 332–338. Dieser Artikel wurde in Stalins Broschüre „Fragen des Leninismus" millionenfach verbreitet.
2 vgl. Reiman
3 J. W. Stalin, Schlusswort zum politischen Rechenschaftsbericht des ZK an den 16. Parteitag. Werke 13, S. 1ff
4 J. T. Murphy, Stalin 1879–1944. Nachdruck Frankfurt 1975, S. 206
5 vgl. Lorenz, S. 237f
6 vgl. Rathenau, S. 238 u.a.
7 vgl. Carrière d'Incause, S. 165f
8 Eimermacher, S. 434
9 Sozialistische Realismuskonzeptionen. Siehe dort u. a. den Bericht Klaus Manns
10 Sozialistische Realismuskonzeptionen, S. 390
11 S. Prokofjew, S. 199f: „Viele sowjetische Komponisten bewegt die Frage, was für eine Musik heutzutage zu schreiben sei. Auch ich habe mich mit dieser Frage in den letzten zwei Jahren lebhaft beschäftigt und halte die folgende Lösung für die am ehesten richtige. Vor allem muss große Musik geschrieben werden, d. h. solche, in der sowohl die Idee als auch die technische Gestaltung der Größe unserer Epoche angemessen sind. Eine derartige Musik soll vor allem uns selbst auf den Wegen einer weiteren Entwicklung der musikalischen Formen vorwärtsbringen und auch dem Auslande unser wahres Gesicht zeigen. Leider besteht dabei für unsere heutigen sowjetischen Komponisten die nicht geringe Gefahr, sich ins Provinzielle zu verlieren.
Wenn aber der Komponist sich großer Musik zuwendet, so hat er zu bedenken, dass in der Sowjetunion Millionen von Menschen von der Musik erfasst werden, die ihr früher fern oder mit ihr nur in schwacher Berührung standen. Diese neuen Kader muss sich der zeitgenössische sowjetische Musiker angelegen sein lassen.
… soll vor allem melodisch sein, wobei die Melodie einfach und verständlich sein muss, ohne ins Hausbackene oder Triviale abzugleiten. […] Das Gleiche gilt für die Satztechnik und die Gestaltungsweise. Sie soll klar und einfach sein, aber nicht in Schablone verfallen. Die Einfachheit darf nicht die alte Einfachheit, sondern muss eine neue sein. Zu ihr kann der Komponist nur gelangen, wenn er erst einmal große Musik überhaupt zu schreiben fähig ist und dann die nötige Technik erworben hat, sich neu und einfach auszudrücken."
12 Erfahrungen, S. 45
13 ebenda
14 Erfahrungen, S. 42
15 zit. n. Martynow, S. 47f
16 Krzysztof Meyer beim Schostakowitsch-Symposion, Köln 1985
17 Das Thema kommt bereits in Tschaikowskys *Pique Dame* vor, als Hermann im 2. Bild von Lisa zurückgewiesen wird. Es versinnbildlicht die Gewalt des Schicksals. Ob Schostakowitsch bewusst an diese Stelle anknüpfte, ist nicht von Belang, jedenfalls fanden beide Komponisten den gleichen Ausdruck in diesem Motiv. (Bei Tschaikowsky ist es die fünftönige Form, in der es in Schostakowitschs Siebter Symphonie verwendet wird.)
18 Das Thema taucht offenbar bereits im Ballett *Das Goldene Zeitalter* auf, und zwar an der Stelle, wo die Banditen sich auf Gewalttour machen. Jedenfalls lässt

die Neufassung des Bolschoi Theaters von 1982 diese Vermutung zu, die auf das nicht publizierte Partitur-Manuskript aus dem Archiv des Leningrader Kirow-Theaters zurückgeht.

19 Der Tenor Sergei Radamsky, im russischen Polen als Jude geboren und wegen revolutionärer Tätigkeit vor dem Zarismus nach Amerika geflohen, kehrte in den 30er Jahren zu Konzerten in die Sowjetunion zurück, wo er begeistert empfangen wurde. Dabei lernte er auch Schostakowitsch kennen und wurde von ihm in jene Vorstellung der *Lady Macbeth* eingeladen, die auch Stalin besuchte. Er berichtete in der Times vom 18. November 1963 darüber. (Radamsky, dem man in Amerika Schwierigkeiten machte, weil man ihn für einen sowjetischen Spion hielt, wurde 1936 nach der Schostakowitsch-Affäre aus der Sowjetunion ausgewiesen.) Radamskys Schilderungen sind in Daten und sonstigen Einzelheiten sehr fehlerhaft, das spricht aber nicht gegen die Glaubwürdigkeit seiner aus dem Gedächtnis rekonstruierten Erinnerungen. Radamsky, S. 213ff: „Das Bolschoi Theater hatte kein Interesse gezeigt an Schostakowitschs Oper *Lady Macbeth von Mzensk*. Aber Nemirowitsch-Dantschenko und Konstantin Stanislawski leiteten ein Theater, in dem sie auch Opern mit eigenen Sängern aufführten. Ihr Geschmack war verschieden. Stanislawskij zog das Repertoire vor, *Boris Godunow*, *Eugen Onegin* und dergleichen, während Nemirowitsch-Dantschenko moderne Werke schätzte wie zum Beispiel Ernst Kreneks *Jonny spielt auf*. Er inszenierte auch die *Lady Macbeth* in Moskau. Die Kritiker lobten das Werk, und das Urteil des Publikums war ebenfalls günstig.
Nemirowitsch-Dantschenko hatte Stalin schriftlich eingeladen, doch einer Aufführung beizuwohnen. Stalin kam aber nicht, und zwar aus dem einfachen Grunde, weil das Theater, im Gegensatz zu den meisten Moskauer Theatern keinen Sondereingang für Regierungsfunktionäre und keine Sonderlogen hatte, wo diese ungesehen vom Publikum sitzen konnten. Zuguterletzt telephonierte Stanislawskij, der ja bei Stalin gut angeschrieben war, mit ihm und erzählte ihm, wie herrlich die neue Oper wäre. Kurz darauf erging Anweisung vom Kreml, dass *Lady Macbeth* im Bolschoi Theater aufgeführt werden sollte, damit Stalin einer Aufführung beiwohnen könnte.
Wenn man den Gerüchten Glauben schenken darf, war man im Bolschoi nicht sehr begeistert über diesen Befehl. Die Premiere kam, und Stalin, Schdanow und Mikojan saßen in der Regierungsloge rechts über dem Orchestergraben, unmittelbar über den Blechbläsern und dem Schlagzeug. Diese Loge war übrigens mit Stahlplatten gepanzert, um etwaigen Anschlägen aus dem Orchestergraben vorzubeugen. Schostakowitsch, Meyerhold, Achmateli und ich (als Schostakowitschs Gäste) saßen Stalins Loge direkt gegenüber. Wir konnten ganz deutlich in seine Loge blicken; nur Stalin war nicht zu sehen. Er saß hinter einem kleinen Vorhang, der ihm zwar den Überblick über die Bühne erlaubte, ihn jedoch gleichzeitig den Blicken des Publikums entzog. Jedes Mal, wenn Schlagzeug oder Bläser fortissimo losbrachen, konnten wir sehen, wie Schdanow und Mikojan zusammenfuhren und sich dann erheitert zu Stalin umdrehten.
Während der Pause rechneten wir damit, dass Schostakowitsch in Stalins Loge gebeten würde. Als er auch in der zweiten Pause nicht aufgefordert wurde, wurden wir alle etwas nervös. Schostakowitsch sah, wie die drei in der Regierungsloge lachten und sich amüsierten, er verbarg sich hinten in unserer Loge und bedeckte das Gesicht mit den Händen. Er war schweißüberströmt vor Aufregung.

Zu Schostakowitschs Kummer war es besonders die Liebesszene im Zweiten Akt, die unsere drei Gegenüber am allermeisten amüsierte. Mitten auf der Bühne lag eine Strohmatratze, und auf ihr wurde die Liebe, milde ausgedrückt, aufs handgreiflichste vorgeführt. In Leningrad war man delikater verfahren und hatte die Szene in einen hochgelegenen Raum verlegt und es so eingerichtet, dass nur Schatten zu sehen gewesen waren. Die Musik war in ihrer deskriptiven Art ebenfalls deutlich genug für das Vorstellungsvermögen. (Später hat Schostakowitsch einige Posaunenstellen geändert, die auch ihm zu lautmalerisch geraten waren.)

Nach dem Zweiten Akt wollte der Komponist nach Hause gehen. Aber der Direktor des Opernhauses kam herein und sagte, Stalin habe sich zwar bisher noch nicht geäußert, aber es wäre das dümmste, jetzt fortgehen zu wollen. Stalin würde ihn ganz bestimmt nach dem Dritten Akt zu sich bitten.

Der Dritte Akt [Radamsky meint den Vierten Akt] enthält die melodischste Musik der ganzen Oper, er beruht auf Volksliedern, die die Gefangenen in der Zarenzeit auf ihrem Weg nach Sibirien zu singen pflegten und erinnerte dadurch jedermann an die Tage, als die Revolutionäre in Ketten durch Eis und Schnee in die Verbannung marschieren mussten. Der letzte Vorhang fiel; Schostakowitsch wurde nicht auf die Bühne gerufen, um den Beifall entgegenzunehmen, und Stalin und seine zwei Gesellen verließen das Theater, ohne den Wunsch geäußert zu haben, den Komponisten zu sehen.

Der Kritiker der Iswestija erzählte uns später, er habe Stalin gefragt, wie ihm die Oper gefallen habe, und Stalin habe ihm geantwortet: ‚Eta sumbur, a nje musyka.' (Das ist Wirrwarr und keine Musik!) Zwei Tage nach der Aufführung schrieb dieser selbe Kritiker in seiner Zeitung ganz im Sinne Stalins (natürlich ohne Stalin zu nennen) und zerriss die gesamte Oper in der Luft [das geschah in der Prawda]. Das war die erste und letzte Aufführung der *Lady Macbeth* im Bolschoi Theater. Nemirowitsch-Dantschenko spielte sie allerdings in seinem Theater weiter. Er war der Ansicht, wie er mir selbst sagte, der Fehler habe darin bestanden, dass die Oper im Bolschoi so überstürzt und lieblos einstudiert worden sei; aus diesem Grunde habe sie Stalin einfach ablehnen müssen.

Wieder ein paar Tage später erschien ein Artikel in der Iswestija. Ich erinnere mich noch an einen bestimmten Satz: ‚Glaubt Nemirowitsch-Dantschenko allen Ernstes, sein Theater liege außerhalb der Sowjetunion?' Nemirowitsch-Dantschenko verteidigte sich, indem er darauf hinwies, die *Lady Macbeth* liefe bei ihm in Abonnements-Aufführungen und sei für Monate hinaus bereits ausverkauft. Aber das half alles nichts. Er bekam die Anweisung, die Aufführungen einzustellen."

20 zit. n. Schdanow, S. 52f und Duisburger Schostakowitsch-Katalog „Mensch und Werk" (die dortige Übersetzung ist allerdings unbrauchbar)

21 Die Musik zum Ballett *Der helle Bach* war Gebrauchsmusik, wenn man aus den Nummern Rückschlüsse ziehen darf, die in den Ballettsuiten Nr. 1–4 für den Konzertsaal konserviert wurden. Die Qualität entsprach den Film- und Schauspielmusiken. Das Ballett glich eher einer Revue und war weniger dramatisch konzipiert als die ersten beiden Ballette. „Wir wollten ein Ballett schaffen, das einem Fest gleichen und das ganz und gar von Frohsinn, Freude und jugendlicher Frische erfüllt sein sollte. Das führte uns in die Kolchosen, in das sozialistische Dorf… Wir sind nicht der Meinung, dass die Freude an der Arbeit auf der Bühne allein durch die Wiedergabe sogenannter Produktionsbewegungen gezeigt werden kann… Es stimmt doch, dass ein fröhlicher, festlicher Tanz der

Dorfjugend eben dieses Thema der Freude an der sozialistischen Arbeit lebendiger auszudrücken vermag als die Wiedergabe der Bewegungen von Menschen, die an Dreschmaschinen stehen oder Kombines bedienen...". F. Lopuchow, Adr. Piotrowski, Der helle Bach, 1935. zit. n. Lukjanowa, S. 102f

22 Sinkó, S. 312

23 Ehrenburg, S. 19

24 zitiert nach Schwarz, S. 136 und 207

25 Radamsky, S. 215ff. Die Sargnagel-Episode wird von B. Schwarz nach Sowjetskaja musyka so zitiert: „Schostakowitsch darf nicht aus den Annalen der sowjetischen Musik gestrichen werden. Es sollen nicht Nägel in seinen Sarg geschlagen, vielmehr muss ihm geholfen werden, sich selbst wiederzufinden." Schwarz, S. 207

26 Erfahrungen, S. 24: „Unter dem Einfluss von Assafjew schrieb ich die Oper ‚Die Nase' und die Klaviersuite ‚Aphorismen', Werke, die durch ein falsches Streben nach ‚Originalität' und verstandesmäßigem Experiment gekennzeichnet sind. In der Folgezeit gingen meine und Assafjews Wege auseinander. Ich hatte mehr als einmal die Gelegenheit, mich von der Labilität seiner Positionen in Fragen der Kunst zu überzeugen, obwohl ich nicht aufgehört habe, ihn als einen großen Musikgelehrten zu achten (1956)." Vgl. Schwarz, S. 207ff

27 Sinkó, S. 326

Kapitel III

1 Erfahrungen, S. 37f

2 Geliebte Freundin, S. 231f: „Unsere Symphonie *hat* ein Programm, d.h. es besteht hier die Möglichkeit, in Worten darzulegen, was sie auszudrücken sucht. Ihnen, aber auch nur Ihnen, will ich die Bedeutung sowohl des Ganzen als auch der einzelnen Sätze erklären. Natürlich kann das nur in ganz allgemeinen Umrissen geschehen.

Die Einleitung ist das Samenkorn der ganzen Symphonie, der Haupteinfall, von dem alles abhängt. Dies ist das Fatum, das Schicksal, jene verhängnisvolle Macht, die unser Streben nach Glück sich nicht verwirklichen lässt, die eifersüchtig darüber wacht, dass Glückseligkeit und Friede nicht voll und wolkenlos sei, die wie Damokles' Schwert über unserem Haupte hängt und unsere Seele immer und immerfort vergiftet. Diese Macht ist unbesiegbar und unentrinnbar. Uns bleibt nichts übrig als Ergebung und fruchtlose Sehnsucht (1. Thema). Freudlosigkeit und Hoffnungslosigkeit werden immer stärker, immer quälender. Wäre es nicht besser, sich von der Wirklichkeit abzuwenden und in Träumen zu versinken (2. Thema)? O welche Freude! Nun ist wenigstens ein süßer und zärtlicher Traum erwacht! Ein beseeligendes, lichtes Menschenbild schwebt dahin und lockt ins Unbestimmte (Wiegenmotiv). Wie herrlich! Und wie fein jetzt das unentrinnbare erste Thema des Allegro klingt. Doch allmählich haben Träume die ganze Seele erfasst. Alles Finstere, Freudlose ist vergessen. Da ist es, da ist es, das Glück!...

Nein, es war nur ein Traum, und Fatum, das Schicksal weckt uns aus ihm. So ist denn unser ganzes Leben ein unablässiger Wechsel harter Wirklichkeit und flüchtiger Traumgebilde, flüchtiger Träume von Glück... Es gibt keinen Hafen... Schwimme dahin durch dieses Meer, bis es dich umschlingt und hinabzieht in seine Tiefe. – Dies ist ungefähr das Programm des ersten Satzes.

Der zweite Satz drückt eine andere Stufe der Schwermut aus. [...]
Der dritte Satz drückt keine bestimmten Empfindungen aus. [...]"

3 Weinstock, S. 151, 152f, 158

4 Geliebte Freundin, S. 250f: „Der erste Satz ist im Verhältnis zu den anderen zu lang; er erinnert an eine symphonische Dichtung, der man drei weitere Sätze zufällig hinzugefügt und daraus eine Symphonie gemacht hat. Die Trompetenfanfaren, die die Einleitung bilden und später von Zeit zu Zeit wieder auftauchen, der Tempowechsel im Seitensatz – all das läßt mich denken, dass es Programm-Musik sei. Übrigens liebe ich diesen Satz sehr. Mir scheint, der Rhythmus wird zu oft wiederholt, wodurch er ein wenig ermüdend wirkt.
Das Andante ist reizend (doch der Mittelsatz gefällt mir nicht sonderlich). Das Scherzo ist wundervoll und klingt ausgezeichnet. Aber das Trio darin mag ich nicht, es klingt wie ein Ballett-Tanz. Nikolai Rubinstein gefällt das Finale am meisten, womit ich nicht einverstanden bin. Da ich weiß, wie Sie den ‚Kranich' bearbeitet haben, was Sie aus einer Volksweise machen können, scheinen mir die Variationen von ‚Stand ein Birkenbäumchen' wenig bedeutend und wenig reizvoll."

5 Geliebte Freundin, S. 252f: „Ich verstehe durchaus nicht, was Sie Ballettmusik nennen und warum Sie sich mit ihr nicht abfinden könnten. [...] Vielleicht haben Sie ganz recht, ich aber verstehe nicht, warum in einer Symphonie nicht zuweilen auch eine Tanzweise erklingen dürfte – selbst mit einem gewollten Einschlag gassenhauerischer Komik. Ich beziehe mich hierbei auf Beethoven, der dieses Mittel mehr als einmal angewandt hat. [...]
Was Ihre Bemerkung betrifft, meine Symphonie sei programmatisch, so bin ich damit vollkommen einverstanden. Bloß sehe ich nicht ein, wieso Sie das für einen Mangel halten. Ich fürchte gerade das Umgekehrte, d.h. ich möchte nicht, dass unter meiner Feder symphonische Werke entstünden, die nichts ausdrückten und aus einem leeren Spiel mit Akkorden, Rhythmen und Modulationen bestünden. Selbstverständlich hat meine Symphonie ein Programm, doch ist dieses Programm derart, dass es nicht in Worten ausgedrückt werden kann; das würde nur lächerlich erscheinen und Spott hervorrufen. Aber muss eine Symphonie, die lyrischste aller Musikformen, nicht gerade das sein? Soll eine Symphonie nicht gerade das ausdrücken, was in unserer Seele nach Äußerung drängt, wozu uns die Worte fehlen? Übrigens muss ich Ihnen gestehen: in meiner Kindlichkeit bin ich der Meinung, dass der Gedanke dieser Symphonie leicht verständlich ist, dass ihr Sinn im allgemeinen sich auch ohne Programm erschließt. Und denken Sie ja nicht, ich möchte mich vor Ihnen mit tiefen Gefühlen und erhabenen, für Worte zu hohen Gedanken wichtig machen. Ich war keineswegs bemüht, einen neuen Gedanken auszudrücken. Eigentlich ist meine Symphonie eine Nachahmung der Fünften Symphonie Beethovens, d.h. sie ist keine Anlehnung an deren musikalische Einfälle, sondern an deren Hauptgedanken. Was meinen Sie, hat die Fünfte ein Programm? Sie hat nicht nur eins, sondern es unterliegt auch keinerlei Zweifel, was sie auszudrücken sucht. Ungefähr dasselbe liegt auch meiner Symphonie zugrunde, und wenn Sie mich nicht verstanden haben, so folgt daraus nur, dass ich eben kein Beethoven bin, was ich sehr wohl weiß.
Ich füge hinzu, dass es keine Zeile in meiner Symphonie gibt, die ich nicht gefühlt hätte und die nicht Widerhall aufrichtiger Gemütsbewegungen wäre. Eine Ausnahme bildet möglicherweise allein die Mitte des ersten Satzes, wo Härten, Nähte, Klebstellen, kurz Mache bemerkbar sein mag. Ich weiß, Sie

lachen beim Lesen dieser Zeilen. Sie sind ja Zweifler und Spaßmacher. Bei all Ihrer Liebe zur Musik scheinen Sie es für unmöglich zu halten, dass man infolge eines inneren Dranges nach Ausdruck komponieren könne. Aber warten Sie nur, auch Ihre Zeit wird einmal kommen! Und erst dann werden in das herrliche Erdreich Ihrer Begabung (ich drücke mich ein wenig hochtrabend, jedoch richtig aus) Samen fallen, aus denen wunderbare Früchte wachsen werden."

6 Idealtypisch hat die klassische Symphonie vier Sätze:
- einen schnellen *Hauptsatz*
- einen *langsamen*, besinnlichen Satz
- einen Tanzsatz, das *Menuett* und
- ein lebhaftes *Finale* als heiteren Kehraus.

Oft sind die Sätze dreiteilig in A-B-A-Form angelegt, der Mittelteil heißt dann Trio. Für den Kopfsatz gilt eine Besonderheit: er enthält meist zwei Themen gegensätzlichen Charakters, die im A-Teil aufgestellt (*Exposition*), im B-Teil dramatisch entwickelt (*Durchführung*) und im Teil A' wieder bestätigt werden (*Reprise*). Diese dialektische Anlage, eine wichtige Neuerung der Klassik, heißt „Sonatenhauptsatzform"; *Sonatenform* ist die allgemeinere Bezeichnung der Symphonieform, denn auch Sonaten für Kammerbesetzungen, Streichquartette, Konzerte für Solo und Orchester usw. wurden in dieser Form angelegt. Ein Idealschema der Form des Sonatenhauptsatzes sah (nur in der Theorie, nach Guido Adler) so aus:
- langsame *Einleitung*
- *Exposition* (wird wiederholt):
  - des *Hauptsatzes* (= 1. Thema, in der Haupttonart der Sonate)
  - Überleitung
  - des *Seitensatzes* (= 2. Thema, in der Dominanttonart, oder im Fall der Symphonie in der moll-Parallele)
  - der *Schlussgruppe* (= Überleitung zur:)
- *Durchführung* (= Verarbeitung und Modulation)
  - des Hauptsatzes in der Dominanttonart (bei Moll in der Paralleltonart)
  - des Seitensatzes in der Parallele der Haupttonart, Dominante oder Subdominante (bei Moll Dominante)
  - Kadenz und Schlussgruppe als Rückleitung zur:
- *Reprise* wie Exposition, aber einheitlich in Haupttonart
- *Coda*: Schlussbekräftigung durch das 1. Thema in neuer Gestalt.

Natürlich hatte diese Idealform niemals praktisch Geltung gehabt. Die Meisterschaft der Komponisten entfaltete sich gerade in der Abweichung von der strengen Form, im Entwerfen einer dem neuen Einfall spezifischen Form. Aber Tschaikowsky, Mahler wie Schostakowitsch wurden im Konservatorium in der Sonatenform genauso geschult wie im Fugensetzen, in der Harmonielehre, oder im Kontrapunkt. Sie haben zahlreiche Sonaten analysieren müssen und fanden offenbar, dass sie selbst sich in dieser Form ebenfalls am besten ausdrücken konnten.

Beethoven trug den Zopf Haydns und Mozarts nicht mehr und suchte auch keine feste Anstellung im Hause eines Fürsten. Er ersetzte das höfische *Menuett* durch das „bürgerliche" *Scherzo* (meist ein Tanz im Dreiertakt, ein „unfeiner" Drehtanz also). Bei ihm ist die Bestätigung der Themen nach der dramatisch-dialektischen Durchführung in der Reprise kein Automatismus, sondern manchmal muss sie „errungen werden", und zum Abschluss kann noch eine Coda erforderlich werden, als letzte Bestätigung des Hauptthemas.

7 Balzac schrieb *César Birotteau* 1837; der Roman spielt im Jahr 1818, als es Beethovens Neunte noch nicht gab. „In den acht Symphonien Beethovens gibt es ein Thema, das groß ist wie eine Dichtung und das Finale der c-moll Symphonie beherrscht. Wenn nach den langsamen Vorbereitungen des erhabenen Magiers, den Habeneck (= François Antoine Habeneck, der 1828 durch die Aufführung der *Eroica* die Popularisierung Beethovens in Frankreich einleitete) so gut verstanden hat, eine Geste des begeisterten Dirigenten gewissermaßen den prunkvollen Vorhang dieses Bühnenbildes sich heben lässt, indem er mit dem Taktstock das blendende Motiv beschwört, in dem alle Macht der Musik zusammengefasst ist, dann werden die Dichter, denen dabei das Herz klopft, verstehen, dass Birotteaus Ball auf sein Leben die gleiche Wirkung ausübte wie auf ihre Seelen dieses fruchtbare Motiv, dem die Symphonie in c-moll vielleicht ihre Überlegenheit über ihre glänzenden Schwestern verdankt. Eine strahlende Fee schwingt sich auf und erhebt ihren Zauberstab. Man vermeint das Rauschen purpurner Seidenvorhänge, die von Engeln gerafft werden, zu hören. Goldene Pforten mit plastischem Bildschmuck wie die des Florentiner Baptisteriums drehen sich in diamantenen Angeln. Das Auge stürzt sich in die Abgründe köstlicher Fernblicke, es umfasst eine Zeile herrlicher Paläste, durch die Wesen höherer Art gleiten. Der Weihrauch des Gedeihens wölkt, der Altar des Glücks erloschen, duftende Luft kreist! Göttlich lächelnde Frauenwesen in weißen, blau gesäumten Tuniken schreiten schwerelos vor unseren Augen einher und zeigen uns Antlitze von übermenschlicher Schönheit, Formen von unendlicher Zartheit. Amoretten gaukeln umher und lassen die Flammen ihrer Fackeln leuchten! Wir fühlen uns geliebt, wir sind beglückt über ein Glück, das wir erstreben, ohne es zu begreifen, und tauchen dabei in die Fluten dieser Harmonie ein, in der es von Ambrosia rieselt; sie wird jedem beschert, der sie sich auserkoren Hat. Die geheimsten Hoffnungen unserer Herzen sind angerührt worden und werden für kurze Zeit Wirklichkeit. Aber nachdem der Zauberer uns durch alle Himmel geleitet hat, taucht er uns durch die tiefe, geheimnisvolle Überleitung der Bässe wieder in den Pfuhl der kalten Wirklichkeit und erhebt uns abermals daraus, wenn er in uns den Durst nach seinen göttlichsten Melodien angefacht hat, so dass unsere Seele schreit: ‚Von neuem!'" Eine solche poetische Beschreibung ist zum Finale von Tschaikowskys Vierter niemandem eingefallen.

8 Weinstock, S. 175f; Teure Freundin, S. 77f

9 Geliebte Freundin, S. 115f: „Als der Zug abfuhr, war ich nahe daran, erstickt von Schluchzen, laut aufzuschreien. [...] Sie will mich nur hätscheln und bemuttern. [...] Sie ist sehr beschränkt, aber das ist gerade gut so. Eine gescheite Frau würde ich fürchten. Über dieser aber stehe ich so hoch, beherrsche sie dermaßen, dass ich wenigstens kein bisschen Angst vor ihr habe. [...] Körperlich ist mir meine Frau restlos widerlich geworden."

10 Geliebte Freundin, S. 79f

11 Geliebte Freundin, S. 244, 197ff

12 Weinstock, S. 153f

13 Tagebucheintrag vom 12.7.86, zit. n. Weinstock

14 Erfahrungen, S. 46ff

15 Weinstock, S. 367

16 Geliebte Freundin, S. 430

17 aus einem Brief an seinen Bruder Anatol, zit. n. Geliebte Freundin, S. 336: „Du würdest laut lachen, wenn Du mich hier sehen könntest. Ich stolziere durch die

Straßen in einem neuen grauen Frühlingsmantel und im schicksten Zylinder. Um den Hals prangt ein Seidenplastron mit einer Korallennadel darin, meine Hände stecken in fliederfarbenen Handschuhen. Beim Vorübergehen an den Spiegeln der Rue de la Paix oder der Boulevards bleibe ich unbedingt stehen und bewundere mich. Auch in den Scheiben der Geschäfte beobachte ich das Spiegelbild meiner vornehmen Gestalt. Überhaupt hat mich, wie auch früher zuweilen, ein Hang erfasst, mich schön zu machen. Ich trage mich mit dem betörenden Gedanken, mir eine goldene Uhrkette und eine Krawattennadel zu kaufen. Ich habe mir einen neuen Anzug machen lassen und ein Dutzend Hemden bestellt. Das Geld schmilzt dahin, und bald werde ich keinen Franken mehr in der Tasche haben. Das macht aber nichts weiter aus, da mir eine Zahlung von Nadeschda Philaretnowa bevorsteht."

18 Geliebte Freundin, S. 180ff; Weinstock, S. 312

19 Geliebte Freundin, S. 434ff, 440ff

20 Weinstock, S. 423. Die Partitur wurde nach dem Orchestermaterial später rekonstruiert und als op. 78 herausgegeben

21 Geliebte Freundin, S. 451f

22 Pals, S. 236

23 Geliebte Freundin, S. 454

24 Modest Tschaikowsky, Bd. 2, S. 306

25 Sollertinski, S. 275

26 Garden, S. 206f. Alexandra Orlow, Tchaikovsky: The Last Chapter. In: Music and letters 62/1981, S. 125–145

Kapitel IV

1 Sollertinski, S. 274f

2 Mahler/Strauss, S. 39f

3 Ursprünglich hatte Mahler die Symphonie in zwei Teile geteilt. Den ersten überschrieb er im Stil Jean Pauls *Aus den Tagen der Jugend. Tugend-, Frucht- und Dornenstücke.* Der zweite *Commedia humana* begann mit dem *Trauermarsch in Callots Manier*; dieser Titel geht auf die *Fantasiestücke in Callots Manier* von E.T.A. Hoffmann zurück, der ein Bewunderer des französischen Graphikers Jacques Callot (1592–1635) war.

4 vgl. Bauer-Lechner, S. 9f

5 Briefe, S. 419

6 Der Merker, S. 183

7 Briefe, S. 5ff

8 Briefe, S. 22

9 Briefe, S. 19

10 Briefe, S. 186

11 Karbusicky, S. 53f. Nach alledem scheint es vielleicht nicht überflüssig, die Worte Otto Klemperers zu erwähnen, die er im Budapester Rundfunk 1948 vor einer Aufführung des *Liedes von der Erde* sprach: „Man tut sehr unrecht, wenn man glaubt, dass Mahler eine weltschmerzliche Natur war. [...] Ich selber, der ich noch die Ehre hatte, Mahler zu kennen, kann bezeugen, dass er eine sehr aktive, ja heitere Natur war, da er nur gegen Leute, die ihre Pflicht nicht taten, sehr zornig sein konnte. Er war absolut kein Tyrann, sondern sehr gütig.

[…] wenn auch, wie ich schon sagte, seine Natur lebendig und gar nicht weltschmerzlich war, so war er dennoch einsam."

12 Bauer-Lechner, S. 130f, s. a. S. 100f
13 Bauer-Lechner, S. 13ff
14 Briefe, S. 167, 177 u.a.m.
15 Bauer-Lechner, S. 13
16 Blaukopf (Bildband), S. 199
17 Bauer-Lechner, S. 11
18 ebenda
19 Bauer-Lechner, S. 23
20 Briefe, S. 189
21 Briefe, S. 97f, Alma Mahler, S. 251
22 Alma Mahler, S. 255
23 Klemperer, S. 21
24 Mahler/Strauss, S. 210f
25 Der Merker, S. 187
26 Bauer-Lechner, S. 10f
27 Briefe, S. 214f
28 Bauer-Lechner, S. 33
29 Briefe, S. 161, Bauer-Lechner, S. 41
30 Briefe, S. 102f
31 ebenda
32 russisch Lwow, polnisch Lwów, seit 1991 ukrainisch Lwiw
33 Alma Mahler, S. 260
34 Alma Mahler, S. 263
35 Unbekannte Briefe, S. 55
36 Alma Mahler, S. 101
37 Alma Mahler, S. 258f
38 Alma Mahler, S. 133
39 ebenda
40 Alma Mahler, S. 280
41 Alma Mahler, S. 356. Den Vergleich mit der abgestreiften Haut nahm Mahler aus dem Eckermann. Goethe sagte am 27. 1. 1824 über den *Ostwestlichen Diwan*: „…Diese Lieder des Diwans haben gar kein Verhältnis mehr zu mir. Sowohl, was darin orientalisch, als was darin leidenschaftlich ist, hat aufgehört in mir fortzuleben; es ist wie abgestreifte Schlangenhaut am Wege liegengeblieben."
42 Specht, 38f, Alma Mahler (Brief vom 6. 6. 1904)
43 Bauer-Lechner, S. 102
44 nach Bauer-Lechner
45 siehe Schorske und Toulmin/Janik
46 Mahler-Werfel, S. 27
47 Adorno, Mahler, S. 18. Adorno übertrug den Hegelschen Begriff vom „Weltlauf" auf Mahler; er wandte auch den Begriff des „Durchbruchs" an.
48 Bauer-Lechner, S. 144
49 vgl. Bauer-Lechner, S. 143 und 141
50 vgl. Karbusicky. Alma Mahler, S. 283
51 Alma Mahler, S. 119, 138, 165
52 Versuche, eine „Urfassung" mit jenem dritten Hammerschlag zu etablieren, den Mahler nach der Uraufführung gestrichen hat, entbehren der Begründung.

Eine solche Rekonstruktion der Uraufführungsfassung (die von Redlich und del Mar vertreten wird) widerspricht dem Wesen des Werkes. Bezeichnenderweise wird als Begründung der Aberglaube herangezogen, Mahler habe die „drei Schicksalsschläge des Jahres 1907" vorhergeahnt. Ebenso wenig darf – wie dort ebenfalls verlangt – der Platztausch der beiden Binnensätze rückgängig gemacht werden, zu dem Mahler sich aus den gleichen dramaturgischen Gründen veranlasst sah wie in seiner Vierten, wie Beethoven in seiner Neunten, Bruckner in seiner Achten und Neunten und Schostakowitsch in seiner Fünften.

53 vor Ziffer 161

54 Ziffer 280–87

55 Ziffer 290

56 vgl. Alma Mahler, S. 363f und 351f

57 Thomas Mann richtete ein Schreiben an Mahler

58 Reich, S. 49f

59 Briefe, S. 365

60 Blaukopf (Bildband), S. 279; Wessling, S. 240ff

61 Briefe, S. 409ff

62 Briefe, S. 414f

63 Blaukopf (Bildband), S. 272

64 Reich, S. 76f

65 Notowicz, S. 37f

66 Der Merker, S. 182f

67 Blaukopf, S. 295. Der Mahler-Boom brachte Dirigenten dazu, Mahler zu dirigieren, deren prominente Aktivität seine Musik bisher ausgespart – und dadurch auch unterdrückt – hatte. Herbert von Karajan war um eine Begründung nicht verlegen: „Ja, ich habe einen ganz großen Bogen um Mahler gemacht. Ganz bewusst, weil ich noch nicht die Palette von Farben zusammenhatte, die ich brauchte, um den ganz besonderen Mahler-Klang zu treffen. Ich habe gespürt, dass ich noch nicht soweit war. Bei Mahler ist nämlich der Schritt vom Erhabenen zum Banalen sehr klein. Als ich dann Mahlers Neunte in Angriff genommen habe, haben wir zunächst einmal vier Leseproben gemacht, mit dem Orchester einfach nur die Partitur durchgelesen. Dann haben wir das Werk liegengelassen, dann habe ich es wieder aufgenommen, dann haben wir die ersten Proben gemacht. Insgesamt haben wir siebzig Stunden daran gesessen. Aber dann hatte ich diesen verschleierten Klang, den ich wollte. Ich werde sicher nicht alle Sinfonien von Mahler dirigieren, weil ich dazu keine Zeit mehr habe. Mir fehlen jetzt noch fünf. Mein Leben reicht dazu nicht mehr aus, das weiß ich." Auf die Frage eines Interviewers, ob er selber gerne komponieren würde, antwortete Karajan übrigens: „Ich habe nie das Bedürfnis gehabt. Aber wenn, dann würde ich so komponieren wollen wie Schostakowitsch."

68 Zeitschrift für Musikpädagogik, November 1982

Kapitel V

1 Erfahrungen, S. 19

2 Erfahrungen, S. 167

3 Erfahrungen, S. 19f

4 Erfahrungen, S. 204

5 Ziffer 81. Vgl. Mahler, 6. Symphonie., 1. Satz, T. 292
6 4 Takte vor Ziffer 84
7 7 Takte nach Z. 86
8 Ziffer 217–18
9 Die Struktur der Symphonie kann hier nur grob umrissen werden; die detaillierte Analyse muss den Musikwissenschaftlern überlassen bleiben
10 Erfahrungen, S. 28
11 Ruffmann, S. 63
12 Erfahrungen, S. 169
13 Ehrenburg, S. 214
14 Schmitt, S. 121ff
15 Ehrenburg, S. 209
16 Ehrenburg, S. 205
17 Medwedew, S. 269
18 Medwedew, S. 325
19 Ehrenburg, S. 213; vgl. Medwedew, S. 322
20 Medwedew, S. 188
21 Sinkó, S. 21
22 Sinkó, S. 48
23 Sinkó, S. 413
24 Sinkó, S. 418
25 Sinkó, S. 84. Sinkó erzählt, wie Anna Seghers reagierte: „Meine Methode: ich verbiete mir mit Erfolg, über derartiges nachzudenken“. S. 437
26 Prawda und Iswestija vom 15. 11. 1930. In: Maxim Gorki, Für Frieden und Demokratie. Berlin (DDR) 1954, S. 113
27 Walter Kriwitzki, *I was Stalin's agent.* London 1939; Arthur Koestler, *Sonnenfinsternis.* Geschrieben 1938/40; Manès Sperber, *Wie eine Träne im Ozean* (1940–51); Susanne Leonhard, *Gestohlenes Leben.* Frankfurt 1956; Wolfgang Leonhard, *Die Revolution entlässt ihre Kinder*; Jewgenija Ginsburg, *Marschroute eines Lebens*; Lew Kopelew, *Aufbewahren für alle Zeit* … und natürlich Orwells *1984*: Als Beispiel zwei Stellen des Idealisten Lew Kopelew: „Schon damals, in der ersten Stunde, empfand ich – noch unklar zwar – jene absolut undurchdringliche Gleichgültigkeit, mit der Worte ohne jede Verbindlichkeit gesprochen werden, bloß ‚weil es sich so gehört‘ – eine Gleichgültigkeit, nicht einmal kalt, sondern einfach temperaturlos, farblos, sinnlos. Sie macht gewöhnliche Menschen fähig zur Teilnahme an jeder beliebigen Sache, öfter an einer bösen als an einer guten, öfter an einem Verbrechen als an einer Heldentat, obwohl die auch bei sogenannten Massen-Heldentaten – im Krieg, in besetzten Städten, in Versammlungen, in denen wichtige, riskante Beschlüsse zu fassen sind – eine Rolle spielt. Diese unbeirrbaren, indifferenten Befehlsempfänger sind mit dabei, bewirken etwas, sind nötig. Vielleicht können sie zu Hause oder unter Freunden sich auch freuen, traurig sein, träumen, leiden. Aber wo sie ‚dienen‘, wo sie ‚einen Posten bekleiden‘, ‚Befehle ausführen‘, wo sie keine Namen haben, sondern Dienststellungen und Ränge, dort werden sie zu einer grausem brutalen Kraft, die anwächst, wie ein verschlammter Strom.“ (S. 16f) „Ich glaubte nach wie vor, weil ich glauben wollte, so wie seit eh und je alle glauben, die vom Wunsch besessen sind, übermenschlichen und außermenschlischen Kräften und Heiligtümern zu dienen, Göttern, Imperatoren, Staaten, den Idealen Tugend, Freiheit, Nation, Rasse, Klasse, Partei; Idealen, die zu ihrer Verwirklichung Menschenopfer fordern. Die fanatischen Anhänger der edelsten Ide-

ale verheißen den Nachkommen das ewige Glück, vernichten aber gnadenlos ihre Mitmenschen – oder sie bieten den Toten die paradiesische Seligkeit, morden, verkrüppeln die Lebenden und halten sich selbst für tugendhafte Helden, sind überzeugt, dass sie Böses nur um des künftigen Guten willen tun, dass sie lügen im Interesse ewiger Wahrheiten. ‚Und willst du nicht mein Bruder sein, so schlag' ich dir den Schädel ein…' sangen die Deutschen. Ebenso dachten und handelten wir alle – fanatische Anhänger der alleinseligmachenden Lehre des Kommunismus. Und als wir sahen, dass im Namen unserer hohen, guten Ideen niederträchtige, grausame Dinge geschahen, und als wir selbst an ihnen teilhatten, da fürchteten wir uns erst recht davor, schwankend zu werden, in Verwirrung zu geraten, in Zweifel zu fallen, in Häresie, fürchteten uns davor, den blinden Glauben zu verlieren. 1930 und 1933, häufiger noch 1937 war mir unheimlich zumute, überkam mich böse Trauer. Aber ich überzeugte mich, wie ich es gewöhnt war, wie ich es gelernt hatte: ‚Tragische Dialektik', ‚Unvermeidliche Fehlschläge', ‚Überspannungen', ‚Logik des Klassenkampfes', ‚objektive historische Notwendigkeit', ‚barbarische Mittel im Kampf gegen die Barbarei'… Die Begriffe Gut und Böse, Menschlichkeit und Unmenschlichkeit waren für uns hohle Abstraktionen. Und ich dachte nicht darüber nach, warum Menschlichkeit abstrakt sei, historische Notwendigkeit oder Klassenbewusstsein aber konkret waren. Begriffe wie Gewissen, Ehrenhaftigkeit, Humanität hielten wir für idealistische Vorurteile, intelligenzlerische, bürgerliche und eben deswegen lasterhafte Vorurteile." (S. 54f)

28 Fetscher: Stalin, S. 13

29 vgl. Klaus Mann, Die Linke und „das Laster". In: Europäische Hefte I/1934, S. 675; Wilhelm Reich (Hrsg.), Sexpol-Zeitschrift Bd. 2/1935, S. 50

30 Ehrenburg, S. 54f

31 Medwedew, S. 256ff

32 Medwedew, S. 343

33 Babels Versuche, sich zu wehren, sind lehrreich: erst verstummte er als Dichter, dann ging er Kompromisse ein, dann suchte er die Nähe eines Mächtigen (er kannte Jeschows Frau von früher); nach Jeschows Sturz wurde er verhaftet, als japanischer Spion angeklagt und starb im Gefängnis. (Vgl. Sinkó und Ehrenburg)

34 Sinkó, S. 272, 305

35 Sinkó, S. 322

36 Erfahrungen, S. 168

37 Meyer, S. 100 (aus dem Artikel *Meine schöpferische Antwort in Moskau am Abend* vom 25. 1. 1938)

38 Lukjanowa, S. 112 (ebenfalls aus dem Artikel vom 25.1.)

39 Martynow, S. 65

40 Martynow, S. 76ff

41 Martynow gliedert den Satz ebenso: *Exposition* bis Z. 17; *Durchführung* bis Z. 32; *Reprise* bis Z. 39, i.e. ab Wiederkehr des Hauptthemas; *Coda*

42 bei Z. 115 wird beispielsweise versucht, an den Schluss des ersten Satzes, Z. 41 anzuknüpfen

43 A. A. Fadejew, Subjektive Bemerkungen: „Dreißig Jahre lang". Moskau 1957 (russ.), S. 891. zit. n. Gojowy

Kapitel VI

1 Chruschtschow, S. 112
2 Theorie, S. 642. Vgl. auch John/Lippold/Rammler
3 Theorie, S. 393
4 Theorie, S. 381
5 Theorie, S. 504
6 Theorie, S. 505
7 Theorie, S. 536f
8 Theorie, S. 546
9 Lenin, Parteiorganisation und Parteiliteratur. Werke Bd. 10, S. 33
10 Haraszti, S. 123
11 Haraszti, S. 126
12 Theorie, S. 504
13 Theorie, S. 567
14 Theorie, S. 568f
15 Sowjetskaja musyka 4/1953, S. 33: „Für eine schöpferische Freundschaft mit den ausübenden Künstlern. Zu den Ergebnissen des 6. Plenums des Komponistenverbandes der UdSSR" – deutsch in: Musik und Gesellschaft 8/1953, S. 290ff
16 Theorie, S. 402
17 Erfahrungen, S. 103. Die Äußerung fiel 1955, ist aber charakteristisch
18 Schwarz, S. 234ff
19 Assafjew, Werke. Moskau 1944, Bd. 5, S. 71 (Russ.) zit. n. Schwarz, S. 241
20 Schwarz, S. 246
21 Ehrenburg, S. 234
22 Literaturnaja gazeta 20. 9. 1938; Sowjetskaja isskustwo 20. 11. 1938; Leningradskaja prawda 20. 1. 1940
23 Iswestija 29. 9. 1938. zit. n. Lukjanowa, S. 117
24 Martynow, S. 89
25 Volkow, S. 176
26 „Er steht mir am nächsten". In: Erfahrungen, S. 148f
27 Ehrenburg, S. 295, 474ff. Das Schwarzbuch erschien 1980 in Jerusalem
28 Ehrenburg, S. 436

Kapitel VII

1 Heller/Nekrich, Bd. 2, S. 53
2 Burckhardt, S. 372
3 Lenin, Werke
4 Heller/Nekrich, Bd. 2, S. 11
5 Weber, S. 28
6 Heller/Nekrich, Bd. 2, S. 73
7 Heller/Nekrich, Bd. 2, S. 95ff
8 S. Eisenstein, Die Inkarnation des Mythos. In: Eisenstein, S. 67–110
9 Heller/Nekrich, Bd. 2, S. 63
10 Erfahrungen, S. 169
11 Ehrenburg, S. 258. Achmatowa zit. nach *Im Spiegelland*
12 Heller/Nekrich, Bd. 2, S. 304

13 Die sowjetische Kunst, 18.9.41. zit. n. Lukjanowa, S. 127
14 Schostakowitsch-Katalog *Mensch und Kultur*, S. 17
15 Erfahrungen, S. 249
16 T. Chrennikow, 30 Jahre sowjetische Musik und die Aufgaben sowjetischer Komponisten. In: Sowjetskaja musyka 2/1942. zit. n. Gojowy, S. 72
17 Marian Kowal, Der kompositorische Weg D. Schostakowitschs. In: Sowjetskaja musyka 2/1948 und 4/1948. zit. n. Gojowy, S. 72
18 5 Takte vor Ziffer 4
19 vor und nach Ziffer 55, Ziffer 67
20 A. Honegger, Maurice Ravel. In: Honegger, S. 66
21 nach Ziffer 111 und Ziffer 136
22 Ziffer 92–94
23 Übersetzung vom Autor nach Gottlob Regis und Karl Kraus
24 Sollertinski, S. 297f
25 D. Sch., Unsere Arbeit in den Jahren des Vaterländischen Krieges. Sammelband Leningrad 1946. zit. n. Lukjanowa, 139
26 zit. n. Lukjanowa, S. 137
27 Sollertinski, S. 13

Kapitel VIII

1 Schostakowitsch-Programmbuch, S. 72
2 Heller/Nekrich, S. 171
3 vgl.: J. A. Medwedew
4 Heller/Nekrich, S. 169ff
5 Stalin, Sprachwissenschaft; Ökonomische Probleme
6 MEW, Bd. 20 (Anti-Dühring), S. 277
7 Stalin, Ökonomische Probleme, S. 29f
8 Schdanow, S. 13–45
9 Schdanow, S. 141
10 Schdanow, S. 63
11 Schdanow, S. 76ff
12 Schwarz, S. 370ff
13 zit. n. F. K. Prieberg, S. 167
14 Schwarz, S. 370
15 Prokofjew, Über mein Schaffen. In: Stimmen I/7, Berlin 1948, S. 207f
16 Erfahrungen, S. 59
17 zit. n. Schwarz, S. 401f
18 zit. n. Slonimsky, S. 708
19 Erfahrungen, S. 215
20 Schostakowitsch-Programmbuch, S. 72
21 Schwarz, S. 405f
22 Nabokov, S. 313f
23 Wagners Hans Sachs hätte das Motiv vermutlich das „Wahnmotiv" getauft. Hier einige wichtige Stellen:
op. 40 (Cellosonate) 3. Satz
op. 47 (5. Symphonie) 1. Satz, Z. 29, 4. Satz, Z. 129
op. 60 (7. Symphonie) 2. Satz, T. 8, n. Z. 73, v. Z. 83 etc.

3. Satz, Z. 135
4. Satz, Z. 172
op. 62 (MacPherson), T. 38, 59, 85
op. 65 (8. Symphonie) 1. Satz T. 89–90, T. 137–39, T. 330–31
op. 67 (Klaviertrio) 2. Satz, v. Z. 33; 4. Satz, 3. Thema
op. 68 (2. Streichquartett) 1. Satz, v. Z. 13, v. Z. 27
2. Satz, im 1. Rezitativ, Z. 42, v. Z. 45
3. Satz, Z. 59, Z. 81
op. 70 (9. Symphonie) 2. Satz, T. 164, T. 172
op. 73 (3. Streichquartett) 2. Satz
op. 83 (4. Streichquartett.) 1. Satz, Z. 4; 2. Satz, Z. 20
3. Satz, Z. 37; 4. Satz
op. 91 (Puschkin-Monologe) Nr. 1, T. 20
op. 92 (5. Streichquartett.) 2. und 3. Satz
op. 103 (11. Symphonie) 1. Satz, Z. 2, Z. 5;
2. Satz, Z. 37, Z. 46, Z. 51, Z. 92
4. Satz, Z. 132, Z. 166
op.105 (1. Cellokonzert)
op.108 (7. Streichquartett.)
op.112 (12. Symphonie) 1. und 2. Satz
op.113 (13. Symphonie)
op.117 (9. Streichquartett.), 1. Satz, v. Z. 4
op.123 („Vorwort“) T. 76–79
op.126 (2. Cellokonzert)
im Spätwerk ist die Aufzählung müßig, da es fast nie fehlt

24 vgl. Schwarz, S. 403
25 Heller/Nekrich, S. 178ff; Solschenizyn, Gulag
26 Erfahrungen, S. 231
27 Erfahrungen, S. 81
28 Gojowy, S. 82
29 Erfahrungen, S. 232
30 Georg Borchardt, Schostakowitschs Zehnte Symphonie – eine Anti-Stalin-Komposition? Sendung des Norddeutschen Rundfunks am 17. 1. 1985
31 ebenda
32 Brockhaus, S. 127
33 Erfahrungen, S. 100f (Gespräch mit jungen Komponisten, 1955)
34 Erfahrungen, S. 91
35 Erfahrungen, S. 235
36 Erfahrungen, S. 234, 235, 237
37 Ruge, S. 105

Kapitel IX

1 S. Klagemotiv: Z. 37 und 46; vgl. Z. 2, 5 und 166
verwendet wurden v. a. folgende Massenlieder:
1. Satz: *Gib acht!* (Gefangenenlied):
Wie die Tat des Verräters, wie das Gewissen des Tyrannen,
So finster ist die Herbstnacht.

Schwärzer als jene Nacht erhebt sich aus dem Nebel
Das Gefängnis wie ein dunkles Gespenst.
Die Posten machen träge ihre Runde,
Jeden Augenblick durchdringt die nächtliche Stille
Langgezogen und schwermütig wie ein Stöhnen ein Ruf:
– Gib acht!

2. Satz: *Heißa du unser Väterchen Zar*
3. Satz: *Unsterbliche Opfer*
4. Satz: *Warschawjanka*; Episode: *Entblößt die Häupter nun*

2 1. Satz: Klagemotiv T. 308–09 u. a., Gewaltmotiv T. 119–20
3 Chruschtschow, S. 348
4 Chruschtschow, Anhang
5 Erfahrungen, S. 30
6 Heller/Nekrich, S. 230
7 Erfahrungen, S. 112ff
8 Erfahrungen, S. 238
9 Erfahrungen, S. 240
10 Katalog *Mensch und Werk*, Faksimile S. 63, Übersetzung (unverständlich): S. 62, der dazugehörige Prawda-Leitartikel als Faksimile S. 59 und dessen unverständliche Übersetzung S. 58 (die Bezeichnungen der Abb. und Übers. sind falsch!)
11 Adorno, Philosophie der Neuen Musik; Die gegängelte Musik (in: Dissonanzen, Göttingen 1956)
12 vgl. Honegger, S. 105ff
13 Erfahrungen, S. 143
14 Erfahrungen, S. 136
15 Adorno, Philosophie, S. 46
16 Erfahrungen, S. 140ff
17 Erfahrungen, S. 30
18 Erfahrungen, S. 195
19 Erfahrungen, S. 245
20 Erfahrungen, S. 151
21 zit. n. Gojowy, S. 63f
22 Ruge, S. 93, 101
23 Ruge, S. 105f
24 Blyth, S. 151
25 Schwarz, S. 784f
26 Süddeutsche Zeitung Nr. 279, 21./22. 11. 1970
27 zit. n. Lukjanowa, S. 163
28 Grossman, Hamburg 1984
29 Grossman, Für die rechte Sache, Moskau 1964 (russ.)
30 Schwarz, S. 591f
31 Schwarz, S. 592f (Sowjetkunst und Literatur 4/63, Sonderbeilage)
32 Schwarz, S. 594ff
33 Schwarz, S. 601f
34 Etkind, S. 121f
35 Heller/Nekrich, Bd. 2, S. 287ff
36 Covertext Ariola-Eurodisc 201975-366
37 vor Ziffer 74, nach Z. 79, Z. 85, Z. 90, Z. 106

Kapitel X

1 Erfahrungen, S. 246
2 ebenda
3 Erfahrungen, S. 247
4 Prawda vom 19.2.64
5 Erfahrungen, S. 159
6 Süddeutsche Zeitung Nr. 279, 21./22. 11. 1970
7 Rostropowitsch, S. 120f
8 Rostropowitsch, S. 92f
9 Rostropowitsch, S. 49
10 Rostropowitsch, S. 96
11 Der Schluss des Eisler-Artikels (1964) lautet: „Dem Rufe Hanns Eislers folgend, werden wir die Front der sozialistischen Kunst festigen, einer wahrhaft volkstümlichen und avantgardistischen, an Millionen gerichteten Kunst, einer Kunst des Volkes und des Fortschritts, die uns den Weg weist zu den lichten Höhen des Kommunismus." (Erfahrungen, S. 151)
Und hier der Schluss des Mahler-Artikels (1964): „Im Kampf um die Verwirklichung der höchsten Ideale der Menschheit wird Mahler ewig bei uns sowjetischen Menschen sein, bei den Erbauern des Kommunismus, der gerechtesten Gesellschaftsordnung auf Erden." (Erfahrungen, S. 152)
12 Erfahrungen, S. 7
13 Schostakowitsch-Programmbuch, S. 71
14 der Vortrag der Fabel, den Schostakowitsch komplett vertonte, nimmt groteske Züge an:
„Es lebte eine Schabe einst
Auf Erden schon seit Kindheit,
Die schließlich in ein Glas geriet
Zu einer Fliegenmahlzeit..."
„Mein Gott, was ist das?" rief Warwara Petrowna.
„Das heißt, wenn im Sommer", erklärte der Hauptmann eilig, fuchtelte dabei schrecklich mit den Händen und zeigte die gereizte Ungeduld eines Autors, der bei seinem Vortrag gestört wird, „wenn im Sommer viele Fliegen in ein Glas kriechen, dann halten sie dort Fliegenmahlzeit, das versteht doch jeder Dummkopf, unterbrechen Sie mich nicht, unterbrechen Sie mich nicht, Sie werden schon sehen, werden schon sehen..." (Er fuchtelte immerfort mit den Händen.)
„Sie macht sich breit, was soll denn das?
Murrten da die Fliegen,
Schon übervoll ist unser Glas,
Zu Jupiter sie riefen.
Doch während ihres Wehgeschreis
Kam hinzu Nikifor,
Ein hoch-vor-nehmer, braver Greis...
Weiter bin ich noch nicht, aber das ist ja ganz gleich, ich werde es Ihnen in Prosa sagen!" plapperte der Hauptmann. „Nikifor nimmt das Glas und schüttet die ganze Geschichte, die Fliegen wie auch die Schabe, in den Mülleimer, was er schon längst hätte tun sollen. Beachten Sie aber, gnädige Frau, beachten Sie: die Schabe murrt nicht! Da haben Sie die Antwort auf Ihr ‚Warum?'!" rief er triumphierend. „‚Die Scha-be murrt nicht!' Was aber Nikifor betrifft, so stellt er die

Natur dar", fügte er schnell hinzu und begann selbstzufrieden im Zimmer auf und ab zu gehen.

15 Schostakowitsch-Programmbuch, S. 142

16 Schwarz, S. 783

17 Schwarz, S. 743

18 N. Martynow auf dem Kölner Schostakowitsch-Symposion im Februar 1985. Vgl. Schwarz, S. 755. Nikolai A. Martynow, geb. 1938, nahm 1961 am Aspirantenkurs Schostakowitschs teil und ist heute Dozent für Musikwissenschaft am Leningrader Konservatorium. 1966 erschienen in der Sowjetskaja musyka Berichte über eine Theoriekonferenz vom Dezember 1965, und dort konnten die erstaunten Leser die wütende Anklage des Schostakowitsch-Schülers Nikolai Martynow finden: „Es scheint mir, man sollte nicht unbedingt danach streben, der Jugend um jeden Preis in ihren Bestrebungen zu „helfen". Die Jugend hat diese „Hilfe" satt. Vielleicht sollte man fürs erste versuchen, ihr nicht im Wege zu stehen. Das ist das Beste, was man vorerst tun könnte." Mit anderen Worten vertrat der ältere Musikkritiker Lew Masel den gleichen Standpunkt: „Wenn ich die Ratschläge höre, die man unserer komponierenden Jugend erteilt – ‚ja, gewiss muss man die neuen Methoden studieren, aber seid vorsichtig und lasst Euch nicht den Kopf verdrehen' – solchen Ratschlägen kann ich nicht völlig zustimmen. Vorsicht ist eine gute Sache, aber einem Künstler den Rat zu geben, sich nicht in seiner Arbeit zu ‚verlieren' – das können nur Leute tun, die keine Ahnung haben, was wahre Kunst ist." Schwarz, S. 756

19 Schwarz, S. 784

20 Schostakowitsch-Programmbuch, S. 70

21 Erfahrungen, S. 151

22 Schostakowitsch-Programmbuch, S. 67f

23 ebenda

24 Schostakowitsch-Programmbuch, S. 64

25 Erfahrungen, S. 169

26 Volkow, S. 12f

27 Erfahrungen, S. 251

28 Ziffer 40

29 Erfahrungen, S. 149

30 Erfahrungen, S. 185–201

31 zit. n. Lukjanowa, S. 191

32 Max Horkheimer, Pessimismus in unserer Zeit (Vortrag am 11.11.1969 in der Schopenhauer-Gesellschaft Frankfurt)

Literatur

Gerald Abraham, The Music of Tchaikovsky. New York 1946
Anna Achmatowa, Im Spiegelland. München
Theodor W. Adorno, Philosophie der Neuen Musik. Frankfurt 1958, 3. Auflage 1966 (Erstausgabe Tübingen 1949)
Theodor W. Adorno, Die gegängelte Musik. In: Dissonanzen. Göttingen 1956
Theodor W. Adorno, Mahler. Eine musikalische Physiognomik. Frankfurt 1960
Theodor W. Adorno, Einleitung in die Musiksoziologie. Frankfurt 1962
Anton Antonow-Owssejenko, Stalin – Portrait einer Tyrannei. Zürich 1983

Uwe Backes und Eckhard Jesse, Totalitarismus – Extremismus – Terrorismus. Ein Literaturführer und Wegweiser im Lichte deutscher Erfahrung. Opladen 1984
Julian Barnes, The Noise of Time, Jonathan Cape London 2016
Natalie Bauer-Lechner, Erinnerungen an Gustav Mahler. Wien 1923
Kurt Blaukopf, Gustav Mahler, der Zeitgenosse der Zukunft. Wien 1969
Kurt Blaukopf, Mahler (Bildband). Sein Leben, sein Werk und seine Welt in zeitgenössischen Bildern und Texten. Wien 1976
Alan Blyth, Remembering Britten. London 1981
Heinz Alfred Brockhaus, Dimitri Schostakowitsch. Leipzig 1962
Max Brod, Gustav Mahler. Beispiel einer deutsch-jüdischen Symbiose. Frankfurt 1961
Jacob J. Burckhardt, Meine Danziger Mission 1937–39. München 1971

Elias Canetti, Masse und Macht. Düsseldorf 1960
Hélène Carrière d'Incause, Risse im Roten Imperium. Wien 1979
Antoine Cherbuliez, Tschaikowsky und die russische Musik. Zürich 1948
Chruschtschow erinnert sich. Hamburg 1971

Ilja Ehrenburg, Menschen, Jahre, Leben. 2 Bände, München 1965
Herbert Eimermacher (Hrsg.), Dokumente zur Literaturpolitik der Sowjetunion 1917–32. Stuttgart 1972
Sergej Eisenstein über Kunst und Künstler. München 1977
Erfahrungen: siehe Schostakowitsch
Gernot Erler und Walter Süß (Hrsg.), Stalinismus. Probleme der Sowjetgesellschaft zwischen Kollektivierung und Weltkrieg. Frankfurt 1982
Efim Etkind, Unblutige Hinrichtung. München 1978

Die Fackel: siehe Karl Kraus
Laurel E. Fay, Shostakovich – A Life. Oxford University Press 1999
Gustav Theodor Fechner, Das unendliche Leben. München 1984
Iring Fetscher, Stalin, Über dialektischen und historischen Materialismus. Vollständiger Text und kritischer Kommentar. Frankfurt, 3. Auflage 1957
Iring Fetscher, Von Marx zur Sowjetideologie. Frankfurt 1956/81
Iring Fetscher, Der Marxismus. Seine Geschichte in Dokumenten. München 1962/83

Edward Garden, Tschaikowsky. Leben und Werk. Stuttgart 1986
„Geliebte Freundin". Tschaikowskys Leben und sein Briefwechsel mit Nadeschda von Meck. Hrsg. C. Drinker Bowen und Barbara von Meck. Leipzig 1938
Hermann Glaser, Spießerideologie. Frankfurt 1964 (Neuauflage 1985)
Wilhelm Goerdt, Russische Philosophie. Zugänge und Durchblicke. Freiburg 1984
Detlef Gojowy, Dimitri Schostakowitsch mit Selbstzeugnissen und Bilddokumenten dargestellt. Reinbek 1983
Maxim Gorki, Für Frieden und Demokratie. Berlin 1954
Lenin und Gorki. Eine Freundschaft in Dokumenten. Berlin (DDR) 1974
Joseph Gregor und René Fülöp-Miller, Das russische Theater. Wien 1927
Wassilij Grossman, Leben und Schicksal. Roman. Hamburg 1984
George Grosz und Wieland Herzfelde, Die Kunst ist in Gefahr
Berlin 1925 (Malik-Bücherei, Bd. 3)
Gernot Gruber, Dimitri Schostakowitsch: 13. Streichquartett.
Melos 4/1985, S.47

Eduard Hanslick, Vom Musikalisch-Schönen. Leipzig 1922
Miklós Haraszti, Der Staatskünstler. Berlin 1984
Michail Heller und Alexander Nekrich, Geschichte der Sowjetunion. 2 Bände, Königstein/Taunus 1981
Everett Helm, Peter I. Tschaikowsky in Selbstzeugnissen und Bilddokumenten. Reinbek 1976
Peter Heyworth, Gespräche mit Klemperer. Frankfurt 1974
Peter Heyworth, Otto Klemperer. His life and times. Vol. 1: 1885–1933. Cambridge 1983
Allan B. Ho and Dmitry Feofanov, Shostakovich Reconsidered. With an Ouverture by Vladimir Ashkenazy. Toccata Press 1998
Lothar Hoffmann-Erbrecht, Die Sinfonie. Köln 1967
Lothar Hoffmann-Erbrecht, A. Skrjabin und der russische Symbolismus. In: Musik des Ostens, Nr. 6/1972
Arthur Honegger, Beruf und Handwerk des Komponisten. Leipzig 1980
Derek C. Hulme, Shostakovitch Catalogue. Muir of Ord

Allan Janik und Stephen Toulmin, Wittgensteins Wien. München 1984
E. John / E. Lippold / M. Rammler, Kunst und sozialistische Bewußtseinsbildung. Berlin (DDR) 1974

Vladimir Karbusicky, Gustav Mahler und seine Umwelt. Darmstadt 1978
Konzertbuch Klaviermusik, hrsg. v. Christof Rüger. Leipzig 1982
Otto Klemperer, Meine Erinnerungen an Gustav Mahler. Zürich 1960
Gerd Koenen, Der unerklärte Frieden. Deutschland, Polen und Rußland. Frankfurt 1985
Arthur Koestler, Sonnenfinsternis. London 1946 (Originalausgabe „Darkness at noon" London 1940), Wien 1978
Lew Kopelew, Aufbewahren für alle Zeit. Hamburg 1976
Lew Kopelew, Und schuf mir einen Götzen. Lehrjahre eines Kommunisten. Hamburg 1979
Jiři Kosta, Wirtschaftssysteme des realen Sozialismus. Köln 1984
Karl Kraus, Werke. München 1965
Karl Kraus, Die Fackel. Reprint Frankfurt 1968/76

Hellmut Kühn und Georg Quander, Gustav Mahler. Ein Lesebuch mit Bildern. Katalog der Berliner Festwochen, Zürich 1982
Geschichte der Kommunistischen Partei der Sowjetunion (Bolschewiki). Kurzer Lehrgang. Herausgegeben vom ZK der KPdSU.
Wladimir I. Lenin, Werke. Herausgegeben vom Institut für Marxismus-Leninismus beim ZK der SED. Berlin (DDR)
Susanne Leonhardt, Gestohlenes Leben. Frankfurt 1956. Gekürzte Neuauflage: *Fahrt ins Verhängnis*, Freiburg 1983
Wolfgang Leonhard, Die Revolution entläßt ihre Kinder.
Adolf Loos, Trotzdem. Wien 1982
Kontroversen. Adolf Loos im Spiegel seiner Zeitgenossen. Hrsg. Adolf Opel. Wien 1985
Reinhard Lorenz, Sozialgeschichte der Sowjetunion. Frankfurt 1976
N. W. Lukjanowa, D.D. Schostakowitsch. Berlin (DDR) 1982
Anatol Lunatscharski, Das Erbe. Essays, Reden, Notizen. Dresden 1965
Anatol Lunatscharski, Die Revolution und die Kunst. Essays, Reden, Notizen. 2. Auflage Dresden 1974

Malcolm MacDonald, Dmitri Schostakowitsch. A complete catalogue. London 1977
Alma Mahler, Gustav Mahler. Erinnerungen und Briefe. Berlin 1971 (Erstauflage Amsterdam 1940)
Alma Mahler-Werfel, Mein Leben. Frankfurt 1960
Gustav Mahler, Briefe. Wien 1924. Neuausgabe Wien 1982
Gustav Mahler, Unbekannte Briefe. Wien 1983
Gustav Mahler. Tübingen 1966
Gustav Mahler. Ein Lesebuch mit Bildern. Siehe: Kühn/Quander
Gustav Mahler / Richard Strauss: Briefwechsel 1888–1911. Hrsg. Herta Blaukopf. München 1980
Wladimir Majakowski, Werke in zehn Bänden. Frankfurt 1980
Norman del Mar, Mahler's Sixth Symphony – A Study. London 1980
Iwan Martynow, Dmitrij Schostakowitsch. Berlin 1947 (geschrieben 1942, Originalausgabe Moskau 1946)
Karl Marx, Friedrich Engels, Werke. Berlin (DDR) MEW
J. A. Medwedew, Der Fall Lyssenko. Eine Wissenschaft kapituliert. Hamburg 1971
R. A. Medwedew, Die Wahrheit ist unsere Stärke. Geschichte und Folgen des Stalinismus. Frankfurt 1973
R. A. Medwedew, Chruschtschow. Eine politische Biographie. Stuttgart 1983
Der Merker, 3. Jg. 1912 (Wien), Gustav-Mahler-Heft
J. T. Murphy, Stalin 1879–1944. Nachdruck Frankfurt 1975

Nicolas Nabokov, Zwei rechte Schuhe im Gepäck. Erinnerungen eines Weltbürgers. München 1975
Arthur Neißer, Gustav Mahler. Leipzig 1918
Gottfried Niedhart (Hrsg.), Der Westen und die Sowjetunion. Einstellungen und Politik gegenüber der UdSSR in Europa und in den USA seit 1917. Paderborn 1983
Hans-Heinrich Nolte, „Drang nach Osten". Sowjetische Geschichtsschreibung der deutschen Ostexpansion. Frankfurt 1976
Nathan Notowicz, Wir reden hier nicht über Napoleon. Gespräche mit Hanns Eisler und Gerhardt Eisler. Berlin (DDR) 1971

Nikolai Ostrowski, Wie der Stahl gehärtet wurde. Berlin 1947
N. v. d. Pals, Tschaikowsky. Potsdam 1940
Ferdinand Pfohl, Gustav Mahler. Hamburg 1973
Bianka Pietrow, Stalinismus, Sicherheit, Offensive. Das Dritte Reich in der Konzeption der sowjetischen Außenpolitik 1933–1941. Melsungen 1983
Friedrich Pollock, Die planwirtschaftlichen Versuche in der Sowjetunion 1917–1927. Band 2 der Schriften des Instituts für Sozialforschung Frankfurt am Main. Leipzig 1929
Fred K. Prieberg, Musik in der Sowjetunion. Köln 1965
Sergej Prokofiew. Leipzig 1965
Harry Pross (Hrsg.), Kitsch. Soziale und politische Aspekte einer Geschmacksfrage. München 1985

Sarah Quigley, The Conductor. Random House New Zealand 2011, deutsch: Der Dirigent, Aufbau Berlin 2012

Sergei Radamsky, Der verfolgte Tenor. München 1972
Gespräche mit Walter Rathenau. Hrsg. Ernst Schulin. München 1980
Hans Raupach, Geschichte der Sowjetwirtschaft. Reinbek 1964
Willy Reich, Gustav Mahler im eigenen Wort und im Wort seiner Freunde. Zürich 1958
Michal Reiman, Die Geburt des Stalinismus. Frankfurt 1979
David Riesman, Die einsame Masse. Hamburg 1958
Mstislaw und Galina Rostropowitsch, Die Musik und unser Leben. Bern 1985 (Originalausgabe Paris 1983)
Karl-Heinz Ruffmann, Sowjetrußland 1917–1977. München 1967/79
Gerd Ruge, Gespräche in Moskau. Köln 1961
B. Rukschcio und R. Schachel, Adolf Loos. Salzburg 1982

Katherina Prinzessin Sayn-Wittgenstein, Als unsere Welt unterging. Tagebuch aus den Tagen der Russischen Revolution. Berlin 1984
Andrej Schdanow, Über Kunst und Wissenschaft. Berlin (DDR) 1951
Ludwig Schiedermair, Gustav Mahler. Leipzig 1900
Hans-Jürgen Schmitt (Hrsg.), Die Expressionismusdebatte. Frankfurt 1973
Carl Schorske, Wien – Geist und Gesellschaft im Fin de Siècle. Frankfurt 1982
Dmitri Schostakowitsch: Chaos statt Musik? Briefe an einen Freund. Herausgegeben und kommentiert von Isaak Dawydowitsch Glikman. Berlin 1995
Dimitri Schostakowitsch, Erfahrungen. Aufsätze, Erinnerungen, Reden, Diskussionsbeiträge, Interviews, Briefe. Leipzig 1983
Dimitri Schostakowitsch und seine Zeit. Katalog *Kunst und Kultur* zur Ausstellung im Wilhelm-Lehmbruck-Museum der Stadt Duisburg. Hrsg. Ministerium für Kultur der UdSSR 1984
Dimitri Schostakowitsch und seine Zeit. Katalog *Mensch und Werk* zur Ausstellung im Niederrheinischen Museum in Duisburg. Hrsg. Ministerium für Kultur der UdSSR 1984
Dimitri Schostakowitsch: Dokumente, Interpretationen, Programme. Programmbuch zum Internationalen Schostakowitsch-Festival 1984/85 in Duisburg. Herausgegeben vom Kulturdezernat der Stadt Duisburg und vom Westdeutschen Rundfunk Köln in Verbindung mit dem Kulturministerium der UdSSR und dem Komponistenverband der UdSSR. Duisburg 1984

Boris Schwarz, Musik und Musikleben in der Sowjetunion. 1917 bis zur Gegenwart. 3 Bände, Wilhelmshaven 1982
Ervin Sinkó, Roman eines Romans. Köln 1962
Grigori Sinowjew, Geschichte der KPR (B). Hamburg 1923
Nicolas Slonimsky, Music since 1900. New York 1949
Iwan Sollertinski, Von Mozart bis Schostakowitsch. Leipzig 1979
Alexander Solschenizyn, Der Archipel GULAG. 3 Bände, Bern 1974
Sowjetunion – Werden und Gestalt einer Weltmacht. Hrsg. H. Ludat. Gießen 1962
Sozialistische Realismuskonzeptionen. Dokumente zum 1. Allunionskongress der Sowjetschriftsteller. Hrsg. H. J. Schmitt und G. Schramm. Frankfurt 974
Richard Specht, Gustav Mahler. Berlin 1913
Manès Sperber, Wie eine Träne im Ozean. Roman-Trilogie. Wien 1976 (geschrieben 1940–51)
Manès Sperber, Individuum und Gemeinschaft. Versuch einer sozialen Charakterologie. Stuttgart 1978 (geschrieben 1933/34)
Josef W. Stalin, Ökonomische Probleme des Sozialismus in der UdSSR. Berlin (DDR) 1952
Josef W. Stalin, Marxismus und Fragen der Sprachwissenschaft. Peking 1974
Josef W. Stalin, Werke Band 1–13. Herausgegeben vom Marx-Engels-Lenin-Institut beim ZK der KPdSU. Berlin (DDR) 1950
Jörg Steiner, Wer tanzt schon zu Musik von Schostakowitsch. Suhrkamp Frankfurt 2000
Friedbert Streller, Dmitri Schostakowitsch für Sie portraitiert. Leipzig 1982

Richard Taruskin, Public Lies and Unspeakable Truth. In: David Fanning (Hrsg.), Shostakovich Studies. Cambridge 1995
Teure Freundin. Tschaikowskys Briefwechsel mit Nadeshda von Meck. Leipzig 1964
Zur Theorie des Sozialistischen Realismus. Herausgegeben vom Institut für Gesellschaftswissenschaften beim ZK der SED. Berlin (DDR) 1974
Klaus Theweleit, Männerphantasien. 2 Bände, Frankfurt 1978
Traum und Wirklichkeit. Wien 1870–1930. Katalog der Wiener Ausstellung 1985
Modest Tschaikowsky, Das Leben Peter Iljitsch Tschaikowskys. 2 Bände, Leipzig 1901/03
P. I. Tschaikowsky. Herausgegeben vom Staatlichen Hausmuseum Klin. Leipzig 1979

Dziga Vertov, Schriften zum Film. München 1973
Solomon Volkow (Hrsg.), Die Memoiren des Dmitri Schostakowitsch. Hamburg 1979
William T. Vollmann, Europe Central. Viking Penguin 2005, deutsch: Suhrkamp Berlin 2012

Bruno Walter, Gustav Mahler. Ein Portrait. Frankfurt 1957 (Erstauflage 1936; Neuauflage Wilhelmshaven 1981)
Bruno Walter, Thema mit Variationen. Frankfurt 1960
Herbert Weinstock, Tschaikowsky. München 1947
Berndt W. Wessling, Gustav Mahler – Prophet der neuen Musik. Hamburg 1974

Bertha Zuckerkandl, Österreich intim. Frankfurt 1970

Werkverzeichnis und -register

I. Frühwerke

op. 1 Scherzo fis-moll für Orchester (1919)
op. 2 Acht Präludien für Klavier (1919/20)
o. op. Fünf Präludien für Klavier (aus einer Gemeinschaftsarbeit, 1920/21; Nr. 2 a-moll, Nr. 3 G-Dur, Nr. 4 e-moll, Nr. 15 des-moll, Nr. 18 f-moll)

op. 3 Thema mit Variationen für Orchester (1922)
op. 4 Zwei Fabeln von Krylow (1922):
1) *Die Libelle und die Ameise*
für Mezzosopran und Kammerorchester
2) *Der Esel und die Nachtigall*
für Frauenchor und Kammerorchester
op. 5 Drei phantastische Tänze für Klavier (1922)
Allegretto, Andantino, Allegretto
op. 6 Suite fis-moll für zwei Klaviere (1922)
Prélude, Phantastischer Tanz, Nocturne, Finale

op. 7 Scherzo Es-Dur für Orchester (1923)
op. 8 1. Trio für Violine, Violoncello und Klavier (1923) 33, 42
op. 9 Drei Stücke für Violoncello und Klavier (1923/24):
Fantasie, Prélude, Scherzo

op. 10 1. Symphonie f-moll (1924/25) 10, 31, 43, 93, 139, 154, 217, 230, 277
op. 11 Zwei Stücke für Streichoktett (1924/25) 33, 154
1) Präludium
2) Scherzo

op. 12 1. Klaviersonate (1926) 33, 72, 182

op. 13 *Aphorismen*, zehn Stücke für Klavier (1927) 72, 74, 290
1) Rezitativ
2) Serenade
3) Nocturne
4) Elegie
5) Trauermarsch
6) Etüde
7) Totentanz
8) Kanon
9) Legende
10) Wiegenlied
op. 14 2. Symphonie H-Dur *Widmung an den Oktober* für Chor und Orchester, Text: A. Besymenski (1927) 34

op. 15 *Die Nase*, Oper in drei Akten, Libretto: A. Preuß, E. Samjatin, G. Junin, D. Schostakowitsch nach N. Gogol (1927/28) 34, 39f, 43, 290
op. 15a: Suite aus *Die Nase* für Tenor, Bariton und Orchester
op. 16 *Tahiti Trott*, Paraphrase über den Foxtrott *Tea for two* von Vincent Youmans (1928) 43, 66

op. 17 Zwei Stücke von Domenico Scarlatti, Transkription für Kammerensemble (1928):
a) Pastorale
b) Capriccio

op. 18 Musik zu dem Film *Das Neue Babylon* von G. Kosinzew und L. Trauberg (1928/29) 35, 153
op. 19 Musik zur Komödie *Die Wanze* von W. Majakowski / TRAM (1929) 35f
op. 20 3. Symphonie Es-Dur *Der 1. Mai* für Chor und Orchester, Text: S. Kirsanow (1929/30) 34, 260
op. 21 Sechs Lieder auf Texte japanischer Dichter für Tenor und Orchester (1928–32):
1) Liebe
2) Vor dem Selbstmord
3) Der unbescheidene Blick
4) Zum ersten und zum letzten Mal
5) Hoffnungslose Liebe
6) Der Tod
op. 22 *Das goldene Zeitalter*, Ballett in drei Akten, Libretto: A. Iwanowski (1929/30) 37f, 66, 287
op. 22a: Suite daraus
op. 23 Ouvertüre und Zwischenaktmusik zu der Oper *Armer Columbus* von Erwin Dressel (1929)
op. 24 Musik zu der Komödie *Der Schuss* von A. Besymenski / TRAM (1929)

op. 25 Musik zu dem Drama *Celina* von A. Gorbenko und N. Lwow nach dem Roman *Neuland unterm Pflug* von M. Scholochow / TRAM (1930) 157
op. 26 Musik zu dem Film *Allein* von G. Kosinzew, L. Trauberg (1930)

op. 27 *Der Bolzen*, choreographisches Schauspiel in drei Akten, Libretto: W. Smirnow (1930/31) 37f
op. 28 Musik zu dem Schauspiel *Regiere, Britannia!* von A. Piotrowski / TRAM (1931)
op. 29 *Lady Macbeth von Mzensk*, Oper in vier Akten, Libretto: A. Preuß und D. Schostakowitsch nach N. Leskow (1930–32) 39–41, 44f, 55, 60–62, 66, 74f, 124, 139, 153, 178, 180, 185, 193f, 196, 216, 246, 288f
op. 30 Musik zum Film *Goldene Berge* von S. Jutkiewicz (1931)
op. 31 Musik zur Revue *Der bedingt Ermordete* von E. Riss und W. Wojewodin (1931)

op. 32 Musik zu der Tragödie *Hamlet* von Shakespeare / Wachtangow-Theater, N. Akimow (1932) 38
op. 32a: *Hamlet*-Suite für kleines Orchester
op. 33 Musik zu dem Film *Der Gegenplan* von L. Arnstam (1932)

op. 34 24 Préludes für Klavier (1932/33) 42
op. 35 Konzert für Klavier, Trompete und Streichorchester (1933) 42f, 139, 232

op. 36 Musik zu dem Zeichentrickfilm *Das Märchen vom Popen und seinem Knecht Flegel* nach Puschkin von M. Zechanowski (1934)

Fragmente als Oper bearbeitet von S. Chentowa, 1980

op. 37 Musik zum Schauspiel *Menschliche Komödie* nach Balzac / Wachtangow-Theater, A. Koslowski und B. Schukin (1933/34)

o. op. 1. Suite für Jazzorchester (1934, urspr. op. 38) 66, 197
1. Walzer
2. Polka
3. Blues

op. 38 Musik zu dem Film *Liebe und Hass* von A. Hendelstein (1934)

op. 39 *Der helle Bach*, Ballett in drei Akten, Libretto: F. Lopuchow und A. Piotrowski (1934/35) 66, 289

op. 40 Sonate für Violoncello und Klavier d-moll (1934) 42, 139, 141, 154, 201, 203

op. 41,1 Musik zu dem Film *Maxims Jugend* von G. Kosinzew und L. Trauberg (1934/35)

op. 41,2 Musik zu dem Film *Freundinnen* von L. Arnstam (1934/35)

op. 42 Fünf Fragmente für Orchester (1935) 74, 260

op. 43 4. Symphonie (1935/36) 74f, 108, 111, 120, 122, 126, 138–141, 178, 184, 209, 217, 239, 250, 272

II. „Stalinismus“

op. 44 Musik zu dem Schauspiel *Sei gegrüßt, Spanien* von A. Afinogenow (1936)

op. 45 Musik zu dem Film *Maxims Rückkehr* von G. Kosinzew und L. Trauberg (1936/37)

op. 46 Vier Lieder nach Worten von A. Puschkin für Bass und Klavier (1936) 74, 205
1. Wiedergeburt
2. Eifersüchtig das Mägdlein schalt
3. Vorahnung
4. Stanzen

op. 47 5. Symphonie d-moll (1937) 11f, 75, 88, 91, 111, 128, 139, 141, 143f, 151–154, 180, 184, 197f, 200f, 217, 223, 268, 296, 324

op. 48 Musik zu dem Film *Wolotschajewer Tage* von G. und S. Wassiljew (1936/37)

op. 49 1. Streichquartett C-Dur (1938) 151, 259

op. 50 Musik zu dem Film *Die Wyborger Seite* von G. Kosinzew und L. Trauberg (1938)
op. 50a: Suite aus der Filmtrilogie *Maxim*

op. 51 Musik zu dem Film *Freunde* von L. Arnstam (1938)

op. 52 Musik zu dem Film *Der große Bürger* Teil I von F. Ermler (1938)

op. 53 Musik zu dem Film *Der Mann mit dem Gewehr* von S. Jutkiewicz und N. Pogodin (1938)

o. op. 2. Jazz-Suite (1938)

op. 54 6. Symphonie h-moll (1939) 152f
op. 55 Musik zu dem Film *Der große Bürger* Teil II von F. Ermler (1939)
op. 56 Musik zu dem Zeichentrickfilm *Das dumme Mäuschen* von S. Marschak und M. Zechanowski (1939)

op. 57 Klavierquintett g-moll (1940) 153f, 244
op. 58 Instrumentation der Oper *Boris Godunow* von Modest Mussorgski (1939/40) 142, 153, 201, 209f
op. 58a Musik zu der Tragödie *König Lear* von Shakespeare (1940)
o. op. Drei Stücke für Solovioline (1940, urspr. op. 59)
op. 59 Musik zu dem Film *Korsinskis Abenteuer* von K. Mintz (1940)

op. 60 7. Symphonie C-Dur (*Leningrader Symphonie*) (1941) 10–12, 15, 91, 161, 169, 174–176, 178f, 184, 188f, 197, 201, 203

o. op. Musik zu der Revue *Vaterland* des Gesangs- und Tanzensembles des NKWD (1942) 188
daraus: Suite *Leningrad* für Chor und Orchester (1942, urspr. op. 61)
o. op. Marsch für Blasorchester (1942)
op. 61 2. Klaviersonate (1942) 181
op. 62 Sechs Lieder nach englischen Gedichten für Bass und Klavier (1942) 182, 201, 243, 266
1. Walter Raleigh, An seinen Sohn
2. Robert Burns, O säh ich auf der Heide dort
3. Robert Burns, MacPhersons Abschied 182, 189, 201, 203, 243f
4. Robert Burns, Jenny
5. William Shakespeare, Sonett Nr. 66
6. Kinderreim, Königlicher Feldzug
op. 63 *Die Spieler*, Opernfragment nach N. Gogol (1942) 1981 ergänzt von Krzysztof Meyer 188
o. op. *Schwur dem Volkskommissariat* für Bass, Chor und Klavier, Text: W. Sajanow 188

op. 64 Musik zu dem Film *Soja* von L. Arnstam (1943/44)
op. 64a: Suite daraus (Nr. 4 Prélude aus op. 34)
op. 65 8. Symphonie c-moll (1943) 154, 156, 162, 183–185, 189, 201, 203, 216

op. 66 Musik zu dem Programm *Der russische Strom* des Gesangs- und Tanzensembles des NKWD (1944) 188
o. op. Acht englische und amerikanische Volkslieder bearbeitet für Singstimme und Orchester (1944)
op. 67 2. Klaviertrio e-moll (1944) 157, 160f, 186, 201, 217f
op. 68 2. Streichquartett A-Dur (1944) 190, 201, 259

op. 69 *Kinderalbum*, sechs Klavierstücke (1944/45)
op. 70 9. Symphonie Es-Dur (1945) 188–190, 201, 203, 243, 277
op. 71 Musik zu dem Film *Einfache Leute* von G. Kosinzew und L. Trauberg (1945)
op. 72 Zwei Lieder nach Texten von M. Swjetlow für Sopran, Tenor und Klavier (1945):
1. Wiegenlied

2. Laternchen (aus der Bühnenmusik *Siegreiches Frühjahr* für Solisten, Chor und Orchester; darin auch: 3. *Siegeslied*, Text von J. Dolmatowski)

op. 73 3. Streichquartett F-Dur (1946) 155, 186, 190, 201, 203, 209

op. 74 *Poem von der Heimat* für Soli, Chor und Orchester (1947) 161
o. op. *Puppentänze*, 7 Klavierstücke (1947) 197
1. Lyrischer Walzer
2. Gavotte
3. Romanze
4. Polka
6. Leierkasten
7. Tanz
5. Scherzwalzer

op. 75 Musik zu dem Film *Die Junge Garde* nach dem Roman von A. Fadejew, von S. Gerassimow, Teil I und II (1947/48)
op. 75a: Suite daraus
op. 76 Musik zu dem Film *Pirogow* nach J. German, von G. Kosinzew (1947)
op. 76a: Suite daraus
op. 77 1. Violinkonzert a-moll (1947) 156, 161, 186, 201, 210, 216

o. op. Drei Stücke für Orchester (1947/48):
1. Serenade
2. Walzer
3. Marsch

op. 78 Musik zu dem Film *Mitschurin*, A. Dowschenko (1948)
op. 78a: Suite daraus
op. 79 *Aus hebräischer Volkspoesie*, elf Lieder für Sopran, Alt, Tenor und Klavier (1948) 161, 197, 216, 239
op. 79a Fassung mit Orchester (1963)
op. 80 Musik zu dem Film *Begegnung an der Elbe* von G. Alexandrow (1948); darin: Weltfriedenslied 197
op. 80a: Suite daraus

op. 81 *Das Lied von den Wäldern*, Oratorium für Tenor, Bass, Chor und Orchester nach Texten von J. Dolmatowski (1949) 197, 208, 254
op. 82 Musik zu dem Film *Der Fall von Berlin* von M. Tschiaureli (1949) 197
op. 82a: Suite daraus
op. 83 4. Streichquartett D-Dur 155, 201, 203, 207
o. op. Ballettsuite Nr. 1 (1949):
1. Lyrischer Walzer
2. Tanz
3. Romanze (aus den Puppentänzen für Klavier)
4. Polka
5. Scherz-Walzer (aus den Puppentänzen)
6. Galopp

op. 84 Zwei Lieder nach M. Lermontow (1950)
1. Ballade
2. Morgen im Kaukasus

op. 85 Musik zu dem Film *Belinski* von G. Kosinzew (1950)
op. 85a: Suite daraus

o. op. Ballettsuite Nr. 2 (1951):
1. Walzer
2. Adagio
3. Polka (urspr. für Jazzensemble)
4. Romance sentimentale
5. Frühlingswalzer
6. Finale (Galopp)

op. 86 Vier Lieder nach J. Dolmatowski (1951) 197
1. Die Heimat hört es
2. Er liebt – er liebt nicht
3. Hilf mir
4. Wiegenlied
op. 87 24 Präludien und Fugen für Klavier (1950/51) 201
op. 88 Zehn Poeme nach revolutionären Gedichten für gemischten Chor a cappella (1951) 197
1. Mutige Freunde, gehn wir voran
2. Einer unter vielen
3. Die Straße frei
4. Begegnung beim Abtransport
5. Den Hingerichteten
6. Der 9. Januar
7. Es verstummten die Salven
8. Sie siegten im Kampfe
9. Mailied
10. Lied
op. 89 Musik zu dem Film *Das unvergessliche Jahr 1919* von M. Tschiaureli (1951)
op. 89a: Suite daraus
o. op. Zehn russische Volkslieder für Singstimme, Chor und Klavier (1951)

o. op. Ballettsuite Nr. 3 (1952):
1. Walzer
2. Gavotte (nach den Puppentänzen für Klavier)
3. Tanz
4. Elegie
5. Lyrischer Walzer (nach den Puppentänzen)
6. Galopp
op. 90 *Über unserer Heimat scheint die Sonne* Kantate nach J. Dolmatowski für Kinderchor, gem. Chor und Orchester (1952) 197
op. 91 Vier Monologe nach A. Puschkin für Bass und Klavier (1952) 205
1. Fragment
2. Was liegt dir wohl am Namen mein?
3. Sendschreiben nach Sibirien
4. Abschied
op. 92 5. Streichquartett B-Dur (1952) 201, 203, 206f, 219
o. op. 4. Ballettsuite (1953)

III. „Tauwetter“

op. 93 10. Symphonie e-moll (1953) 13, 155, 180, 207–209, 211, 215–217, 244, 250, 255f, 324
op. 94 Concertino für zwei Klaviere (1953)

op. 95 Musik zu dem Film *Lied der Ströme*, J. Ivens (1954)
op. 96 *Festliche Ouvertüre* (1954) 216

op. 97 Musik zu dem Film *Die Stechfliege* von A. Feinzimmer (1955)
op. 97a: Suite daraus

op. 98 Fünf Lieder nach J. Dolmatowski (1955) 197, 216
1. Tag der Begegnung
2. Tag des Eingeständnisses
3. Tag der Kränkung
4. Tag der Freude
5. Tag der Erinnerungen

op. 99 Musik zu dem Film *Die Staffel* von M. Kalatosow (1956)
op. 100 *Spanische Lieder* für Sopran und Klavier (1956) 216
op. 101 6. Streichquartett G-Dur (1956) 186, 203, 216, 229

op. 102 2. Klavierkonzert F-Dur (1957) 216
op. 103 11. Symphonie g-moll *Das Jahr 1905* (1957) 11, 216, 222f, 225, 228f, 254
op. 104 Zwei Bearbeitungen russischer Volkslieder für Chor a cappella (1957)

op. 105 *Moskau-Tscherjomuschki*, Operette, Libretto: W. Mass und M. Tscherwinski (1958) 235

op. 106 Bearbeitung der Oper *Chowanschtschina* von M. Mussorgski für die Verfilmung (1959)
op. 107 1. Konzert für Violoncello und Orchester (1959) 217–219, 235f

op. 108 7. Streichquartett fis-moll (1960) 203, 217, 235, 237
op. 109 *Satiren* (Bilder aus der Vergangenheit) nach Texten von Sascha Tschorny für Sopran und Klavier (1960) 217, 237, 239, 261
1. An den Kritiker
2. Frühlingserwachen
3. Die Nachkommen
4. Tragisches Missverständnis
5. Kreutzer-Sonate
op. 110 8. Streichquartett c-moll (1960) 12–14, 203, 217, 219–221, 237, 239, 250
op. 110a: Bearbeitung für Kammerorchester von Rudolf Barschai
op. 111 Musik zu dem Film *Fünf Tage – fünf Nächte* von L. Arnstam (1960)
op. 111a: Suite daraus
o. op. *Die Glocken von Noworossisk*, Den Helden des Großen Vaterländischen Krieges (1960) für Orchester

op. 112 12. Symphonie d-moll *Das Jahr 1917* (1961) 11, 152, 222f, 226, 239, 246, 254

op. 113 13. Symphonie b-moll für Bass, Männerchor und Orchester nach Texten von J. Jewtuschenko (1962) 160, 162, 236, 239, 242, 245f, 265, 267
op. 124 Zwei Chöre von A. Dawidenko, bearbeitet für Chor und Orchester (1962)
op. 125 Neuinstrumentierung des Cellokonzerts a-moll von Robert Schumann (1962)
o. op. Instrumentierung der *Lieder und Tänze des Todes* von M. Mussorgski für Sopran und Orchester (1962)

op. 114 *Katerina Ismailowa*, Neubearbeitung der Oper *Lady Macbeth von Mzensk* op. 29, Libretto: I. Glikmann und D. Schostakowitsch (1963) 246
op. 115 Ouvertüre über russische und kirgisische Volksthemen für Orchester (1963)
op. 116 Musik zu dem Film *Hamlet* nach Shakespeare von G. Kosinzew (1963/64) op. 116a: Suite daraus
op. 117 9. Streichquartett Es-Dur (1964) 249, 254, 263
op. 118 10. Streichquartett As-Dur (1964) 155, 186, 249, 251
op. 119 *Die Hinrichtung des Stepan Rasin*, Poem für Bass, Chor und Orchester nach Worten von J. Jewtuschenko (1964) 247

op. 120 Musik zu dem Film *Ein Jahr wie ein Leben* von G. Roschal (1965) 259
op. 121 Fünf Lieder nach Texten aus der Zeitschrift *Krokodil* Nr. 24 (1782) vom 30. August 1965 für Bass und Klavier (1965):
1. Eigene Aussage
2. Schwer erfüllbarer Wunsch
3. Umsicht
4. Irinka und der Hirte
5. Übertriebene Begeisterung

op. 122 11. Streichquartett f-moll (1966) 251
op. 123 *Vorwort zur Gesamtausgabe meiner Werke und kurze Betrachtungen hinsichtlich dieses Vorworts* für Bass und Klavier (1966) 251
op. 124 s.1962
op. 125 s.1962
op. 126 2. Cellokonzert g-moll (1966) 252, 254f

IV. Spätwerk

op. 127 Liederfolge nach Gedichten von Alexander Blok für Sopran, Violine, Violoncello und Klavier (1967) 255, 258f, 268
1. Lied der Ophelia
2. Gamajun, der Prophetenvogel
3. Wir waren zusammen
4. Die Stadt schläft
5. Sturm
6. Geheimnisvolle Zeichen
7. Musik
op. 128 *Frühling*, Lied nach A. Puschkin (1967)
op. 129 2. Violinkonzert cis-moll (1967) 258f, 268, 272

op. 130 *Trauer- und Triumph-Präludium zum Gedenken an die Helden der Stalingrader Schlacht* für Orchester (1967) 259
op. 131 *Oktober* Symphonisches Poem c-moll für Orchester (1967) 258f
op. 132 Musik zu dem Film *Sofia Petrowskaja* von E. Gawrilowitsch (1967)

op. 133 12. Streichquartett Des-Dur (1968) 272f
op. 134 Sonate für Violine und Klavier (1968) 187, 272f

op. 135 14. Symphonie nach Worten von F. Garcia Lorca, G. Apollinaire, R. M. Rilke und W. Küchelbecker für Sopran, Bass und Kammerorchester (1969) 236, 259, 264f, 267f
1. De profundis (Garcia Lorca)
2. Malageña (Garcia Lorca)
3. Loreley (Apollinaire)
4. Der Selbstmörder (Apollinaire)
5. Auf Wacht (Apollinaire)
6. Madame, schaun Sie mal! (Apollinaire)
7. Im Kerker der Santé (Apollinaire)
8. Antwort der Saporoger Kosaken an den Sultan von Konstantinopel (Apollinaire)
9. O Delwig, Delwig! (Küchelbecker)
10. Der Tod des Dichters (Rilke)
11. Schluss-Stück (Rilke)

op. 136 *Die Treue*, acht Balladen für Männerchor a cappella auf Verse von J. Dolmatowski (1970)
op. 137 Musik zu dem Film *König Lear* von G. Kosinzew (1970)
op. 138 13. Streichquartett b-moll (1970) 273
op. 139 *Marsch der sowjetischen Miliz* für Blasorchester (1970) 259
op. 140 Instrumentation der Sechs englischen Lieder op. 62 für Bass und Orchester (1970) 266

op. 141 15. Symphonie A-Dur (1971) 187, 214, 259, 267, 277, 279

op. 142 14. Streichquartett Fis-Dur (1973) 259
op. 143 Sechs Gedichte von Marina Zwetajewa für Alt und Klavier (1973) 205, 269
1. Meine Verse
2. Woher solche Zärtlichkeit?
3. Dialog Hamlets mit seinem Gewissen
4. Dichter und Zar
5. Nicht die Trommel bebte
6. An Anna Achmatowa
op. 143a Fassung für Alt und Kammerorchester (1974)

op. 144 15. Streichquartett es-moll (1974) 273
op. 145 Suite nach Worten von Michelangelo für Bass und Klavier (1974) 213, 265, 267–269
1. Wahrheit
2. Der Morgen
3. Liebe
4. Trennung

5. Zorn
6. Dante
7. Dem Verbannten
8. Das Schöpferische
9. Die Nacht
10. Tod
11. Unsterblichkeit

op. 145a Fassung für Bass und Orchester (1974)

op. 146 *Vier Gedichte des Hauptmanns Lebjadkin* aus Dostojewskis Roman *Die Dämonen* für Bass und Klavier (1974) 269, 272
1. Die Liebe des Hauptmanns Lebjadkin
2. Die Küchenschabe
3. Wohltätigkeitsball für Gouvernanten
4. Eine glänzende Persönlichkeit

op. 147 Sonate für Viola und Klavier (1975) 259, 279f

* * *

Das Opus-Verzeichnis enthält:

2 Opern
1 Operette
3 Ballette
4 Kantaten
15 Symphonien
6 Konzerte
4 Ouvertüren
15 Streichquartette
5 Sonaten
2 Klaviertrios
3 Kammermusikwerke
8 Klavierwerke
19 Liederzyklen
4 Chöre
34 Filmmusiken
11 Schauspielmusiken
11 weitere Werke

Die Filmmusiken

1928 G. Kosinzew, L. Trauberg: *Das Neue Babylon* op. 18
Staatl. Filmstudio Leningrad
1930 G. Kosinzew, L. Trauberg: *Allein* op. 26
Sojuskino Leningrad
1931 S. Jutkiewitsch *Goldene Berge* op. 30
Sojuskino Leningrad
1932 L. Arnstam: *Der Gegenplan* op. 33
Sojuskino Leningrad
1933 S. Marschak, M. Zechanowski: *Das Märchen vom Popen und seinem Knecht Flegel* (Zeichentrickfilm, zerstört) op. 36
1934 A. Hendelstein /S. Jearmolinski/: *Liebe und Hass* op. 38
Meschrapomfilm
1934/35 G. Kosinzew, L. Trauberg: *Maxims Jugend* op. 41,1
Lenfilm
L. Arnstam: *Freundinnen* op. 41,2
Lenfilm
1936/37 G. Kosinzew, L. Trauberg: *Maxims Rückkehr* op. 45
Lenfilm
G. und S. Wassiljew: *Wolotschajewer Tage* op. 48
Lenfilm
1938 G. Kosinzew, L. Trauberg: *Die Wyborger Seite* op. 50
Lenfilm
L. Arnstam: *Freunde* op. 51
Lenfilm
F. Ermler: *Der große Bürger* Teil I op. 52
Lenfilm
S. Jutkiewitsch, N. Pogodin: *Der Mann mit dem Gewehr* op. 53
1939 F. Ermler: *Der große Bürger* Teil II op. 55
Lenfilm
M. Zechanowski, S. Marschak: *Das dumme Mäuschen*, Zeichentrickfilm op. 56
1940 K. Mintz: *Die Abenteuer Korsinskis* op. 59
Lenfilm
1943/44 L. Arnstam: *Soja* op. 64
1945 G. Kosinzew, L. Trauberg: *Einfache Leute* op. 71
Lenfilm
1947 G. Kosinzew: *Pirogow* op. 76
Lenfilm
1947/48 S. Gerassimow: *Die Junge Garde* Teil I und II op. 75
Filmstudio Gorki
1948 A. Dowschenko: *Mitschurin* op. 78
Mosfilm
G. Alexandrow: *Begegnung an der Elbe* op. 80
Mosfilm

1949 M. Tschiaureli: *Der Fall von Berlin* op. 82
Mosfilm
1950 G. Kosinzew: *Belinski* op. 85
Lenfilm
1951 M. Tschiaureli: *Das unvergessliche Jahr 1919* op. 89
Mosfilm
1954 J. Ivens: *Lied der Ströme* op. 95
DEFA
1955 A. Feinzimmer: *Die Stechfliege* op. 97
Lenfilm
1956 M. Kalatosow: *Die erste Staffel* op. 99
Mosfilm
1960 L. Arnstam: *Fünf Tage – fünf Nächte* op. 111
Mosfilm/DEFA
1963/64 G. Kosinzew: *Hamlet* op. 116
Lenfilm
1965 G. Roschal: *Ein Jahr wie ein Leben* op. 120
Mosfilm
1967 L. Arnstam, E. Gawrilowitsch: *Sofia Perowskaja* op. 132
Mosfilm
1970 G. Kosinzew: *König Lear* op. 137
Lenfilm

* * *

Musikfilme:

1959 M. Mussorgski: *Chowanschtschina*, Wera Strojewa
Mosfilm
1962 D. Schostakowitsch: *Moskau-Tscherjomuschki*, G. Rappoport
Lenfilm
1966 D. Schostakowitsch: *Katerina Ismailowa*, Michail Schapiro
Lenfilm

Musikalische Fachausdrücke

a cappella – Chorgesang ohne Instrumentalbegleitung
accelerando – beschleunigend
appassionato – leidenschaftlich
Arpeggio – nach Art der Harfe gebrochene Akkorde
assai – sehr
a tempo – im ursprünglichen Tempo
attacca – ohne Pause nächsten Satz anschließen
basso ostinato – ständig wiederholte Bassfigur
Boogie-Woogie – Klavierblues mit ostinatem Bass; später auch ein Modetanz
Burleske – scherzhaft-derbes Instrumentalstück
cantabile – gesangvoll
chromatisch – Verwendung der Tonart fremder Halbtöne
Coda – Schlussabschnitt
con brio – mit Schwung
con forza – mit Kraft
con fuoco – mit Feuer
crescendo – an Lautstärke zunehmend
decrescendo – an Lautstärke abnehmend
dolce – süß
Doppelschlag – verzierende Umkreisung eines Tons
Dynamik – Lautstärkeumfang
Elegie – Trauergesang
Flageolett – leichtes Berühren der Saite an Schwingungspunkten mit dem Finger (statt festem Niederdrücken) erzeugt einen flötenartigen Ton
forte *f* – stark
fortepiano *fp* – Ton stark angespielt, leise fortgesetzt
Galopp – schneller Tanz (2/4)
Generalpause – Pausieren aller Stimmen
glissando – Gleiten von Ton zu Ton
grazioso – anmutig
Kadenz – harmonischer Schlussklang; im Solokonzert das Hinauszögern des Abschlusses durch eine solistische Einlage
Ländler – bayerisch-österreichischer Volkstanz (3/4), langsame Ausgangsform des schnelleren Walzers
legato – lückenloses Verbinden der Töne
maestoso – feierlich
ma non troppo – aber nicht zu sehr
Mazurka – polnischer Tanz (3/4)
mezzoforte *mf* – mittlere Lautstärke
molto – sehr
morendo – ersterbend
Nocturne – serenadenartige Nachtmusik
ostinato – beständig

Passacaglia – kontrapunktische Variationsreihe über basso ostinato
Pastorale – Schäferidylle
piano *p* – leise
pizzicato – gezupft
poco – wenig
Präludium/Prélude – Vorspiel
Requiem – katholische Totenmesse
Rezitativ – dramatischer Sprechgesang
ritardando – das Tempo verringernd
Rondo – Rundgesang mit mehrfach wiederholtem Hauptteil
Serenade – Abendmusik, Ständchen
sereno – heiter
sforzato *sf* – Note mit Akzent
Shimmy – Form des Ragtime (2/4, 2/2); von Hindemith und Kurt Weill Anfang der 20er Jahre aufgegriffen
spiccato – die Töne deutlich getrennt spielen
Stretta – effektvolle Schlussbeschleunigung
Synkope – Verschiebung der Betonung auf einen unbetonten Taktteil, was zu Drängen führt (Drive)
Tempo – Zeitmaß (Metronomschläge pro Minute ca.)
presto – sehr schnell (184)
vivace – lebhaft (160)
allegro – schnell (132)
allegretto – munter (104)
moderato – gemäßigt (88)
comodo – gemächlich (80)
andante – ruhig gehend (66)
larghetto – etwas breit (60)
adagio – langsam (58)
lento – langsam (52)
largo – breit (44)
grave – schwer (40)
(s. unten)
Toccata – barockes Instrumentalstück; im 19./20. Jh. die Motorik betonendes Stück
tutti – alle
unisono – im Gleichklang
un poco – ein wenig
Vergrößerung/Verkleinerung – in längeren/kürzeren Notenwerten

* * *

Anmerkung: Die Metronomisierung von Musikstücken sollte von der Unsicherheit oder Willkür der Interpreten befreien, ist aber problematisch. Bekannt sind die Schwierigkeiten bei Beethovens Tempi, wie Rudolf Kolisch sie dargelegt hat. Zwei Beispiele bei Schostakowitsch:
Mstislaw Rostropowitsch schrieb (Rostropowitsch, S. 70):
(zum 1. Cellokonzert:) „Als ich das Werk zum ersten Mal spielte, fand Schostakowitsch, ich hätte es auf der ganzen Linie richtig getroffen und trug die Tempi meiner

Interpretation noch vor der Publikation in die Partitur ein. Doch fünf Jahre später änderte ich selbst meine Interpretation, vor allem indem ich die Tempi des ersten Satzes beschleunigte, was mir dem Geiste der Musik angemessener erschien. Jedenfalls hielt ich diese Modifikation für einen Fortschritt, und wie ich glaube, teilte auch Schostakowitsch dieses Gefühl. Doch der „Irrtum" meiner ersten Interpretation ist auf ewig in der Partitur festgehalten."

Jewgenij Mrawinski, der Uraufführungsdirigent der Fünften Symphonie, schrieb 1966: „Ich mag die sujethafte ‚literarische' Konkretisierung des Inhalts von Programm-Musik nicht, und Schostakowitsch erläuterte seine Absichten hin und wieder mit sehr konkreten bildhaften Assoziationen. Aber das, was ich von ihm seine Absichten betreffend erfahren konnte, war für mich als ausübender Künstler von großem Wert. So konnte ich also bei der 5. Symphonie von Anfang an überhaupt nichts erreichen, nicht einmal den Hinweis auf Tempobezeichnungen. Ich musste damals zu einer List greifen. Während der Vorbereitung am Flügel, gemeinsam mit Schostakowitsch, wählte ich absichtlich falsche Tempi. Dimitri Dimitrijewitsch wurde ärgerlich, zwang mich aufzuhören und wies auf das erforderliche Tempo hin. Bald hatte er meine Taktik ‚spitzbekommen' und begann nun von sich aus, das eine oder andere zu erwähnen. Die gefundenen Tempobezeichnungen fixierten wir mit dem Metronom und trugen sie in die Partitur ein. Sie wurden in die Druckfassung übernommen. Aber jetzt, wenn ich sie mit der Tonaufzeichnung vergleiche, sehe ich, dass die Metronombezeichnungen für die 5. Symphonie in vielen Fällen ungenau waren und dass das lange Leben dieser Symphonie von sich aus wesentliche Verbesserungen in unsere Tempobezeichnung von damals gebracht hat. [...] Gerade weil ich diese Symphonie häufig dirigiere, fühle ich mich selbst bei jeder Aufführung sehr frei und erlaube mir zu improvisieren. Schließlich ist es auch so, dass der Interpret, wenn er nach einer Pause zu einem Werk zurückkehrt, seine Konzeption neu bedenkt und verändert. Das geschah bei mir in der 10. Symphonie, damals 1965, als sie zwölf Jahre nach der Premiere zur Wiederaufführung vorbereitete. Ich hörte die Schallplatte mit der damaligen Aufnahme an und war unzufrieden. Der erste Satz erschien mir jetzt langgezogen, der dritte ebenfalls. Und ich beschloss, die Symphonie neu zu ‚lesen' und bemühte mich, für jeden Satz eine gleichmäßige und ‚dichtere' Bewegung in jedem Tempo – in jedem Atemzug zu finden." (Schostakowitsch-Programmbuch, S. 74f)

Abbildungsverzeichnis

S. 169: Autograph der ersten Seite der *Siebten Symphonie.* Internationale Musikverlage Hans Sikorski, Hamburg

S. 173: Lew Bruni: *Anna Achmatowa,* Aquarell (1922), aus: Katalog Paris-Moscou 1900–1930, Centre Georges Pompidou, Paris 1979, S. 164, Literaturmuseum, Moskau

S. 185: Schostakowitsch-Karikatur von Kukrinitzi (1943), Privatarchiv

S. 191: Schostakowitsch komponierend auf dem Lande, 1943, aus: Schostakowitsch 1984/85, S. 62. Foto: N. Schostakowitsch

S. 199: Dimitri Schostakowitsch in seinem Arbeitszimmer, 1960er Jahre, Privatarchiv

S. 212: Dimitri Schostakowitsch in den 1970er Jahren, Privatarchiv

S. 213 oben: Nach der Aufführung der *Michelangelo-Suite* (1975), Privatarchiv

S. 213 unten: Dimitri Schostakowitsch in der Fabrik, Leningrad 1961, Privatarchiv

S. 214 oben: Erörterung der Fünfzehnten Symphonie im Komponistenverband (1971), Privatarchiv

S. 214 unten: Dimitri Schostakowitsch mit seiner Frau Irina in Repino (1972), Privatarchiv

S. 224: Überreichung des Internationalen Friedenspreises an Schostakowitsch im Oktober-Saal des Gewerkschaftshauses, Moskau, 1954, Privatarchiv

S. 257 oben: Schostakowitsch mit Dimitri Kabalewski, 1960er Jahre, Privatarchiv

S. 257 unten: Schostakowitsch mit Benjamin Britten, 1960er Jahre, Sächsische Staatskapelle Dresden

S. 282: Alexander Rodtschenko, *Clown mit Saxophon*, Selbstdarstellung, 1938, aus: Katalog Alexander Rodtschenko und Warwara Stepanowa, Duisburg 1982/83, S. 198, Kollektion V. Rodtschenko, Moskau

Trotz umfangreicher Recherchen ist es uns nicht in jedem Fall gelungen, die Rechte der Fotos zu eruieren. Wir bitten gegebenenfalls sich an den Verlag zu wenden.

Namenregister

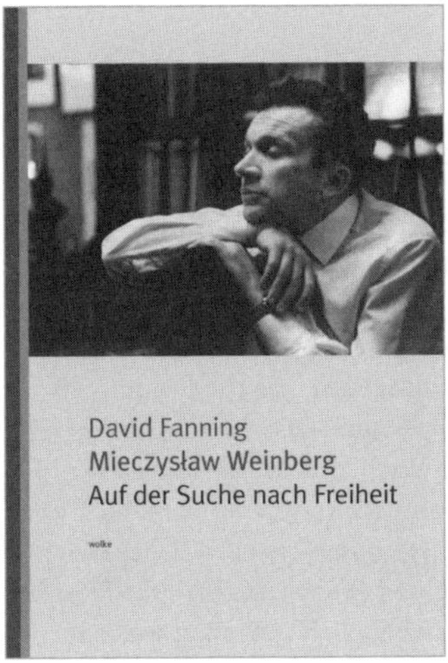

David Fanning

Mieczysław Weinberg

Auf der Suche nach Freiheit

David Fannings Buch ist die erste umfassende Monographie über Weinbergs Leben und Werk. Zusammengetragen aus dem Fundus des Familienarchivs sowie Nachlässen und Erinnerungen derer, die dem Komponisten nahe standen, erzählt er die Geschichte eines Mannes, der sein Leben trotz heftiger Widerstände ausschließlich der Musik widmete. Es entstand ein riesiges Lebenswerk, das sich, „auf der Suche nach Freiheit", an den Widrigkeiten der totalitären Systeme des 20. Jahrhunderts brach. Dieser lebenslange Konflikt zieht sich wie ein roter Faden durch die Biographie des neben Schostakowitsch und Prokofjew bedeutendsten sowjetischen Komponisten.

Mieczysław Weinberg (1919–1996), Pole jüdischer Abstammung, entkam der Verfolgung durch die Nazis zweimal nur knapp: 1939 floh er aus seiner Heimatstadt Warschau nach Minsk und 1941 von dort nach Taschkent. 1943 ließ er sich in Moskau nieder, schon bald anerkannt als einer der herausragenden Komponisten des Landes. Seine Musik wurde unter anderem von Gilels, Oistrach, Kogan, Rostropowitsch und Kondrashin gespielt. Darüber hinaus verband ihn eine lebenslange Freundschaft mit Dimitri Schostakowitsch.

Das Überleben des Naziterrors in der Sowjetunion erwies sich seit den späten 1940er Jahren nicht als die ersehnte Freiheit. Während der Anti-Formalismus-Kampagne wurde Weinberg „offiziell kritisiert", 1953 gar inhaftiert. Es wurde ihm „bourgeoiser Jüdischer Nationalismus" unterstellt. Erst nach dem Tode Stalins konnte seine Freilassung erwirkt werden und trotz schwerer gesundheitlicher Beeinträchtigungen entfaltete er eine bis in die 1990er Jahre anhaltende Phase fruchtbarer Produktivität. Allein nach Opus-Nummern entstanden mehr als 150 Werke, darunter die Oper *Die Passagierin*, die zu den Meisterwerken der Musik des 20. Jahrhunderts gezählt werden darf.

Aus dem Englischen von Jens Hagestedt

248 S., Abb., geb., € 29.–, ISBN 978-3-936000-90-0

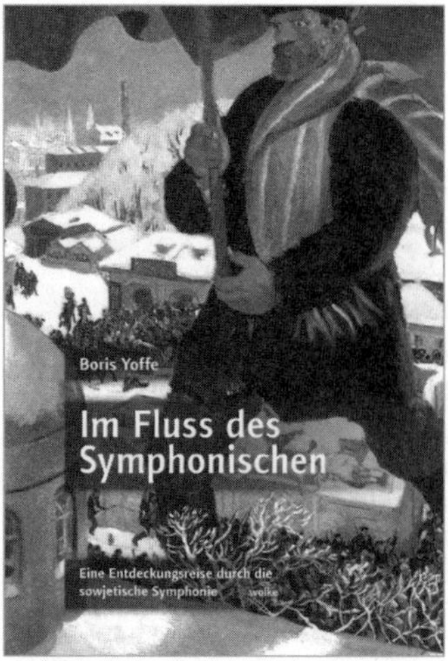

Boris Yoffe

Im Fluss des Symphonischen

Eine Entdeckungsreise durch die sowjetische Symphonie

Man muss sich die sowjetische beziehungsweise russische Symphonie des 20. Jahrhunderts, die abgegrenzt von der westlichen Musik eine ganz eigene Entwicklung genommen hat, wie eine Schatztruhe vorstellen. Über die Geschichte der sowjetischen Musik ist bereits umfänglich publiziert worden. Dennoch scheint der Deckel dieser Schatztruhe bis heute nur wenig gelüftet, sind doch zahllose Komponisten und ihre Werke in Vergessenheit geraten. Yoffe spürt in einer aufregenden Reise voller Entdeckungen mit einer Fülle von Werkbetrachtungen der Geschichte dieses Eigenweges nach und wir machen Bekanntschaft mit wunderbaren, teilweise bis heute im Westen ungehörten Werken.

Es ist weniger eine musikwissenschaftliche Untersuchung als eine Spurensuche durch ein weites Feld, die Yoffe bewusst nicht systematisch und nur bedingt chronologisch in Erzählsträngen, in Form von Essays unternimmt. Er leitet uns in Spaziergängen durch unbekanntes Terrain und mit jedem Wegstück setzt sich nach und nach gleich einem Puzzle ein facettenreiches Bild zusammen. Dabei schildert Yoffe die Geschichten hinter der Geschichte nicht ohne Witz, ohne den weder das Absurde der jeweiligen Situation noch ihr tiefer liegender Ernst verständlich würde.

Als ein Quergänger zwischen den Kulturen mit einer reichen Kenntnis sowohl der russischen wie der westlichen Musiktradition gelingt Yoffe der Spagat einer Betrachtung von innen wie von außen.

„Kaum eine andere Darstellung des Themas kann eine derartige umfassende Breite aufweisen. Sogar diejenigen Fachleute, die sich mit der sowjetischen Musik auszukennen glauben, werden ihre vielen Entdeckungen erleben. Yoffes Monographie, die fast 650 Seiten umfasst, präsentiert ein faszinierendes Panorama des symphonischen Schaffens von vielen Dutzend Komponisten.“

Jascha Nemtsov

648 S., Abb., geb., € 49.–, ISBN 978-3-95593-059-2

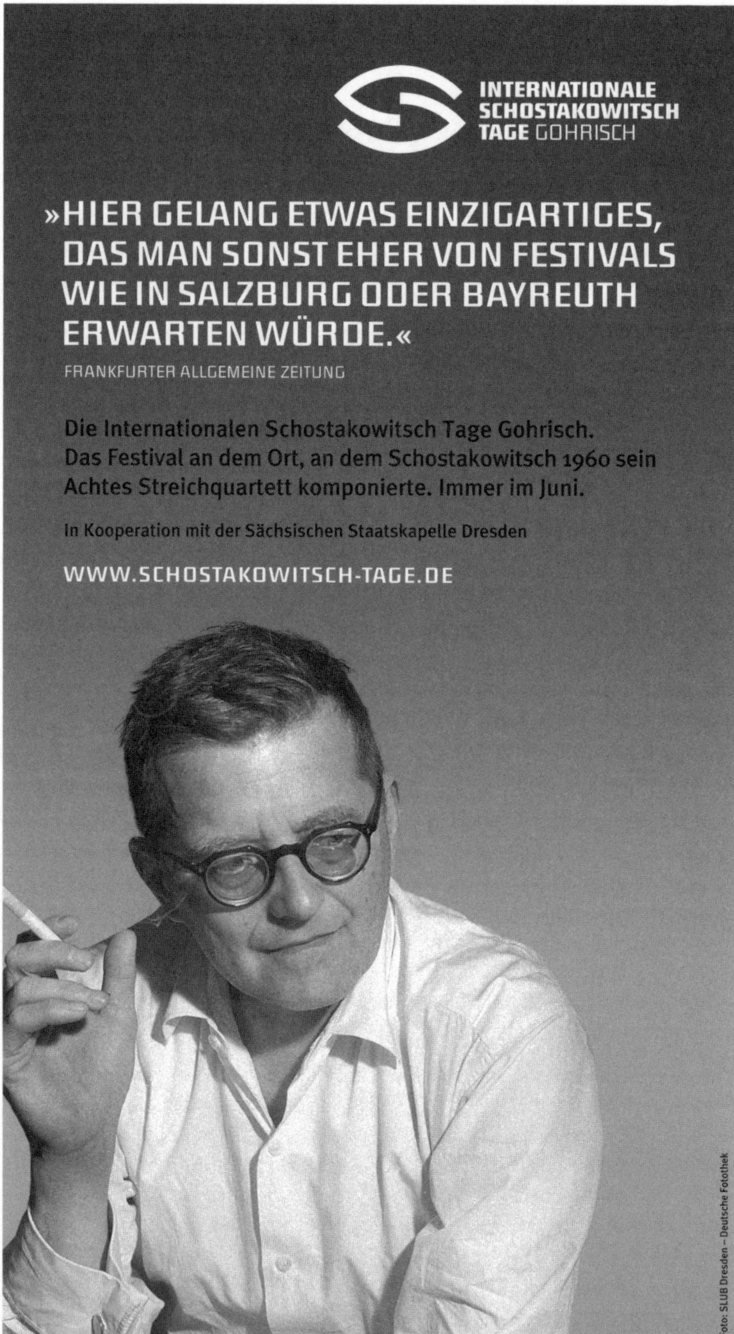
INTERNATIONALE SCHOSTAKOWITSCH TAGE GOHRISCH
»HIER GELANG ETWAS EINZIGARTIGES, DAS MAN SONST EHER VON FESTIVALS WIE IN SALZBURG ODER BAYREUTH ERWARTEN WÜRDE.«
FRANKFURTER ALLGEMEINE ZEITUNG
Die Internationalen Schostakowitsch Tage Gohrisch. Das Festival an dem Ort, an dem Schostakowitsch 1960 sein Achtes Streichquartett komponierte. Immer im Juni.
In Kooperation mit der Sächsischen Staatskapelle Dresden
WWW.SCHOSTAKOWITSCH-TAGE.DE
Foto: SLUB Dresden – Deutsche Fotothek